2016年国家社科基金资助项目"缅泰稻米产业与国家现代化进程研究"（批准号：16CSS013）结项成果

东南亚农业发展与国家现代化
——缅泰稻米产业面面观

DONGNANYA NONGYE FAZHAN YU GUOJIA XIANDAIHUA

俞家海　亢　升　张伟军◎著

·广州·

版权所有 翻印必究

图书在版编目（CIP）数据

东南亚农业发展与国家现代化：缅泰稻米产业面面观/俞家海，亢升，张伟军著.—广州：中山大学出版社，2022.9
ISBN 978-7-306-07501-7

Ⅰ.①东… Ⅱ.①俞…②亢…③张… Ⅲ.①水稻—产业发展—研究—缅甸 ②水稻—产业发展研究—泰国 Ⅳ.①F333.761 ②F333.661

中国版本图书馆 CIP 数据核字（2022）第 065351 号

出 版 人：	王天琪
策划编辑：	曾育林
责任编辑：	叶 枫
封面设计：	曾 斌
责任校对：	丘彩霞
责任技编：	靳晓虹
出版发行：	中山大学出版社
电　　话：	编辑部 020-84113349，84110283，84110776，84110779，84111997
	发行部 020-84111998，84111981，84111160
地　　址：	广州市新港西路135号
邮　　编：	510275　传　真：020-84036565
网　　址：	http://www.zsup.com.cn　E-mail：zdcbs@mail.sysu.edu.cn
印 刷 者：	广州方迪数字印刷有限公司
规　　格：	787mm×1092mm　1/16　14.25 印张　330 千字
版次印次：	2022年9月第1版　2022年9月第1次印刷
定　　价：	58.00元

如发现本书因印装质量影响阅读，请与出版社发行部联系调换

序　言

俞家海君完成了他主持的一项国家社科基金课题，研究成果即将出版之际，他邀请我为他的这本书写一个序言，我欣然接受。

家海是我的学生辈，他读硕士研究生时虽然我不是他的直接导师，但是他经常有问题请教我或与我一起探讨。

家海一直比较勤奋努力，虽然读硕士研究生时的研究方向是南亚史，却一直很喜欢关注和探讨东南亚史的一些问题。毕业后又由于所在学校的需要，就彻底转向了东南亚史研究，并取得了较好的成绩。

家海主持的这项课题，结项时我是评审专家之一。不过当时我没有告诉他这个细节，不想在评审时让他知道这件事而放松对课题认真修改的要求。

现在这项成果终于可以出版了，在此先祝贺他！

缅泰两国的稻米产业在西方资本主义向东南亚扩张过程中逐步发展起来，是一种处于西方列强资本控制下，被迫卷入资本主义全球化的单一作物经济模式，但缅泰两国人民在繁荣的稻米经济下获益甚少，所得利润大部分落入外国投资者和国内稻米贸易商的腰包中。缅泰两国的稻米产业发展与西方工业革命几乎同步，在不到50年的时间里，其市场几乎遍布整个印度洋地区，对两国的社会阶层分化、土地制度变迁和社会进程发展产生重要影响。缅泰稻米产业的产生、发展和演变，与政治、经济、社会、文化等因素密切相关，在一定程度上是两国从传统社会向现代社会转型的缩影，甚至从一个侧面反映了缅泰两国传统社会经济融入世界体系的艰难历程。

因此，缅泰稻米产业自产生之日起，不但受到其国内统治阶级的重视，而且受到国际资本和机构的青睐。早在缅泰两国国门被西方列强敲开之时，缅泰两国的稻米贸易商就向英属孟加拉和新加坡等地区以及中国的广州和宁波等地出口大米。到20世纪初，环印度洋地区的大米市场基本上被来自缅泰的出口商所垄断。这一出口导向型经济不仅导致两国传统社会发生变化，而且对两国政治、经济发展格局产生重要影响。

对于这两个国家的稻米产业发展及其影响等问题，国内外学者虽然有一些研究，但只是从某一个维度分别对缅甸和泰国在工业革命完成至第三次科技革命开启期间的稻米产业史进行探究，还缺乏比较系统的梳理，特别是缺乏对两国稻米生产和影响的比较研究。

随着早期现代化、新制度经济学等理论和方法的引入和运用，缅泰稻米产业研究的内容和主题也不断向纵深拓展，稻米产业的经济功能和社会活动尤其受到重视，研究时段亦相继延长，地域突破更加显著，不同历史时期和不同地域的稻米产业几乎均有所涉及。在学者们的共同努力下，缅泰稻米产业研究逐渐成为国内东南亚史学科的一个新兴学术热点，并在一定程度上推动了东南亚经济史、社会史、城市史等领域研究的进展，甚至体现了东南亚史研究范式的转换。

2016年，"缅泰稻米产业与国家现代化进程研究"获得国家社科规划办立项，可见我国对东南亚国家微观历史基础研究的关注，因为这方面的研究有利于"一带一路"建设的推进，构建地区命运共同体。

但是，中国东南亚史研究的进一步扩展和深入将会面临更多挑战。其中，如何结合当前日益兴盛的区域史研究和全球史研究，探寻缅泰稻米产业的同质性和异质性，从不同的视角和维度去认识历史与理解历史，就是一个重要的命题。所谓同质性，就是关注某个地方稻米产业与其他地方稻米产业的相同之处，这在一定程度上是国家视角在地方的投射或聚焦。异质性则是注重某个地方稻米产业与其他地方稻米产业的不同之处，也就是加强对稻米产业的区域性特征的分析。

家海的《东南亚农业发展与国家现代化》一书综合国内外前人的研究，爬梳史料，系统论述缅泰两国现代化与稻米生产的关系，将缅甸、泰国的水稻种植、生产、加工和贸易作为具体案例进行分析，聚焦缅泰两国稻米产业发展历程，并以此透视两国特殊的现代化进程以及稻米产业在这一历史进程中的影响，从中观和微观层面深入探究缅泰两国近代以来农业发展和国家现代化进程，考察缅泰稻米产业240余年的动态历史进程。本书将缅泰稻米置于全球化历史进程中进行考察，尽可能地还原历史面貌，绘制出一幅全景式历史画卷，实现对缅泰两国稻米产业的长程式考察，分析各阶段两国稻米产业发展的特点及综合影响，比较缅泰国家现代化阶段性特征的异同。

稻米产业是缅泰两国特定历史时期的产物。它在特定条件下驱动利益共生式政商集团的形成。这个集团虽以逐利为根本目标，但为促进各自国家的现代化做出了应有贡献。虽然国外学者写过《茶叶帝国》《棉花帝国》《季风帝国》等专类研究著作，但国内外目前尚未出现一部将农学、历史学、社会学、地理学等学科理论方法深度融合的专著，因此，运用交叉学科理论开展缅泰稻米产业综合研究，理论和现实意义重大。该项成果的完成具有鲜明的学术价值，对于从单一产业经济的微观视角解读我国周边国家和地区的历史发展有突出的启发价值，有利于丰富我国对周边国家和地区现代化问题研究的视界与内容。

但是，"缅泰稻米产业与国家现代化进程"又不仅仅是一项单纯的学术研究成果。该成果的完成可为我国制定科学合理的周边国家和地区政策提供原创性、前沿性的基础研究支撑。同时，对缅泰两国稻米产业历史与现状进行综合考察，分析他国的成败得失，有利于我国农业现代化道路的合理抉择。

东南亚地理区域众多，各区域在政治制度、经济演进、社会结构和地理条件等方面均存在一定的差异，而差异最显著的无疑又是边疆地区。东南亚是世界人口最稠密的地区之一，更是民族种类较多、人文地理环境较为独特的地理单元，因此也是区域史研究的最佳举证对象。那么，这些特殊的社会历史土壤是否造成缅泰两国现代化进程的开启和发展的差异？其与地方政府乃至中央政府的关系是否有着不同于西方国家的特点？缅泰两国稻米产业的组织与活动又有哪些异同？带着这些问题，作者运用经

济地理学和区域社会史研究的相关理论方法，在国家历史和地方历史相结合的宏观背景下，对缅泰稻米产业在区域社会变迁中的真实样态与历史图景进行了剖析。例如，作者对比分析了缅泰两国稻米产业的历史条件和发展、战略定位、对各自国家现代化进程的影响，以及在稻米产业发展过程中，两国稻米产业从业主体与中央、地方两级政府关系的不同面向，认为独特的政治经济生态是缅泰稻米产业发展的内部动因。

此外，作者还结合民族多元化的结构分析缅泰稻米产业的区域性特征及其在民族融合和经济发展过程中所扮演的角色，认为稻米产业的从业主体不仅是重塑地方社会权力体系和社会结构的重要因素，也为民族地区的社会治理提供了新的路径和媒介。这些论述和观点立足于系统、丰富的史料，具有较强的说服力。

当然，我并不认为书中的所有论述和观点均已成熟且无差错。若是作者能进一步突破事件、制度与结构的框架，加强对稻米产业从业主体——农民和贸易商活动轨迹的关注和分析，而不仅仅将他们作为"类"（群体或组织）的存在或附属物，则可弥补缅泰稻米产业史研究的不足，也可将东南亚史研究引向深入。

何 平
二〇二一年一月十七日

目 录

导 论 ·· 1

第一章 缅泰国家现代化进程 ·· 13
第一节 缅甸国家现代化进程 ·· 13
一、敏同王时期的现代化探索 ·· 13
二、缅甸被殖民的历程与现代化的开启 ·· 15
三、独立初期缅甸现代化道路的探索与尝试 ··· 17
四、缅甸现代化的停滞与曲折发展 ··· 21
五、缅甸现代化充满前进性和曲折性的原因分析 ··································· 27
六、结语 ·· 31
第二节 泰国国家现代化进程 ·· 32
一、救亡图存时期的泰国现代化 ·· 32
二、随意性发展阶段的泰国现代化 ··· 35
三、高速发展阶段的泰国现代化 ·· 40
四、调整和复兴阶段的泰国现代化 ··· 43
五、结语 ·· 48

第二章 农业现代化理论探讨 ·· 49
第一节 农业现代化的理论基础——现代化 ··· 49
一、"现代化"词源辨析 ··· 49
二、"现代化"含义的探析 ··· 52
三、马克思主义对"现代化"理论的影响 ·· 58
四、"现代化"理论的历史 ··· 63
第二节 农业现代化 ·· 65
一、现代农业的内涵 ··· 65
二、农业现代化历程 ··· 67
三、现代化进程中的农民与农业 ·· 70

第三章 缅泰稻米产业的发展战略变迁 ·· 74
第一节 缅甸稻米产业的发展战略变迁 ·· 74
一、古代缅甸稻米产业的发展战略 ··· 74

二、近代缅甸稻米产业的发展战略 ·· 80
　　三、现代缅甸稻米产业的发展战略 ·· 82
　第二节　泰国稻米产业的发展战略变迁 ·· 84
　　一、古代泰国稻米产业的发展战略 ·· 84
　　二、近代泰国稻米产业的发展战略 ·· 90
　　三、现代泰国稻米产业的发展战略 ·· 92

第四章　缅泰稻米产业的历史条件与发展 ·· 99
　第一节　缅甸稻米产业的历史条件与发展 ·· 99
　　一、自然地理及经济区划 ·· 99
　　二、自然资源 ·· 102
　　三、农业经济区划 ··· 105
　　四、农业发展布局 ··· 106
　　五、稻米产业史 ·· 106
　第二节　泰国稻米产业的历史条件与发展 ······································ 116
　　一、自然地理及行政与经济区划 ··· 116
　　二、稻米产业史 ·· 123

第五章　缅泰稻米产业发展对国家现代化进程的影响 ························ 138
　第一节　稻米产业对东南亚文明进程的影响 ································· 138
　第二节　缅甸稻米产业对国家现代化进程的影响 ·························· 141
　　一、单一作物制——畸形发展的缅甸经济 ···································· 141
　　二、国家核心区板块发生战略博弈 ··· 145
　　三、缅甸土地所有制的改变 ··· 148
　　四、缅甸工人阶级的形成和发展 ··· 151
　　五、缅甸民族资本与外来资本的发展 ·· 155
　第三节　泰国稻米产业对国家现代化进程的影响 ·························· 160
　　一、土地国有制的解体与地主土地所有制的形成 ························· 160
　　二、泰国华人资本的产生、发展与形成 ······································ 163
　　三、泰国乡村政治的兴起与发展 ··· 177

第六章　缅泰稻米产业存在的问题及对中国的启示 ··························· 183
　第一节　缅泰稻米产业存在的问题 ·· 183
　　一、缅甸稻米产业存在的问题 ·· 183
　　二、泰国稻米产业存在的问题 ·· 184
　第二节　中国稻米产业的发展现状 ·· 186
　　一、水稻概况 ·· 186
　　二、水稻的作用和地位 ·· 189

　　三、优质稻米加工技术……………………………………………… 190
第三节　缅泰稻米产业发展的经验教训及对中国的启示……………… 198
　　一、对提升我国稻米产业竞争力的启示…………………………… 199
　　二、对发展我国稻米产业经济的启示……………………………… 200

结　语………………………………………………………………… 207

参考文献……………………………………………………………… 210

后　记………………………………………………………………… 216

导　论

缅甸和泰国是我国重要的周边国家，在我国周边外交战略中占有重要地位。这两个国家局势的好坏会对我国"一带一路"建设、西南地区的国际合作等产生重要影响。缅泰两国的现代化模式具有其特殊性，都是通过稻米产业的发展来引起社会运行机制的变化，从而推动现代化建设的。缅泰两国的稻米产业是在西方资本主义向东南亚的经济扩张中逐步发展起来的，采用的都是一种处于西方列强资本控制下，被迫卷入经济全球化的单一作物经济模式，缅泰两国人民从中获益甚少，所得利润大部分落入外国投资者的手中。缅泰稻米产业经济的发展，对两国社会阶层分化、土地制度的变迁和社会进程发展均产生了重要影响，这种社会运行机制的变化引起缅泰两国国家治理模式的改变和政治经济中心的南移。稻米经济对缅泰两国的影响一直持续到今天，从而导致缅泰两国的现代化具有先天性的缺陷，这种先天性的缺陷与其畸形的单一作物经济发展模式息息相关，也导致两国政局一直不稳，进而使我国对周边开放战略实施的效能大打折扣。

一、国内外关于缅泰稻米产业的研究现状

现对国内外关于缅泰稻米产业的研究动态梳理如下。

（一）国外关于缅泰稻米产业的研究现状

研究缅泰稻米产业的外文文献比中文文献相对要多一些。专著方面，主要有伊恩·布朗的《危机中的殖民地经济：缅甸稻米三角洲和20世纪30年代的世界经济大萧条》（泰勒·弗朗西斯集团2005年版），阿达斯的《缅甸三角洲：一个亚洲稻米新产区的经济发展和社会变迁，1852—1941》（威斯康星大学出版社1974年版），程晓华的《缅甸的稻米产业，1852—1940》（马来亚大学出版社1968年版），Tun Saing 的《缅甸农业史》（缅甸仰光2006年版），Myat Thein 的《缅甸的经济发展》（新加坡国立大学东南亚研究所2004年版），J. C. 英格拉姆的《1850—1970年泰国经济的变化》（斯坦福大学出版社1971年版），泰国农业部编的《泰国和她的农业问题》（泰国曼谷1950年版）等。这些外文专著主要从不同时期论述缅泰稻米产业的发展概况及其对缅泰经济的影响。

关于缅泰稻米产业的论文也很多，主要有威廉·范申德尔的《缅甸稻米产业的兴起：1850—1880》（《当代亚洲》1987年第4期），A. J. H. 莱瑟姆的《水稻和小麦

的国际市场，1868—1914》（《经济历史评论》1983 年第 2 期）、迪奥克诺的《英国公司和缅甸经济：以稻米和柚木产业作为特殊视角（1917—1937）》（伦敦大学东方和非洲研究院博士学位论文，1983 年）、诺尔曼·G. 欧文的《大陆东南亚的稻米产业（1850—1914）》（《泰学研究》，1971 年）、Htun Sai 的《缅甸稻米生产和贸易》（《缅甸水稻》，2004 年）、Tin Soe 的《一种缅甸大米政治的经济分析》（新加坡国立大学东南亚研究所，1990 年）、戴维·布鲁斯金森的《1880—1930 年的泰国稻米经济和乡村社会》（耶鲁大学博士学位论文，1975 年）、Somporn Isvilaninda 的《亚洲未来论坛——泰国大米》（KNIT，2012 年）、《泰国大米政治》（泰国发展研究所，2012 年）等，这一系列外文论文从不同角度论述各个时期缅泰稻米产业对缅泰两国社会经济的影响。

（二）国内关于缅泰稻米产业的研究现状

通过文献检索，笔者发现，截至 2019 年 12 月 30 日，国内还没有任何一部关于缅泰稻米产业研究方面的专著，只是在一些国别史专著里简明扼要地叙述了缅泰稻米产业的发展历程，如贺圣达的《缅甸史》（人民出版社 1992 年版）和《东南亚历史重大问题研究》（云南人民出版社 2015 年版）、段立生的《泰国通史》（上海社会科学院出版社 2014 年版）在部分章节里用比较简短的篇幅叙述缅泰稻米产业发展史。而论文则相对多一点，主要有何平的《英国殖民统治与缅甸地主土地所有制》（《云南师范大学学报》1985 年第 2 期）、郑宗玲的《殖民统治时期缅甸稻米产业的发展及影响》（云南师范大学硕士学位论文，2005 年）、汪爱平的《英国统治时期缅甸的稻米产业与经济社会文化变迁》（云南大学博士学位论文，2014 年）、俞家海的《英属缅甸稻米产业与英属缅甸民族关系研究述评》（《农业与技术》2015 年第 7 期）。这 4 篇论文主要论述英属缅甸时期缅甸稻米经济的发展及其影响。论述西方殖民时期泰国稻米产业发展状况的论文有钱金飞的《论泰国的农业现代化》（云南师范大学硕士学位论文，2000 年）、周银中的《近代泰国免于沦为殖民地的经历与现代化特点》（云南大学硕士学位论文，2010 年）、邹启宇的《泰国封建社会和萨迪纳制》，但相关内容比较零散简略。研究现当代缅泰稻米产业的论文比较多，比较有代表性的论文包括：马雷的《解析泰国大米成功之道》（《农村实用技术》2008 年第 2 期）、刘滢的《"大米案"折射出泰国的政治生态》（《人民日报》，2015 年 5 月 19 日第 8 版）、孔志坚的《缅甸的粮食安全及相关政策》（《东南亚南亚研究》2010 年第 4 期）、陈玉凤的《缅甸大米出口贸易研究》（广西大学硕士学位论文，2014 年）、俞家海的《泰国稻米产业与国家现代化》（《农业开发与装备》2015 年第 11 期）等，论述了"二战"后两国稻米产业的发展概况、稻米产业发展战略以及稻米产业对两国国计民生的影响。

就以上国内外文献而言，《缅甸的稻米产业，1852—1940》《殖民统治时期缅甸稻米产业的发展及影响》《英国统治时期缅甸的稻米产业与经济社会文化变迁》《"大米案"折射出泰国的政治生态》《解析泰国大米成功之道》《缅甸大米出口贸易研究》《大陆东南亚的稻米产业（1850—1914）》《一种缅甸大米政治的经济分析》《泰国大

米政治》等论文、专著与本课题的研究类似。这些文献以西方殖民统治以来缅泰水稻种植业、稻米加工业、稻米贸易的发展为主要研究内容，论述了近两个世纪以来两国稻米产业的发展及其对两国现代化进程的影响。这些文献研究框架结构完整，研究思路清晰，但是它们主要是分国别、分时段来研究缅泰稻米产业，其观点、视角也比较零散、琐碎，并且有的论点比较陈旧。首先，这些文献没有把西方殖民统治以前的缅泰水稻种植史，西方殖民统治以来缅泰水稻种植业的发展及其对缅泰传统社会状况、缅泰经济政治格局、种植区土地所有制、国家现代化的影响等方面结合起来进行综合系统的研究。其次，这些文献没有从纵向和横向两个维度对西方殖民统治以来缅泰稻米产业与缅泰社会的发展进程、土地所有制、国家现代化之间的关系进行整体性、多角度、全方位的研究。最后，这些文献没有使用定量分析和定性分析相结合的方法来对缅泰200多年来的大米生产和贸易数据进行分析，因而也就无法发掘两国稻米生产与贸易的变迁轨迹，最终也无法探讨稻米产业发展与国家治理模式、社会运行机制之间的关联性。本课题在学界前人的基础上弥补前人之不足，同时又对前人未涉足的领域进行研究，具有一定的前瞻性。

二、本课题研究的学术价值、应用价值和研究意义

（一）学术价值

（1）有助于我国在缅泰历史方面的研究进一步向地区和民族的层次深入拓展，在一定程度上弥补学术研究的薄弱环节，促进国内东南亚史的研究在研究领域和研究水平上紧跟国际学术前沿。

（2）有助于我国学术界在深入了解缅泰稻米产业发展史的基础上，对缅泰社会发展进程与社会运行机制进行新的探索和解读。

（3）有助于进一步丰富我国对周边国家现代化问题的研究内涵，为我国民族学、历史学、政治学、经济学等学科在现代化理论探讨方面提供实证参照，以促进相关学科的发展。

（二）应用价值

（1）有助于我国全面、完整地看待、认识与了解缅甸和泰国，从而为我国政府制定合理的对缅、对泰政策提供原创性和前沿性的基础研究支撑。

（2）有利于我国深刻把握缅泰两国在稻米产业发展历程中的经验教训，并以此为参照和借鉴，为我国现代化建设提供理论支撑。

（3）有利于我国持续监测缅泰两国的政局变化，准确掌握缅泰两国政府的相关动态，从而为维护我国西南边疆地区的安全稳定，加快推进孟中印缅经济走廊、"一带一路"倡议等对外政策的实施，提供具有现实可操作性的决策咨询参考。

(三) 研究意义

稻米产业文化是东南亚人民在历史进程中的宝贵文化遗产。稻作农业是古代东南亚地区农耕民族维持其生存和生活的关键生计方式，它对整个东南亚地区的社会稳定、经济繁荣和文化延续等产生了较为深远的影响。在当今粮食贸易市场，稻米仍然占有比较重要的地位。全世界有90%以上的稻谷在亚洲种植，亚洲消费的稻米占全球总产量的90%以上，以稻米为主食的亚洲人口约占世界总人口的50%。缅泰作为稻米产业的发源地之一，驯化和栽培野生稻的历史悠久，并将培育好的稻种和秧苗在该地区广泛传播，在古代印度洋周边地区文化的传承和交流中占有一席之地，并做出了自己应有的贡献，这在缅泰民族自身文明历程中称得上辉煌的一页。因此，作为后来的研究者和学习者，研究缅泰稻米产业的起源、发展与在周边国家和地区的传播、影响，对这种优秀的稻米产业文化进行借鉴并归纳总结其中的利弊得失，对于治国兴邦、完善国家治理、保障粮食安全、维护国家行为体顺利运行的根基，可谓意义重大。

首先，对缅泰稻米产业文化进行深入研究，有助于对稻米产业文化在缅泰国家文明进程中的重要性进行深入了解，能够丰富对缅泰文化史的认识范畴。麦和稻是人类粮食种植史上最为重要的两种粮食作物类别，干燥地带适合种植麦子，温湿地带适合种植水稻。鉴于二者在生长环境和种植技术上存在的巨大差异，由此形成的粮食作物文明区有着很大的不同，主要表现在内容、形式等方面。我们熟悉的四大文明古国的发源地，基本上是以旱地农业区域作为国家文明发展的基础，而处于温湿农业区域的稻作文明较少被提及。缅甸、泰国的情况亦是如此，往昔我们所接受的概念是大河流域是文明的摇篮，缅甸、泰国农业文明肇始于大河流域，尔后向全国及周边地区进行深入扩展。

自20世纪50年代以来，随着东南亚大陆地区一系列具有悠久历史的稻作文明遗址陆续被发掘以及考古学家对其历史内涵进行深度解读，学界才了解到古代辉煌的东南亚文明，开始重新认识稻作文化在古代东南亚历史上的地位，以及如今以稻作为基础的文化在世界文化体系中的重要性。这样一来，作为大陆东南亚文明主轴的稻作文明，自然就将稻作文明区的重要性提升到可以和大河流域所孕育的文明区相提并论的高度，稻作文明区亦成了东南亚文明的发源地之一。

大河流域和稻作农耕区构成了东南亚特色农业文化的重要组成部分，而农耕文明区又是东南亚古代农业文化传承和发展的关键点和基础，要认识东南亚古代的农业文化和缅泰民族对人类文明史发展的重要性，既要讲大河流域文化，也不能忽视稻作文化。尤其是在今天，东南亚地区的大部分民众以稻米为主食，稻米在粮食产业格局中依然举足轻重，研究其"如何起源，如何传播，如何发展，给我们的文明进程留下什么样的启示性意义，对东南亚及周边地区的文化又有何影响，这无论对农业史、科技史、经济史或文化史，都是重要的课题"[①]。

---

① 李根蟠：《传统农业与传统文化研究的重要成果——读游修龄的〈中国稻作史〉》，《农业考古》1996年第1期。

导 论

其次，对缅泰稻作文明的起源及其发展进程进行全面深入的考察，有利于加深对缅泰稻作农业起源和发展研究的了解与创新。如同我们之前探讨缅泰稻作文明区的起源及其重要性那样，在民族解放运动风起云涌和"冷战"激烈对峙的年代，"稻作起源于缅甸说"① 曾经占据主导地位，影响很大，缅甸、泰国也一度成为学者们关注的焦点。但随着更为古老的史前稻作文明遗址在中国长江中下游地区的陆续被发掘，缅甸稻作文明遗址对于国家文明起源研究的重要性随之降低，长江中下游稻作文明遗址进入更多稻作研究者的考察与研究视野之中，一些有相当分量的稻作文明研究成果进入公共知识传播体系。而缅甸、泰国稻作文明史、稻米产业史研究却比较冷清，除了日本、欧美的个别学者外，鲜有人对其进行深入研究。除了对缅甸某个区域进行考古发掘解读、对殖民时期的缅甸稻米产业进行一定研究、对泰国某个区域进行人类学田野调查等方面的少数稻作文明研究成果外，从政治、经济、社会、文化等视角系统地研究缅甸、泰国稻作文明的起源及两国稻米产业与国家现代化进程的关联等方面的选题极少，在当今国内外学术界仍有很大的研究价值，是一块亟待开发的学术"淘金区"。缘于此，我们把缅甸、泰国稻作文明区作为东南亚农业文明研究这一环链中的一个有机组成部分去进行深入探讨，希望能加深感兴趣的学者和民众对东南亚稻作文明史的了解，宣传和普及缅泰农业文明对于东南亚文明进程的重要性。

从具体的实践层面而言，东南亚作为一个自然地貌、文化模式、族群类别丰富多样的地区，各种地形地貌、各种肤色的人种汇聚交融在区域历史发展进程中，决定了缅甸、泰国农业文明类型的多样性和对学界研究的吸引力。我们可以运用全球性、跨学科的研究方法来探讨野生稻在远古时期的缅甸、泰国是如何被驯化为栽培稻的，探讨缅泰稻米文明在这块土地上的起源、推动因素及其在这一历史进程中的发展规律，还有缅泰稻米农业发展对于国家文明进程的重要性。

最后，加强对缅甸、泰国稻米文明的研究，能够对目前缅甸、泰国稻米产业政策的实践、国家治理机制的完善、国家现代化进程的推进提供有益的帮助和有效的指导。自20世纪50年代以来，缅泰国家运行总体上逐渐趋于稳定，各种政治与经济改革不断深入，尤其是绿色革命带来的各种水稻种植技术、种子培育技术、化肥和农药运用技术、农业机械在不同地貌中被逐步推广应用，水利设施和灌溉系统也比从前更为完善；80年代以来，泰国土地制度和稻米贸易政策的变革、缅甸军政府稻米种植和贸易政策的适度调整，世界稻米产业现代化潮流的刺激以及两国政府缓解国内各个族群、利益群体矛盾的现实需要，这一系列因素使得稻作农业文明的发展无法按传统发展模式延续下去，具体表现在传统水稻种植和稻米储存技术，稻农生活模式、内心精神世界和思想理念的变化。能科学合理预测的是，在接下来的很长一段历史时期，稻米产业有很大的可能仍然是缅泰绝大多数民众进行产业活动的主要生产方式、获得生活来源的主要经济方式，国家发展的重要动力之一，仍然是推动其国家现代化进程的关键支撑点。缅泰稻米产业如何转型？如何提高缅泰稻米产业的发展质量和效率？

---

① ［日］佐佐木高明：《照叶树林文化之路——自不丹、云南至日本》，刘愚山译，云南大学出版社1998年版，第49-51页。

如何整合缅泰稻米产业发展跟国家现代化进程之间的关系？也就是说，在当今农业向市场化、集约化、产业化等转型之际，对缅泰的稻米文明给予现代定位，既继承又革新，把缅泰稻作农业文明与其国家现代化进程有机结合起来，实现缅泰稻米产业的良性发展，推动国家现代化进程有序进行，是从事农业现代化与国家文明进程研究的学者所面临的一个大课题。

在进行这个课题研究时，我们要做的首要工作就是对缅泰稻作文明的发展史进行比较深入和透彻的理解。因为，古代和现代的缅泰稻米文明有很大的关联性，在几千年的历史进程中已经形成一个比较完整的农业文明系统，其生命力比较顽强，人们对农业生产条件及客观规律的科学认识，以及对人地、人物环境的适应塑造了这种系统的特性。因此，我们要加大对缅泰稻米农业文明史的研究力度，为目前缅甸、泰国的稻米产业政策实践提供一定的借鉴意义。

三、本课题研究的重点、难点

本课题把研究重点放在对西方殖民统治以前的缅泰水稻种植史，以及西方殖民统治以来缅泰水稻种植业的发展及其对缅泰传统社会状况、经济政治格局、种植区土地所有制、国家现代化的影响等方面的研究上。研究的难点主要表现在两个方面：第一，选题时间跨度较长，导致收集近240年来的缅泰稻米产业相关数据的难度较大；第二，研究缅泰稻米产业与缅泰国家现代化之间的关系，由于涉及农学、地缘政治学、民族学、国际关系学等诸多学科，要融合几个学科的理论知识，难度较大。

四、本课题研究的主要目标

本课题通过研究缅泰稻米产业来探讨近240年的历史长河中缅泰稻米产业的发展对缅泰传统社会的影响，对缅泰政治、经济格局的影响，从而进一步探讨缅泰稻米产业的发展对缅泰土地所有制形成及变迁的影响，探讨缅泰稻米产业与缅泰国家现代化存在的关联性，并比较缅泰国家现代化模式的异同。最后，通过探讨缅泰稻米产业发展历程中的经验教训及其对中国的启示，为中国维护西南边疆民族地区的安全与稳定、推动西南地区融入"一带一路"建设、构筑西南"开放高地"提供决策咨询服务。

五、本课题研究的基本思路与具体研究方法

（一）研究的基本思路

本课题以唯物史观为指导，借鉴其他学科的理论与方法，首先对西方殖民统治前缅泰水稻种植业的发展历程及缅泰传统社会状况进行历史性回顾，在此基础上从纵向

和横向两个维度对西方殖民统治以来缅泰稻米产业与缅泰社会发展进程、土地所有制、国家现代化之间的关系进行整体性、多角度、全方位的研究。在纵向上，结合缅泰水稻种植业的发展历程以及稻米生产和贸易状况进行系统评述。在横向上，就缅泰稻米产业发展对缅泰社会运行机制的影响进行深入分析。然后，对缅泰稻米产业和国家现代化中的若干重要问题进行理论探讨和归纳总结。最后，探讨缅泰稻米产业发展历程中的经验教训，并提炼其对中国的启示。

（二）具体研究方法

课题组主要运用历史学的实证研究方法，借鉴农学、地缘政治学、民族学、国际关系学等学科的理论和方法，对缅泰稻米产业和国家现代化进行跨学科交叉研究，并力争在准确把握多学科理论方法和深入研读文献史料的基础上，史论结合、论从史出，达到对本课题项目进行整体性、综合性和创新性研究的预期目标。具体研究方法如下。

1. 关于稻米文明研究的基本原则

确定课题研究的基本原则是学者进行缅泰稻米文明史研究的首要前提。这些基本原则来源于哲学中的一些基本概念，如物质与意识的关系、对世界观的认识、辩证和理性看待世界等等。因此，从一个比较长的历史时段去考察缅泰稻米产业的起源、发展及变迁的内在规律，除了运用考古学、人类学、历史学等学科的理论来解释缅泰稻米产业发展过程中的一些历史现象外，还要运用哲学尤其是马克思主义哲学理论中的实践论、唯物主义、辩证法、主观能动性等经典理论来阐释。另外，历史分类比较研究方法论中的系统性、综合性、动态性等，也是本课题研究过程中所遵循的基本原则。

（1）系统网络分析法。系统网络分析法在近年来的社会科学研究中日益受到学界的关注和重视。这种研究方法着重把缅泰稻米产业放在一个系统的思维空间来进行考察，即把缅泰稻米产业的历史追溯、生产贸易现状和发展影响因素看成一个关联、统一的农业文明有机系统，把缅泰稻米产业中的各个构成要素看成相互孤立、割裂、没有相关性的研究客体。而缅泰稻米产业作为西方资本主义发展和全球联系加强的产物，它是人类在新时代对特殊的自然和历史环境进行改造和适应的结果，也是由与之关联的不同部分构成的一个完整的农业文明系统。它包括水稻种植、水稻种子培育等技术要素，产业发展所需的社会氛围要素，稻米贸易所需条件要素，稻米相关产业配套要素等，在每一个缅泰稻米产业发展要素之中又包括许多层级更低的构成要素。总而言之，缅泰稻米产业发展的重要构成要素、关联要素和支撑构成要素的辅助要素构成了一个完整的农业文明系统。因此，我们在对缅泰稻米产业与国家现代化进程的关联性进行综合研究时，除了要把研究客体放在一个科学合理的参照系中，并对这个研究客体的各个影响要素进行科学分析外，还要考察研究客体的各个影响要素的产生动因及效能评估。

（2）综合分析法。当今各个人文学科之间的联系越来越紧密，学科间交叉重叠的部分越来越多，研究方法和手段也越来越多元，因此，研究者不能画地为牢，而是要跳出个人所处的狭小环境，树立综合性研究思维。缅泰稻米产业史的研究是缅泰稻米产业文明问题研究的一个主要构成部分。而缅泰稻米产业史研究属于世界农业和世界史交叉的跨学科研究，牵涉到农学、地理学、史学、政治学等学科的许多方面，是在不同学科交融的基础上开展研究的。史前及古代缅泰稻米文明史研究的支撑材料主要来自考古学及相关理工类学科。即使在缅甸和泰国进入文明时代之后，其稻米文明史也不可能像中国官方史学记载的那么完整和详细，可供发掘的缅泰古代文献多而复杂，可用的关于古代缅泰稻米文明研究的文献零散而稀缺，有的还前后语句矛盾、错误漏洞百出。在这种研究困境下，就特别需要借助跨学科的多种研究手段，把缅泰稻米与民众、施政者的历史轨迹结合起来，打破人文学科与自然学科间的藩篱，将微观研究与宏观研究结合起来，进行横向和纵向联系的综合研究。

（3）历史比较分析法。缅泰稻米产业发展史的比较研究，或为缅泰水稻种植史、稻米产业战略定位之间的比较，或为缅泰稻米产业发展动力、对各自国家现代化进程的影响之间的比较，或为缅甸或泰国稻米产业在各个历史时期的比较，总之，都是为了更好地诠释缅泰稻米产业史这一研究客体。而我们运用这一理论范式来对缅泰稻米产业发展史进行研究，既可以把缅泰稻米文明作为东南亚农耕文明的一个主要构成部分，在相似的地理环境和相同的地理空间的前提下，跟毗邻的东亚、南亚地区的稻米农业文明做一番比较，还可以仅限于缅甸、泰国一隅，把这两国北方山地民族地区稻米文明与平原地区稻米文明、国家内部各个民族间的稻米文明发展模式进行比较。对这个课题的各个研究客体之间的比较，有助于我们更好地研究缅泰稻米产业发展与其国家现代化进程的关系，找出一些具有理论和现实意义的研究论点。

2. 缅泰稻米产业研究的具体方法

缅泰稻米产业史的研究客体，在许多学科的研究内容中都会涉及，即在抓好学科间交融部分的前提下，运用跨学科的多元研究方法，把对"缅泰稻米产业史客体"的研究和对"民众和施政者的历史轨迹"的研究、人文学科和理工类学科的宏观与微观研究结合起来，因此进行系统性的综合研究是可行的。但就方法论的具体研究效果而言，我们要详细勾勒出缅泰稻米产业发展史的本来面目，就必须利用好缅泰历史文献、相关考古发掘材料、民族田野调研材料、部分碑铭文字资料、语言史材料、缅泰古今地理资料以及一些理工类学科的研究成果。

（1）考古学的研究方法。相对于中国悠久的文明史而言，缅甸、泰国的成文史并不算悠久，但考古发掘材料告诉我们，缅甸、泰国史前史之久远并不亚于中国的中原地区。且不说泰国北部考古遗址的发现，就是泰国东北部稻米储存器的发现，对于证明大陆东南亚地区人类历史活动的久远性来讲就是一个例证。

缅甸、泰国尽管在很早的历史阶段就有人类活动的历史轨迹，但给我们留下的关于两国稻米文明的文献毕竟很有限，因此，在对缅甸、泰国的稻米文明史进行探讨时，与之相关的稻米历史遗迹考古发掘材料是最好的证明材料。虽然在20世纪后半期，日本、欧美等国家和地区的考古工作者在缅甸、泰国的多个地方发现了与早期稻米文明相关的历史遗址，但由于跨学科的有效交融难度非常大，今天如何有效地利用

导 论

考古学的理论与方法，依靠已经发掘的缅泰考古发掘材料，去诠释缅泰稻米文明以及相关的研究客体，在具体的缅泰稻米产业史研究实践中仍面临着许多困难和挑战。

运用考古学的理论和方法，通过有关稻米历史遗迹的考古发掘材料来研究早期缅泰稻米文明的历史，是一种行之有效的研究方法。如通过孢粉分析来推断各个历史时期缅泰水稻种植区域内植被和动物的空间分布及当时的气候环境，有助于探讨早期缅泰的稻米环境史。然而，由于水稻种植区域的形成与发展是一个无法估计的历史过程，某一处稻米文明遗址只能反映该农作物在缅泰历史发展进程中的一个现象，而这种现象并不一定完整与准确。虽然考古发掘材料有客观性的一面，但也掺杂了一些偶然性因素，因此我们不能仅仅根据某个稻米文明考古发掘材料就下定论，而应该以一种严谨的治学态度来研究史前缅泰稻米文明史。

（2）世界民族学研究的理论方法。东南亚地区对于从事世界民族学研究的学者而言意义重大。这里不仅山川地貌多样、各类自然资源丰富、气候和地理水文条件复杂，而且在地理上又正好位于海洋文明与陆地文明、南亚文明与东亚文明等多种文化类型的交会处，历史上曾有许多族群沿着澜沧江、萨尔温江、红河、伊洛瓦底江、湄公河、湄南河等水系形成的河谷地区进行迁徙而不断变换居住环境，创造了各种光辉灿烂且内容丰富的东南亚古代文明，而且在当今缅泰部分族群中依然能够发现这些文化类型的遗迹。因此，在东南亚这块风水宝地，依然能够找到解开这一古老文明秘密的密钥，这对于世界民族学这个学科有很高的研究价值。

利用对缅甸和泰国各民族的田野调查所得的资料，去探究缅泰稻米文明的起源、发展等相关历史脉络，在世界民族学研究领域有许多案例可供借鉴。经验之一就是到缅泰特定民族地区进行深入调研时，对一些保留史前稻米文明遗迹的民族进行认真调研和做好相关记录，仔细查阅这个民族的相关材料，并科学合理地利用世界民族学研究的相关方法对田野调查记录进行整理，写出高质量的调研报告。世界民族学研究学者的亲身调研经历证明，运用世界民族学研究中的田野调查方法和成果去研究缅泰稻米文明，是切实可行和高效的。例如，日本世界民族学研究学者中尾佐助在1966年就对不丹及周边的喜马拉雅山地区进行实地调研，并根据这些田野调研记录写出专著——《植物栽培和农耕的起源》，书中在论述西藏周边地区农业文明中农耕的起源的同时，对"照叶树林文化"进行科学界定，并在此基础上形成"照叶树林文化"论，对植物栽培学产生重要影响。在中尾佐助之后，后辈学者渡部忠世、佐佐木高明分别根据其对中国长江流域以南的稻米文明资料，东南亚地区尤其是缅甸、泰国的稻米历史遗迹的研究写出两部稻米文化著作。① 这些著作的问世都与世界民族研究学者的辛勤实地调研、科学利用第一手资料分不开。

（3）语言史学分析法。语言是人类日常生活的生动反映。19世纪时，恩格斯就对人类生活轨迹对社会发展的重要性做了很好的阐述。这些人类生活轨迹像化石一样留存了下来，其中就包括人类语言历史轨迹。人类语言历史轨迹体现了人类的思维方

---

① 这两部著作分别是［日］渡部忠世：《稻米之路》，尹绍亭译，云南人民出版社1982年版；［日］佐佐木高明：《照叶树林文化之路——从不丹、云南到日本》，刘愚山译，云南大学出版社1998年版。

式和认知方式,能较好地对后辈进行传承,并且能在后辈的语言演变、与日常田地耕作生活的结合等社会活动中发挥重要作用,从而形成稻作语言材料。

在缅泰稻米文明史研究中,如果学者能够利用好这些稻作语言材料,对缅甸、泰国的稻作语言材料,尤其是泰族(生活于缅甸的掸族与其为同一民族)、缅族等民族的稻作语言材料进行对比研究,不仅能够在传统的农业文明史研究的基础上丰富其研究内涵,还能将缅泰稻米产业史研究做得更接地气。部分学者已将稻作语言材料用于探讨稻米文明的起源并取得一定的研究成果。这些学者的研究成果表明,稻米文明的产生和演变的研究过程是非常复杂的,具体表现在以下三个方面:其一,稻米文明的发展动力来源于人类,即古代人类群体如民族、部落的活动轨迹;其二,古代人类群体的生存、活动环境,包括因人类与周边动植物发生联系而产生的历史地理、环境史材料;其三,古代人类聚落的文化氛围,这方面应包括人类活动方式由迁徙向定居转变、驯化野生动植物、改进生产工具和生活起居工具以及劳动形式的演变而产生的语言材料。上述三个语言史理论的分析可用于研究稻米文明起源、时空演变及转换、发展进程中所体现的人文精神等课题研究;对以上各个历史客体因活动而产生的语言史材料的充分利用,可以为解决这些疑难问题提供重要的线索。①

从语言史学的研究视角去探讨缅泰稻米农业文明,虽然增加了对这个问题的讨论余地,但如何跳出这种烦琐的语言史材料而又能从中对特定地区的稻米农业遗迹所处的年代进行合理推断,可谓任务艰巨。

(4) 神话故事叙述研究法。与中国、朝鲜、日本等东亚国家相比,缅甸、泰国等国家进入文明社会的时间相对较晚,探讨史前稻米农业的历史轨迹多依靠考古发掘材料,这就使这一时期的缅泰稻米文明研究范式显得单调乏味。这些国家的部分稻农在进行历史活动的过程中留下许多历史轨迹,而这些历史轨迹经过后辈的传承而形成我们熟知的神话故事,虽然这些神话故事隐藏着许多与缅泰稻米文明史研究相关的材料,但这类研究素材的特殊性导致做出合理的历史年代推断存在很大困难,因此,学者很少会把稻米神话故事运用到对缅泰稻米文明的研究中。但是,东亚国家的部分学者却将这些神话故事的叙述材料用于对稻米文明的研究中,即使这些材料看似不科学,但它们常常能给研究带来意外惊喜。例如,日本学者大林太良就将神话故事的叙述材料用于《稻作神话》② 中。《东亚的王权与思想》③ 这本专著对稻米农业的发展状况与专制王权的关系做了很好的论述。工藤隆在撰写《中国西南少数民族文化与日本神话》④ 一文时,运用中国律令方面的神话故事材料,推动了对日本古代文明史的研究,对绳文时代和弥生时代等早期国家文明史中国家形象的建构产生了重要影响,很好地反映了这个历史阶段日本民众的生活形态,这可以说是把神话故事成功运用于国家文明史研究的典型例子。

---

① 张公瑾主编:《语言与民族物质文化史》,民族出版社2002年版,第23—45页。
② [日]大林太良:《稻作神话》,日本弘文堂1973年版。
③ [日]渡边浩:《东亚的王权与思想》,区建英译,上海古籍出版社2016年版。
④ [日]工藤隆:《中国西南少数民族文化与日本神话》,张正军译,《思想战线》1999年第3期。

近年来，稻米文明研究者越来越重视神话故事的研究价值，例如李子贤先生将谷物起源神话故事运用于其专著《云南少数民族谷物起源神话与多元文化》①的研究中，这部著作的研究质量受到有关专家的好评。

综上所述，从缅泰国内流传下来的一些关于稻米文明起源和发展的神话故事材料中，可以找到这两个国家农业文明的信息，有利于我们探讨缅泰稻米文明的渊源，为稻米文明史的研究提供一些佐证。因此，我们在对缅泰稻米文明史进行课题研究时，一定要重视并利用好这些神话故事叙述材料。

（5）生态学研究法。缅泰两国民众对野生稻的栽培与驯化由来已久，这种革命性的技术革新改变了人类被动适应周边自然环境的状况，人类开始积极利用和改造自然，由此揭开了当地稻米农业现代化的序幕。随着产业分工的出现，稻米培育和栽培技术继续革新，人类陆续培育出能适应不同生长环境的稻种。人类开始从事水稻种植时所面临的经济、科技、地理水文、生态环境等关联因素千差万别，导致人类种植不同种类的水稻、产生不同的稻米文明区。即使在如今科技发达、市场活跃的时代，生态环境依然能对缅泰稻米的生产和发展状况产生无可替代的影响，影响水稻种植的周边环境的复杂性，导致这两个国家的稻米文明呈多元化发展。

如上所述，我们在运用生态学相关理论方法对缅泰稻米文明起源及历史脉络进行探讨时，要抓住一根准绳，即要将这种理论研究范式贯穿于稻米农业生态文明这个大的研究系统之中，对水稻及其周边生长环境进行科学分析，运用生态学理论方法对受生长环境影响而导致的水稻品种变异进行深入研究。

以上所叙述的关于缅泰稻米产业史研究的几种具有示范意义的研究方法，只是为缅泰稻米产业研究提供了不同的研究视角，以不断提升课题的研究质量。当然，缅泰稻米文明史的研究方法可能还有很多种，但在课题研究中，并不一定每一种方法都会用于研究实践。此外，在进行缅泰稻米产业史研究时，还需要加强对东南亚史中的缅泰国别史、世界民族学、生态学、物理学、化学、全球学等学科的交叉融合与创新，其研究成果才能服众。此外，我们在进行缅泰稻米文明史研究时，会经常思考如何利用人文学科与理工类学科的联系，建立多元交叉学科的复合型思维，从而做好相关课题研究。

六、在学术思想、学术观点、研究方法等方面的特色和创新

（1）在学术思想上，本课题强调以问题为导向，力求在发挥史学叙事特长的基础上，对缅泰稻米产业与国家现代化进程进行分专题、分步骤的深入探讨，同时力争通过对缅泰社会问题的研究提炼出对我国现代化建设的有益经验和启示。

（2）在学术观点上，本课题以缅泰稻米产业和国家现代化进程为核心，将国内缅泰历史的研究进一步推向微观层次，属国内学术前沿。

（3）在研究方法上，本课题拟从纵向和横向两个维度对缅泰稻米产业与国家现代化进程进行综合性、整体性的研究，在纵向上着力体现历史学研究特色，强调对缅

---

① 李子贤：《探寻一个尚未崩溃的神话王国——中国西南少数民族神话研究》，云南人民出版社1991年版。

泰稻米产业发展史进行系统分析，在横向上通过借鉴其他学科的理论和方法，深入挖掘缅泰稻米产业与国家现代化关系的内涵。

稻米产业是缅甸殖民地经济和19世纪以来泰国国民经济的重要基础。英国殖民者把稻米视为重要的战略物资，对稻米生产、储备、市场流通和国际贸易等环节进行建设、改造、完善，使稻米产业发展成为英属缅甸时期最为重要的社会经济组成部分，成为推动缅甸国家历史进程向前发展的重要动力。缅甸国家现代化的主要内容包括：西方资本主义兴起对经济发展的影响，经济发展成为推动新土地制度、新阶层结构等要素形成和发展的动力，发展新趋势导致国家行政中心的迁移。稻米产业也是泰国特定历史的产物，特定条件驱动利益共生式政商资本集团的形成，资本家虽以逐利为根本，但随之兴起的稻米产业在一定程度上促进泰国和印度洋—太平洋周边国家的交流和互动，也推动着东南亚地区的族际交往，繁荣了远东地区经济和社会文化，为泰国国家现代化进程做出了重要贡献，在当今人类共有历史场景下依然具有重要意义。近年来，世界百年未有之变局和新冠肺炎疫情改变了传统的地缘政治和粮食安全格局，将缅甸和泰国稻米产业置于全球化历史进程中进行考察，从单一产业经济的微观视角解读稻米产业发展同缅甸和泰国现代化历程的关联性，总结缅甸和泰国国家现代化进程中的经验和教训，能丰富我国对周边国家或地区现代化问题的研究的视界与内容。因此，将缅甸和泰国稻米产业作为研究东南亚农业与国家现代化的典型案例，具有重要的理论和实践价值。

第一章　缅泰国家现代化进程

第一节　缅甸国家现代化进程

缅甸曾是一个古老悠久的王国，1886 年完全沦为英国的殖民地，1948 年获得独立。在长期的国内纷争之后，军人集团首脑奈温于 1962 年发动政变，上台执政，宣布实行"缅甸式社会主义"，对国内主要工商业采取国有化政策。直到 2011 年，军人集团的统治才宣告结束（2021 年 2 月 1 日，缅甸军方再度发动军事政变推翻了民选政府）。2018 年，缅甸出口额为 169.2 亿美元[①]，国内生产总值为 712.1 亿美元，外汇储备为 56 亿美元，是东盟中经济状况较差的国家。

一、敏同王时期的现代化探索

缅甸的现代化进程起源于 19 世纪 50 年代具有某些现代性的敏同王改革。1853 年 2 月，在面临民族危机和统治危机的情况下，缅甸国王敏同王开始进行改革。在对外关系方面，敏同王力图打破缅甸的封闭状态，与当时先进的西方国家建立关系，开始主动向西方学习。

敏同王和弟弟加囊亲王在向西方学习先进的教育、科学和技术方面也做了一些努力。1859—1875 年，他们派出 70 多名贵族子弟，去英国、法国、意大利和印度学习。1885 年，部分从欧洲和印度回国的留学生成为政府部门的负责人和各兵种的军官，如铸铜大臣吴瑞顶、玻璃大臣吴潘、冶铸助理大臣貌谬、马军统领吴昂等。敏同王还聘用了一些法国人和意大利人担任缅甸军队的顾问。在引进西方的科学技术方面，主要是引进了电报。1865 年，缅甸政府通过往仰光、加尔各答等英属印度城市的高等教育机构输送留学生进行近代电信业务培训的方式，在今缅甸中部地区建立了自己的电信网络，其业务北通八莫，南到第悦茂，并发明了缅文莫尔斯电报。1870 年，曼德勒与仰光的电信业务开通。

军事改革是敏同王时期改革的一项重要内容。敏同王和加囊亲王认为，军事装备陈旧落后是缅甸在两次英缅战争中遭到失败的重要原因。他们一方面积极筹划从国外购买先进的武器，另一方面在国内开设了小型兵工厂，自己制造武器。1859—1865

---

① 伊江树：《2018—2019 财政年度缅甸外贸数据》，缅华网，2019 年 10 月 21 日，http://www.ccpit.org/Contents/Channel_4114/2019/1030/1216204/content_1216204.htm。

年，通过英属缅甸殖民地输入上缅甸的枪械约有3500支。① 但是，英国殖民者并不乐见缅甸增强本国的军事力量。1867年以后，英国加紧了对缅甸的武器禁运，缅甸越来越难以得到国外的新式枪炮。缅甸努力依靠自己的力量生产武器。1862年，由加囊亲王负责兴建的4座兵工厂投入生产。据当时在缅甸首都曼德勒活动的英国人的报告，位于曼德勒郊外山上的一家兵工厂成功地制造了至少15门小炮和后膛式大炮，每月能生产3~4门小炮；设在城西的一家兵工厂在制造后膛式大炮，每月能生产4门炮；城内的两家兵工厂在制造引信和雷管，能制造各种大炮，还能把老式枪炮改装成新式后膛枪炮。

敏同王改革时期，缅甸在发展经济方面也做过一些努力。1865年，缅甸从英国购入铸币机，开始发行统一的铸币。这种铸币因币面有孔雀图案，又被称为孔雀铸币。加囊亲王曾花费400万卢比从国外购买纺织、碾米、榨糖、炼钢等方面的机器，建立小型的纺织、碾米、制糖、钢铁工厂，这些是缅甸较早使用近代机器的工厂。敏同王又购买了"耶南赛加"号等7艘轮船，在伊洛瓦底江上从事航运业。②

在薪俸制度方面，敏同王还试图改革从蒲甘王朝以来在缅甸盛行了800多年的封建食邑制度，实行官员的薪俸制。直到敏同王即位之初，缅甸的官员仍然依靠对自己封地上的居民征收赋税，提取他们所得的部分作为收入。这种剥削方式有很大的任意性。各级封建主往往凭借手中的权力，尽量多征多留，中饱私囊。19世纪中叶，在缅甸的英国官员就已经注意到，上缅甸一些地方的税收有1/3落入地方官员的腰包（按规定他们只能取得赋税的1/10）。这不仅使封建国家的收入减少，而且不利于中央政府对地方的控制。特别是第二次英缅战争以后，缅甸封建王朝统治的地区大为缩小，税收大减，经济越来越窘迫，但宫廷的生活用度没有减少，佛教功德也照样做，还要从外国购置枪炮机器，国库开支更为庞大。在这种情况下，古老的食邑制度和赋税制度已不能适应新的要求。1855年，敏同王开始在一部分税收官员中试行薪俸制。1865年发行铸币后，改革进程加快了。从1866年开始，较为全面地在上缅甸实行官员薪俸制，按月向中央政府的官员发薪，所定的标准是：每月蕴纪1000缅元（卢比），蕴道500缅元，阿达维蕴660缅元，谬温100~200缅元。③

与此同时，敏同王进行了税收制度方面的改革。1859年，他下令统一税收，实行塔塔梅达税即户口税，每户每年纳银一缅两。但是，敏同王并没有取消农民原有的封建义务。1864年，缅甸封建王朝在上缅甸进行了税收和军事服役方面的改革，到1866年，敏同王已把塔塔梅达税提高到每户每年纳银10缅两或相当于10缅两的实物，使得缅甸农民的负担进一步加重。

敏同王在司法制度方面也进行了若干改革，目的是限制封建领主的特权，加强中央政府的权力。1853年4月，他颁布了《司法审理条例》共33条，并下令把鲁道

---

① Oliver B. Pollak. *Empires in Collision, Anglo-Burmese Relation in the Mid-Nineteenth Century*. Greenwood Press, p. 120.

② 《缅甸百科全书·敏同王》中译本，云南省历史研究所编《东南亚资料》第44期。

③ Oliver B. Pollak. *Empires in Collision, Anglo-Burmese Relation in the Mid-Nineteenth Century*. Greenwood Press, p. 120.

(也称"枢密院",是封建时代缅甸的中枢议事机构和国家司法机构)的司法机构分为审理事务、财产和刑事三个部分。1860年,敏同王又颁布敕令,规定地方官员对当地居民宣判死刑必须得到鲁道的批准。1865年4月,他任命了一个由52名官员组成的委员会,负责监督司法事务,同年规定地方官员只能审理民事案件。但是,司法制度方面的改革并没有取得预期的效果,反而在一些地方引起了混乱。1870年以后,敏同王又恢复了地方官员的司法权。

由于统治集团内部矛盾重重,敏同王的改革没有从根本上触动缅甸传统的封建制度。改革缺乏明确的指导思想和全面的部署,也缺乏强有力的领导集团和相应的社会基础,加上极为不利的国际环境,人民负担不断加重,这些因素使敏同王的改革步履维艰、内外交困,最终失败,但这次改革在一定程度上开启了缅甸的现代化进程。

二、缅甸被殖民的历程与现代化的开启

英国对缅甸的殖民侵略计划制订得比较早,早在贡榜王朝(也称雍籍牙王朝)向今天印度东北部地区进行开疆拓土时,当时盘踞在恒河三角洲的英国殖民当局就与缅甸军队发生冲突。随着英国在恒河三角洲的殖民地面临粮荒问题以及国内工业品拓展市场的需要,英国急需一个侵入缅甸核心区的跳板。下缅甸虽然人口密度低,但发展种植业的基础非常好。为发挥该地区的农产品资源优势,为英国资本主义发展服务,英国在殖民下缅甸的早期并没有对当地原有的社会生产关系做出大的改动,一直到英国工业革命完成前夕才对封建时代缅甸土地的生产关系进行调整。19世纪后半期的西亚、南亚和东南亚等地区对缅甸稻米的需求,导致环印度洋区域逐渐形成缅甸生产和供应稻米,西亚、南亚和东南亚等地区的雇佣劳动力消费缅甸稻米的市场局面。为了让更多的缅甸稻米进入国际市场,以及解决稻米产业发展过程中劳动力短缺等问题,下缅甸殖民政府开始对原有的土地社会生产关系做出调整,同时招徕外来劳动力开垦该地区的荒地。这在一定程度上提高了下缅甸稻农的生产积极性,有利于英国稻米贸易商向国际市场运送更多的稻米。1885年,英国殖民者侵占上缅甸从而完全吞并缅甸后,上缅甸殖民当局以下缅甸土地法案为范本,在今天缅甸的中部地区继续发展殖民地性质的稻米产业经济。

稻米产业经济的快速发展导致缅甸传统的村社和土地制度解体,也带动了缅甸交通运输业、稻米加工和批发、日用商品零售、法律咨询、餐饮、文化教育等行业的发展。英国人在仰光等下缅甸城市修建了马路、铁路、港口等现代化的公共交通设施,为缅甸稻米产业的发展创造了良好的环境。在英国征服上缅甸后,殖民者又将这种现代化浪潮扩展至缅甸内陆如曼德勒、密支那等城市。英国在缅甸的殖民经济发展,促使一些现代化元素如新生活面貌、新知识和科技体系、新思想观念、新教育体系、新法律体系、新宗教观念、新经济和政治理念等在缅甸各地散播开来。19世纪50年代以后,下缅甸殖民当局在仰光、勃生、阿恰布(今实兑)和毛淡棉等地兴建现代化港口,缅甸的稻米由此运到国际市场,与此同时,现代化的报馆、医疗机构、娱乐场所、旅店和交通工具也开始在下缅甸出现。1854年,第一家西式医疗机构在仰光开

办,到1874年下缅甸已有24家西式医院。另外,英国科技人员还在仰光、阿恰布等地建立了气象站和水文站。

行政制度建设方面,1852年,以亚瑟尔为首的英属勃固殖民政府成立。① 1862年,英国内阁将阿拉干、丹那沙林和仰光等三个省的政府合并,成立下缅甸殖民政府。1864年,英国政府设置专职的警察官职,来限制下缅甸省督的权力,1871年后又设置专属的司法官。1874年,英国内阁又在下缅甸仰光等大城市成立地方议会,到1884年已建立24个地方议会。1897年,英印殖民当局在缅甸设立立法会议,议员人数开始时为9人,1915年增加到30人。1921年,缅甸殖民政府在自主管理缅甸事务方面获得部分权限。其后缅甸议会举行了4次议会选举(1922年、1925年、1928年和1936年)②,仰光殖民当局的自治权限进一步扩大。

交通运输业方面,1868年,仰光到曼德勒的航运业务开通,1869年航运范围扩大到八莫。1877年,英国人修建了缅甸第一条铁路(仰光—卑谬),这条铁路全长262公里。1884年,铁路延长至曼德勒,里程增加到500公里,连接了缅甸中部地区和南部沿海港口。到20世纪初,英国在缅甸修建的铁路里程已达到2500公里,到1940年,铁路里程增加到3314公里。

教育方面,英缅双语教学类型的初中于19世纪60年代之后,依次在仰光、卑谬、勃生和土瓦等地建立。1875年后,仰光和毛淡棉等地又成立了高中。除此之外,传教士还在勃固、仰光等地建立教会学校。仰光学生较多,高达800人。20世纪初,缅甸殖民当局开办仰光学院和贾德逊学院两所高等院校,标志着西式教育体系在缅甸形成。

虽然英国殖民者为维护和巩固其在缅甸的统治,做了许多具有现代化意义的实践。但缅甸人民并没有改变被英国奴役的命运,其从缅甸殖民实践中所享受到的发展红利是非常有限的。第一次世界大战期间,缅甸为英国提供了大量的人力和物力,为英国成为战胜国做出了巨大的牺牲。③但是,缅甸民众的生活环境却日益恶化,仰光殖民政府机构中的缅甸籍职员所占的比例很小。另外,缅甸民众在教育、就业和医疗方面所享受到的权益也很少。缅甸民众在殖民地历史发展进程中所遭受的种种不公,使民众和缅甸殖民政府的矛盾进一步加深,要求独立的大火越烧越旺。

随着缅甸稻米产业的发展,缅甸知识分子、无产阶级和民族资产阶级陆续登上殖民地的政治舞台,逐渐成为缅甸国家历史发展进程的主导者。佛教青年会于1917年向英国内阁提出政治诉求④,领导缅甸第一次民族独立运动,对英国将缅甸从英属印度剥离并进行单独的行政管理产生重要影响。1929年,反抗齐智人高利贷集团和缅甸地主的"萨耶起义"爆发,殖民者被迫采取剿抚并用的手段将这次农民起义镇压

---

① 贺圣达:《缅甸史》,云南人民出版社2015年版,第217页。
② 李晨阳:《缅甸有现代化进程?》,《南洋问题研究》2006年第1期。
③ [英]F. T. 莫尔黑德:《缅甸的森林》,加尔各答1944年版,第40页,转引自[苏]瓦西里耶夫《缅甸史纲(1885—1947)》上册,中山大学历史系东南亚历史研究室与外语系编译组合译,商务印书馆1975年版,第97页。
④ 贺圣达:《缅甸史》,人民出版社1992年版,第364页。

下去。1930年,"我缅人协会"从上述两个民族解放团体手中接过领导缅甸民族独立的大旗,将民族解放运动推进到一个新的历史阶段。"二战"期间,昂山领导的缅甸民族独立组织在日本人的扶持下组建政府,缅甸获得形式上的独立。① 1944年成立的"缅甸反法西斯人民自由同盟"(以下简称"自由同盟")将反对仰光殖民当局统治的各种力量统一起来,英国内阁被迫与独立运动领导人昂山签署协议,缅甸在英联邦内部获得自治权。1947年9月,缅甸议会颁布本国的第一部宪法。② 1948年,英国政府正式承认缅甸独立。

三、独立初期缅甸现代化道路的探索与尝试

由于昂山被右翼势力暗杀,吴努掌握了缅甸国家的最高领导权,成为缅甸首任政府总理。虽然缅甸已建立独立的政府,具有国家领导人等现代国家治理的主体,但是在这一时期仍面临严峻的国内外形势,缅共闹革命、克伦民族分离主义等内部问题使缅甸陷入内战,美国欲将缅甸建成反共"桥头堡"等外部问题使缅甸的前景充满不确定性。正如亨廷顿所讲的,治理国家与领导民族独立运动相比,其难度要大得多。③ 面对这种困境,吴努政府对内严厉镇压缅共领导的社会主义革命,对少数民族的分裂活动予以军事打击;对外宣布缅甸实行中立的外交政策,虽然接受英国和美国的援助,但是对东北边的中国依然坚持友邻政策。虽然独立之初缅甸国家局势处于动荡中,但是以吴努为首的缅甸政府依然对国家将来的发展道路不断进行探索。

首先,在政治建设方面,吴努以英属缅甸时期的议会制度为蓝本,建立新缅甸的民主政治。在1962年奈温发动军事政变上台执政之前,参与缅甸民主政治生活的政党主要有以自由同盟为首的长期掌握缅甸国家最高权力的执政联盟,以及以缅共、民族政党等为首的反对党集团。由于对《缅甸独立协议》中的附加条款持反对意见,缅共退出了执政联盟,开始借鉴中国的革命经验在缅甸进行社会主义革命,要求将英国等外资企业收归国有,并在农村进行土地革命。但是,由于革命条件的不充分以及与政府军力量悬殊,缅共在城市发动的社会主义革命被吴努政府所镇压,其活动被迫转移到农村。另外,克伦等少数民族因吴努政府没有满足其独立建邦的政治要求,于是谋求独立建国,使克伦地区从缅甸分裂出去,导致克伦民族武装与政府军冲突不断。由于获得了英印等国的军事援助,加上军人集团的出力,1951年缅甸中央政府基本平息了内战,这在一定程度上为吴努执政联盟连任赢得了更多选民加分,吴努也因而在1951年和1956年两次大选中获得连任。1958年,自由同盟分裂为两派——"巩固派"(领导人为巴瑞、觉迎)和"廉洁派"(领导人为吴努、德钦丁)。1958年6月9日,因缅甸国内形势紧张,议会表决通过了"巩固派"提出的对吴努政府的不

---

① [缅]貌貌:《缅甸政治与奈温将军》,赵维扬等译,云南省东南亚研究所1982年版,第192页。
② Constituent Assembly of Burma. *The Constitution of the Union of Burma*, 1947.
③ [美]塞缪尔·P.亨廷顿:《变化社会中的政治秩序》,王冠华等译,生活·读书·新知三联书店1989年版,第16页。

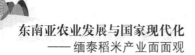

东南亚农业发展与国家现代化
——缅泰稻米产业面面观

信任案,以吴努为首的"廉洁派"不得不辞职,军人集团首脑奈温组成看守政府。1960年大选,"廉洁派"获得150个议员席位,可以单独组建新政府,吴努再度当选为总理。但是,由于之前执政联盟的分裂,"廉洁派"此时已经没有能力稳定缅甸国内局势,只能充当民主政治"看门人"的角色,该届政府的下台很快进入倒计时。

面对民族地区的特殊情况,吴努政府多次违背《缅甸独立协议》中关于民族地区土司享有特权等的条款,这些地区的民众所享有的合法权益不断被削减,导致民族地区和中央政府间的矛盾不断加深、冲突不断发生。吴努政府在少数民族地区建立自治机构的步伐较为缓慢,引起克伦、克钦等地土司的不满。这些土司提出将克伦、克钦等地区分裂出去、独立建国的主张,一度得到掸邦、若开等地土司武装的支持和响应,缅甸处于国家分裂的边缘。① 另外,吴努政府还以各种理由剥夺土司的治理权和在缅甸议会中的席位。1951年,掸邦土司的治理权被吴努政府剥夺。1952—1954年,缅甸中央政府对掸邦实施军事占领。1959年3月,掸邦在联邦议会民族院中的议席被中央政府剥夺。同年4月,吴努政府又将其他地区土司的治理权取消,缅甸民族地区的形势更加恶化。1960年"廉洁派"上台执政后,吴努恢复了部分当年参与签署《缅甸独立协议》的土司的合法权益,承诺扩大民族地区的自主权限,另外还规定掸邦等民族地区有退出缅甸联邦的权利。但是,吴努的民族政策遭到了以奈温为首的军人集团的反对。

在经济规划方面,吴努只是提出将工业化作为缅甸经济规划的重要内容,以发展进口替代产业来推动缅甸的工业化进程。② 他采取独立自主与借助外资等相结合的方式来推进经济发展进程,以改变缅甸贫穷落后的经济面貌。首先,吴努召集经济智囊团制定了一些经济规划类型的文件。如《1949—1951年的经济规划纲要》③ 要求,这两年的经济发展要将农村社会生产关系改革同工业等产业的发展结合起来,将稻米对外贸易、林业等产业的发展恢复到1940年前的水平。同时,政府拿出一部分资金来建设若干示范性企业,这些企业主要发展进口替代性工业。尽管这个经济规划有诸多缺陷,但是它为吴努政府后面的经济规划提供了借鉴。④ 1952年,在美国经济智库的帮助下,缅甸政府制定了《八年经济发展规划纲要》(1953—1960年),这份纲要包括基层地方治理、科教文卫和居民住宅建设等内容,提出了缅甸的国内生产总值从1952年的39.27亿缅元增加到1960年的70亿缅元,年均增长9.6%的目标。也就是说,1960年缅甸的国内生产总值要超过1939年的53.38亿缅元,缅甸国民经济要恢复到甚至超过"二战"前的水平。按照这份经济规划纲要的内容,缅甸政府在经济领域的投资总额要达到75亿缅元。知名的缅甸经济史研究学者卢西恩·W.派伊曾评论过《八年经济发展规划纲要》,认为缅甸政府制定这份纲要主要是为了发展部分产

---

① 《缅甸部分少数民族反政府武装的简况》,云南省历史研究所1978年内部资料。
② 贺圣达等:《战后东南亚历史发展》,云南大学出版社1995年版,第95页。
③ [苏]瓦西里耶夫:《缅甸史纲(1885—1947)》下册,中山大学历史系东南亚史研究室和外语系编译组合译,商务印书馆1975年版,第727页。
④ 杨长源等主编:《缅甸概览》,中国社会科学出版社1990年版,第126页。

业和实现经济自主。① 但由于吴努过于依赖稻米产业，对稻米市场的流通风险估计不足，加上政府无法为经济建设提供充足的资金，这份经济规划实际上只执行了4年就无法继续执行下去。

鉴于《八年经济发展规划纲要》已名存实亡，吴努政府又于1956年制定了新的发展规划——《四年经济发展规划》（1957—1960年），其内容包括：1960年缅甸的国内生产总值要达到56.96亿缅元，与1956年相比，年均增长7%；通过政府资金、国外资金等途径向经济领域投资20.291亿缅元。但是，直到1960年，这份纲要中的投资计划和发展目标均没有完成。在此基础上，吴努政府又制定了《五年经济发展规划》（1961—1965年）。这份纲要的内容包括：缅甸国内生产总值年均增长率为5%；在发展稻米优势产业的基础上，实现涉农产业发展的多元化，依托农业现代化来完成缅甸工业化；轻工业作为缅甸工业布局的优先方向，积极利用外资来发展轻工业；要充分调动私人资本在缅甸经济发展中的作用，私人资金在国家经济投资中的比例上限可以达到54%。② 由于"廉洁派"政府倒台，上述经济规划被废止。

在农村社会生产关系改革方面，吴努政府采取赎买的方式将土地分配给农民。③ 1948年的缅甸土地法案规定，以政府资金赎买"非耕作者"土地的方式将田地无偿分给农民，以提高他们的农业生产积极性和改善其生活环境，为恢复和发展缅甸稻米产业做贡献。④ 因吴努政府对缅共问题、少数民族等问题处理不善，国家陷入内战和分裂困境，导致这个法案无法在缅甸全国范围内实施。吴努政府在基本控制缅甸全国局势后，于1953年和1954年颁布了两个土地法案，对农民占有土地数额、国家征地赔偿金额数、土地分配原则等做出规定，如每个农户占有土地最多不能超过50英亩（1英亩=0.405公顷）。土地优先分配给佃农，然后才能分配给土地不足的农民，这些土地可以转卖和传承给亲属，但不得出租和抵押。⑤ 但是，这次土地制度改革在缅甸农村遭到很大的阻力，成效有限。例如，1955年只有6%的土地被再次分配给农民，即使到了1958年，这个比例也只达到17%，地主依然控制着农村大部分土地。⑥

在实现经济自主方面，吴努政府采取了发展国有经济、将国外垄断资本性企业收归国有的措施。1948年，吴努政府颁布的施政纲领内容包括：加强与苏联、东欧国家在政治、军事等方面的交往，实现国家发展的独立自主，推动农村社会生产关系改革，制订国家工业等方面的规划等。根据政府施政纲领要求，吴努政府以资金赎买的方式，将实珍洋行等有英国资本背景的公司纳入缅甸国营经济旗下，同时将石油、采矿、稻米、林业等产业的贸易权收归国有。在货币主权方面，吴努政府于1952年开

---

① 卢西恩·W. 派伊：《东南亚政治制度》，刘笑盈等译，广西人民出版社1993年版，第111页。
② 杨长源等主编：《缅甸概览》，中国社会科学出版社1990年版，第129页。
③ 苏联科学院世界经济和国际关系研究所编：《亚洲不发达独立国家的土地农民问题（印度、缅甸、印度尼西亚）》，范锡鑫等译，世界知识出版社1963年版，第200页。
④ *New Times of Burma*, 24. Ⅶ, 1957, 转引自苏联科学院世界经济和国际关系研究所编：《亚洲不发达独立国家的土地农民问题（印度、缅甸、印度尼西亚）》，范锡鑫等译，世界知识出版社1963年版，第203页。
⑤ 王介南：《试论第二次世界大战之后的缅甸经济》，《中国东南亚研究会通讯》1989年第1—4期。
⑥ Robert H. Taylor. *The Sate in Myanmar*. National University of Singapore Press, 2009, p. 274.

始发行缅甸自己的货币，成立缅甸人掌控的银行。① 另外，政府还注意发挥华人华侨在缅甸工业化进程中的作用。② 在处理国外资金方面，吴努政府也坚持"经济主权优先"的原则。例如，美国政府向缅甸提供1亿多美元的经济援助，还为缅甸培养和培训科技和农业方面的人才。另外，中国、苏联、印度、日本、西欧国家等也为缅甸提供各种类型的援助，截至1960年，吴努政府共获得5亿美元的经济援助。

在宗教建设方面，吴努于1961年从法律上将佛教定为缅甸的国教，这严重伤害克伦等少数民族的宗教信仰自由权利，在一定程度上使缅族和克伦、穆斯林等群体的矛盾激化。③ 克钦等民族地区的土司开始以此为借口搞民族分离主义活动。当吴努政府意识到问题的严重性后，果断采取措施，如恢复缅甸公民的自由信教权，但是为时已晚。今天缅甸国内的民族矛盾和少数民族地区武装（民地武）问题已成为威胁国家统一的一颗"毒瘤"，英国殖民者负有责任，但是吴努政府的责任更大。

佛教在英属时期曾经遭到殖民者的压制和忽视，但是由于吴努、巴瑞等缅甸国家领导人的推崇，佛教在缅甸宗教中的地位迅速提高，凌驾于其他宗教之上。例如，吴努将佛教发展和国家性质、现代化进程、社会主义建设等内容结合在一起，使用佛教的释义来解读缅甸社会主义，还将佛教伦理运用于经济实践中。④ 这对独立后的缅甸民主政治生活产生了很大影响，也影响了缅甸的语言和教育政策，有的学者将吴努称为"佛教政治家"⑤。巴瑞则主张将佛教发展和缅甸精神文明建设结合起来，主要是为了在将来的国家现代化进程中，实现道德精神文明与经济文明协调发展，使缅甸将来能成为一个健全的国家。

在教育、文化建设方面，虽然吴努等领导人在领导缅甸民族解放运动的时候就对此予以重视，但由于内战，吴努政府直到1950年才为教育文化事业的发展制定相关政策。主要内容包括：第一，中央政府部门指导和管理缅甸国内教育；第二，缅甸境内仅保留公立学校；第三，实施小学四年制义务教育，初中和高中学制分别为3年和2年；第四，增加职业技能和科技方面的培训；第五，缅语为学校教学和学习用语，初中学习阶段以后，增加英语课程学习。⑥ 另外，吴努政府还于1950年邀请联合国的专家对缅甸国内教育状况进行调研和考察，1951年又向英美等国家派遣考察团，进行为期6个月的交流与学习。1952年，国家教育委员会颁布繁荣缅甸教育的规划纲要，其内容主要包括：培养具备听、说、读、写等能力的缅甸国民，为缅甸经济、社会建设和科技发展培养高级人才，为建立缅甸民主政治奠定基础。缅甸的教育规划与其经济发展状况密切相关，为此曾做出相应调整，内容包括：为教师提供技能培

---

① 赵敬：《试论反法西斯人民自由同盟的成败》，北京大学亚洲－太平洋研究中心编《北大亚太研究》第1辑，北京大学出版社1991年版，第114页。
② 范宏伟：《缅甸工业化中的华侨（1948—1962）》，《华人华侨历史研究》2003年第2期。
③ 《缅甸大事记》，云南省历史研究所1975年内部资料。
④ ［新西兰］尼古拉斯·塔林：《剑桥东南亚史》第二卷，贺圣达等译，云南人民出版社2003年版，第430页。
⑤ 转引自宋立道：《当代南传佛教国家的宗教与政治》，中国社会科学院1989年博士学位论文。
⑥ 《缅甸百科全书》第10卷，缅甸文学宫出版社1962年版，第423页。

训，提高其教学水平；教学大纲调整要适应缅甸国情变化，教育要为国家经济现代化服务；增加教育类书籍的出版业务，让更多的国民享有受教育权。①

吴努政府通过实施上述教育政策，使缅甸的教育发展取得一定成效。例如，仰光大学的在校生人数由1947年的2003人增加到1962年的14799人，约为1947年的7倍。大学预科教育也发展迅速，例如曼德勒学院在1958年被中央政府教育部升格为具有学位授予权的大学。②"廉洁派"上台执政后，曾颁布第三个"四年教育规划纲要"（1961—1965年），计划发展缅甸的初级、中级和高级等类别的教育，但是由于军事政变导致吴努政府倒台，这个规划没能推行下去。

四、缅甸现代化的停滞与曲折发展

吴努政府的现代化实践虽然在推动缅甸国家发展方面取得了一定成效，但由于受英国殖民时期单一畸形的稻米产业经济模式和政治制度的影响，其可持续发展的基础和动力非常薄弱。另外，缅甸国内政局不稳以及周边地区复杂的地缘政治环境等因素也对缅甸的现代化进程形成掣肘。随着军人集团上台执政，缅甸现代化陷入停滞、曲折的历史发展进程。

缅甸军人集团于1962年推翻了"廉洁派"民选政府，掌握缅甸国家最高权力，奈温成为国家元首和政府首脑。军人集团上台执政后，原有的政府和立法机关被解散，由革命委员会（以下简称"革委会"）代表国家行使最高行政权和立法权，奈温担任革委会主席。独立初期制定的缅甸宪法被废止，中央和地区议会被解散，军事性质的法院代替原有法院系统，民族地区的自治权限被取消，军人在中央、地方等各级政府部门任职。为实现军事、政治和党派统一，奈温组建代表军人集团利益的政党——社会主义纲领党，并颁布党的相关章程。军政府还于1962年颁布缅甸式的社会主义纲领，提出"在缅甸建立社会主义性质经济体系"的经济建设思想。1964年，革委会制定和实施的《民族团结保护法》规定，社会主义纲领党是缅甸政治生活中的唯一合法政党。1962—1972年，奈温身兼革委会主席、总理、国防部长、国防军总参谋长、社会主义纲领党主席等职，独揽军、政、党大权。1972年4月以后，奈温虽辞去军职，专任革委会主席、总理和社会主义纲领党主席，但实际上仍牢牢控制着军队，掌握着党、政、军实权。

1974年1月，在革委会的主持下，缅甸举行全民投票，通过了体现新时期国家面貌的"社会主义性质新宪法"和"建立社会主义国家"的决议，将国名由缅甸联邦改为缅甸联邦社会主义共和国；确立社会主义纲领党一党专政的政治运行机制；人民议会是代表人民行使国家主权的最高权力机关和唯一的国家立法机构，在其休会期间，其职权由国务委员会代其行使；人民议会依照宪法把行政权和司法权分别委托给中央和地方的国家权力机关。总统系缅甸国家元首，部长会议行使国家最高行政权，

---

① 《缅甸百科全书》第10卷，第425页。
② 《缅甸百科全书》第10卷，第426页。

对总统和国务委员会负责,总理(部长会议主席)实际上成为从属于总统和国务委员会的虚职。宪法还规定,把全国划分为7个省和7个少数民族邦,确立了省/邦—镇/区—村/组三级地方行政体制。

20世纪80年代末,军人集团内部发生分化,缅甸国家最高权力产生新的转移趋势。以苏貌、丹瑞为首的新军人集团通过政变推翻奈温军人政府,宣布终止实施宪法、接管国家政权、改国名为缅甸联邦、对全国实行军事管制;同时,组成了以苏貌为主席的国家恢复法律与秩序委员会(以下简称"恢委会"),执掌国家最高立法和行政权力。苏貌承诺待缅甸社会局势稳定后,举行全国大选并将权力转交给新成立的民选政府。苏貌政府于1989年颁布《议会选举法》,昂山素季领导的全国民主联盟(以下简称"民盟")赢得1990年的缅甸大选,但是军人集团担心还政于民后遭政治清算,于是以"国家未制定宪法"为由,拒绝向民盟移交国家最高权力,苏貌政府为此遭到西方国家制裁。1992年4月,丹瑞接替苏貌出任恢委会主席,并于1993年成立军人政治组织——巩固与发展协会。1993年,丹瑞军人集团主持召开制宪会议,但由于宪法草案中"军人在缅甸政治生活中发挥主导作用"的条款遭到民盟的反对,新宪法流产。为了消除在1990年大选和1993年制宪会议中的负面形象,丹瑞于1997年11月将恢委会改名为国家和平与发展委员会(以下简称"和发委"),继续行使缅甸国家最高权力。2003年,丹瑞任命温和派钦纽担任政府总理,但是仍掌握着缅甸国家最高权力。钦纽在担任总理后提出"七点民主路线图"计划,缅甸民主化迈出坚实的一步。2007年,登盛就任总理后,确定制宪会议的原则和细则,缅甸民主化步伐加快。2008年5月,受"袈裟革命"影响,登盛政府就通过新宪法举行全民公投,新宪法以92.4%的支持率获得通过。2010年11月,根据新宪法的承诺,缅甸举行自1990年大选以来的第一次多党政治选举。由于巩固与发展协会实力强劲,由这个军人组织转化而来的联邦巩固与发展党获得缅甸地方和中央议会77%的议席(882席),成为缅甸新议会的第一大党,登盛由政府总理转任国家总统。缅甸和发委主席丹瑞于2011年3月签署命令,解散原国家最高权力行使机关,向新组建的登盛政府移交全部国家最高权力。至此,缅甸结束了军人执政时代。本阶段缅甸国家政体的特点为军政府主政,由高级军官组成的恢委会(1988年9月—1997年11月)、和发委(1997年11月—2011年3月)相继行使国家最高立法权和行政权。2015年,民盟获得缅甸地方和中央议会59%的议席(665席),获得单独组阁的权力,廷觉当选为总统。

已被废止的2008年版《缅甸宪法》规定,缅甸国家全称为"缅甸联邦共和国",实行联邦制和多党民主制,奉行立法、行政与司法三权分立、相互制衡的原则。最高立法机关是联邦议会,分设人民院和民族院两院,联邦议会负责人为议长,由联邦议会两院议长轮流担任。最高行政机关是联邦政府,由1名总统、2名副总统、联邦政府各部部长、联邦总检察长组成,总统既是国家元首又是政府首脑。另外,2016年4月上台的民盟政府专门设立"国务资政"一职,由昂山素季担任。最高司法机关是联邦最高法院,其院长为联邦首席大法官。各地方也实行三权分立,相应设置各级地方政府、议会、法院。各级机构的任期与联邦议会任期一致,均为5年。同时,宪法也对缅甸军队参与国家政治生活做出了规定：要求总统必须熟悉军事；军队在议会中拥有25%的非选举代表名额，由军队总司令任命；联邦政府中的国防部、内政部、边境事务部的部长由军队总司令挑选的现役军人担任；军队总司令可在国家进入紧急状态时接管国家权力。

奈温集团在处理民族问题方面，其政策实施效果比吴努时期还要糟糕。吴努执政时期，缅甸政府奉行的民族政策是剿抚并用：能将民族分离主义用军事手段镇压下去时，就派军队去征讨；镇压不下去时，就向民族地区土司妥协。此举忽视了民族地区的经济发展权益。而到了奈温执政时期，军人政府对民族地区采取强硬政策，例如派军队将民族地区的土司投进监狱，取消这些统治者的世袭特权，将管理民族地区事务高级官员的职务撤销，设立地区事务委员会来对民族地区进行治理，革委会统筹国家层面的民族政策制定与实施，吴努时期的民族地区自治体制被废止。军人集团曾计划发展民族地区经济和教育，但民族地区局势恶化使其变为泡影。掸邦对奈温的民族政策反对最为强烈，缅甸独立后的第一任总统苏瑞泰（掸族土司出身）在仰光监狱中意外去世，激起掸邦地区的不满，当地民族武装使用战争手段来反对奈温的政策。奈温起初使用军事手段来镇压掸邦民族分离主义活动，但收效甚微，军政府不得不向民族地区组织妥协。1963年，缅共及克伦、若开、克钦和掸邦等地的民族武装组织先后与军政府在仰光举行会谈，这些团体要求军政府承认其地区自治权，结果遭到军政府的拒绝。1964年，军政府颁布了《民族团结保护法》，标志着其和谈政策失败。军人集团重新使用军事手段来应对民族地区的分离运动，这个政策一直持续到苏貌政府时期。

苏貌执政以来，缅甸在实现国家领土主权完整的目标上取得了重大进展，但这个问题的彻底解决比解决军政府与民盟之间的矛盾更为困难。从现实情况来看，首先，在克伦邦、掸邦、若开邦和钦邦等地区存在着的克伦民族联盟、掸邦军等民地武与军人集团还处于战争状态，即使如佤邦联合军等少数已与政府达成和平协议的民地武也只是在名义上认可军政府的权威，地方上的财政、行政管理和经济发展等权力仍然控制在民地武领导人手中，形成地方割据的态势，双方并未建立起稳定而巩固的关系。其次，民地武的强势与缅甸毒品问题在"冷战"结束后的恶性发展密不可分，尤其在佤邦辖区内，鸦片、海洛因和冰毒的产量一度占整个"金三角"产量的至少一半，引起了国际社会的高度关注。缅甸民族问题的解决或者国家完整目标的实现，不仅取决于缅甸政府的民族国家构建政策，还取决于缅甸经济的现代化、政治的民主化和政局的稳定，以及少数民族领导人态度的改变和外部势力干涉的减少乃至断绝。正如著名的缅甸问题专家马丁·史密斯所指出的，"历史已经证明，民族权利和解决冲突是缅甸这个国家今天所面临的挑战的中心"[①]。但是，民族地区的和平能否实现，取决于该地区的民族组织和民众的发展权力能否得到缅甸中央政府的尊重和重视。在克伦邦、若开邦等民族地区实施国家主权统一下的民族自治是解决核心区和边缘区民族冲

---

① Martin Smith. *Burma（Myanmar）：Time for Change*. Minority Rights Group International, 2002. https://minorityrights.org/wp-content/uploads/old-site-downloads/download-133-BurmaMyanmar-Time-for-Change.pdf.

突的必由之路。2007年，登盛政府在宪法框架下设立民族院，承认少数民族参与缅甸民主政治生活的权利。2009年，缅北果敢地区的民地武与政府军爆发冲突。2011年，克伦民主佛教军、克钦独立军与政府军发生冲突。2013年以来，中央政府承认的15个民地武组织中已有8个与中央政府签署和平协议，但仍有7个未签署协议。2016年7月11日，民盟政府在仰光成立民族和解与和平中心，昂山素季出任该中心主席，探讨缅甸民族地区未来的和平之路。2017—2019年，北掸邦军、德昂军、若开军等三支民地武先后与缅甸中央政府处于战争状态。因此，缅甸民族地区的和平曙光依然还很遥远。虽然缅甸民盟政府为此付出了巨大努力，但是由于政府以往在民族问题上欠账过多，民地武与政府军实现永久和解的难度很大。

在经济建设方面，吴努政府没能改变殖民时期缅甸落后的经济发展面貌，导致奈温执政初期面临着严峻的经济形势。经过吴努政府10多年的经济发展实践，缅甸国民经济发展严重依赖稻米产业的状况依然没有改变，稻米仍然是缅甸最主要的经济作物，工业基础也非常薄弱，制造业产值占缅甸国内生产总值的比重、工业制成品出口额还不如1940年的水平。① 1960年，缅甸人均国内生产总值（59美元）已落后于泰国（64美元）②，其国内生产总值与泰国的差距也越来越大。

军人集团在1962年成立缅甸革委会之后，对吴努时期的经济政策进行了调整。首先，根据革委会颁布的经济发展规划纲领文件《走向社会主义的缅甸道路》，建立了"缅甸式社会主义"的经济体制和社会生产关系；随后在1963年颁布关于缅甸境内企业实施国有化的法案。随着军政府颁布1974年宪法，"缅甸式社会主义"性质的缅甸经济体系建立起来。这个制度以坚持缅甸经济自主性为主要特征，革委会指令性色彩较为浓厚，虽然缅甸在20世纪70年代后所面临的国内外形势已发生巨大变化，但直到苏貌政府时期，其实质性内容仍未发生根本性改变。企业国有化开始于1963年1月，到1965年达到顶峰，其间共有15000家缅甸境内企业被改制为国营企业。直到70年代初，国有化政策才暂停推行，但当时国内的大中企业几乎都已被收归国有，中小型私人工商业也受到严重冲击。在经营国有企业的同时，缅甸政府把发展国有经济的重点转移到兴建新的国有企业上。政府每年把超过2/3的投资用于发展国有企业，还接受了大量外援。从20世纪70年代初到1988年，缅甸接受的外援总额已超过40亿美元，其中1/3左右用于工业项目。由于经济发展基础薄弱和水平较低，缅甸国有经济的总体规模和水平都很有限，而且由于经营不善，国有企业大多处于亏损状态。在1963年以后的国有化浪潮中，私营经济受到沉重的打击。虽然70年代初军政府纠正了过激的政策，并在1973年颁布了允许私人开办企业的条例，1977年又颁布了关于私人性质企业经营方面的法案，规定其享有不低于30年的私营权，但由于经营受到诸多限制，私营企业的发展极为缓慢，多为市场流通方面的小企业，如小商店、手工作坊等等。同时，军政府还在农村进行新一轮的土地社会生产关系改革。首先，在1963年和1965年制定并颁布两个关于农民权利保护和农村土地租佃等

---

① 贺圣达：《当代缅甸》，四川人民出版社1993年版，第177页。
② 《1982年世界发展报告》，世界银行1982年版，第114页。

方面的法案；其次，土改以国家掌握土地最高所有权为基础，成立将地主排除在外的土地租佃机构来负责相关事务，并废除佃农向地主交纳租金的义务。这次土地社会生产关系变革重新规范了农民与国家之间的权利和义务关系，农村经济发展被纳入缅甸革委会统筹的范围。工业领域内的产品生产按照缅甸革委会的指令执行，农作物的种植和农产品的市场流通也要根据中央政府计划来进行。在对外经济合作方面，军政府坚持国门紧闭的政策，禁止任何缅甸经济组织和机构接受国外经济方面的援助和投资。

奈温政府在实施"缅甸式社会主义"经济制度和方针政策之后，其国民经济在所属关系方面变化较为明显，建立了民族经济体制，革委会掌握了石油部门、电力部门、交通部门、通信部门等重要部门的控制权，控制了缅甸经济发展的命脉。在农业发展上，军政府通过对农村土地租佃等内容进行调整，规范了缅甸农民与国家之间的权利义务关系，建立了社会主义性质的农村经济体系；通过国家机构控制农作物种植和产品市场流通，对农产品实施统购统销的垄断经营制度，对稻米产业的发展也实施上述政策。由革委会掌控的统制经济在缅甸形成。

但是，这段历史时期的缅甸经济发展是违背经济规律的，也脱离了缅甸实际发展状况。大部分缅甸境内的企业所获利润有限，经营和管理机制落后，科技水平低下，面临严重的生存危机，民间私人资本投资缅甸实业的积极性受挫，导致缅甸经济结构极不合理；缅甸革委会制定和实施的农业产业政策，并未让农民的生活环境有明显改善，严重影响其发展农村经济的热情；另外，经济上的"闭关锁国"导致缅甸经济游离于世界体系之外，与泰国等周边国家的差距日益拉大。这一时期，缅甸经济的发展速度远远低于其他东南亚国家。1985年后，缅甸经济状况急剧恶化，1984年、1985年和1987年政府三次废除大面额钞票，更使经济一片混乱，民间怨声载道。缅甸经济在1986/1987财年及1987/1988财年连续出现负增长。1988年发生的国内动乱加剧了经济危机。1988/1989财年，缅甸国内生产总值下降了11.4%，境内商品价格上涨过快，国民收入低下，仅为190美元。缅甸沦为世界上最不发达国家之一，面临自独立以来最深刻、最严重的经济危机。

在缅甸经济处于崩溃边缘的背景下，缅甸国内局势发生动乱，以苏貌为首的军人集团于1988年9月通过政变方式迫使奈温政府倒台。新上台的苏貌政府废除了"缅甸式社会主义"经济体制，改为以市场配置和打开国门的方式来发展缅甸经济，解除对私人从事外贸、服务业等行业的诸多限制性条款。苏貌政府于1990年以法律形式来保障私有企业的合法权益，规定除特定领域由国有企业经营外，其余行业面向私人资本开放，鼓励其投资缅甸实业，为新时期缅甸经济的发展做贡献。另外，苏貌政府自1962年以来，第一次以颁布法律的形式规范外国资本对缅投资，制定了一些关于外资投资缅甸产业的操作流程和实施方案，提出缅甸与投资国之间坚持平等互利原则，给予外资相应政策和优惠，将国外先进技术和管理经验用于缅甸产业经济的发展。进入21世纪后，缅甸政府进一步放宽外资准入门槛。在吸引外国投资的同时，缅甸政府积极开展对外贸易特别是同周边国家的边境贸易；废除对私人资本、外资投资银行等金融行业的限制性规定；对奈温时期的农业政策做出调整，鼓励农民利用闲置土地资源扩大农作物生产规模，农产品流通以市场经济方式来运作，解除农民的生产束缚，在一定程度上能提高他们的生产积极性。缅甸的净耕种面积在1988/1989财年为1990万英亩，至2000/2001财年已增加到2570万英亩，10年间增长了将近30%。

2010年1月，自1990年大选以来的首次全国性政治选举如期举行，缅甸政治成功实现了从军人政府向民选政府的过渡。2011年4月1日，缅甸民选政府正式开始运转。民选政府上台以后，在推进政治民主化的同时，对经济进行大刀阔斧的改革，具体政策措施包括：第一，调整经济发展战略，突出工业强国，注重经济领域全面发展；第二，大规模推行私有化，增强经济活力；第三，注重改善民生，提高百姓收入和生活水平，减少贫困；第四，改革汇率制度，促进金融体系发展；第五，提高行政效率，放宽外汇限制，促进内外贸易发展；第六，积极对缅甸国内投资环境进行改善，吸引国外资金融入缅甸经济发展；第七，加强环保工作，重视项目的环保评价。①

在发展教育事业方面，以奈温为首的军政府对吴努时期的教育制度进行"缅甸式社会主义"改造。他们提出，对无助于学生就业的学校教育进行改革，教育应该以学生就业和提高学生道德素质为根本，在教学内容中增加应用科学的比例，对教育系统中的殖民主义遗产进行彻底整改，使教育发展与缅甸社会主义建设相适应。另外，军政府就缅甸大学教育、基础教育和职业教育等方面出台专门的法律，以规范和推动其发展。

在1962—1988年的27年间，缅甸的教育事业从数量上看有较大发展，在校小学生人数增长了2倍，初中生人数增长了约3.5倍，高中生人数也增长了3倍多；高等院校学生人数从不到20000人增加到220773人，增长了十多倍；各类职业学校的学生人数也大有增加。

但是，在此期间，缅甸基本上是关起国门来发展教育事业，在办教育过程中坚持自主原则，强调教育要为缅甸国民服务，在教学活动中鼓励实践，但对于教育和教学质量以及缅甸教育的国际化等方面，奈温政府并没有给予足够的重视。教育设施也没有随着受教育者人数的增加而得到相应的增加和更新，这就使教育质量的提高受到很大的影响。例如，在外语教学方面，1964年以后，缅甸取消了小学的英语课，这导致了国内英语教育水平的下降，直到1979年以后政府才重新开始重视英语教育。

1988年以来，缅甸政府在经济上逐步推行改革开放政策，对教育政策也适时做了调整。缅甸政府提出的教育目标是：在普及基础教育、扩大中等教育和高等教育的同时，注重职业技术教育和成人教育的发展；做好知识体系在缅甸国内的普及和宣传工作，培养对缅甸充满感情并为其现代化发展服务的科学家、掌握技能的劳动者和有能力的学者。为发扬民族传统、振兴民族文化，缅甸政府于1992年10月1日正式决定在全国范围内恢复寺庙教育。2007年，缅甸共有大专院校156所，其中仰光省有35所，曼德勒省有32所，共占全国的43%，其余12个省/邦平均只有不到9所高

---

① 贺圣达、孔鹏、李堂英编著：《缅甸》，社会科学文献出版社2018年版，第156页。

校，最少的克伦邦、钦邦分别只有4所和3所。据2014年缅甸人口普查数据，2014/2015年财年上半年，缅甸小学生大约有500万人，初中生约为270万人，高中生只有约80万人，可见，初中升高中的学生比例不到1/3。2010/2011财年至2014/2015财年上半年，缅甸学校数量增长13%，教师人数增长20%，学生数量增长11%。缅甸15岁以上成年人识字率为94.8%。缅甸每年约有3万名大学生和8000多名中专生毕业。目前，缅甸共有公办基础教育学校（含高中、初中及小学）45461所，教师370585人，在校学生920万人。此外，缅甸政府还解除了对私人办学的限制，缅甸教育部2012年在全国范围内批准成立66家私立学校。2014/2015学年，缅甸已经有200多所私立学校。从2015/2016学年开始，教育部加强对私立学校的督导和检查，审查其是否违反规章制度，监督它们提升办学质量。2016—2019年，缅甸高中、初中、小学学校数量从46007所增加到47031所，教师数量从368920人增加到404444人，学生数量从8907817人增加到9144469人。

自19世纪20年代末缅甸毗邻印度洋的地区沦为英国殖民地开始，现代化这个元素就逐渐融入缅甸的历史发展进程之中。在英国殖民缅甸的历程中，因稻米产业融入世界市场，缅甸经济成为英国资本主义经济中的重要一环，但是缅甸人民并没有从中享受到多少利益，更多的是受奴役的苦难历程。敏同王、佛教青年会、"我缅人协会"、昂山、吴努等个人或组织曾对缅甸的现代化进行探索和实践，这为缅甸现代化的开启和后期缅甸现代化道路的选择提供了借鉴。从1962年军人集团首脑奈温发动军事政变上台执政至2011年缅甸民选政府上台，是缅甸现代化进程陷入停滞、倒退和困顿的时期。登盛自2011年4月上台执政以来，调整发展战略、改善民生，重新开启缅甸现代化进程。① 虽然吴努时期的现代化试验最终夭折了，但对缅甸独立后的整个现代化进程而言，它无论在正反两个方面都是一笔非常宝贵的财富。使用现代化理论对各阶段的缅甸现代化进程的进展、存在的问题以及最终失败的原因等进行分析，对于探讨全球化时代的世界体系是非常具有理论和现实意义的。

五、缅甸现代化充满前进性和曲折性的原因分析

缅甸的现代化进程充满了曲折，但在曲折中又能看到其前景。殖民时期缅甸仁人志士的现代化探索为独立后缅甸现代化的开启奠定了基础。吴努坚持了14年的现代化探索实践，因奈温发动政变而失败，缅甸现代化遭到挫折。缅甸现代化呈现上述阶段特征主要有五个原因。

其一，缅甸现代化实践缺乏成熟的民主政治、经济和社会发展等硬条件做支撑。缅甸在成为英国殖民地之前的很长一段历史时期，只是一个农业经济自足、有佛教信仰传统的王权专制国家。英国为巩固其在缅甸的殖民统治，曾进行许多具有现代化意义的实践，但是大多数缅甸民众对英国的社会实践持漠视态度。在现代化进程开启时，缅甸还是一个稻米产业占据经济主导地位的国家，1960年其工业产值仅占国内

---

① 贺圣达、孔鹏、李堂英编著：《缅甸》，社会科学文献出版社2018年版，第154页。

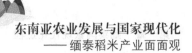
东南亚农业发展与国家现代化
—— 缅泰稻米产业面面观

生产总值的12%。① 农民是参与缅甸国家现代化的主体,但是其知识体系掌握水平低,民主观念不强。总而言之,吴努时期的现代化是无源之水,其实践缺乏牢固根基,难以长久和持续进行下去。

缅甸不具备经济发展、文化繁荣和社会安定等结构要素,导致其知识体系建构处于发展阶段,民众对社会生产关系变革的观念也比较淡薄。以佛教为主的信教传统、以部落和村社为主的区域治理观念、基督教和印度种姓、地区之间的发展差异等都对缅甸的现代化产生影响,而英国殖民者、缅甸民族资产阶级只是教条、机械地将西方的民主模式、经济发展模式和文化生活观念等社会结构移植到缅甸,没有考虑到东方社会特有的物质和社会属性,导致这种现代化模式在缅甸水土不服。因此,西方国家的现代化模式在缅甸的发展实践,除了具有外表和形式等外壳,其实质和内涵有待商榷。② 可以说,缅甸文人政治家对殖民统治的政治遗产和机制的盲从是导致缅甸现代化进程混乱和社会无序的另一个重要原因。③

卢西恩·派伊曾对处于边缘地区的欠发达国家在现代化进程中所面临的问题进行探讨,他将这种理论称为"五大危机模式"。其中的两个问题,一个属于政治发展、文化状况等社会结构范畴,另一个属于国家认同、民族政治合法性认同等概念范畴,同按照区域社会发展特征来判断政治文明程度的案例极其相似。缅甸历史上的王权制度、土地制度和村社制度不仅影响了缅甸稻米产业的历史发展进程,还对现代化等其他范围的历史进程产生了重要影响,导致缅甸古代国家治理运行机制难以正常运转,即现代政治学中的缅甸认同危机,这种危机深受缅甸封建社会结构的影响。缅甸民族政治合法性主要受两大要素影响,即国家和地方统治者的治理能力,治下民众对施政者治理能力的认可程度。随着国家现代化进程的不断推进,王权统治、中央集权制、部落村社制等封建时代的缅甸国家治理模式不断被历史摈弃,而现代缅甸境内的中央政府与民族地区所积累的矛盾影响其现代化国家治理能力的效能性。吴努政府在国家独立之初,其政令只能传达到缅族聚居的大部分缅甸大城市。缅甸这种地方分裂割据局面使吴努政府的权威性受到挑战,国家政治活动的正常开展和经济建设等举步维艰。

其二,独立后的缅甸统治集团欠缺国家政治建设经验和能力。稳定的政治发展环境是缅甸国家现代化进程不断推进的有效保证,但是,自由同盟、"廉洁派"、革委会、恢委会和和发委等缅甸执政团体与英国保守党等政党相比,在发展的成熟性上存在着本质的区别,前者只是一种政府治理合作关系,当联盟中某一团体利益受损时,统治集团内部就会产生分化和重组。例如,自由同盟在1958年分裂为"巩固派"和"廉洁派",1960年"廉洁派"在大选获胜组阁后在权力分配上又产生内部矛盾,1988年以苏貌为首的军人派系取代奈温的统治。上述联盟内部的权力分配矛盾使历

---

① 《1982年世界发展报告》,世界银行1982年版,第114页。
② [苏]格·伊·米尔斯基:《"第三世界":社会、政权与军队》,力夫、阜东译,商务印书馆1980年版,第29–30页。
③ Myan Maung. *The Burma Road to Poverty*. Pracger Publishers, 1991, p. 81.

届缅甸政府难以有效运作，另外，执政联盟部分成员还存在严重腐败和执政能力不足问题，缅甸民众对此非常痛恨又很无奈。

其三，自由同盟、"廉洁派"、革委会、恢委会和和发委等缅甸执政团体在执政能力建设、经济发展可持续性、民族地区自治和多元宗教和谐等问题上失误不断，使缅甸国家现代化进程的推进变得更加困难。例如，缅共与吴努等自由同盟当权派在独立协议内容、缅甸未来国家发展模式探索等问题上出现分歧，导致缅甸很快陷入内战。吴努政府没有将和平模式作为解决争端的首要手段，而是采取军事手段对缅共革命进行镇压。另外，缅共内部在革命模式上也存在分歧，一派主张以和平手段在城市开展革命，另一派主张在农村发展军事力量，以进行彻底革命。军人集团推翻吴努政府的统治后，政府与缅共处于全面对抗状态，一直到20世纪80年代末，缅共因外援断绝，其革命活动才逐渐式微。在民族地区事务处理方面，吴努政府坚持以"大缅族主义"原则处理中央政府和民族地区的权力分配关系，民族自治等地方治理体系建设迟缓，对土司等利益集团的政策比较冒进，引起民族地区统治集团的严重不满，这些利益集团组建民族地方武装，民族分离主义盛行，和政府军冲突不断。不同联盟执政的缅甸政府在民族政策制定和执行上摇摆不定，导致缅甸民族地区面临的各种问题直到今天仍难以解决。

自由同盟、"廉洁派"、革委会、恢委会和和发委等缅甸执政团体在缅甸经济制度和发展建设方面也存在很大问题。吴努政府连续制定五个经济发展规划纲要，制定了一些不切实际的经济发展目标。这些目标的实现需要满足以下条件：第一，1960年缅甸经济发展要完全恢复到甚至超过"二战"前的水平；第二，缅甸每年的稻米对外贸易额在1亿英镑以上①；第三，在产业布局、农村社会生产关系等方面的调整要与缅甸发展新形势相适应。而在当时的环境下这些是很难做到的。吴努政府制定的《八年经济发展规划纲要》中的经济指标明显脱离了缅甸的实际发展状况，导致这些经济建设任务难以完成。另外，地方对国家文件的执行力也很成问题，吴努政府时期的经济建设没有达到预期目标。② 到了军人集团执政时期，奈温将吴努政府的经济政策推倒重来，首先建立缅式社会主义性质的经济体制；其次将企业经营权限收归国有，严格限制民间资本参与缅甸产业发展；最后，对缅甸农业、工业等产业经济进行统制，坚持民族经济发展自主性，其生产和市场流通严格按照革委会的指令进行，计划经济色彩浓厚，国家经济活力和生产积极性受到很大影响。奈温时期的经济政策，在以苏貌为首的军人集团执政后遭到废止。苏貌政府时期的经济政策调整，主要基于纠正之前不利于缅甸社会生产力提高的内容，缅甸国民经济开始朝着正常态势发展。之后的丹瑞政府、登盛政府、民盟政府都是在此基础上进行缅甸经济建设。

其四，有的缅甸研究学者认为，施政者的文化背景和精神世界观是其难以处理好宗教问题的主要原因。③ 吴努的宗教问题处理实践经验就是一个明显的例子。在国家

---

① [美] 约翰·F. 卡迪：《战后东南亚史》，姚楠等译，上海译文出版社1984年版，第191页。
② [美] 约翰·F. 卡迪：《战后东南亚史》，姚楠等译，上海译文出版社1984年版，第192页。
③ Myan Maung. *The Burma Road to Poverty*. Praeger Publishers, 1991, p. 81.

政治建设方面，吴努笼统地将佛教教义用于指导民主政治日常活动，将佛教政治化。例如，吴努将"敬佛节"等规定为国家的法定节假日，成立以佛教徒为主的宗教管理部门，花巨资成立佛教协会，对其活动给予人力和物力上的大力支持。1954年，吴努将原本用于经济建设的资金用于建设佛塔和召开佛教大会。1956年，吴努以国家领导人的名义到佛寺静修，并且这次静修长达9个月，将最为紧急的国家行政工作抛至一边，导致执政联盟内部发生分裂。另外，原本就十分紧张的国内局势也并没有因吴努礼佛而得到缓解，以奈温为首的军人集团不得不组建看守政府来稳定局势。"廉洁派"在1960年大选获胜、上台执政后，吴努再度将佛教立为缅甸的国教，伤害了信仰基督教、伊斯兰教等的少数民族民众的宗教感情，民地武与政府军再次发生军事冲突，缅甸处于内战边缘。在此紧张局势下，以奈温为首的军人集团推翻"廉洁派"民选政府的统治，以军政府体制取代了之前的民主政治发展模式，这种国家治理模式直到2011年缅甸民选政府组建才终结。总之，吴努利用佛教教义来巩固政府威信、团结其他宗教信徒和族群的做法，存在诸多不妥之处，其无法作为灵丹妙药来解决国家现代化进程中存在的政治危机和经济发展难题。①

其五，缅甸国内政局长期处于动乱中，中央政府无法将足够多的精力放在国家现代化实践上。吴努政府政策出现失误，导致政府和缅共、少数民族的军事对峙不断，并呈长期常态化。与缅共的军事冲突一直持续到20世纪80年代末，和民地武的军事冲突至今仍未消停。内战给缅甸国内造成巨大损失，许多缅甸民众流离失所，无法为缅甸现代化提供稳定的实施环境。例如，截至1961年，缅甸有4万多人因内战失去生命，50亿缅元社会财富蒸发，300多万人失去家园。② 政府不得不将大量的人力和物力用于解决缅共、民地武等反政府武装问题，无法投入足够的资金用于国内经济建设、政治民主化和提高人民幸福指数等国计民生上面。奈温时期面临的国内形势同样严峻，除了缅共、民地武问题外，毒品问题同样困扰着军政府，而这个时期的世界共产主义革命也在一定程度上分散了缅甸军政府解决国内问题的精力。

中国的"天时、地利、人和"理论同样适用于缅甸的国家治理，由于缺乏上述基础，西方的"现代化"发展模式无法在缅甸的现代化进程中发挥作用，缅甸的现代化进程呈现曲折性和前进性交织的时代特征。总之，19世纪中期以来，缅甸仁人志士的现代化实践探索，为独立后的缅甸现代化发展道路的选择指明了方向。但是，缅甸民族精英在对待英国殖民遗产的问题上出现分歧，导致缅甸现代化在开启阶段就面临着国家内乱等不利因素。吴努政府对缅甸国内社会阶层结构状况的认识不到位，以及用"大缅族主义"的原则来处理国内民族问题，导致统治集团内部矛盾重重。"冷战"时期，美国、苏联等超级大国加紧对中间地带的争夺，使缅甸的现代化道路选择摇摆不定，政策模糊。在这种情况下，主导缅甸现代化的领导人，其现代化实践结果也存在差异。吴努政府开启缅甸国家现代化进程，军政府的政策实践导致缅甸现代化步伐放慢甚至处于停滞，2011年以来的民选政府恢复了缅甸现代化发展态势。

---

① ［美］约翰·F.卡迪：《战后东南亚史》，姚楠等译，上海译文出版社1984年版，第189页。
② 杨长源等主编：《缅甸概览》，中国社会科学出版社1990年版，第73页。

六、结语

　　从 1948 年缅甸独立至今,缅甸现代化共经历了 74 年的发展历程。其间,缅甸现代化进程经历了探索、停滞、曲折、恢复等阶段。现代化理论研究者出于不同的社会意识形态,对各个阶段的缅甸现代化实践效果褒贬不一。例如,部分学者为了突出奈温政府的无能,认为 1948—1962 年缅甸的经济发展速度在当时世界上属于比较快的,并且把 20 世纪 60 年代初的缅甸视为东南亚最发达的国家之一,人均国内生产总值高于奈温执政后期,是不符合实际情况的。另外,以欧美为代表的学者,出于其国家意识形态,对英国在缅甸殖民时期的发展实践给予过高评价,将军政府时期的政策实践定义为缅甸现代化的"黑暗历史"时期,犹如欧洲中世纪一样。这种观点是不科学的,我们应该根据缅甸历史的实际发展状况来进行评价。

　　从吴努政府以来缅甸历届政府建设现代化的政策来看,没有把实现国家的工业化放在首位,而以发展农业为重点是吴努政府的第一大失误;没有妥善处理民族、宗教矛盾,以及解决执政联盟内部的纷争是第二大失误。议会民主政体在缅甸的实践之所以失败,最根本的原因是缅甸缺乏民主政体正常运转的历史、文化、经济和群众基础,因而无法解决缅甸独立后面临的诸多问题和复杂矛盾。不过,后来执政的民盟政府已经意识到这个问题,并努力为之做出改变。例如,缅甸政府与中国国内一些大学合作,为其官员开展各种业务培训,以此提升缅甸的国家治理水平,这不失为一种好的方式。

　　缅甸政治发展道路探索的失败,给缅甸国家现代化进程造成消极影响。军人统治时期的缅甸领导人甚至认为,西方国家现代化发展模式不适合缅甸的现代化实践,国家现代化历程应由能力强的组织或个人给予指导。从东南亚其他国家的现代化实践来看,西方民主政体确实不能完全照搬到东南亚,必须根据具体国情加以创新和发展。对于现阶段的缅甸,首先是要彻底进行民族国家的构建,而不是建立西方民主政体的躯壳。

　　对于国家现代化的曲折性,吴努曾在 1960 年以政治发展作为例子来论证。他认为,对于国家的政治发展模式,施政者在开始时就将其运作和前景规划得非常理想,但是不同阶层、不同民族的缅甸国民对这一模式的看法是不一样的。一个国家的政治发展道路的选择,由于要考虑到当地发展水平、宗教信仰和生活风俗,这个历史过程将会很漫长。① 前国务资政昂山素季也曾评价过缅甸的政治现代化,她认为,世界上各个国家的民主政治发展道路不一样,导致其政治民主化程度也不一样,因此只以西方民主政治模式作为政治现代化的范本是不科学的,世界各国的政治现代化进程应该是多元的,每个国家的政治发展都有其独特的个性。② 这说明,缅甸的现代化发展进

---

① [美]约翰·F. 卡迪:《战后东南亚史》,姚楠等译,上海译文出版社 1984 年版,第 459 页。
② [缅]昂山素季:《自由、发展与人的价值》,刘军宁编《民主与民主化》,李柏光等译,商务印书馆 1999 年版,第 116 页。

程将具有缅甸自己的特色，与东南亚其他国家有一定的差别。

第二节 泰国国家现代化进程

随着泰国王室与英法签订不平等条约，国门被打开，泰国的历史发展进程开始融入资本主义主导的"现代化"历史发展进程中，泰国上层统治集团开始对国家现代化发展道路进行探索。经过近170年的现代化探索与实践，泰国已经在政治、经济和教育等方面取得一定成效，成为东南亚国家中社会较为安定、人民幸福指数较高的新兴经济体。泰国的早期现代化实践由统治者自上而下进行推动，因此施政者的战略眼光非常重要，泰国的现代化历程与国家战略演变息息相关。

一、救亡图存时期的泰国现代化

这个时期的现代化开始于19世纪50年代泰国稻米产业的快速发展，结束于1932年爆发的"人民党革命"。周边邻国陆续沦为英法的殖民地或半殖民地的地缘政治态势，影响了泰国王室的国家治理理念，统治集团开始关注泰国国家命运，探讨避免国家沦为外国殖民地的良方。

从泰国内部的发展状况来看，泰国经济虽然因和清朝开展稻米贸易而繁荣一时，但是直到19世纪50年代，泰国还是一个小农经济占主导的封建王权国家。小乘佛教对居民的日常生活产生举足轻重的影响，在佛教教义的影响下，泰国民众形成保守的、强调因果轮回的思想观念。而在国家行政管理方面，形成受"萨迪纳"制影响的"曼陀罗"国家治理模式。这种模式来源于沃尔特斯的论点，即泰国王权下分为诸多有一定地方事务处理权限的邦国，这些邦国的统治者在宣誓效忠国王的前提下，对自己所统治的地区进行治理，只是在地方权力方面有所差异。① 这种国家治理模式导致泰国民众对统治者形成强度不一的依附关系，同时"萨迪纳"制的社会生产关系对泰国经济发展产生重要影响，农民的生产与生活被束缚在土地上，不能自由流动，工业这一产业于国家经济系统中基本上不存在。这种社会生产关系下的经济发展模式一直持续到19世纪中叶，因为这一时期泰国的历史进程还处于封建社会的初期发展阶段，只有华人从事土特产品收购、采矿等行业，而其他行业以某种形式附属于王权。正如东南亚研究名家贺圣达先生所言，泰国不具备发展工业的前提条件，也缺乏开启现代化进程的相关要素，只有很少的泰国民众熟悉"现代化"经济发展所需

---

① O. W. Woltes. *History, Culture and Region in the Southeast Asian Perspectives*. Institute of Southeast Asian Studies, 1982, p. 16, 转引自庞海红《泰国民族国家的形成及其民族整合进程》，云南大学2007年博士学位论文。

的科技、运作机制和市场流通等要素。①寺院是泰国民众受教育的主要场所，以梵文和巴利文作为主要的教学和学习用语，这种教育模式强调修身养性，民众的农业生产技能和经验源于祖辈传承和生活实践。泰国的兵役制度也受"萨迪纳"制影响，泰国平民服役的年龄从15岁开始，到65岁结束，这些士兵战时为国王和地方统治者征战疆场，和平时期作为农民耕种土地，承担交纳赋税的义务。19世纪是泰国历史上较为强盛的时代，也是其疆域拓展的主要历史阶段，但是冷兵器仍然是泰国国王发动对外战争的主要装备，其对外征服以传统战争的方式进行。因为，"只有军事技术革新在传统战争中发挥作用，新装备才会出现在战场上"②。总之，和英法等资本主义国家相比，泰国的各个方面已经在世界上落伍。

从世界发展进程来看，泰国面临来自欧洲殖民国家军事威胁的形势日益明显。随着18世纪后期欧洲工业化的大发展，英法逐渐成为世界强国，对原料和市场的追求使缅甸、越南和泰国等国进入英法殖民者的视野，两国对东南亚地区的外交政策也发生变化，泰国面临着英法两国越来越大的战略压力。法国曾支持下缅甸地区的孟族来反对英国的殖民统治，因遭到英国军队反击而失败。英国在侵占恒河三角洲地区之后，通过第一次对缅战争，获得对缅甸毗邻印度洋地区的占有权；通过第二次对缅战争，下缅甸成为英国的殖民地；英国最终于1885年占领上缅甸，完成对整个缅甸的吞并。另外，英国在马来半岛的殖民扩张，使其殖民地和泰国南部的邦国接壤，"曼陀罗"体系与英国发生战略碰撞。除此之外，法国在不断加快对越南殖民侵略的步伐，老挝和柬埔寨等泰国附属地区也成为法国的扩张对象，因此法国也与"曼陀罗"体系发生战略碰撞。同时，泰国上层统治集团因中国开始沦为半殖民地，在国家安全上面临巨大的战略压力。

这个历史时期的周边严峻形势使泰国统治集团认识到，必须放低姿态，同英法等国的资产阶级妥协，以这两国的发展模式作为范本，来壮大泰国的综合实力，才能避免缅甸、越南的命运在泰国上演。因此，以拉玛四世为代表的泰国统治集团开始大规模学习英法的社会制度、政治运作模式、军事技术、法律制度和教育科技理念，以抗击英法的殖民侵略。泰国统治集团的现代化探索主要集中在器物和制度两个层面，对其他方面则持保留态度，因为这些方面的探索和实践会危及统治集团的核心利益。

拉玛四世对英法在泰国周边的动态以及西方资本主义的发展趋势有很深的了解，他以一种独到的战略眼光做出判断，即泰国不具备和英法进行对抗的实力，泰国在外交上应该与英法资产阶级政府进行妥协，从而最大限度地维护泰国的利益。他知道，像中国那样的封建大国都已经屈服于来自欧洲的殖民侵略者，那么泰国也不得不对英法等国政府在外交方面"示好"，因为亚洲国家间传统的朝贡关系已经不适合这个日

---

① 贺圣达：《泰国传统社会与朱拉隆功改革的局限性——兼论泰国现代化进程缓慢的历史原因》，《东南亚》1988年第C1期。

② ［新西兰］尼古拉斯·塔林主编：《剑桥东南亚史》第1卷，贺圣达等译，云南人民出版社2003年版，第322页。

东南亚农业发展与国家现代化
—— 缅泰稻米产业面面观

新月异的世界。① 1867 年,拉玛四世在给泰国驻法大使素里旺的信中对泰国周边的地缘政治态势曾这样写道:泰国的东、西、南三面被英法殖民地所包围,只剩泰国湾一个出海口。即使泰国有足够多的资金来购买枪炮和军舰,也无法与英法进行军事对抗。因为泰国的工厂还不能独立建造这些军备,当英法等国政府知道泰国购买军备的意图时,随时都可以切断泰国的军火来源。因此,大国平衡外交是维护泰国国家利益的最有力武器,可将利益最大化,并且付出的代价较小。② 拉玛四世在客观分析泰国国内和周边国家局势的基础上,处理同英法等国的关系时,采取了有别于缅甸和越南的外交政策,即泰国政府主动发展同英法的外交关系,打开国门,扩大其在欧洲的影响力,《鲍林条约》就是拉玛四世新时期外交实践的经典案例。1855 年,泰国政府在同英国签订《鲍林条约》后,陆续与法国等西方国家签订了类似条约。泰国在进入条约体系后,虽然在国家主权方面受损,但是避免了沦为英国或法国的殖民地,获得了开启国家现代化进程的自主权。如同知名的泰国问题研究学者汤普森所讲,泰国政府通过其在国家主权上的暂时性损失,赢得了国家和民族的独立。③ 随后,统治集团通过调整内部社会生产关系,达到提高国家综合实力的目的,从而改写泰国的国家命运。

泰国统治集团认识到,只有获得国家和民族的独立,才能维护自己的核心利益,国家综合实力的壮大能为维护统治集团核心利益提供保障,泰国政府必须加强军队等国家暴力机器的建设。因此,国王非常重视军队训练、组织和制度等方面的建设。拉玛四世时期,开始以英法的军队训练、培养机制等作为重要参考,来改革泰国的军制。泰国政府还组建专门的机构来管理军队,培养相关的军事人才。例如,1887 年组建陆军部来推进军队建设的现代化和常态化,1904 又成立陆海军学校来提高军人的文化素质,1905 年改原有军制为义务兵役制以保证兵源稳定。同时,泰国政府还派遣留学生到英法等国学习军事理论知识。到 20 世纪初,泰国军事建设成效显著,军队的种类、数量、训练水平、文化素质和战斗力等都已达到预定目标,在维护泰国民族独立和领土主权方面发挥着重要作用。拉玛五世在泰国军制改革中所起的作用最大,在他的努力下,军队规模达到十个师。在军事人才资源建设方面,从英法留学归国的留学生逐渐替代来自英法等国的军事专家,成为军队建设的业务骨干,使泰国有能力建设一支军事素养较高、武器装备先进、能适应复杂作战环境的军队。泰国国王的支持力量进一步壮大,其权力更加稳固。这样一支强大武装力量的存在,使英法等国在考虑对泰国进行殖民侵略时,不得不对泰国军队的作战实力有所顾忌,这在一定程度上维护了泰国的国家主权和安全,为泰国现代化建设提供了安定环境。

国王在这个时期还对泰国的行政制度和基层治理制度进行了完善,以提高泰国王室的权威。首先,对官职进行改革,例如,将"厅"改为"部",增设"总理大臣"

---

① [英] D. G. E. 霍尔:《东南亚史》(下),中山大学东南亚历史研究所译,商务印书馆1982年版,第761页。
② 莫法特:《蒙固王》,第 24 - 25 页,转引自 [苏] 尼·瓦·烈勃里科娃《泰国近代史纲》(下),王易今等译,商务印书馆1974年版,第226页。
③ [英] D. G. E. 霍尔:《东南亚史》(下),中山大学东南亚历史研究所译,商务印书馆1982年版,第796页。

职位，将"邑主"纳入官职管理，对官职的俸禄数额和工作时间做出明确规定。其次，在中央政府内部设置内务部、国防部和财政部等核心部门，并将各府、县等地方行政权收归中央内务部管辖，这套管理模式一直持续到今天，最终"领俸禄的官吏取代了世袭的地方统治者"①，这对于国家现代化来讲是一种进步。最后，政府通过西方国际法体系推动泰国民族国家的形成，这对于维护泰国统治集团的切身利益意义重大。泰国自上而下的"现代化"改革谱写了不同于越南、缅甸的国家历史，并取得一定的成效，但是统治阶级自身存在的软弱性导致这一历史时期的泰国现代化实践存在一定的局限性。

受"救亡图存"思潮的影响，泰国封建统治集团发起自上而下的社会改革，泰国历史发展进程进入"现代化"时期，经过半个世纪的历史实践，其既定目标基本完成。

首先，维护了泰国领土主权的相对完整。虽然泰国在领土主权方面有一定程度的受损，沦为半殖民地，英国和法国控制了泰国的经济命脉，但是泰国避免了国土被列强瓜分的命运，泰国文明得以继续向前发展。其次，通过富国强兵的社会改革，泰国国力有所提升，与西方国家签订的各类条约在20世纪初大部分被废除。1909年，在英泰新约签订的基础上，英国在泰领事裁判权被泰国政府收回。但是，这次现代化实践是在泰国国家危亡的背景下，以自上而下的方式进行的，加上泰国落后的社会环境和较为滞后的经济制度，导致其效能非常有限。

二、随意性发展阶段的泰国现代化

这个时期的泰国现代化始于1932年的"人民党革命"，止于1957年陆军元帅沙立·他那呐发动军事政变、组建军人集团统治的政府。"救亡图存"时代的社会改革虽然表面上维护了泰国领土主权的完整性，但也为封建统治集团培养了掘墓人。留学国外的一批军事留学生在泰国新军中形成了少壮派，这批军官受西方民主思想影响，同时又是国王比较倚重的支持力量。另外，1929年的全球经济危机导致泰国经济受到重创，泰国政府对此无能为力，民众困苦不堪，泰国民间产生类似于法西斯主义的思潮，这个以中下层官僚为主的政治集团渴望改变现状。在1932年6月24日，由这个集团发展而来的人民党通过军事政变的形式，逼迫拉玛六世签署新法案，泰国的政体由王权专制变更为君主立宪制，国王的权力受到新宪法的限制。这个中下层军人集团政党掌握了国家的最高权力，但是他们发现自己仍然无法改变泰国糟糕的经济状况和国内的动荡局势。主要原因如下：

首先，人民党集团缺乏治国理政的经验和能力。由人民党主导的新政府是在军事政变成功后才匆忙组建起来的，他们对国家建设缺乏系统性认识，对泰国如何摆脱现有经济危机，以及接下来的经济发展规划等并没有进行认真研究和探索。直到1933年3月，在新政府中担任部长的人民党集团领导人比里·帕侬荣才草草拿出一个经济

---

① ［美］约翰·F. 卡迪：《东南亚历史发展》下册，姚楠、马宁译，上海译文出版社1988年版，第618页。

东南亚农业发展与国家现代化
—— 缅泰稻米产业面面观

规划纲要交给议会讨论。但是,议员们看了后,认为政府只是敷衍他们,因为手中的这份经济发展计划缺乏摆脱危机的应急对策,就连将来的发展理念等重要因素也没有被考虑进来。① 因此,新政府对于摆脱经济危机、推动经济的恢复和发展等当务之急是无能为力的。

其次,人民党集团缺乏广泛的群众基础。这个集团是以较为和平的方式获得国家最高权力的,他们没有将广大的泰国民众吸纳到政治运动中,民众只是以旁观者的身份来看待这次事件。② "人民党革命"与英法等国的资产阶级革命有着本质的区别,这次革命只是统治集团内部的权力调整,它不像西方资产阶级革命那样由国家的社会生产力进步来推动政治进程;"人民党革命"也不同于俄国的社会主义革命,俄国十月革命有广泛的群众基础,而在1932年泰国政变中,中下层官僚和军人是主要的推动力量。他们在改变取得成功后,较为关心的是在新的权力再分配的过程中,自己能够获得多少实际利益。而所谓的政治民主、社会稳定、文明开化等只是比里等少数人的理想,民众的农业生产和生活环境的改善与他们没有任何关系,他们只想保住自己的既得利益。人民党集团内部的分歧导致泰国国内动乱更加严重。

在日益恶化的政治经济形势面前,人民党政府拿不出得力措施来摆脱困境,因为"救亡图存"时期的经济改革措施就没有包括工业化,即使有,也都是依附于稻米产业而发展起来的,如稻米加工、林业等行业的发展都是为了配合稻米对外贸易而逐渐兴盛的。泰国稻米和土特产品对外贸易的主导权,被外来资本所控制。稻米对外贸易所得的利润多少对泰国经济发展产生着重要影响,泰国传统的小农经济导致农民生活水平的好坏也与此相关,此外,政府财政收入的绝大部分来源于稻米业。因稻米出口市场恶化,比里政府的财政状况更加糟糕,1931年泰国政府的财政赤字金额达到1100万泰铢。③ 泰国资本主义经济发展还处于初级阶段,无法为人民党集团的政权建设提供坚实基础。

拉玛四世和拉玛五世的改革中虽然提到教育等内容,但是由于农民和统治者依附关系的解除较为迟缓、农民受教育的场所主要在寺院等因素的影响,农民的文化素质依然停留在19世纪初期的水平。尽管拉玛五世在社会改革中废除了奴隶制,拉玛六世也在1921年颁布了《强制教育法案》,但是由于传统教育理念的影响根深蒂固,加上农民在稻米产业发展的过程中没有享受到多少红利,导致农民子弟拿不出钱到新式学堂接受教育。另外,拉玛五世改革中关于国民服饰穿着、言行举止等行为规范,仅在曼谷及附近地区得到推行。以解读佛经为目的的教育模式,导致西方政治理念在泰国的传播速度缓慢。除了比里等少数人,人民党集团内的绝大部分革命参与者对西方民主的概念知之甚少,他们只是希望借助英国的政治模式来摆脱泰国当前日益恶化

---

① Thak Chalocemiarana. *Thai Poltics: Extracts and Documents 1932—1957*. The Social Science Assciation of Thailand, 1978, p. 109.

② [英] D. G. E. 霍尔:《东南亚史》(下),中山大学东南亚历史研究所译,商务印书馆1982年版,第914页.

③ [英] D. G. E. 霍尔:《东南亚史》(下),中山大学东南亚历史研究所译,商务印书馆1982年版,第914页.

的发展状况,使民众能安心发展生产,国王能带领国家和人民走出困境,另外自己能在这次革命中获得更大的权力,至于西方民主的其他含义他们并不关心。更有甚者,只是基于交情来支持朋友的社会变革运动。受过西方军事教育的军官相信,西方民主是最适合泰国发展的政治制度,英法已经为这一制度模式做出榜样,这两个国家已经实现富强,成为世界性的强国。① 对于受过泰国国内教育的官僚而言,他们对西方民主的认知虽然还比较模糊,但还是有一定的了解的。但对于泰国广大民众来讲,西方民主政治、新宪法等政治概念是完全陌生的,他们也不知道这些概念的用途。甚至有的民众从他人的口中得知,比里能给泰国国民带来好运;不明真相的年轻人则认为西方民主可以让自己无拘无束地生活。例如,年轻僧侣拒绝照顾年老僧侣的起居生活,学生拒绝去寺院参加佛经教育。人民党集团统治基础的薄弱,导致其革命不被广大泰国民众所支持和接受。② 人民党集团中的一位官员后来回忆,参加1932年新政府成立庆典的民众寥寥无几,负责庆典的官员只好采取一些措施,尽可能多地动员一些民众来参加大会,例如安排戏剧演出,给参会者提供面条等食品。可见,西方民主制度在泰国缺乏群众基础,因此人民党集团只能实施带有泰国民族主义色彩的民主制度。

20世纪初,泰国周边地区形势变化和世界强国之间的力量博弈此消彼长,尤其是日本和苏联国力的迅速增长,推动着泰国的现代化进程进入新的历史阶段。俄国在1905年的日俄战争中被日本打败,增强了泰国人"泰国也能成为强国"的民族自信心。1917年的俄国十月革命给泰国统治集团国家治理提供了一种新的参考。"一战"后和平主义在西欧的盛行和经济危机的加深,导致法西斯主义政权在意大利和德国建立起来,德意两国利用民族主义促进国家经济恢复和快速发展,激起了泰国中下层官僚变革王权专制制度的决心。泰国经济在世界经济危机中遭到重创,国家和民众急切希望有一个强力机构带领其走出困境。人民党集团领导人比里在总结上述各国国家发展模式的基础上,提出了适合泰国国情的"现代化"发展模式,即带领中下层官僚变革泰国传统的王权专制制度,采用英国君主立宪制度中的相关条款来限制国王的权力,发挥民族主义在泰国政治发展进程中的作用,让泰国成为一个政治民主、国力强盛、人民生活富足的地区强国。这一点已被后来从事比里思想研究的学者所证实。③ 但是,比里的现代化战略构想具有理想主义乌托邦的色彩,人民党集团打江山还可以,但是让其带领国民走出困境,搞好经济建设,已超出其能力范围。另外,第二次世界大战的爆发和升级,导致人民党的现代化实践无法进行下去。

随意性发展阶段的泰国现代化内容主要以德国、日本和苏联的国家发展模式作为参考,其主要内容包括:第一,强化国家对经济发展的控制和干预,建立国营性质的企业来进行工业化;第二,通过建立合作社来发展农业生产,提高农村经济抵御市场

---

① Thawatt Mokarapong. *History of the Thai Revolution: a Study in Political Behavior*. Chalermnit, 1972, p. 84.
② Thawatt Mokarapong. *History of the Thai Revolution: a Study in Political Behavior*. Chalermnit, 1972, p. 85.
③ Thawatt Mokarapong. *History of the Thai Revolution: a Study in Political Behavior*. Chalermnit, 1972, p. 82.

风险的能力,提高农民收入,推动农业的现代化;第三,继续引入西方生活习惯中的精华来推动泰国建立文明开化和社会有序的新面貌;第四,发展中学和大学教育,对民众进行思想启蒙,提高国民的文化素质;第五,进一步完善社会保障制度,让更多的国民享受到泰国现代化的发展成果。

人民党政府缺乏一个强力的领导核心,导致政府首脑频繁更换,泰国国内局势长期处于动乱中,无法为现代化实践提供一个稳定的实施环境。1935年,中国发生"华北事变"后亚洲局势日益紧张,使人民党政府的现代化方案实施环境更加恶化,最终影响到其预期战略目标的完成。

首先,人民党政府建立了以国家为主导的经济体系。工业建设和发展方面,1932年,政府采取强力措施来推动泰国工业化进程,鼓励民族资本投资国内实业建设,曼谷及周边地区是人民党政府发展工业的重点地区。到帕凤政府时期,许多具有民族资本背景的企业已经建立起来,生产领域包括机械、纺织、造纸、奶制品、丝绸、蔗糖、肥皂、啤酒、火柴、香烟、五金皮革等。其次,华人资本进一步发展壮大。一方面,人民党政府鉴于其经营技术落后和管理经验欠缺,选择和华人资本合流,而另一方面华人也需要强有力的政府为其提供庇护,双方一拍即合,具有泰国特色的政商集团由此开始形成。华人在原有产业的发展基础上,发展了新的产业,其经济实力更加雄厚。同时,泰族商业资本也在人民党民族主义经济政策的鼓励和资助下发展起来,政府通过"泰人商业协会"来动员更多的泰族人从事商业活动,但是泰族资本规模有限,无法和华人资本抗衡。在这个阶段,泰国垄断性质的国营经济也获得一定发展。銮披汶政府在"比里经济思想"的名义下,对1938年前的人民党经济发展模式进行彻底改造,用民族主义思想来指导新时期的国家经济建设,以壮大其军人独裁的统治基础。銮披汶经济政策的根本目的是让泰族人掌握国家经济发展的自主权、控制泰国的对外贸易,建立由泰族人控制的国营经济,泰族人掌握国家的发展命运,具有极端的民族主义色彩。① 銮披汶将泰国垄断性质的国家经济体制、国家垄断资本向各个行业进行渗透,使泰国国家统制经济全面建立起来。1938—1943年,随着几十家垄断资本企业的建立,制造业、食品加工业、金融业、对外贸易等各个领域已被政府所控制。在教育、医疗和就业方面,寺院教育逐渐被世俗教育所代替,小学和中学教育获得快速发展,其学校数量有5000余所。医疗服务体系也不断得到完善,医疗机构由曼谷向周边县城、农村扩展,更多的病人得到及时救治。国家统制经济的发展提供了大量的就业岗位,许多农村富余劳动力向城市转移,失业率下降,社会治安有所好转。在土地社会生产关系调整方面,政府采取征购和没收违法所得的方式,掌握了国家土地的最高所有权,将无主荒地、通过征购和没收得来的耕地等纳入国家可调配土地资源管理的范围,然后分配给农业无产者耕种,实现了农村土地改革的目标。在政府法律和教育部门的领导下,组织工作人员对民众进行普法教育,法制观念逐渐被泰国民众所接受,国家认同在国民心中逐渐建立起来,资产阶级思想观念和普世价值

---

① [泰] 萨道纳·查达拉功:《銮披汶时期的国家目标》,朱拉隆功大学博士论文集。

在民间传播开来。①

其次，人民党政府在泰国掀起一场文明开化运动。在文明开化方面，政府以国家的名义为民族艺术的发展制定标准，同时利用西方文明礼仪中好的方面，对陈旧的封建礼制进行改造，推动树立社会文明新风尚，人民党"大同世界"的世界观也得到贯彻实施。国营经济的建立，使泰国的社会生产力水平进一步提高，为封建经济体制向资本主义经济体制转变提供良好的社会发展环境。銮披汶掌权时将社会文化建设推向新的阶段，他对人民党的民族政治思想重新进行诠释，将民族主义定义为泰族人的民族主义。泰族民族主义者拥有共同的思想意识、文化空间、风俗习惯和心理素质，在政治、经济等社会结构中享有特权。② 实际上，銮披汶以对人民党的"民族主义"思想进行改造为幌子，借鉴德意日法西斯的极端民族主义思想，在泰国掀起了一场国家文明开化运动。这次社会改革，首先，统一国家的文字和艺术表现形式；其次，以篡改泰族早期历史的方式来建构新历史观；再者，对民众生活起居、婚姻和礼仪等进行规范，组织专人对其进行监督；最后，要求以西方风格来规范国民的服饰穿着，对国民咀嚼槟榔的行为明令禁止，将国号由"暹罗"更改为"泰国"来标榜"泰人至上"的民族主义。政府教育主管部门通过制定严格的课程教学制度和考试制度、统一编写教科书、组织教师登记等措施，达到控制国民教育活动的目的。在宗教信仰方面，銮披汶提高小乘佛教的地位，将佛教信仰等同于泰国的爱国主义，对非佛教徒的政府职员的职位保留或晋升进行限制，国内许多基督徒被迫改信佛教。同时，銮披汶还规定，没有上级部门许可，公务员禁止同外国侨民结婚。③

总之，泰国以国家垄断的方式进行"现代化"的实践取得了一些成效。落后国家在经济建设中所需的公共设施、生产资料和资金等必须通过政府来提供，而能否获得这些东西，则取决于国家的发展环境。在人民党集团取得泰国国家政权后，领导人主要把精力放在内部权力分配及以后的政治斗争中，导致国家经济持续低迷、难以走出困境。虽然他们提出明确的发展思路，但理想化的色彩较为浓厚，不符合泰国实际发展状况，直到将民族主义引入经济建设中，才略有好转。政府以国家垄断的方式建立国营经济后，新的官僚资本产生。负责经济建设的官僚经营理念和经验都比较欠缺，给国营企业造成严重的经济损失。泰国垄断经济的建立是以牺牲农民和其他企业的利益为代价发展起来的，国营企业成为政府投资的主要受益者。在"人民党革命"之前，泰国的工业和商业主要被华人资本所控制，政府建立国营经济后，华人企业损失惨重，被迫依附于军人集团，形成新的政商集团，导致腐败问题成为经济发展的制约因素。銮披汶在社会改革中奉行的"大泰族主义"损害了其他族群和教众的利益，许多民族问题和宗教冲突由此产生。

---

① ［泰］巴拉色·巴木通苏威：《泰国议会42年》，曼谷1974年版，第69页。
② ［泰］萨迪纳·查达拉功：《銮披汶时期的国家目标》，朱拉隆功大学博士论文集。
③ ［英］D. G. E. 霍尔：《东南亚史》（下），中山大学东南亚历史研究所译，商务印书馆1982年版，第919页。

三、高速发展阶段的泰国现代化

这个阶段的现代化进程开始于1957年沙立上台执政，止于1997年亚洲金融危机爆发。在泰国现代化的随意性发展阶段，中下层官僚集团虽然获得国家政权，但是他们缺乏稳固的统治基础，只能通过移花接木的方式将西方民主引入泰国来增强人民党政府的合法性，结果造成集团内部争权夺利，影响了国家文明进程的推进。1957年，陆军司令沙立发动政变，泰国国家政权落入以沙立为首的军人集团手中。为增强政权的合法性以及推动私人经济快速发展，沙立将经济发展作为国家现代化实践的第一要务来抓。因为他知道，人民党的现代化实践已为政府提供了宝贵的经验和教训，只要将国家经济发展作为行政管理中的重中之重，民众就会认可政府权威。经济现代化成为沙立现代化实践中最重要的内容，为此沙立组织专家开展相关课题的调研，以便在政府面临危机时，专家的对策能派上用场。沙立还邀请世界银行的专家到泰国，对国内经济的发展状况及存在问题展开调研，从而为泰国下一个经济规划纲要的制订提供依据。

这个阶段的泰国现代化内容主要包括：将经济建设作为提升国家综合实力的重要手段，通过国家干预对经济动态进行宏观调控，从而引导经济又快又好地发展，尽快走完工业化进程。政府的经济现代化实践从实施私人资本主导的进口产品替代战略开始，1972年起发展以出口市场为导向的制造业。到20世纪80年代，政府为解决产业发展过程中面临的瓶颈问题，除进行产业升级和结构调整之外，还通过制定经济和社会发展计划来推进国家的工业化。经济发展计划由泰国经济主管部门制订，每个计划为期5年，主要内容包括政府投入、经济发展、产业政策、就业问题、贫困问题等。截至1997年金融危机爆发前夕，泰国政府共出台和实施了7个五年计划，这些五年计划在经济现代化和社会现代化进程中发挥了重要作用。

这个历史时期的泰国经济处于高速发展阶段，可从其国内生产总值、年均经济增长率、商品对外贸易状况等得出结论。（见表1-1、表1-2、表1-3）

表1-1 泰国国内生产总值增长状况

年份	国内生产总值	人均国内生产总值	年均增长率
1960	22.5亿美元	93美元	13.97%
1991	933.1亿美元	1570美元	5.48%

资料来源：世界银行《1982年世界发展报告》《1993年世界发展报告》，转引自贺圣达等《战后东南亚历史发展1945—1994》，云南大学出版社1995年版，第480-482页。

表1-2 泰国年均经济增长率

年份	1950—1960	1960—1970	1970—1980	1980—1990	1970—1990
增长率/%	5.6	8.4	7.2	7.6	7.25

资料来源：世界银行《1982年世界发展报告》《1993年世界发展报告》，转引自贺圣达等《战后东南亚历史发展1945—1994》，云南大学出版社1995年版，第481页。

表1-3 泰国商品对外贸易状况

年份	出口总额/亿美元	进口总额/亿美元	出口总额占国内生产总值/%	进口总额占国内生产总值/%
1970	6.86	12.696	16.5	20.7
1990	228.708	326.511	45.0	55.5

资料来源：Chalongphob Sussangkarn. *Towards Balanced Development: Sectoral, Spatial and Other Dimensions*. p. 5.

泰国政府在教育、医疗和反贫困等方面也取得显著成效。1992年，经过30多年的努力，泰国建立了完备的现代教育体系，这个体系上至高等教育，下至幼儿学前教育。泰国民众的文化素质也不断提高，1950年成人识字率为54%，1960年为68%，1980年为90%，1990年为93%。据国际劳工组织研究报告，泰国10~14岁人群的入学率在20世纪90年代中期达到84%，这个指标远远高于老挝、缅甸等周边国家。[①] 泰国的高等教育在这个时期也得到快速发展，1960年大学入学率为2%，到1990年增加到16%，年均增长26.7%。政府除重视经济建设和教育发展外，在医疗卫生领域投入大量的资金，不断提高国民的健康水平。自20世纪50年代以来，医疗卫生事业因政府投入大量财政资金，在质和量两方面都有很大提升，特别是到80年代后，这个领域的预算一度占国家财政总预算的1/10。[②] 例如，政府提供专门的资金补贴给医院，为低收入者、60岁以上老人提供不同种类的医疗服务，他们生病时能到医院及时就医。[③] 卫生条件的改善，解除了国家经济发展的后顾之忧。泰国民众文化教育水平的提高推动了国家健康卫生和科技事业的发展，居民的身体素质也不断提高，能为经济建设提供大量的健康劳动力，不断推进国家现代化进程。自1957年以来，国家通过政府资金、民间资本等多种投资方式建立专门性质或综合性质的医院，到了90年代，医疗机构已从首都曼谷扩散至各府、县或乡镇，全国有83.3%的县级行政区设置了县级和乡级的医疗机构，居民医疗和卫生服务有了可靠保障。[④] 例如，每1000人中拥有的医生数量，1960年为0.1人，到1990年增加到0.2人，尽管这个比例很低，但是比起20世纪50年代还是有了很大发展。婴儿死亡率下降趋势明显，新生儿的死亡率，从1960年的10.3%下降到1990年的2.7%。4岁以下儿童的死亡率，1960年为65%，到1988年下降到38%。人口死亡率迅速下降，1960年为15%，到1987年下降到7.7%，产妇死亡率在1992年下降到2.3%。[⑤] 与此同时，居民平均

---

① Sunaree Komin. *Social Dimensions of Industrialization in Thailand*. Research Center, National Institute of Development Administration (NIDA), 1989, p. 100.
② 朱振明：《当代泰国》，四川人民出版社1992年版，第237页。
③ 朱振明：《当代泰国》，四川人民出版社1992年版，第238页。
④ 朱振明：《当代泰国》，四川人民出版社1992年版，第237页。
⑤ 朱振明：《当代泰国》，四川人民出版社1992年版，第238页。

东南亚农业发展与国家现代化
—— 缅泰稻米产业面面观

寿命也不断提高，1960年为52岁，到1990年已提高到66岁。① 到20世纪90年代，曼谷及周边地区、泰国其他城市包括郊区的大部分居民用上了干净的生活用水。随着医疗卫生事业的发展，病人对其服务有了更高要求，政府为此在大学或政府科研机构设立了大量的医学研究中心，研究领域涉及计划生育、心脏病、疟疾、传统泰医学、地方疾病等。例如在1959年，医学专家就已对泰国的药物资源进行发掘和整理，并且在政府的资助下，出版了医疗著作《泰国药用植物》。除此之外，政府在反贫困方面也取得了显著成绩，贫困发生率从1963年的57%下降至1989年的23.7%，在全国总人口迅速增加了2600万人的情况下，将贫困人口数量从1650万缩减至1310万。总之，这个时期泰国政府将经济发展、医疗卫生和反贫困等作为现代化实践的主要内容，这些指标基本完成甚至实现大幅度提高，泰国的社会文明程度和居民综合素质不断得到提高。但是，隐藏在繁荣表面下的一些问题也逐渐暴露出来，并对泰国的现代化产生不利影响。

泰国近40年的经济高速增长是建立在投入大量资金和较低人力成本等基础上的，而同期的生产力水平并没有因经济要素的大量投入而迅速提高。这就导致泰国经济发展过程中存在很多问题，例如缺乏资金、生产技术落后、经营理念落后、管理经验欠缺等。② 为了解决这些问题，促进经济高质量和快速发展，泰国政府只能求助于国外政府、经济组织和跨国公司，这些国家和组织对泰国进行投资，除了看到投资吸引力外，还要求泰国政府解除对国外资本进入泰国市场的各种限制。为吸引更多的外国企业向经济领域进行资金、人力和技术方面的投资，泰国政府将资本市场开放给国外资本，大量外资自1993年起开始涌入泰国。例如泰国的外债，1992年的债务总额为305亿美元，到1996年已增加到920亿美元，③ 远远超过国际经济组织划定的红色警戒线，造成国内经济呈现虚假繁荣，对泰国国家经济安全构成严重威胁，同时给了国际游资以可乘之机，导致在1997年的亚洲金融危机后，泰国的经济体系遭到重创。

随着泰国经济的高速增长，社会结构也发生了重要变化，产生了一系列影响社会稳定的问题，如追求物质享受而忽视精神文明的进步。著名的学者兼政治家博拉瓦·瓦斯指出，物质享乐和超前消费观念违背了泰国的佛教伦理思想，也不利于社会的可持续发展。受居民超前消费主义影响，泰国家庭储蓄额占国内生产总值的比重，1986年为21.1%，1992年降至9.8%，到了1995年又降至7%。而居民的消费金额仅1995年一年就比上一年度增加15%。知名的经济学家差隆还对泰国国民的消费观评论道，因受到周围邻居消费和经济观念的影响，民众通过降低生活支出等方式购买一些超出自己消费和经济承受能力的商品，如家用电器和轿车等，用来提高自己的身份、地位及获得亲朋好友的认可，导致自己的经济环境日益恶化，这是不利于国家经济可持续发展的。例如，华兴工厂生产的摩托车大部分被当地居民买走，但是他们并

---

① 中国现代化战略研究课题组、中国科学院中国现代化研究中心：《中国现代化报告2003——现代化理论、进程与展望》，北京大学出版社2003年版，第151-155页。
② The Ninth National Economic and Social Development Plan (2002–2006). National Economic and Social Development Board, Office of the Prime Minister, Government of Thailand, 2002, p. 69.
③ [澳]约翰·芬斯顿主编：《东南亚政府与政治》，张锡镇等译，北京大学出版社2007年版，第309页。

没有将摩托车用于日常生活出行，因为这个城镇的面积非常小，仅为1公顷，居民活动半径小于100米，导致摩托车在交通出行上无用武之地，只能当作奢侈品放在家里，作为财富的象征。超前消费主义还引发了一系列问题，例如家庭债务增加、居民生活质量下降，社会风气萎靡，赌博、卖淫嫖娼、盗窃、抢劫等一系列治安问题频发。

国家经济高速发展还导致家庭和人口结构发生变化，传统的生活方式和婚姻观念受到冲击。随着泰国城市化进程加快，大量的农民夫妇中一人或两人流动到周边城市打工，孩子和老年人因种种原因留守农村生活，一系列社会问题随着时间的推移而产生。在经济现代化的历程中，政府对于农村治安、生活保障、医疗服务等问题无法预料，也缺乏有效的应对措施。城市人口不断增加、部分农村空心化以及人口老龄化等问题出现后，政府暂时无法解决这些问题，也没有很好的应对方案，导致患艾滋病、癌症和抑郁症等疾病而死亡的居民数量增加。另外，人口增长的不平衡性还给国家带来交通、教育、环境等诸多问题。泰国主管经济的一个官员对国家将来的发展形势比较担忧，他说："社会发展的不平衡性将影响泰国将来的经济繁荣和可持续发展。"①

在这个阶段，因政府将经济发展作为国家现代化的重要内容，泰国政治现代化进程处于停滞状态。为反对军人集团专制统治，大学生开始作为新兴力量登上泰国的政治舞台，他们在1973年和1992年发起政治改革运动，迫使掌权的军人集团将国家政权交给民选政府，军人集团虽逐渐退居幕后，但仍然保留了干政的权力。这一时期的政治运行模式也不是真正意义上的政党政治，因为国会议员的产生跟同期的经济高速增长没有多大联系，许多当上国会议员的政客跟军人集团、大财团和地方家族势力等存在着千丝万缕的联系。

四、调整和复兴阶段的泰国现代化

这个阶段的泰国现代化进程始于1997年的金融危机，并一直持续至今。自20世纪50年代末以来，泰国经济开始进入高速发展阶段，在国内生产总值、对外贸易、国民教育、医疗卫生、反贫困等方面也取得了显著成就。但由于政府在现代化实践中并没有将政治发展、社会建设等作为国家发展的重点，这些方面的发展比较滞后，从而导致泰国在现代化建设中出现了许多问题。首先，政治发展跟不上泰国经济和社会形势，政治建设的滞后逐渐对国家经济和社会的可持续发展构成消极影响。虽然20世纪90年代泰国国民的教育水平和文化素质比起1960年有了很大提高，但是政治民主化程度并没有随着民众收入、受教育程度等的提高而不断发展，政治文明发展依然停留在20世纪30年代的水平。其次，地区发展不平衡、粗放型发展导致的环境问题等成为泰国经济发展过程中的"污点"。曼谷从19世纪泰国现代化进程开启以来就是国家建设的重点，这个地区为国家贡献了大部分的国内生产总值和工业产值，全国大部分的商品也通过曼谷走向国际市场；另外，城市和农村经济发展不平衡，政府的

---

① John Laird. *Money Politics, Globalization and Crisis: The Case of Thailand.* Graham Brash, 2002, p. 265.

东南亚农业发展与国家现代化
——缅泰稻米产业面面观

大部分财政支出用于支持城市的经济建设,随着农业产值占泰国国内生产总值的比重不断下降,工业制成品的价格比农产品价格稳定,导致城市与农村、工业与农业之间的鸿沟不断扩大。随着泰国经济的高速发展,国内生态环境也在急剧恶化,如森林面积锐减、河流水质变差、农业生产中的化学污染、工业和居民生活垃圾增多等环境问题对国民的身体健康产生了不良影响。最后,泰国民众过度追求物质享受和超前消费观念引发了物欲横流、官僚腐败、社会风气败坏等问题。泰国知名学者和政治家曾投入人力和物力对这些问题展开调研,例如泰国第三个经济发展规划纲要中增加了"农业和农村经济发展"等内容,第六个纲要则注意到经济发展的可持续性问题。但是,这些经济和社会发展政策在地方层面面临着执行力不足的问题,没有得到有效贯彻和落实。1997年金融危机的爆发使泰国经济遭受严重损失,许多企业和民众经济破产。为恢复国家经济和提振国民信心,泰国政府对自沙立政府以来确立的国家现代化内容做出调整。

泰国周边和国际形势的变化,也是推动政府对国家现代化做出调整的另一主要因素。英格拉姆、安德森、酒井米雄和通猜等知名学者很早就关注到泰国现代化历程中会面临的问题。在金融危机爆发前,来自中国、美国的学者曾撰文,告诫泰国国民要对物质至上、超前消费等腐朽思想保持警惕,但是民众对美国消费和生活方式的追求,导致外债规模远远超过国家经济的承受能力。泰国的经济发展严重依赖国外资本,国家财政抗市场风险的能力很弱,随着金融危机在国内蔓延,泰国国家财政濒临崩溃,只是依靠中国和国际货币基金组织的贷款才避免经济形势进一步恶化。另外,20世纪90年代以来,越南实行"革新开放"的经济政策,俄罗斯在东南亚地区实施战略收缩政策,美国也削减在东南亚的军事力量①,缅甸的经济政策也发生了变化,老挝、柬埔寨等国的局势不断好转,中国自改革开放后进入一个更高层次的发展阶段,这些外部变化为泰国发展战略的调整提供了更大的空间。上述因素成为影响泰国现代化战略调整的国际因素。

可持续发展成为调整和复兴阶段泰国现代化的核心内容,这个发展理念在国家第九个经济社会发展规划纲要中已有所体现。这个阶段现代化的主要内容为:缩小地区间的经济差异,协调农村和城市的经济发展,并要与生态环境、社会建设结合起来;打击官僚腐败,提高政府的行政效率和国家治理能力。

经济建设方面,政府将可持续发展作为泰国国家现代化的指导原则。政府针对经济高速发展阶段所面临的环境、地区经济协调发展和社会问题,开始对经济发展理念进行调整,不再坚持"国家现代化要以经济为中心"的理念,而改为以"提高经济发展质量和可持续性"指导新时期经济建设。在对国家经济未来发展趋势的认识上,政府已经意识到"知识经济"的重要性,开始鼓励社会相关机构和团体开展科技研发和创新,泰国"2025战略计划"就是在这个基础上发展而来的。另外,政府还意识到经济安全和平衡发展对于国家经济可持续发展的重要性,最终不断提高泰国经济

---

① [美]彼得·卡赞斯坦:《地区构成的世界——美国帝权中的亚洲和欧洲》,秦亚青、魏玲译,北京大学出版社2007年版,第25页。

的发展水平以及国际竞争力。他信政府时期,民众迫切希望政府能改变金融危机后泰国的糟糕经济状况。他信以一种新的经济发展模式,引领泰国经济从过度依赖国外资本的发展模式中走出来。他借鉴中国经济的发展模式,采取积极的经济政策,通过开发国际市场来扩大泰国企业的生产规模,将科学技术作为提高出口商品附加值的重要手段,最终实现产业升级,国民生活质量达到发达国家的水平。① 他信政府也意识到环保、教育发展对国家经济发展的重要性。与此同时,拉玛九世也提出了"适足经济"的模式,这种经济模式以增强农业发展的自主性、利用佛教信仰为农村经济的稳定创造条件,倡导在农村建立自给自足的经济体系,以立足地方的实用技术进行生产,将农村地区作为产品的流通市场,协调好农业产前、产中和产后三个环节之间的关系,提高农产品附加值,增强农村经济抵御外部市场风险的能力。拉玛九世的经济思想割裂了现代科技对农业的推动作用,也忽视了现代农业的市场化、产业化等特征。这实际上是一种保守的经济发展模式,遭到新兴资本集团和农民群体的反对。

社会建设方面,政府将社会和谐作为这个阶段泰国现代化的一个重要部分。泰国民众"物质至上"、超前消费观等不良社会风气对国家现代化的稳步推进构成威胁。为了踢开这些阻碍国家现代化的绊脚石,泰国政府将和谐社会作为社会文明建设的重要目标。为此,政府工作人员做了大量的工作,来保证民众在教育、社会保障等方面的公平、公正。另外,政府通过发展教育、培养高素质人才来实现科技创新的目标。除此之外,政府还通过1997年和1999年颁布的两部法律,为国民提供平等的入学机会,保护公民的受教育权,为困难学生提供生活和学习保障,从而将泰国建成"学习型"社会。面对地区间发展不平衡的问题,泰国政府在20世纪80年代中期开始实施"东海岸发展计划",以缩小东部地区和中部地区的差距。他信执政期间,政府推出"三十泰铢治百病""一村一品"等强力措施来改变农村地区落后的社会发展面貌,但由于政策过于向农村倾斜,引起了城市资产阶级的严重不满,撕裂了泰国社会,导致日后"红衫军"与"黄衫军"的政治对峙。另外,泰国民众希望能建立一个行政效率高、政策执行力强和公正廉明的政府,让社会更加稳定、人民生活更加幸福。但是,后来的沙玛、阿披实、英拉等历届政府由于各种原因,在好政府建设方面的效果一般。民选政府在国家治理中不断出现政策性失误,导致国家现代化进展缓慢、国内局势动荡。以巴育为首的军人集团开始主导泰国的现代化进程,为保证这个历史进程能稳步推进,巴育政府采取了三个方面的措施。

(1) 部署国家发展的各项工作,确保新时期的发展有一个良好开端。2014年以来,泰国的政治发展进程呈现几个基本特征,即政治变革过程中政治权威未出现真空、温和势力在变革中始终处于主导地位、文化宗教因素遏制了民粹的爆发。② 因此,巴育政府在军事政变后的几年里,就采取了一系列措施,以确保下一次大选开始时有一个稳定的政治环境。

首先,将"泰国国家20年战略计划"写入宪法。这个规划的法律效力将约束未

---

① Pauk Phongpaichit, Chris Baker. *Thaksin: The Business of Politics in Thailand*. Sikworm Books, 2004, p.104.
② 杨帆:《论泰国政治现代化初期未发生暴力革命之原因》,《东南亚研究》2014年第3期。

来民选政府的施政,是军人集团在未来长期把控政权的工具;目标是基于"自足经济"①的发展理念,把泰国建设成安全稳定、富裕繁荣、可持续发展的国家。

其次,采取各项措施为国家现代化创造有利条件。主导现任政府的巴育集团,经过5年的经营,利用执政优势,已经完成包括法律、政党、人事在内的全面布局,如修改宪法,重新规划上下议院的职能分配与议员格局,压缩稀释支持他信的为泰党的生存空间,扩大和保障军人继续执政的合法性与便利性,为通过民选上台继续执政做好了充分准备。

再次,运用政府行政权力抓紧开支"泰式民主永续计划"在各地实施项目的经费。1000亿泰铢的预算从2018年6月起划拨到各地,巴育表示,实施此项计划的宗旨是通过提振民生的经济措施实现基层经济与宏观经济的同步增长。2019年新年,巴育政府发布"贫困补助卡"政策,总金额达70亿泰铢,透过社会福利卡,每月为年收入不足三万泰铢者发放300泰铢,国内1500万贫困居民将从中受益。此外,执政集团又通过"人民国家"政策与地方组织展开合作,从各地的村庄为执政集团培养政商关系,使巴育的国家现代化理念获得不少民众支持。

最后,借鉴他信的惠农政策,向农村和基层社区加大经济投入,将农业定位为泰国经济增长的重要引擎,提高农民收入,努力让农民成为高收入人群,以稳定国家现代化的根基。2018年6月13日,巴育为巴差叻项目发展农村和社区计划主持开幕礼,提出将乡村基金列入增加收入和缩小贫富差距的战略,所有乡村基金必须用于发展经济和增加收入,拿到钱的人需要学习谋生。7月29日,泰国农村和合作社部启动混合多元谷物类经济作物耕种实验计划,推广在旱季等非季节性稻谷耕种时节大范围进行玉米等谷类耕种,又播种更加迎合市场需求的经济作物,以此提高农民家庭年收入。8月14日,巴育还为农业经济发展落后的问题出谋划策:各地农民通过组建新型合作社的方式提升农耕地统筹管理的效率,不仅能够保障农民收入,还能够实现劳动力的再分配利用。2019年1月20日,巴育到曼谷东部的新理论农业学习中心视察工作。在视察过程中,巴育还与农卓区的农民一起收割稻谷。巴育表示,希望看到农民拥有良好的生活质量、足够的收入,生活幸福快乐、家庭和谐安康、国家永远和平安宁。1月31日,泰国总理府事务部发言人公开表示,内阁已经同意限定甘蔗最低收购价,在盛产甘蔗的季节,甘蔗最低收购价为700泰铢/吨。3月9日,巴育与巴差叻力量党骨干访问孔敬、呵叻、清莱和洛坤等泰东北四府。巴育在视察清莱府时发表讲话:"政府就像一个大家庭的领导者,要竭尽全力为家庭成员做到最好,保护每一个家庭成员。大选就像结婚,一旦选择了错误结婚对象,将会遗憾终身。作为代表,我将尽全力、负责任地为国效力,推动泰国繁荣发展,与民携手共进,共创美好!"

(2)处理好国家各个阶层的利益分配,以确保新时期国家现代化的顺利进行。泰国经济长期处于两极分化的状态,社会不平等与对立十分严重。他信出任总理期间,打破了传统政治势力的平衡,即王权、君权、威权的等边三角形架构,以王室、

---

① 田禾:《泰国》,社会科学文献出版社2018年版,第124页。

曼谷政商集团、新资本集团和农民为代表的生产要素所有者，由于在经济发展中的收益分配不同，产生了不同的利益诉求和政策偏好，进而形成改革联盟和保守联盟两大对抗性联盟。① 在民主化进程中，泰国中下层通过多种方式进行政治参与，政治影响力迅速提升，挑战并开始压倒传统精英和既得利益集团掌控的政治权力。② 因此，在2019年大选期间，巴育对于平衡各方利益的考虑非常慎重。

在新时期，泰国国家现代化各派利益的立足点包括五方：其一，保王派、军人集团、曼谷财阀等政治保守势力。其处于利益分配链的顶端，是最大获利者，在利益分配过程中面临着其他利益群体的瓜分与博弈。他们采取各种手段以保证自身所获利益最大化，维护原有的庇护制网络体系和政治话语权，以确保社会稳定发展。就像克里斯·贝克所说的："军人、官僚以及曼谷的中产阶级们并不一定希望改变现状，他们更害怕的是国家失去稳定。"2019年4月17日，巴育在内阁会议上表示，"每个人希望国家变成什么样子，取决于每个人是否希望国家安全、稳定、和平，近5年来推行的项目必须获得延续，绝不让任何人破坏国家，大家必须更加团结友爱"。其二，西那瓦家族。泰国家族政治基础深厚，并呈现出鲜明的特点，21世纪以来的两次军事政变都是围绕着西那瓦家族展开，其影响力不容忽视。西那瓦家族作为泰国影响力仅次于王室的政治家族，在他信、英拉等核心成员目前仍流亡海外的状况下，通过与以巴育为首的泰国政治权力主导集团达成某种政治默契，扶持家族其他新生代力量，以备在将来的政治博弈中东山再起。其三，泰国农民。鉴于泰国特殊的历史地理国情，稻米产业作为一种劳动密集型产业，自18世纪以来在泰国国家现代化进程中发挥着重要作用，农民群体人口基数大，是泰国历届大选中最大的选票来源。他信能在泰国过去的大选中连任总理，关键因素是牢牢守住农民这一"票仓"。所以，巴育在此次备选过程中，把争取农业区选民的支持作为重头戏。其四，泰国工商界。作为泰国国家对外开放和经济全球化的重要参与者，他们希望能获得国家的政策扶持，以保障自身的合法权益。从巴育最近的内政外交路线来看，工商阶层的经济活动将会继续得到巴育政府的支持。其五，泰国知识精英阶层。由于受到欧美发达国家知识教育体系和政治制度的影响，他们希望借鉴欧美的民选制度来表达自身的政治利益诉求，但往往"理想很丰满，现实很骨感"，西方政治制度在泰国出现水土不服的现象。

（3）处理好国内外关系，为国家现代化创造良好环境。具体内容包括：缩小收入差距、恢复民主、防止对政治的非民主干预、解决泰国政治症结等；泰国大力提倡加强国家地区软件和硬件连接；泰国强调促进经济发展，以实现繁荣和平等，共同实现可持续性的发展目标；泰国愿意促进地区和世界经济、金融的稳定性，促进连接性；泰国的未来取决于四大因素——"自信"即国家稳定，"增长"即经济保持增长，"思考"即各方共同交流增进理解和共识，"信誉"即维护自身信誉，让外国投资者保持对泰国的信心。

泰国可持续性现代化战略实际上在经济还处于高速增长之时就已提出，但是由于

---

① 刘倩：《从对抗性要素联盟看泰国政治怪圈的形成机制》，《东南亚研究》2016年第4期。
② 李东云：《国际贸易对泰国政治参与的影响》，《国际政治科学》2015年第2期。

面临着来自国家和社会的重重阻力，这一现代化战略长期无法付诸社会实践，直到1997年金融危机重创了泰国经济体系后，这个发展战略才引起政府的重视。随着国家经济的恢复和发展，政府对教育和科技的投入也在不断增加，居民的文化素质逐步得到提高，国民对环境问题、资源开发、经济发展等有了新的认识，可持续发展理念逐步得到国民的深入了解和支持。泰国的现代化发展达到一个更高的层次，国家的经济和社会发展规划更具条理性和科学性，在发展实践上，注重地方协调，社会、经济发展跟环境承载力相协调。政府投入巨大的人力和物力来解决国家在高速发展阶段所面临的经济和社会问题，对地区发展不均衡、环境污染问题等开始重视起来。民众和非政府组织也开始作为重要力量参与泰国的国家治理，使国家发展环境和民生建设等更接地气。但是，可持续性现代化战略是一个综合性的国家战略，需要泰国政府、民众和相关组织等力量的共同参与和努力，单凭其中任何一方力量，要完成现代化建设的预定目标是很困难的。同时，这个时期的现代化不可能一蹴而就，在发展实践中会面临各种问题和挑战，甚至会导致国家在一段时期内陷入动荡，国民的生活和国家经济社会建设等受到影响。这就需要国家现代化的领导集体贡献智慧和力量来对不同时期的政策做出调整，动员社会组织和国民对现代化过程中的政策调整给予理解和支持，从而不断完善泰国的国家治理机制，推动国家文明进程的发展。

五、结语

一个国家的现代化发展水平跟这个国家统治集团的执政能力有很大关系，即每个阶段的国家战略要顺应民心和世界历史的发展趋势，并随着社会生产力的变化而不断调整政策，国家的现代化进程才能推进。19世纪50年代后，泰国国门被外国侵略者敲开，国家面临着生死存亡的危机。封建上层统治集团领导民众进行国家现代化的探索，取得很大成效，使泰国免于沦为殖民地。而到了20世纪30年代，统治集团内部的中下层官僚出于对现状的不满，开始借鉴西方民主模式来对国家政体进行改革，国家资本主义发展模式开始建立。到了沙立执政时期，政府将经济建设作为国家发展的重心，在工业化上成效显著。到了21世纪，政府认识到知识、生态环境对于国家发展的重要性，泰国国家现代化步入"可持续性"的历史阶段。泰国现代化历程的领导者，从被动接受西方发展模式，到主动学习和利用西方文明成果来推进国家的现代化；从不计后果地推动国家经济社会发展，到认识到环境和知识体系建设对国家建设的重要性。总之，泰国的现代化发展模式值得其他发展中国家学习和借鉴。

第二章 农业现代化理论探讨

第一节 农业现代化的理论基础——现代化

一、"现代化"词源辨析

研究任何一种理论，都必须首先弄懂它所使用的基本术语。若要了解一种新的学术理论，弄清楚它使用的新名词的正确含义，显得尤为重要。

"现代化"最早于20世纪60年代被欧美社科界在社会学研究中频繁使用，到了今天，这个词汇越来越时髦，频频见诸报端。在我国，"现代化"一词可以说已家喻户晓，不是什么新名词。尽管如此，在展开研究之前，对这一术语仍有推敲的必要。大而化之，是学术研究工作的大忌。

"现代化"一词在英语里是一个动态的名词 modernization，意为 to make modern，即"成为现代的"之意。[①] modern 作为表示时间概念的形容词，在普通英文词典里的解释为：of the present or recent times，原意为"现世（代）的"或"近世（代）的"。作为历史上使用的一个时间尺度，在西方语言里，modern times 一词大致是指从公元1500年以后一直到现今的历史时期。[②] 这就是说，"现代"一词的历史时限拉得很长，有三四百年之久，而且伸缩性很大，没有明确的下限。这是近代西方史学观点的反映。近代西方史学对人类文明史最粗略的基本分期法是三段式的：古代的（ancient）、中世纪的（medieval）、现代的（modern）。由于"现代"的范围很长，西方学者又把距离我们生活的时代最近的一段时期的历史划成一个时段，称为"当代"（contemporary, present time）。[③] 从西方史学观点来看，"当代"即同时代之谓也，并非一个确切的历史分期，只是现代时期中最近的、仍在发展中的一个阶段。

在汉语里，"现代"一词的用法与其他语言大不相同。汉语中找不到一个与modern 一词相当的词。中国历史传统的分期架构也是三分法，但它是"古""近""现"

[①] 参见《韦氏第三版新国际大辞典》（*Webster's Third New International Dictionary*, 1976）。

[②] 西方史学对"现代"时期的开始时间也有各种不同的看法，有人把这一历史时期的上限推到1450年前后，也有推得更早或晚于1500年。至于当代的断限，更是莫衷一是。例如法国高等学校的历史书，把15—18世纪的历史称为现代史（Histoire Moderne），19世纪以来的历史称为当代史（Histoire Contemporaine）。参见 Boyd C. Shafer, et al. *Historical Study in the West: France, Western Germany, Great Britain, the United States*. Irvington Pub, 1968. p.36.

[③] 罗荣渠：《现代化新论：中国的现代化之路》，华东师范大学出版社2013年版，第3页。

的三分法。① 中国传统史学中没有也不可能有中世纪的概念。至于"近世（代）"与"现世（代）"这两个词，在书刊中虽常使用，但无确切的时间界限。在清末民初翻译西方著作时，modern history 一般被译为"近世史"。马克思主义史学传入中国以后，我国史学界普遍接受了苏联史学的分期法，把十月社会主义革命作为一个划时代的历史标志：十月革命以前的时期称为"近代"，十月革命以后称为"现代"。这已成为我国史学界通行的世界历史分期法。这样，近代与现代就成为具有不同含义的两个时间尺度。由于历史观点的不同，对这两个阶段的划分可以有多种不同的观点，但有一点是肯定的，即近、现代是两个前后衔接的历史时期，其中近代作为一个历史概念是已经结束了的历史时期；而英文 modern times 所表达的则是一个一直延续至今的时间概念，兼有"近代"与"现代"之意。在英文里，modern 一词除作为时间尺度的概念外，还有另一含义，即"时新的"（new, up-to-date）与"时髦的"（new fashioned）意思（参见《现代高级英汉双解词典》）。由此引申，"现代"（modern times）有"新时代"的含义。

　　modern 的词源史最早可以追溯至欧洲 14—16 世纪的文艺复兴时期，人文主义者是这个词汇的最早使用者。这个词最初只是用于新时代、新思想理念等的表达，即这个时代开创历史新纪元。这场思想解放运动以复兴希腊罗马古典文明为手段，来反抗罗马天主教会的腐朽统治，它开创了欧洲中世纪之后的一个"新时代"（New Era）。modern 这个词汇还有另外一层内涵，即"现代性"，modernity 也渊源于此（详见后文）。② 语言是历史文化的产物，汉语所代表的历史文化传统与英语等欧洲语言所代表的历史文化传统迥然不同，因此，用这一种语言来翻译另一种语言的术语时，常常词不达意。在这种情况下，为了克服困难（或者说避开困难），于是产生了音译，以引进外来新词汇，modern 一词便是如此，曾被音译为"摩登"。

　　从以上讨论可知，在英文里，"现代"（modern）一词至少有两层含义：一层是作为时间尺度，泛指从中世纪结束以来一直延续到今天的一个"长时程"（une longue duree，借用"年鉴学派"术语）；另一层是作为价值尺度，指区别于中世纪的新时代精神与特征。本书所讨论的现代化理论中的"现代"一词的含义，即兼有上述两层意思。为了避免概念上的混乱，讲清这一点很重要。

　　问题讨论到这里还没有结束。学过日文的读者都知道，modernization 译为日文，使用的汉字是"近代化"③，日本史学界也一直把我们所说的现代化称为"近代化"。近代中国的许多外来语都借自日文，那么，"现代化"一词是否也应按惯例，统一译成"近代化"才合适呢？

　　首先必须指出，日本的传统史学受中国史学影响很深，日本的传统历史分期的观念也是"古""近""现"的格式。近代以来的日本史学把"近代"与"现代"两词

---

① 目前在我国出版的翻译著作中，译者往往随自己的理解把 modern 一词译成"近代"或"现代"，这种情况甚至在有关马克思、恩格斯的汉译著作中也存在。这一点值得读者注意，在阅读时应仔细鉴别原义。
② 罗荣渠：《现代化新论：中国的现代化之路》，华东师范大学出版社 2013 年版，第 4 页。
③ 参见［日］神岛二郎编：《近代日本的精神构造》，日本岩波书店 1961 年版，第 9 页。

作为时间尺度，与中国相似（当然，由于历史观不同，中国对"近代"与"现代"的划分标准与日本是不同的）。① 就此而言，汉语与日语的概念近似。但是，如果对日语的汉字望文生义，按汉语的字义理解，那是要闹笑话的。在现在通行的汉语词典中，"近代"意为"过去距离现代较近的时代"（参见《现代汉语词典》）。而在现代日语词典中，"近代"一词除上述含义外，还有"现代"的含义（参见日本《国语大词典》）。这就是说，日语中"近代"一词的含义宽泛，接近英文 modern 的词义。日文中"近代""现代"两词互用，屡见不鲜。按日本学者的理解，日文"近代化"的词义就可理解为"现代化"，与英文 modernization 的词义基本一致。但在日本马克思主义史学界，"近代""现代"的用法与我国基本相同。

日本学术界把现代化称为"近代化"，是因为日本史有自己独特的历史分期法。现在日本史学界比较一致的看法，是把从明治维新到1945年日本战败投降这段时期划为日本的近代，而把战后的时期划为日本的现代。西方现代化理论探讨的各种问题，具体地运用于日本历史，都属于日本近代史的范围（日本史学界关于日本近代化问题的讨论，主要是围绕明治维新展开的，属于近代的上限）。可见，日本人使用"近代化"概念而不使用"现代化"概念是可以理解的。但这个"近代化"概念不适用于中国史，也不适用于第三世界很多国家的历史。假如我们把日本的"近代化"概念不加辨别地用来引申"现代化"概念，机械地用历史发展的先后顺序来划分"近代化""现代化"的概念范畴，就会与现代化理论的初衷背道而驰。假如这样做，将这个理论用于探讨不同国家的历史进程时，就会给这些国家历史进程的界定带来混乱。因为这些国家的社会发展进程各异，有的只有"近代化"，有的只有"现代化"，有的二者兼有，如此等等。作为一种社会科学理论，这种概念上的混乱当然是不被允许的。

总之，不能因为日本史学界使用"近代化"的提法，我们也采用"近代化"的提法。不但不能照搬，相反，日本史上的"近代化"译成汉语一般应改为"现代化"，才符合术语统一的要求。

在最近几年，有的学者不加辨别地将"近代化"用于"欧美资本主义发展和工业革命史""19 世纪日本史""19 世纪下半叶中国史"等相关课题的研究中，更有学者将这个词用于解释欧美的现代化历史进程，这是不科学、不严谨的，我们希望能尽快予以统一。但也可能有人认为就是应该把欧美资本主义早期历史发展进程称为"近代化"，正如所谓"封建化"的提法一样。只要言之成理，新创术语自然是可以的，只是这样一来，两个词汇极易混淆，在国际学术交流中准确翻译"近代化"这个词恐怕会有一定困难。② 而翻译的问题还属次要，重要的是由这两个词汇而得的概念如何加以区分？如果把从资本主义向社会主义的过渡称为"现代化"，这看来符合我国学术界所理解的"近代"与"现代"划分的标志，但在现实生活中又说不过去。③ 第

---

① 罗荣渠：《现代化新论：中国的现代化之路》，华东师范大学出版社2013年版，第5页。
② 我国的"四个现代化"在日本出版的书刊中被翻译成"四个近代化"，同样是不准确的。
③ 罗荣渠：《现代化新论：中国的现代化之路》，华东师范大学出版社2013年版，第6页。

东南亚农业发展与国家现代化
—— 缅泰稻米产业面面观

一，现在我们通行的现代化历史概念，在世界上的大部分国家和地区进行推广普及是比较合适的，因为它的内涵和发展理念是这些国家历史进程的运行基础，这对于资本主义和社会主义两类国家是非常适用的。第二，假如按不同国家的社会制度来区分"近代化""现代化"等不同的历史发展进程，那么当今的西方发达国家还处于"近代化"，社会主义国家则已进入"现代化"阶段，那么中国共产党确立的社会主义愿景就缺乏科学性、合理性。再说，世界上还有不少国家到目前为止还在努力追赶"现代化"的历史进程。因此，对于这两个词汇适用于什么样的语境，要慎重考虑。"现代化"这个词汇派生出"近代化"，但此词一出，"现代化"一词就变得面目全非，失去其意义，甚至由此就会衍生出"古代化""中世纪化"之类毫无意义的词汇。

二、"现代化"含义的探析

modern 用来表现人类社会近年来的历史演变中引发社会剧变的动态发展过程是非常合适的。这个词虽近几十年才出现在社会科学的论著之中，但它所概括的那个历史过程，是早就为人们所熟知的，只不过过去是使用别的称呼罢了。[①]"五四"运动时期的报纸就早已指出，modern 指的就是 westernization（西化）和 europeanization（欧化）。那个时代的人们认为，英、法、美、德等西方国家就是国家现代化进程的模范生，中国只有向这些国家学习，才能走向进步繁荣、民主富强的康庄大道。这就是"五四"时期的人们对国家现代化进程的认知。但是，用"五四"时期中国人的现代化理念来解释今天全新世界的国家历史进程，显然已经不适应时代的变迁，于是，一个具有广泛涵盖性的新的"现代化"概念逐渐形成，并开始在政治学、经济学、社会学和历史学的研究中被广泛使用。[②] 但是，"现代化"一词的确切含义究竟是什么？学术界迄今没有一致的看法，更没有公认的定义可言。罗荣渠先生将他所知的关于现代化含义的种种说法加以归纳，大致可概括为以下四大类。

（1）现代化是指特定国际政治经济格局中缺乏话语权的边缘国家在近代资本主义兴起后，其国家行为体通过科技创新来努力追赶并达到世界先进水平。这种思想在中国，通常会作为规划国家现代化进程时的指导思想。

早在1954年，中国国务院总理周恩来就已提出国家现代化理论雏形，即"要把中国建设成为一个强大的社会主义的现代化的工业国家"[③]。后来，在1963年1月的上海科技工作会议上，他又再次讲到这个问题。从下述一段讲话中，我们可以大致体会到他所提的现代化所包含的中心思想："我们要实现农业现代化、工业现代化、国防现代化和科学技术现代化，把我们祖国建设成为一个社会主义强国，关键在于实现

---

① 有一种观点认为：不同的历史时代有不同的现代化，例如，从第一次工业革命以来，有蒸汽时代的现代化、电气时代的现代化和原子能时代的现代化（参见周振华：《现代化是一个历史的世界性概念》，《经济研究》1979年第8期）。按这种观点，"现代化"一词的含义似乎就太宽泛了。
② 罗荣渠：《现代化新论：中国的现代化之路》，华东师范大学出版社2013年版，第7页。
③ 中共中央文献研究室编辑委员会编：《周恩来选集》下卷，人民出版社1984年版，第136页。

科学技术的现代化……我们落后于世界先进水平……我们应该迎头赶上,也可以赶上。"①

邓小平在1978年谈论中国现代化问题时,在周总理现代化理论的基础上对"现代化"这个问题做了进一步阐释,肯定了"科学技术的现代化"②是中国国家现代化的关键点,并将其归入马克思主义理论的内涵,指出当今世界科技日新月异,处于伟大的时代变革中。邓小平的讲话将中国现代化的观点全面概括为:在20世纪,将中国建设成为富强、民主、文明的社会主义现代化国家,实现农工商、国防科技等各个方面的产业现代化,是中国人民社会主义建设的伟大使命。在中国人民民主专政的情形下,不进行国家现代化建设,无法达到世界科技先进水平,国内生产力水平就会比较低下,国家综合实力就会非常弱,人民的物质与精神文化需求就会难以得到满足,那么,中国特色的政治制度建设和市场经济建设就无从谈起,无法巩固中国国家安全。

这一社会主义现代化思想的渊源是列宁。早在俄国十月社会主义革命胜利之初,列宁就提出了"共产主义就是苏维埃政权加全国电气化"这一著名公式。他指出实现全国电气化计划对巩固苏维埃政权的重要性:

> 共产主义就是苏维埃政权加全国电气化。不然我国仍然是一个小农国家,这一点我们必须清醒地认识到。我们不仅在世界范围内比资本主义弱,在国内也比资本主义弱。这是大家都知道的。我们已经认识到这一点,并且一定要努力把经济基础从小农的变成大工业的。只有当国家实现了电气化,为工业、农业和运输业打下现代大工业的技术基础的时候,我们才能得到最后的胜利。③

列宁作为一位无产阶级政治家,在总结国内外斗争经验和教训的基础上提出赶超西方国家的现代化思想。政治现代化是他评估的首要目标。"或是灭亡,或是开足马力奋勇前进。历史就是这样提出问题的。"④这一句话体现了列宁对于国家现代化核心问题的理解。向先进目标迈进,紧跟当今世界潮流,这一观点被后来的新兴民族国家领导人和执政团体所接受。

(2)工业化是现代化的具体表现形式,一个国家的现代化进程最基本的问题就是在经济落后的条件下实现工业化。这种理论阐释与第一种现代化理论无实质性差别,前者的特殊之处在于还要强调政治现代化。这里强调的现代化进程指的是因英国

---

① 中共中央文献研究室编辑委员会编:《周恩来选集》下卷,人民出版社1984年版,第412—413页。
② 《在全国科学大会开幕式上的讲话》,中共中央文献研究室编辑委员会编:《邓小平文选(1975—1982)》,人民出版社1983年版,第82—83页。
③ 《关于人民委员会的报告》,中共中央马克思恩格斯列宁斯大林著作编译局编:《列宁选集》第4卷,人民出版社2012年版,第399页。文中最后一句中的"现代大工业的技术基础",在《斯大林全集》第7卷第96页中译作"现代化大工业的技术基础"。
④ 《大难临头,出路何在?》,中共中央马克思恩格斯列宁斯大林著作编译局编:《列宁选集》第3卷,人民出版社2012年版,第131页。

东南亚农业发展与国家现代化
——缅泰稻米产业面面观

工业革命地理和时间的扩展而在世界范围内进行的日益增多的工业化,即使这种工业化只是处于初始阶段。① 根据现代化的理论阐释,除英国工业革命之外,其他国家和地区的工业化始于整个19世纪,甚至到了20世纪五六十年代才步入工业化进程。总而言之,世界上绝大部分国家进入工业化进程的时间应该是在20世纪初期、中叶、下半叶、世纪末等时段,尤其是大多数第三世界国家开始工业化的时间应该是20世纪的第三和第四个时段。如上所述,工业化历史进程是广大发展中国家非常重视并努力去完成的经济建设任务和使命,因为它可以作为改变国家命运和增强国家综合实力的战略性措施。② 因此,从事经济现代化理论和社会现代化理论研究的学者中已有越来越多的人接受第二种现代化理论,即用"工业化"一词来指代国家现代化进程中的诱发因素、发展动力、演变特征和趋势。③ 工业化进程带来的影响不仅仅指经济建设方面的影响,它还包括政治、文化等社会发展的其他方面。这个历史进程一旦开启,它就会撕裂传统的社会结构,从而使新社会结构模式中的各个阶层产生差异并加剧彼此之间的对立。

工业革命前的经济发展模式主要是农业经济,社会模式主要是乡村社会。这个发展阶段呈现出来的主要特征包括:经济收入水平差距过大,政治发展模式也大不相同;但存在一些共同之处,如社会所依赖的环境大部分为农村,手工业产品是市场上的主要产品,可再生性能源使用比例高且多为生物能源,经济发展比较缓慢且长期在某一增长线上徘徊,思想比较封闭,跟外界联系少,职业种类少且技术含量不高,等等。虽然工业化社会因启动时间先后和技术水平高低的差异,会产生不同的发展模式,但其共同特征与前工业化社会存在差异:社会所依赖的环境变为城市,产业分工明确,科技水平较高,不可再生的化石能源的使用比例越来越高,经济持续增长,不断打破前工业化社会时期最高的经济增长率,职业分化复杂,产生科层制度(bureaucratization),等等。工业社会与农业社会的根本区别在于工业主义(industrialism),这是20世纪50年代中期开始流行的新概念。从工业革命以来,这种文明进程推动着人类日益成为大自然的主宰力量,见证一个时代的发展。

现代化就是人类改变传统的以农业为主的发展模式而以工业作为主要发展模式,从而步入工业文明的历史进程。许多西方学者按照这一思维模式对各国工业化的进程进行比较研究。④ 他们把在欧洲开始的工业革命作为世界工业化进程的第一个高潮,在20世纪30年代以前,工业化只在欧美、日本等少数国家和地区取得成功。20世纪50年代以后,这个历史发展进程逐渐向中国、东南亚、拉丁美洲、大洋洲、韩国、

---

① Clark Kerr, et al. *Industrialism and Industrial Man*: *The Problems of Labor and Management in Economic Growth*. Harvard University Press, 1961, p. 42.

② [英]汤姆·肯普:《现代工业化模式——苏、日及发展中国家》,许邦兴、王恩光译,中国展望出版社1985年版,第13页;另参见[美]格申克龙:《经济落后的历史透视》,张凤林译,商务印书馆2012年版。

③ "Industrialization"条目,参见《国际社会科学百科全书》(*International Encyclopedia of Social Sciences*, Vol. 6, 1976)第264页;另参见[美]西蒙·库兹涅茨:《现代经济增长》,戴睿、易诚译,北京经济学院出版社1989年版。

④ 参见[美]西里尔·E. 布莱克等:《日本和俄国的现代化——一份进行比较的研究报告》,周师铭等译,商务印书馆1984年版,第18页;Gilbert Rozman. *The Modernization of China*. Free Press, 1982, p. 3.

南非等国家和地区拓展，演变成一个具有全球意义的历史发展进程，并因地区差异形成各具特色且成效不同的工业化模式，使现代化理论的内涵更加丰富。每一轮新的工业化浪潮开启，都会有越来越多的非核心国家加入这个历史进程。即使是某些没有工业发展基础的国家，也把工业化列为其奋斗目标，因为这些国家的精英希望能用这种先进的经济发展模式来维护国家的独立地位，尤其对于希望巩固自身执政地位的领导人来讲，这种愿望显得更为迫切。①

从20世纪50年代以来，随着发展经济学、发展社会学等新学科分支的建立，经济发展这个问题日益受到国际社会的重视②，成为联合国关注的中心问题之一。一个现代工业国在经济上的重要指标，首先在于经济的持续性增长。因此，发展（development）和现代经济增长（modern economic growth）成为现代化研究的中心问题。"工业化"这个词汇与"经济现代化"在广义上的含义是相通的，而评价工业化程度的相关标准，是以经济活动中的指数作为评估基础的。

（3）科技革命导致人类文明进程发生巨大变动的历史过程就是现代化。③ 按照这个观点，人类社会在现阶段发生的史无前例的变化，并不局限于工业领域或经济领域，同时在政治、教育、文化、军事、农业等领域也产生重要影响。另外，自科技革命以来，人类知识的传播速度越来越快，受此刺激，传统社会制度的各种功能性也因而发生巨大变化。与第二种现代化理论相比，这种现代化理论不以工业化进程中的经济性特征作为立足点，而在于探讨社会结构与工业化历史进程之间的关联性；另外，这种现代化理论还认同科技革命对人类环境塑造的重要性，它导致社会变迁方式、社会单元处于不断适应和调整的历史进程就是现代化。④

西方社会学结构功能学派对第三种现代化理论的形成发挥了重要作用，但对这种现代化理论的解释仍因人而异。例如，美国普林斯顿大学教授布莱克（C. E. Black）等人的研究小组，主要是用比较历史的方法研究现代化。⑤ 科技革命导致社会结构发生变动的历史过程就是现代化，这一演变过程涉及社会体系中的政治变动、经济变化、社会思潮、理念等多方面。例如，国际相互依赖的加强，非农业生产（特别是工业和服务业）比重的提高，死亡率降低，经济持续增长，收入分配趋于拉平，各种组织与技术的专门化和大量扩增，科层化，群众性的政治参与，各级教育水平提高，等等。这个过程以西欧为例，开始于16世纪和17世纪的科学革命、17世纪英国和18世纪法国的政治革命，以及18世纪后期和19世纪初的工业革命，由这些事件引起的变化影响（或冲击）了整个世界，形成世界性转变（a worldwide transformation），影响全人类的相互关系，而且变化的速度愈来愈快。⑥

结构功能学派除了强调科技革命导致社会结构发生变动的观点外，还创造性地把

---

① C. E. Black. *The Dynamics of Modernization: A Study in Comparative History*, Harper & Row, 1966, p. 7.
② ［德］马克斯·维贝尔：《世界经济通史》，姚曾廙译，上海译文出版社1981年版，第301页。
③ ［美］帕森斯：《社会行动的结构》，张明德等译，译林出版社2012年版，第752页。
④ 杨国枢：《现代化的心理适应》，台湾巨流图书公司1978年版，第24页。
⑤ Cyril Edwin Black. *Comparative Modernization*. Free Press, 1976, p. 66.
⑥ 罗荣渠：《现代化新论：中国的现代化之路》，华东师范大学出版社2013年版，第10页。

"传统"(tradition)和"现代性"(modernity)作为评估现代化进程类型的指标。前者用于对前现代(pre-modern)社会的评估,而后者则用于对现代社会的评估。现代性是工业化导致社会结构发生全面变革而形成的一种社会属性,发达国家的工业化都具有这种社会属性,其涵盖经济发展、社会变动、政治现代化、科技革命等多个内容,一般常见的人口控制、信息传播、工业化、民主化、世俗化、教育普及、社会各阶层流动等都可归入这个内容范畴。鉴于两类现代化进程评估指标的差异性,现代化就是指由传统社会向现代化社会过渡的历史过程。

(4)人类随着社会发展进程而引起自身心理、个人生活理念和价值观发生变化的过程就是现代化。这种观点将现代化看作一种文明的历史发展进程,其主要从心理学、文化人类学、社会学等学科理论的研究视角来研究现代化。马克斯·韦伯(Max Weber)运用上述学科的理论来研究现代化。他认为,欧洲工业化兴起的主要因素包括资本主义的兴起、企业的规模化效应、合理的经济核算制度、科学的内部考核与评价制度、比较前沿的生产加工工艺以及有法律制度作为保障,而一般的生活理念、社会价值观以及职业精神只是发挥辅助性作用,社会结构演变和经济发展对于欧洲工业化的兴起作用有限。[①] 而韦伯的得意门生塔尔科特·帕森斯(Talcott Parsons)在老师现代化理论的基础上,将这个学派的现代化理论研究更进一步。他认为,"关于理性不断增加的规律的概念是关于行动体系的基本概括",科学合理的人类活动导致其对周边自然环境、社会环境控制力的加强就是现代化。从韦伯、帕森斯等社会学结构功能学派代表人物的现代化理念来看,合理的人类历史进程就是现代化,这种历史进程是全面而充满理性的。这种现代化理论对于广大发展中国家来讲,是一种人为的、能动的社会发展进程,有利于这些国家有较强针对性、短期、高效地借鉴发达国家的现代化理念来推动本国的现代化进程。

如果说对现代化过程的历史学研究是一种纵向研究方法,那么,对现代化过程的社会学研究基本上是一种横向研究的方法。针对现代化的过程、现代性的特点,及其对社会各方面的作用与影响所提出的不同的分析模式,就形成了不同的流派。亚历克斯·英格尔斯(Alex Inkeles)在《迈向现代:六个发展中国家的个人变化》[②]等书中就提出了对现代人特征的分析研究,强调发展的最终要求是人在素质方面的改变,即从传统主义到个人现代性的改变。[③] 他认为不能过分夸大工业化和经济发展在现代化进程中的重要性。一个国家要发展成具备可持续发展能力的先进国家,摆脱以前的落后面貌,必须从心理、思想和行为方式等方面将其国民培养成健全的人,使之成为具备现代性人格和道德的现代公民。总而言之,经济、政治、文化和精神等方面协调发展的历史进程才能称为现代化。因此,英格尔斯的现代化理论也被称为社会现代化[④],并且配套了一系列指标来评估对象国的现代化进程,如人均国民生产总值

[①] 罗荣渠:《现代化新论:中国的现代化之路》,华东师范大学出版社2013年版,第11页。

[②] 原书名为 Becoming Modern: Industrial Changing in Six Developing Countries,中译本改名为《人的现代化》,殷陆君编译,四川人民出版社1985年版。

[③] 参见殷陆君编译:《人的现代化》导论与第1章,四川人民出版社1985年版。

[④] 参见孙立平:《社会现代化》,华夏出版社1988年版,第24–25页。

第二章　农业现代化理论探讨

（3000美元以上）、农业产值占国民生产总值的比重（12%～15%）、第三产业产值占国民生产总值比重（45%以上）、非劳动力从业人数占总劳动力从业人数比重（70%以上）、识字率（80%以上）、在校大学生占适龄人口比重（10%～15%）、每1000人拥有一名医生、城市化（50%以上）、人口增长率（1%以下），等等。

在20世纪30年代我国关于现代化问题的讨论中，有人提出："我们提倡的现代化就是科学知识、科学技能、科学的思想方法之普遍化。"① 此种看法可归于这一类理论之中。

以上四类现代化理论，归纳得并不一定恰当，也很不全面，同时各类观点并非截然对立，例如第一种现代化理论与第二种、第三种与第四种存在着区别和联系。广大发展中国家的政治精英将增强国家的综合实力作为工作重点，以维护国家独立和经济发展为目标来推进国家现代化；经济学家则从经济属性中的工业化、经济发展等作为研究视角来看待国家现代化进程；社会学家喜欢从社会结构变动、功能性特征等社会属性来探讨国家现代化；而历史学家则喜欢将国家现代化看成有机统一的历史发展进程。总之，不同学科背景的学者看待现代化的视角也是不一样的，有物质层面的经济现代化，也有制度层面的政治现代化和社会层面的思想理念现代化。②

现代化理论研究的宏观层面：第一，作为世界历史不可分割的一部分，现代化进程具有阶段性和特殊性特征，尤其固有特殊性和发展规律。第二，欧美资本主义的兴起和发展是国家现代化进程的源头、近代世界工业化的源头，而工业化的扩散使全球各地的封闭状态被打破，世界逐渐连为一体，核心地带国家开始对边缘地带国家发挥影响力。第三，国家现代化进程的推动，引起产业结构、国际分工、贸易模式、先进与后发国家间的发展鸿沟等政治经济要素产生变革，但它极大地提升生产力水平，引起世界上层建筑发生巨大变化。第四，不同社会制度下的国家现代化模式的选择，如资本主义国家和社会主义国家现代化进程中的道路选择、发展模式。第五，运用历史分析、社会学、经济学、政治学等学科理论对第三世界国家现代化程度低的现状进行分析。第六，核心国家现代化理论对广大发展中国家现代化进程的影响。第七，运用区域国别研究理论来分析未来世界各国的现代化进程及发展趋势。

现代化理论研究的微观层面：第一，战略学中的研究方法、操作手段、实践步骤、对策性建议对国家现代化进程的影响。第二，经济、资源、人口、工农业布局、国内外形势、国家政治经济制度变革、社会结构（政治、经济、文化）变动、世界和地区战略格局等因素对国家现代化进程的影响。第三，国家（政界、经济界）精英是国家现代化的推动因素，而广大的人民群众是国家现代化的发展基础。国家内部的各个阶层对现代化理念的认知会存在差异，各个阶层会因为利益立足点不同而存在合作与竞争，制度建设是国家现代化顺利进行的有力保障。另外，还要对军人集团在个别国家（如泰国、缅甸）现代化进程中的作用进行深入研究。第四，科技革命对国家现代化的影响，如科学技术与经济现代化的紧密结合、军工技术对国民日常生活

---

① 蒋廷黻：《论国力的元素》，《蒋廷黻选集》第4卷，台湾传记文学出版社1978年版，第68页。
② 罗荣渠：《现代化新论：中国的现代化之路》，华东师范大学出版社2013年版，第89－91页。

的影响。第五，社会学结构功能学派的现代化理念、社会现代化理念对国家现代化进程的影响。第六，现代化历史进程带来的副产品——功利主义、过度福利政策、人口老龄化和低生育率、社会伦理问题给人类所造成的影响及应对措施。第七，在国家现代化进程中处理好"传统"与"现代化"的关系。第八，国家现代化要以维护国家独立为本，坚持自力更生的基本原则，同时要善用国外的先进理念。第九，国家现代化的阻碍因素，现代化进程的经验教训总结。

由于现代化理论包含的东西比较多，涉及面较广，想要用较短篇幅来把它解释清楚是不可能的。这样的状况导致现代化理论可从不同视角进行阐述，形成的理论流派也较多。从历史学家的研究视角来看，国家现代化是一个有机统一的历史发展进程，是一次自工业革命以来人类活动方式的社会性变革，工业化是这一变革的主导因素，导致"传统"社会向"现代化"社会转变，使工业化理念渗透到社会结构的各个领域。狭义而言，现代化进程是一个能动的、人为的社会结构变动过程，它是后发国家通过短期、高效、有针对性的途径（也包含传统社会中的精华部分），来改变自己国家落后的科技经济面貌，追赶世界先进水平，带动国内社会变革，以实现国内社会稳定、民众安居乐业的历史过程。"现代化"这个概念与通常所谓的"近代"或"现代"的历史概念不同，世界史一般以 16 世纪作为人类近代历史的开端，但工业革命以前的近代与中世纪的历史连续性是明显的，社会各方面的变化是缓慢而渐进的，唯有工业革命以来的变化是加速而跳跃的，构成一个具有共同特征的新的转型过程。从现代生产力的性质来说，向未来的探索是永无止境的，但任何过程都有自己的运动规律。现代化作为人类文明进程中的一种特定历史轨迹，以建设高质量的工业文明社会作为这种理论实践的最终目的也许是较为恰当的。

三、马克思主义对"现代化"理论的影响

一般认为，"现代化"理论源于欧美资本主义实践，但这是不对的。实际上，19 世纪马克思在《资本论》第 1 卷序言中就对此有详细记载，并且对未来的社会面貌进行了科学预测，他写道："工业较发达的国家向工业较不发达的国家所显示的，只是后者的未来景象。"[①]

当今的欧美现代化理论研究学者早已把上述论断作为研究发展中国家现代化道路和工业发展模式的理论基础。另外，马克思关于未来社会面貌预测的观点还出现在美国出版的《国际社会科学百科全书》所刊载的"现代化"条目中，已成为阐述"现代化"的理论依据之一。[②] 但对于马克思主义理论对国家现代化进程的影响，欧美学者基本上没有人进行过深入研究，因此探讨二者之间的关联性是很有价值的。

[①] 中共中央马克思恩格斯列宁斯大林著作编译局编：《马克思恩格斯全集》第 23 卷，人民出版社 2008 年版，第 8 页。

[②] [美] 格申克隆：《经济落后的历史透视》，张凤林译，商务印书馆 2012 年版，第 6 页；[英] 库马：《社会的剧变——从工业社会迈向后工业社会》，蔡伸章译，台湾志文出版社 1984 年版，第 175 页。

第二章　农业现代化理论探讨

马克思主义历史观的一个组成部分是历史发展阶段论。马克思、恩格斯在他们的早期著作《德意志意识形态》一书中对世界历史的分期，沿用欧洲早期人文主义者所使用的古代、中世纪、现代的三分法。马克思的《〈政治经济学批判〉序言》已对历史时段的划分提出自己的观点："大体说来，亚细亚的、古代的、封建的和现代资产阶级的生产方式可以看作是社会经济形态演进的几个时代。"① 另外，马克思的《共产党宣言》还开创性地使用了一些用来阐释国家现代化进程的专有词汇，如"现代资产阶级社会""资本家阶级""雇佣工人阶级""国家政权""工人阶级""工人""工业"等。对于《共产党宣言》中"现代"的含义，马克思将其解释为"我们的时代，资产阶级时代"②。在其著作《资本论》的序言中，他又明确指出"本书的最终目的就是揭示现代社会的经济运动规律"③。

马克思、恩格斯把 19 世纪称为"现代"，并非所处时代的泛称，而是指一个特定的历史时代。对于这一特定的时代所具有的含义，列宁曾就《资本论》第一版序言"揭示现代社会的经济运动规律"的说法提出这样的问题："为什么马克思以前所有经济学家都谈论一般社会，而马克思却说'现代'（modern）社会呢？他究竟在什么意义上使用'现代'一词，按什么标志来特别划出这个现代社会呢？其次，社会的经济运动规律是什么意思呢？"④ 列宁一下子就抓住了问题的关键：马克思按什么标志来特别划出"现代社会"。马克思对历史时段的划分源于社会经济形态的变化。16 世纪新航路开辟导致大工业的生产模式开始兴起，带来了划时代的经济发展模式，这种经济发展模式将几千年来的社会生产力发挥到极致，这种生产模式的经济产值和产品数量超过人类历史上任何一个时代，还引发了科学技术的革新，使世界各个分离的部分连为一体，人类文明进入世界历史时期。⑤ 马克思主义奠基人的这一新历史观在《英国工人阶级状况》《德意志意识形态》中即已基本形成⑥，后来在《共产党宣言》《资本论》⑦ 等著作中进一步做了详细阐述。马克思和恩格斯有关这个新时代到来的过程的论述有很多，如：

---

① 中共中央马克思恩格斯列宁斯大林著作编译局编：《马克思恩格斯全集》第 2 卷，人民出版社 2008 年版，第 83 页。

② 中共中央马克思恩格斯列宁斯大林著作编译局编：《马克思恩格斯全集》第 1 卷，人民出版社 2008 年版，第 251 页。

③ 中共中央马克思恩格斯列宁斯大林著作编译局编：《马克思恩格斯全集》第 23 卷，人民出版社 2008 年版，第 11 页。

④ 《什么是"人民之友"以及他们如何攻击社会民主主义者？》，中共中央马克思恩格斯列宁斯大林著作编译局编：《列宁选集》第 1 卷，人民出版社 2012 年版，第 4 页。

⑤ 《共产党宣言》，中共中央马克思恩格斯列宁斯大林著作编译局编：《马克思恩格斯选集》第 1 卷，人民出版社 2008 年版，第 266 页。

⑥ 《德意志意识形态》，中共中央马克思恩格斯列宁斯大林著作编译局编：《马克思恩格斯选集》第 1 卷，人民出版社 2008 年版，第 67 页；《英国工人阶级状况》，中共中央马克思恩格斯列宁斯大林著作编译局编：《马克思恩格斯全集》第 2 卷，人民出版社 2008 年版，第 281 页。

⑦ 《资本论》，中共中央马克思恩格斯列宁斯大林著作编译局编：《马克思恩格斯全集》第 25 卷，人民出版社 2008 年版，第 372 页。

东南亚农业发展与国家现代化
——缅泰稻米产业面面观

> 英国工人阶级的历史是从18世纪后半期，从蒸汽机和棉花加工机的发明开始的。大家知道，这些发明推动了产业革命，产业革命同时又引起了市民社会的全面变革，而它的世界历史意义只是在现在才开始被认识清楚。①

16—17世纪新航路的开辟除了推动商人资本兴起、诱发新的经济革命外，还导致欧洲部分国家的社会生产方式发生改变，由传统的经济发展模式向新兴的资本主义经济发展模式转变。但是，这种发展模式只有在具备经济发展、政治变革、科技进步等前提条件的中世纪欧洲地区才能产生和发展。资本主义经济模式的生产规模滚雪球似的扩大且增长速度越来越快，其商品也获得更多的国际市场，推动着这些国家和地区的工业化进程，使其生产和商业贸易发生革命性变化。

这种由社会生产方式变革所引发的国家经济模式变化的历史过程，就是马克思和恩格斯常在其著作和相关场合所提倡的"现代化"。这种社会生产发展模式将一个国家的历史发展进程纳入人类共有的历史活动中，使这个国家的发展及其公民生产活动摆脱以前的孤立状态，成为世界体系的一部分，国内外、区域内外的联系日益紧密。② 新的工业化历史发展进程与一个国家的发展前途、国民命运息息相关，导致这种新的社会生产模式必须遵循其固有的科学发展规律及国家现实发展需求。③ 因此，马克思对经济和工业欠发达国家在未来历史进程中所面临的问题及应对措施做了科学预测，即后进国家的现代化将以先进国家的现代化作为参照系统。这是"历史由原来割裂的状态进入世界体系"的发展趋势。

马克思、恩格斯的新的社会经济形态史观、历史发展阶段论和无产阶级革命的理论，都是西方资产阶级学术界所不能接受的，但是他们对于现代工业社会的分析与批判（顺便指出，这些分析和批判与空想社会主义者圣西门的学说有一定的思想渊源），第一次把社会学提升到科学的水平。④ 因此，西方社会学界把马克思和恩格斯视为现代社会学的一个重要流派的奠基人，在探讨现代化理论时常提到他们。

马克思早已形成关于"现代"的科学概念，对现代工业社会的特征也有深刻认识，却没有提出过"现代化"的范畴与理论，这是什么原因呢？长期以来，马克思主义理论界很少关注和研究马克思的现代化理论，当然也无人注意这个问题。

在马克思主义文献中，资本主义经济发展模式下的社会生产方式就是"现代"生产方式，也是"现代化"和资本主义的特征，有一定的时代性。但马克思的历史发展阶段论不同于形形色色的资产阶级历史观，原因就在于它是从对立统一的辩证观点来观察历史的运动的，即将历史进程中的社会生产模式贯穿于"意识的能动作用"

---

① 《英国工人阶级状况》，中共中央马克思恩格斯列宁斯大林著作编译局编：《马克思恩格斯全集》第2卷，人民出版社2008年版，第281页。
② 《共产党宣言》，中共中央马克思恩格斯列宁斯大林著作编译局编：《马克思恩格斯选集》第1卷，人民出版社2008年版，第254页。
③ 《哲学的贫困》，中共中央马克思恩格斯列宁斯大林著作编译局编：《马克思恩格斯选集》第1卷，人民出版社2008年版，第119页。
④ 罗荣渠：《现代化新论：中国的现代化之路》，华东师范大学出版社2013年版，第15页。

这一条主线。因此,阶级斗争是马克思主义历史观的重要组成部分。根据这一观点,资本主义生产方式的内在矛盾,即生产力与生产关系的矛盾的激化,必然导致资本主义生产方式向更高的层次即共产主义生产方式过渡。资本主义这种社会制度要永久、长期存在是不可能的,它的存在有一定的时限,呈现出必然性和偶然性的历史属性。正是从辩证法的观点出发,马克思指出,19世纪创造了以往任何一个时代都不能与之相媲美的科技和工业革命,但也产生一些现代社会的对抗性矛盾,他称之为"现代的灾难",在繁荣进步的另一面,看到"显露出衰颓的征象,这种衰颓远远超过罗马帝国末期那一切载诸史册的可怕情景"①。马克思认为,现代化的资本主义国家在19世纪中叶相继进入工业化社会,形成成熟的社会体系,这也成为这些国家无产阶级革命爆发的诱因。

显然,马克思把19世纪视为工业革命已经实现、资产阶级的历史使命已经完成的世纪,至少在西欧是如此。马克思因为把自己的大部分精力花在探讨未来的世界革命形势这个问题上,忽略了对资本主义发展模式所推动的国家未来的历史进程的研究和探索。20世纪以来,马克思主义理论界更是把注意力集中在资本主义崩溃论、资本主义总危机、无产阶级革命、殖民地被压迫民族反帝反殖民斗争、从资本主义向社会主义过渡等问题上,关于现代生产力、科学技术在社会变革中的作用等一系列重大问题则长期几乎无人问津。

回顾19世纪和20世纪的现代化实践,为世界所公认的现代化国家的典型包括英国、法国、德国、美国、日本、瑞典和挪威。这些国家有现代化的工业体系、发达的科学技术、完善的管理制度和健全的法制体系,在推动国家现代化的历史进程中,都经历了工业化进程的所有历史时段,也经历了工业化引起的各种社会变革,社会结构中的思想、文化、政治、经济和生活观念对国家现代化进程产生了重要影响。世界工业化进程从18世纪的英国工业革命开始,在欧洲进行扩散,又逐步扩散到欧洲外的整个世界,有越来越多的国家从"传统"社会过渡到"现代化"社会,进入"核心"国家的行列,但大部分国家和地区仍处于边缘地带,仍在为工业化而努力。历史的其中一项功能就是总结过去事件中的经验教训,给后人以启迪。但要注意,在对19—20世纪的工业化模式、世界历史进行评价时,要把握好标准和尺度。不能妄下定论,以及用"剪刀+糨糊"式的手法对历史进行任意"肢解"。

马克思将资本主义的社会生产方式定性为"现代化"生产方式,把资本主义所开始的历史时段界定为16世纪,这对现代化概念和起始时间的界定是有科学依据的。但是,这种界定容易使其他人产生歧义,即将生产关系作为推动国家现代化进程的主导因素,而忽略了历史时期的生产力水平在资本主义经济发展进程中所发挥的作用。关于马克思主义理论中生产力与生产关系的关联性,它们都包含在生产方式的内容范围内,只是前者具有物质属性,后者具有社会属性。生产关系使社会发展模式产生变革,但归根到底还是取决于特定历史时期的生产力发展水平。对于这一点,列宁在评

---

① 《在〈人民报〉创刊纪念会上的演讲》,中共中央马克思恩格斯列宁斯大林著作编译局编:《马克思恩格斯选集》第1卷,人民出版社2008年版,第775页。

东南亚农业发展与国家现代化
——缅泰稻米产业面面观

论法国经济学家西斯蒙第（1773—1842）的经济思想时就指出：

> 他恰好生活在大机器工业在欧洲大陆刚刚开始发展的时期，当时，在机器的影响下（请注意，正是在机器工业而不是在一般"资本主义"影响下），全部社会关系开始受到急剧的改造，这种改造在经济学中通常称为 industrial revolution（产业革命）。下面是一位最先估计到这个革命（它使现代欧洲社会代替了宗法式的半中世纪社会）的全部深刻意义的经济学家对它的评述……（列宁在这里指的是恩格斯在《英国工人阶级状况》一书中对工业革命的评述——引者按）①

列宁的这段话中有几个论点非常值得我们深思。第一，19 世纪上半叶是大机器工业在欧洲大陆刚开始发展的时期，这对马克思所做的估计显然有很大的修正；第二，强调马克思关于机器工业改造社会关系的学说，认为改造全部社会关系的力量是机器工业而不是"一般'资本主义'影响"；第三，把工业革命作为宗法式的半中世纪社会与现代欧洲社会的分水岭。列宁并不拘泥于马克思的个别论点，他关于 19 世纪前期只是机器工业在欧洲大陆刚开始发展的观点，与马克思关于现代生产力在西方某些国家已不能被资本主义生产关系所容纳、向新社会过渡的物质条件已趋成熟的估计，显然是大相径庭的。列宁的这些新论点，与后来形成在俄国落后的经济条件下实现社会主义革命和进行社会主义建设的学说，以及落后国家的非资本主义发展道路的学说等等，都有密切的关系。

现代生产力的发展甚至也远远超过列宁的估计。在半个多世纪里，世界面貌所发生的惊人变化是列宁在世时也未预见到的。这并不奇怪，马克思对工业化时代生产力发展水平所发挥作用的认知，导致他对"物质对社会发展"的重要性的评估、对未来社会生产关系及其发展趋势的预测等都要受到特定历史时期认知水平的限制。列宁也是一样。马克思主义要永远保持生命力，就必须不断地研究生活中产生的大量的新情况与新问题，做出新的分析，同时做出新的综合与概括。但是令人遗憾的是，在过去相当长一段时期，西方马克思主义学术界很少有人根据现实生活提供的材料研究生产经济学，研究马克思主义的社会学与社会发展的理论。② 而那个被人们天天喊得很响的似乎被束缚的生产力，20 世纪以来却获得了飞速发展，把一切过时的概念和老套套远远地抛在后面。

在第二次世界大战以前，包括西方学术界在内，关于人类进步、社会发展所使用的基本概念和理论框架，都没有跳出 18 世纪后期和 19 世纪中期形成的套路。在"二战"后几十年里，西方学术界在社会科学领域内进行了一些突破性的探索。如对工业革命以来社会变迁与发展的宏富景观提出了许多新概念和新理论，形成了发展经济

---

① 《评经济浪漫主义》，中共中央马克思恩格斯列宁斯大林著作编译局编：《列宁全集》第 2 卷，人民出版社 2012 年版，第 199 页。

② Neil J. Smelser. *Sociology: An Introduction*. John Wiley & Son, 1967, p. 718.

学、发展社会学①、现代化理论、经济成长的理论等等。这些理论作为社会科学的新的学科分支或边缘学科,还没有达到理论上的成熟,但是开拓了社会科学研究的新领域。本书中所讨论的"现代化",作为一个新的历史范畴和社会学范畴,就是用来概括比"工业革命""工业化""经济发展"等概念更为广泛持久的一个过程。"这个词与'经济发展'在概念上是同胞姊妹,但更加广泛而全面,指的是通过社会结构与文化网络而分布遍体的技术的、经济的和生态的变化。"②

用"现代化"这个概念来解释人类发展,与18世纪人文主义者提出的"进步"概念、19世纪达尔文主义者提出的"进化"观念、马克思主义者提出的"革命"与"过渡"观念等等,都不尽相同。西方现代化理论研究学者尽管承认了马克思主义理论为欧美国家现代化的推进所做出的贡献,但他们还是回避了马克思主义理论的政治性指导意义。他们根据各自的史学理论和研究方法来探索各自国家的现代化,这么做可以理解。但是,从事马克思主义理论研究的学者在进行现代化理论探索时,则不能回避对这个问题的研究。加强这方面的研究对于丰富马克思主义现代化理论的内涵意义重大。

四、"现代化"理论的历史

"现代化"理论的形成可以追溯至"冷战"时代。这个历史时期产生了以美国为首的西方阵营、以苏联为首的东方阵营。两大阵营对峙,国家和地区间的国际关系发展极不正常,导致这个时期西方社会科学理论研究意识形态色彩比较浓厚。虽然不能将所有的西方社会科学理论都定义为意识形态的产物,但这些现代化理论学者在进行研究时,不可避免地受到"冷战"思维的影响。在"冷战"期间,美国现代化理论学者对国家现代化进程的研究尤为重视,这与"二战"后美国的综合实力以及在世界上的地位有很大的关系。德国、日本在"二战"中战败;英国和法国虽然是战胜国,但国家实力受到极大削弱;苏联是唯一能跟美国抗衡的大国,但处于国家重建的过程中。另外,亚非拉地区的社会主义革命和民族解放运动兴起,导致这些地区的社会精英很大一部分移民到美国,使这个时期的美国社会科学领域人才济济。为配合美国的"全球战略"和关注广大亚非拉国家的发展动态,美国政府很重视对这些国家和地区的发展战略的研究,许多非政府组织开始大量资助"现代化""发展"等课题研究,美国一度成为"二战"后"现代化"理论研究的中心。了解这一历史背景,对于我们正确评价现代化理论很有必要。

最早开辟的新领域是发展经济学。为配合"第四点"计划的实施,美国杜鲁门政府通过政治、经济、教育、文化、军事等手段拉拢广大的第三世界国家。为评估这

---

① 对社会学与社会发展理论的研究在苏联中断多年后才得到恢复,并开始出版这方面的著作。例如,苏联科学院社会研究所出版了《社会学与社会发展问题》(复旦大学分校社会学系译,浙江人民出版社1982年版)等书。

② [英]库马:《社会的剧变——从工业社会迈向后工业社会》,蔡伸章译,台湾志文出版社1984年版,第155页。

东南亚农业发展与国家现代化
—— 缅泰稻米产业面面观

项国家对外战略的效能性,美国相关机构开始加大对这些接受美国援助的国家的现代化模式的研究,以期将其纳入美国的战略轨道。总而言之,美国"现代化"理论研究是为其国家战略服务的。这个时期的现代化理论研究的杰出代表是华·惠·罗斯托,此人原先在麻省理工学院任教,在担任肯尼迪政府的国家安全事务副特别助理和国务院顾问期间,为美国"全球战略"、"争取进步联盟"计划、反游击战策略等对外政策的实施不遗余力。1960年,他以其原先所从事的现代经济增长理论为基础,写了一本书,名叫《经济成长的阶段——非共产党宣言》,将自己的现代化理论定义为对马克思主义现代化理论的挑战。该著作开创了以经济史为研究视角,关注国家由"传统"社会向"现代化"社会转变的历史过程,在国际上的影响力非常大。罗斯托将社会现代化进程划分为传统阶段、起飞前夕阶段、起飞阶段、成熟阶段、大众消费阶段和追求生活质量阶段等六个阶段。① 根据罗斯托的现代化理论,当一个国家的经济发展进入第三个历史阶段时,这个国家的现代化进程将不断持续推进;鉴于"二战"后美国在国际和地区事务上的巨大影响力,以及美国超强的国家综合实力、部署在世界各地的强大军事力量,美国的现代化理论能帮助广大发展中国家实现现代化,解决其在这个历史进程中所面临的问题。由于罗斯托所在的现代化理论学派跟美国政府的特殊关系,其现代化理论一度作为美国的官方现代化理论,体现了美国的强权政治和"现代化"理论的学术话语权,即便在西方学术圈内,也遭到了批判。日本学者清水知久把罗斯托的学术观点称为"肯尼迪-罗斯托路线"。近年来,罗斯托的经济成长理论中的许多观点都已被否定。现代经济增长的许多新模式以及"低度开发经济学"(Undedeveloped Economics)等理论的提出,使发展经济学成为经济学中的一个新学科分支。

国家现代化进程要跟这个国家特定历史时期的生产力发展水平相符,有相对应的社会生产关系,并形成相应的经济发展基础。② 但是,每个历史时段的生产力所固有的能动性、发展弹性、调适性等特征,导致某一历史时期的生产力发展水平与社会生产关系、社会结构的适应情况各不相同。例如,工业化生产方式可以跟资本主义或社会主义等不同的社会制度生产关系相结合,同时,小农经济和手工业等社会生产方式会伴随着国家现代化进程。

因此,在多种社会生产方式和社会结构基础上所形成的经济制度,构成了社会经济形态。建立在多种社会生产方式基础上的经济制度,会有一种社会生产方式占据主导地位。例如受1866年前的美国南部地区经济制度的影响,封建自耕农、奴隶制、原始公社制等多种前资本主义社会经济形态在这个地区同时并存。这绝不是现代化理论中的"以一种社会模式代替另一种社会模式"的时空转换。任何一种社会发展进程都是多元的、动态的,而不会只有一个维度和处于静止状态。这种社会发展进程有三个维度:首先,特定历史时期的发展环境由其所处的社会结构决定;其次,特定历史时期形成的社会结构具有原生性、次生性、再次生性、变异性等特征;最后,同一

---

① 罗荣渠:《现代化新论:中国的现代化之路》,华东师范大学出版社2013年版,第26-27页。
② 罗荣渠:《现代化新论:中国的现代化之路》,华东师范大学出版社2013年版,第51页。

历史时期的社会结构与其所处的发展环境、多个社会系统存在着天然的横向联系。因此,我们对不同历史时期形成的社会形态进行分析时,要坚持研究方法多元、多学科间的交叉与融合、注意研究客体间的联系等理念。这不仅能打破以往社会形态史研究单调乏味的状态,还能用发展的观点来提高对这一理论的研究水平,进而进行创新,改变之前机械的、片面的和孤立的研究理念。这不仅是研究思维转换问题,也是对历史终结论和命运论的扬弃。

社会生产力在人类历史进程中曾先后表现为三种性质和形态各异的属性,这三种属性的生产力分别为:在自然环境主导时代产生的原始生产力,这种生产力的表现形态为自然力;为适应自然环境而产生的农业-畜牧业生产力,这种生产力的表现形态为半自然力;受到科学技术帮助的物质生产因挑战和改造自然环境而产生的工业生产力,这种生产力的表现形态为完全人工。根据不同的属性,这三种生产力所划分出来的人类历史进程也不一样,产生了不同的产业文明时代,即采集-渔猎、农业、工业文明时代。三大生产力形态的发展是循序渐进的,但又是重叠而不是截然分开的。每一种生产力形态在不同的自然条件、社会条件和不同地区的发展是不平衡的,但总的来说都经历了漫长的发展过程,并显示出不同的阶段性。例如,农业生产力最早有原始农业这种萌芽形式,工业生产力则最早有家庭手工业、工场手工业这样的萌芽形式,等等。新性质的生产力的演进速度超过旧的生产力,而且愈是接近现代,愈是加速运动。

各种社会生产力因所处国家不同,族群类别的差异,系统内部的自然环境、历史进程和社会发展等条件各异,导致不同历史阶段对应的社会生产关系也不尽相同,进而衍生出各种社会经济形态。① 农业是一个国家发展的根本保障,现代化理论是农业现代化的理论基础,因此用现代化理论来指导农业现代化实践,可以使农业在发展理念、产业调整、科技革新等方面更加科学,从而推动国家现代化进程不断向前。

第二节　农业现代化

一、现代农业的内涵

现代农业在涵盖范围上已超过种植业、养殖业等传统农业部门,其内容范畴不断扩大,除了与其产业契合度相关的生产工具、种子培育、农药化肥生产等配套工业外,还包括交通运输、信息技术、销售服务等相关产业。总之,由于现代农业已发展成为囊括三大产业的复合型产业,其产业属性变得日渐模糊。② 现代农业逐渐发展成一个以农业为基础产业,辅之以部分机械工业、手工业、商业和信息咨询服务业等组

---

① 罗荣渠:《现代化新论:中国的现代化之路》,华东师范大学出版社2013年版,第60页。
② 帕塔穆·巴拉提:《新疆农业及其关联产业体系的构建》,《新疆农业大学学报》2003年第1期。

合而成的现代化体系。

一个现代农业先进国家的产业体系是非常复杂而庞大的。在这个产业体系内部，农、林、牧、渔等传统的农业、种植业和养殖业是整个产业体系的第一个环节（产中环节），这个环节包括谷类作物种植、家禽和家畜养殖、蔬菜和水果种植、鲜花生产、园艺业、经济作物（烟草、棉花、橡胶、糖、香料等）种植；以这个环节为基础，向上下游产业链延伸，尤其是向能提高初级农产品附加值的产业延伸。农业投入部门称为上游产业（产前环节），其包括种子（种畜）培育和销售、饲料农用机械设备（肥料、药品）生产和销售、农业信贷和信息咨询服务、农田水利设施兴建与维护等；下游产业链（产后环节）包括初级农产品加工和食品制造业等两大类，在这两大类产业的基础上衍生出食品批发和零售业、餐饮业和休闲农业。初级农产品加工业包括贮藏、加工和流通交换等三个部分。现代农业中的三个环节之间的联系因经济发展和科技革新而变得日益紧密，[1]产后环节通过商品买卖、短期合同和长期合同等组织形式，与第一个和第二个环节逐步结合为经济方面的利益共同体。

现代农业随着国家现代化进程而由传统历史时段步入现代化历史时段，科技文明、工业文明等现代化成果为这种社会化产业提供了农业科技及相关管理经验。从农业现代化历史进程来看，现代化农业属于社会化产业发展的高级阶段。从 20 世纪 30 年代开始，欧美一些工业发达国家从机械技术、生物技术和管理技术三个方面对传统农业进行了全面的技术改造，完成了从传统农业向现代农业的转化，基本上实现了农业现代化。

首先，资本主义生产方式促进自然科学发展的现代化。传统社会中农民的生产经验积累经过现代农业科技工作者的长期实验分析和研究后，形成了农业科技。这些农业科技又经过农民的长期实践，最终在社会系统中得到推广和应用，使农业技术向科学转化，推动植物学、动物学等学科的产生，也推动物理、化学等学科与农业进行交叉融合，在此基础上又使种子培育、植物栽培、养殖、土地肥力保持等农业科技技术含量提高和应用范围扩大。

其次，工业化进程中的农用机械设备制造业的出现和推广应用，使农业上游产业链中的农具生产由"传统"社会中的手工生产转变为机器生产，产品质量和生产效率迅速提高，赋予农业更多现代元素。如拖拉机、联合收割机等现代农用工具取代牛车、犁等传统农具，电力、无人机、卫星监测等技术运用到现代农业生产实践中，使农业生产等更加高效、收成更加良好。

现代农业的第一个环节（产中环节）在社会结构中的重要性日益凸显，如农业生产和流通规模不断调整，农作物产区的划分更加科学，农产品更加接近市场需求，农业集约化和企业集团化的趋势更加明显，农业相关产业链的自主性和科技含量日益提高。现代农业三个环节之间的协作性越来越好，[2] 抗市场风险的能力越来越强，农业成为名副其实的复合型产业。

---

[1] 周应恒等：《现代农业发展战略研究》，经济科学出版社 2012 年版，第 43 页。
[2] 周应恒等：《现代农业发展战略研究》，经济科学出版社 2012 年版，第 35 页。

第二章 农业现代化理论探讨

最后,数据分析、经济统计和计算社会学等学科理论在现代农业的日常运营及管理等流程中的使用频率越来越高。将这些学科理论作为农业生产、农业上下游产业链之间的协调等环节的指导原则,使现代化农业的产区分配、作物种植技术调整、农产品市场开发、休闲农业的发展等更加科学合理。工业反哺农业,使农村经济发展质量有了很大改善,农村精神风貌有了很大改变,很好地实践了农业现代化理论。

二、农业现代化历程

从上文对现代农业内涵的描述可知,农业现代化是紧随着资本主义工业现代化的步伐,其社会生产形态由传统步入现代化的历史阶段。① 英国、美国等现代化成效显著的先进国家进行农业生产实践,导致这一产业发展模式表现出一些"现代化"特征。

从19世纪以来现代化成效显著的先进国家的农业现代化经验来看,想要从学术层面把握好农业现代化理论的内涵和实质,困难较大。有的学者认为,科技水平高、资本密集、产出效率高的农业就是现代农业。也有的学者把产业化的农业类型定义为现代农业。更有甚者,认为通过扶持示范性农业项目而发展起来的企业集聚就是实现农业现代化。上述论点有一定的合理性,但是只停留在农业现代化的方法论和实施措施的层面,显然是远远不能满足农业现代化的发展要求的。农业现代化历程有别于传统农业的发展历程,其在思想性、发展理念上具有超前性、预见性和科学实践性,它远远超出一般的实验方法和操作手段,突破了传统农业狭小的地域和产业发展空间,通过生产资料、资金、科技、流通、交换等多方面的投入,使单一农业向上、下游产业链延伸,从而发展为一种与第二、第三产业交融的复合型现代产业,代表着未来农业经济发展的新趋势,具有强大的生命力和发展前景。

提到农业现代化,我们应该对"agribusiness"(涉农产业)这个英文词汇予以重视。这个词汇曾对西方发达国家的农业现代化进程产生重要影响。这个词汇最先由哈佛大学的农学教授戴维斯和戈德伯格于1957年在其著作《涉农产业概论》(*A Concept of Agribusiness*)中使用。从事农具、农药、化肥、种子等生产资料的生产与加工,农产品生产、储存和流通,以及为农业提供咨询、信贷等服务的行业都可以被定义为"agribusiness"。② 但美国农业部和日本农林水产省的概念定义与戴维斯和戈德伯格的理念又有所差别,美国农业部将现代农业所涉及的五个功能(供应、生产、加工、销售和消费)定义为一个农业体系,即"food and fiber system"(食物-纤维体系);日本农林水产省将由传统农业涉及产业(农牧林渔)、农产品加工业、食品制造业、食品批发和零售业、农业旅游业等现代农业产业所组成的产业链定义为农业-食物关联产业。

现代农业是工业革命以来,随着工业化而进行农业现代化实践的先驱国家在传统

---

① 周应恒等:《现代农业发展战略研究》,经济科学出版社2012年版,第37页。
② 周应恒等:《现代农业发展战略研究》,经济科学出版社2012年版,第38页。

农业历史时期农民的生产实践的基础上发展起来的。农业现代化主要包含四个要素，即发展理念，农业和工业、第三产业之间的交融程度，农业科技研发水平的高低，以及农业三大环节（产前、产中、产后）的协作程度，这是一个复杂、有机的复合型系统。农业现代化的发展方向和未来前景与上述四个要素和作为驱动力量的生产经营管理水平密切相关。[①] 农业现代化不是简单的传统农业技术革新和生产实践，而是基于复合型产业和利益共同体理念发展起来的农业系统。

从农业现代化的复合型产业和利益共同体理念的研究视角来看，农业现代化历程呈现以下四个基本特征。

（一）农业上下游产业链范围越来越广，彼此间的交叉融合程度越来越高

农业现代化不同于传统农业发展历程的明显特征，在于其上下游产业链范围远远超出以前农业发展模式的覆盖范围，且农业的三个环节之间的关联程度远胜于传统农业社会时期，这个新型产业系统内部构成日益复杂。农业现代化突破了之前农业系统中只关注农业生产环节的狭隘范围，实现了现代农业系统产前、产中、产后三个环节的一体化和协调发展，突破了传统农业的内涵，使农业的上下游产业链体系更加完整。[②] 农业涉及产业范围的扩大，使得农业与工业、第三产业之间的关联程度更高。

农业的上下游产业链范围的扩大表现为食品制造业中的生产、批发和零售等所涉及的流程越来越多。一种食品从生产原料转换为农产品，要经过运输、生产、加工、批发和零售等多个环节。另外，食品物流体系由于受国际和内部市场的影响，其流通环节变得越来越复杂。国家相关部门在进行农业产业链体系建设时，应该发挥自身的产业、资源和区位优势，根据市场经济的发展规律，在有关国家和地区重点进行涉农产业的调整和资源配置，使国内农产品加工业的发展和国内外类似产业的发展衔接起来，推动国内农业现代化融入世界农业产业链体系中，不断促进国家的农业现代化。

（二）地域性成为农业现代化的显著特征，与农业生产地的关系非常紧密

在农业现代化进程中，涉农产业发展规模的集聚是社会生产力水平达到一定高度所导致的结果。在这个发展阶段，农产品的生产规模、与科技的结合程度、专业化程度、市场化程度都会受到影响。在进行农业的产业现代化时，应该打破以往的地域范围限制，发挥资源优势，进行产业集聚，形成具有地方特色的农作物种植、家禽和家畜养殖及相关农产品加工的产业带，将个体农户的农业生产纳入产业化体系，将地方

---

① 王图展、周应恒、胡浩：《农户兼业化过程中的"兼业效应"、"收入效应"》，《江海学刊》2005年第3期。

② 卢良恕：《加快现代农业建设 发展农产品加工业》，《农产品加工》2006年第9期。

资源的优势发挥出来。农业产业带以地方优势资源为基础，以产业化方式依托科技创新形成相关要素，不断提升本地农产品的国际、国内竞争力，实现本地龙头企业利润增收，同时农民得到经济上的实惠。进一步打造品牌和提高地方农产品知名度、扩大农产品生产和企业加工流通规模，带动相关产业快速发展，推动农村经济发展，造就名副其实的优势农产品产业带。①

农业现代化进程中生产格局的分布和形成，实际上是地方资源优势、遵循市场经济规律、农产品主动参与国内外竞争和产业合作、地方政府适度引导等因素共同作用的结果。在这个历史发展进程中，资源和区位优势、产业发展潜力等不断被激发，使农业生产格局和产业布局更加科学。农业现代化提高了农民收入和生产水平，涉农企业的经营管理和科技水平也进一步提升，与国际市场的互联互通趋势日益明显。农业现代化进程要求涉农企业和个人要具备一定的知识储备和经营管理能力，其农产品生产和加工要符合国家和国际相关认证标准，有较为完善的物流配送系统来保障农产品流通顺畅。涉农企业和个人要有市场开发理念和售后服务理念，建立健全相关咨询服务体系。只有抓好农产品生产和涉农产业布局，才能提高农业的现代化发展质量。

（三）农产品批发和零售在产业链体系中所发挥的作用日益重要

自18世纪60年代英国发生工业革命以来，农业产值在工业化国家的经济总量中所占的比重不断下降，但农业生产力的发展水平却不断提高，导致单位农产品产出所需的劳动力数量不断减少，这已经成为当今世界农业中的一种常见现象。随着国家内部科技水平和国民收入水平的提高，传统农业生产所需的劳动力呈现出向工业生产转移的趋势；当这个国家的国民收入水平再进一步提高时，其原先从事工农业生产的劳动力就会呈现出向第三产业转移的趋势。一个国家的"现代化"导致农业出现专业分工，即产前、产中、产后等三个农产品生产环节。随着农业的专业化分工，涉农个人和企业的社会生产力水平逐步提高。与此同时，"传统"农业生产规模逐步缩小，部分古老的农业生产实践经验使用频率越来越低，甚至逐步退出历史舞台。农业下游产业链成为现代农业发展的主导因素，这个环节对企业利润和国内生产总值的贡献越来越大。提高农产品附加值已经成为西方发达国家的农业融入国际市场和提升本国农产品竞争力的重要手段，涉及这个流程的产业规模很大，其创造的经济产值为农产品生产产值的5倍多。在今天部分西方发达国家的食品制造业中，养殖业80%的产品和种植业70%的产品都是通过不同程度地提高其附加值进入市场流通环节的，涉及这个环节的食品制造业所创造的产值占本国制造业产值的10%以上。

涉农产业体系中的产品在进入市场流通环节前，需将产中环节的产品作为原料通过市场机制提供给下一个环节，这些原料在流通过程中不断与三个环节进行整合，使"agribusiness"逐渐发展成一个完整的现代农业系统。②涉农企业中的龙头企业对一

---

① 潘泽江：《湖北省优势农产品产业带研究》，华中农业大学2005年硕士学位论文。
② 周应恒等：《现代农业发展战略研究》，经济科学出版社2012年版，第39页。

个国家的经济贡献很大，可以通过吸引许多个体农户跟龙头企业进行订单式合作，或者吸引个体农户到涉农企业就业，从而不断完善农业下游产业链体系。下游产业链推动着这个国家的现代农业体系融入世界体系，通过在国际市场中培育竞争力和赚取利润来回馈国家，优化国内市场，提高农民的生产积极性，促进这个国家的产业协调发展。

（四）涉农产业两极分化，发展状况呈现"哑铃型"态势

涉农产业系统内部的产业组织由于发展程度的差异，呈现两极分化的趋势，我们将这种表现形态特征称为"哑铃型"特征。① 大型跨国企业巨头和中小型企业联合组成涉农产业系统，在这个系统内部，中型和小型企业数量最多。这种农业发展特征能给农村作物种植业和涉农企业的发展带来诸多好处，能促进农村的产业调整和提高农村经济的发展质量。

三、现代化进程中的农民与农业

（一）农业发展的两条道路

农业发展研究有两个理论性较强的问题：第一，对农业现代化历程中农民所起作用的有关评价；第二，农业现代化进程中发展模式的选择。② 21世纪以来，随着中国国际战略的调整，研究周边国家，尤其是与中国利益攸关的澜湄地区的东南亚国家的农业现代化理论成为中国区域国别研究学界的焦点。这些学术争鸣基本上没有跳出马克思主义的理论体系，正如两位西方学者所总结的："上个世纪（指19世纪，引者注）的马克思主义著述家就所观察到的诸结构进程展开的讨论，仍在影响着对当代农业结构变化的解释。"③ 因此，在接触当前的有关学术争论前，有必要追本溯源，对马克思主义理论诞生以来，农民生产实践和农业发展之间的关系做一点学术探讨。

（二）小农生产方式的进步性与过渡性

马克思关于小农生产方式的论述主要包括以下三个要点：资本主义发展模式下的农业由资本家进行生产和经营管理；自耕农经济只能作为农业现代化国家在封建社会向资本主义社会过渡阶段的一种社会形态；资本主义国家现代农业的产生是以土地兼并和农民个体经济消亡为代价的。

---

① 周应恒等：《现代农业发展战略研究》，经济科学出版社2012年版，第40页。
② 董正华：《世界现代化进程十五讲》，北京大学出版社2009年版，第324页。
③ David Goodman and Michael Redclift. *From Peasant to Proletarian: Capitalist Development and Agrarian Transitions*. Blackwell Publisher, 1982, p. 1.

第二章 农业现代化理论探讨

马克思的《资本论》第三卷第六编曾论述农业现代化历程中的社会生产方式的产生和变化。[①] 所谓"农业资本主义",是指因工业化推动而在农业领域产生资本主义式的社会生产方式,这种"现代化"的农业的经营和管理主体是资本家。马克思认为,一个国家的农业现代化历程可以看作"现代化"农业社会生产方式改造"传统"农业社会中原有的生产关系和发展理念的历史,在这个历史时期,除了使"传统"农业社会生产关系发生变化,还促进了经营管理理念革新和科技水平与农业生产衔接度的提高。资本主义社会制度下的现代农业发展以资本家垄断土地所有权为前提,以牺牲自耕农和无地农民的利益为代价。19世纪的农业现代化以农业资本家对土地的完全占有为前提,并且这也是资本主义经济迅速发展的基础。这个时期农业现代化的社会生产方式一方面使"传统"社会中的农业生产经验和实践得以保留,另一方面又将科学技术引入这个现代化进程中。一方面,使农产品的生产和流通功能更加完善,使"产业化"理念在农业系统中诞生;另一方面,这个时期的农业现代化将土地所有权由"国有"变为"私有",在这个过程中带有赤裸裸的掠夺性质。总之,资本主义式的农业现代化是以牺牲自耕农和无地农民的利益为代价的,但是这种现代化推动了资本主义的发展。

现代农业由涉农产业资本家、大农场主进行垄断经营管理,导致"传统"社会中的个体农民经济消亡,个体农民变为雇佣工人。但是,"传统"社会中的个体农民并不会因现代农业为垄断资本所主导而马上消亡,小部分的自耕农经济仍在农业现代化进程中被保留下来,土地所有权并没有完全落到资本家手中。

农业现代化进程中残留的这种农民土地所有制成为19世纪欧洲各先进工业国农业现代化实践中存在的几种土地所有制之一,这种土地所有制在英国、瑞典、法国和德国等工业国都有残留。在这种前现代化社会的土地所有制影响下,土地是农民获得农产品的一个前提条件;在这种社会生产方式的结构内部,农民有权支配自己的农产品和生产资料。社会生产关系是"现代化"农业快速发展的必要条件,就如同生产工具是农民经营农业的必备条件一样。在这里,社会生产关系是自耕农存在的根本原因,这种土地所有制是农业现代化进程由"传统"阶段向"现代化"阶段过渡的历史阶段的产物。这种土地所有权消亡的原因表明了它的局限性。

马克思认为,小农即自耕农的生产方式以其对土地的占有为重要条件,但在这种生产模式下,只能有小农维持生计的农业类型。由于资本主义生产方式的基础是对直接生产者生产资料的剥夺,现代各国的小农制度的消亡最终是不可避免的。造成其消亡的主要因素包括:农村家庭手工业因大工业的发展而被破坏;大地主霸占公有地;种植园大农场主的竞争排挤;农业技术的进步;高利贷和税收制度;小农资金短缺,小地块难以采用现代农业改良措施;等等。也就是说,现代各国的自耕农的生产方式或自耕农制度相对于封建制度是进步的,但仍然属于传统的农业制度之列,因而终将被消灭,整个农业也就过渡到资本家役使农业工人、为利润而经营的农业阶段。

上述马克思主义理论关于19世纪欧洲各先进工业国农业现代化进程中自耕农土

---

① 董正华:《世界现代化进程十五讲》,北京大学出版社2009年版,第325页。

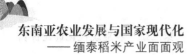

东南亚农业发展与国家现代化
——缅泰稻米产业面面观

地所有制的保留的观点,是马克思主义辩证法思想的体现。土地制度对于马克思主义理论研究的重要性,以及用唯物史观的理论和方法来研究农业发展模式、农业现代化模式,对于研究缅甸、泰国稻米文明史、产业发展历程与国家现代化之间的关联性仍有很高的价值。

应当指出,关于农业资本主义发展问题,在马克思、恩格斯之前,古典经济学家已经多有论述。他们所描绘的图景,是农民小生产者被工农业大生产所吞没。[①] 在亚当·斯密的经济自由论和李嘉图的分配论中自耕农都是没有地位的。也正因为如此,在主张大农业大地产制和反对农民家庭"小农业"的长长的队列里,既有马克思主义者,也有不少经济自由主义者的身影。主张家庭农业自主发展的人则常常被列入"民粹派",被视为反对历史进步甚至是主张开历史的倒车。

泰国的农业现代化以自下而上的方式逐步消灭"传统"社会中的地主土地所有制,在20世纪七八十年代取得一定成效。缅甸的土地制度改革在吴努政府时期也取得一定成效,由此逐步达到"消灭地主土地所有制,进行土地制度改革,实现多数农民有土地耕种,自主支配农产品和生产资料"的"单峰战略"(unimodal strategy)。[②] 这与列宁所期盼的社会蓝图是不一样的,列宁所关注的不再是农业现代化所引起的农村社会结构变动、阶层结构的变化,而是农村这个国家治理的重要组成部分在国家现代化进程中的角色扮演问题。

农业现代化进程要求突破"传统"社会中农产品重复生产的发展模式,使更多剩余农产品能够进入市场流通环节。工业化发展到一定程度推动了农业现代化,农业社会生产力水平不断提高,更多的工业部门成为涉农产业链中的环节,现代农业又为工业发展提供充足动力。[③] 19世纪中期至20世纪中期缅甸和泰国的现代化进程之所以发展缓慢,原因在于"传统"社会中经济结构的阻碍。尽管小农经济由于国内和世界市场需求旺盛而得到快速发展,但是"传统"社会中的落后生产关系仍在阻碍着农业的现代化进程。

英国殖民当局和泰国官僚集团对两国农民的利益诉求长期采取忽视的态度。[④] 城市现代化进程对农产品的市场流通和社会福利产生了不利影响。缅甸和泰国农民身上所承担的苛捐杂税日益繁多,少则数倍,多则数十倍。沉重的税负导致农民这个从业主体对实现国家农业现代化的积极性不高。另外,缅泰稻米产业模式是以国际市场为发展导向的,受国际稻米市场行情的影响非常深,只要国际市场一有风吹草动,国内农民的收成、稻米价格就会大受影响。1929年的世界经济危机导致缅泰的稻米出口锐减、粮价低迷,稻米产业长期不景气,大量农民为躲避债务和税负,纷纷外逃。世界经济危机加剧导致缅泰两国农民的贫困率越来越高,破产农民的规模不断扩大。这对现代化农业的产业化经营是一个巨大的阻碍,对缅泰两国农村发展资本主义经济造

---

① 董正华:《世界现代化进程十五讲》,北京大学出版社2009年版,第326页。
② 董正华:《世界现代化进程十五讲》,北京大学出版社2009年版,第343页。
③ 罗荣渠:《现代化新论:中国的现代化之路》,华东师范大学出版社2013年版,第225页。
④ 罗荣渠:《现代化新论:中国的现代化之路》,华东师范大学出版社2013年版,第251页。

成不利影响。

　　缅泰两国广大农村并没有接受多少欧洲现代化所带来的文明，农村社会的精英还是以封建社会的乡绅为主，农村社会的风气、思想等社会结构状态依然停留在19世纪。由于乡绅这个阶层的固化和阻隔，农民的利益诉求无法到达政府层面。这导致农村局势长期动荡不安，从而引发早期农村革命。虽然两国政府依靠暴力手段将农村革命压制下去，但已然对农业现代化产生了消极影响，长期制约着本国的现代化进程。因此，缅泰两国在这个时段实现农业现代化只是一个遥远的目标。

　　因西方殖民扩张和全球资本主义市场的推动，缅甸和泰国的稻米在19世纪中期至20世纪中期一度称雄于国际市场，两国成为当时世界上最重要的稻米生产和贸易国。但这两个国家稻米产业的特殊性在于其是外力推动的结果，两国农民从稻米贸易中享受到的实惠并不多，生活水平每况愈下，甚至食不果腹。这对于农业现代化理论研究者来讲，可谓一个"悖论"。因此，用这个理论范式研究"缅泰稻米产业发展历程""农民在两国稻米产业史中所扮演的角色""稻米产业发展进程对缅泰两国社会结构的影响"等选题是非常有意义的。

第三章 缅泰稻米产业的发展战略变迁

缅甸和泰国不同时期的稻米产业发展战略，主要是根据国家治理、统治阶级意志、土地制度、农村村社制度、稻米产量和市场需求等因素来进行考量的。古代缅泰稻米产业发展战略主要受统治阶级意志、土地制度、农村村社制度等因素影响，近现代缅泰稻米产业发展战略主要受统治阶级意志、稻米市场需求等因素影响。

第一节 缅甸稻米产业的发展战略变迁

一、古代缅甸稻米产业的发展战略

古代缅甸在王权制度确立之后，就建立了以国王为中心的土地社会生产关系模式，这种模式一直持续到英国第一次对缅战争前夕。然后在统治集团中心的外围，根据族群类别和地位高低，各个层级的统治者所占有的土地数量也会有所差别。缅甸王权制度也对民族聚居地区的统治模式产生了影响，国王根据这些地区的社会发展程度来实施不同的治理对策，但这些边疆政策比起国王对核心区的治理措施，实施的难度要小一点。缅甸北部、东北部和南部少数民族地区的治理主要依靠部落组织和村社制度等社会媒介来推进，国家权力中枢对这些地区事务的介入力度是很微弱的，民族地区的首席统治者只有在其核心利益受损的情况下才会对来自缅甸核心区的王权效忠。这些首席统治者在自己的治理区域内类似缅甸国王的化身，掌握着区域内的最高土地所有权。他们在统治区域内部征收各种赋税和向民众摊派各种杂役，以维持这个区域治理系统的正常运转，另外通过向缅王交纳贡品①来实现区域的外部安全。因此，古代缅甸的稻米产业是没有现代化意义上的经济产业概念的，这种行业的产生主要是为了满足国王和区域首席统治者的治理需要，离稻米产业的市场流通等产后环节的距离还很遥远，只能依靠土地制度和村社制度等基层治理机制来制定稻米业的发展战略。

（一）缅甸封建社会的村社

缅甸封建时代的村社组织有两类：一类以非缅族的普通农人为主；另一类叫阿赫

---

① 黄祖文、朱钦源编译：《缅甸史译丛》，新加坡南洋学会1984年版，第59页。

第三章 缅泰稻米产业的发展战略变迁

木丹（Ahmudan），主要由缅族组成，并且直属于王室、为王室服役。它们最早出现于蒲甘王朝时期，这是因为蒲甘王朝的社会经济基础并不是奴隶制，而是以封建君主（国王）为唯一所有者的村社制度。蒲甘王朝在其形成和发展的过程中，并没有破坏缅族、孟族原来的村社制度，而是把它们纳入了封建王朝的统治体系。① 缅甸学者巴莫丁昂指出："在缅甸史籍中，对缅甸国王往往用华丽的辞藻形容为：金矿、银矿、琥珀矿、宝石矿、珍珠、珊瑚、青玉、钻石等无价之宝的主人，宇宙乾坤的主宰者，六彩牙巨象之王，土地河川之主，即国王一人对水上、水下、地上、地下，一切的一切都享有绝对的所有权。所谓生命之主，意即：国王对所有属下臣民百姓的生命财产都享有绝对主宰权。因此，在缅甸封建主义制度下，国内的一切财物都为一人所有，所有的臣民都是他的奴仆。"② 这就是说，缅王不仅垄断着全国的土地，甚至垄断着全国的一切。可见，缅甸历史上的土地王有制，也就是土地国有制。村社的土地，当然也就属于他这个"现实的专制君王""更高的所有者、唯一的所有者"。缅甸学者杜妙丁认为，这种土地国有制是在缅甸封建国家形成和发展过程中，缅王篡夺部落土地所有权而形成的，因而缅王成了掌握绝对权力的君主和村社土地的最高所有者。国王将直辖地以外的田地作为不同级别的采地赏赐给王室成员、大臣、贵族，如到过缅甸的中国清朝官员所指出的，"王之宗属皆食采地自给"③。采地范围取决于官员职级的高低以及国王对其的赏识程度。获得这种采地的人称为缪沙（Myosa），即领主。缪沙享有对采地的最高占有权，但没有所有权，如果缪沙本人死亡或者由于其他原因而受封终止，这种采地也就要交还缅王。④ 在缅甸封建社会后期，缪沙纷纷脱离了采地范围而到其他地方居住，这是由于其到京城或外地任职等因素所导致的。他们分得的采地，只能各自派人征收贡赋，其数量由国王规定。其治下的基层地区由世袭的村社首领——缪都纪（Myothugyi）来进行管理。缪都纪就是管辖若干村社的首领，也就是中国史籍中所谓的"土司"，他们所管辖的地方称为缪（Myo），实际上是由数量不一、大小不等的若干村社组成的行政单元。但是，缪的大小各异，在有着水利灌溉设施、农业较为发达，而且人口较集中的缅甸中部地区，缪的面积较小，而其他地区的缪则面积较大。中国的《清史稿》曾清晰记载，缅王治理范围内有 4600 多位缪都纪。这些村社首领虽然能传给后代继承，但是新的村社首领必须经过京城的王权册封，在得到中枢议事机构——鲁道核准后，再由缅王任命，才能行使村社治理权。这就是缅甸建立在村社基础上的封建领主制。缅甸封建王朝通过这样一套制度，把村社置于国王和封建主的统治下。

由于蒲甘王朝是以缅族为主体并在缅族征服孟族等其他民族的基础上建立的封建国家，缅甸村社制度中的族群和特定的身份色彩很浓厚。主要分布在上缅甸以缅族为主的村社组织阿赫木丹就不同于普通农人"阿台"（Athi）的村落。阿赫木丹一般都

---

① 贺圣达：《蒲甘王朝期缅甸的社会经济和社会性质》，《东南亚研究》1990 年第 2 期。
② ［缅］巴莫丁昂：《殖民统治时期的缅甸史》，仰光 1964 年版，第 84-85 页。
③ 〔清〕彭崧毓：《缅述》，中华书局 1985 年版，第 3 页。
④ 贺圣达：《东南亚历史重大问题研究》下册，云南人民出版社 2015 年版，第 157 页。

按"团"或"队"的编制组织起来,自成村落,他们不能出售或抵押其份地,也不能自由迁离其所在村落。① 他们由专门的首领管理,集中居住于某一地区。阿赫木丹由国王分配份地耕种,耕种的土地一般不需要缴纳租税,但是他们要根据所派定的职业,轮流定期前往指定的地点服役,每年有2～3个月的时间参加筑坝、修堤等水利工程建设。在阿赫木丹中,数量最多的可能是直属于王室、专门为国王耕种土地的村民,他们被称作"拉迈",主要聚居于王朝统治核心区的阿瓦、瑞冒等地。与拉迈结婚者,其子女也为拉迈。此外,还有从事各种行业为王室服务的阿赫木丹,这些村民从事金银首饰和木器制造、船舶制造、雕刻绘画、园艺业、打更巡夜、服侍国王等行业。另外,"拉迈"还要服兵役,为缅王开疆拓土、冲锋陷阵。阿赫木丹子承父业,形成世袭职业。17世纪后,为禁止阿赫木丹成为"阿台",官方会对其进行文身。雍籍牙王室留存的资料记载,仅在首都及周边地区,属于阿赫木丹身份的村民有53066户,也就是说,当地90065户村民中有近六成的人为王权统治服务。而在京师外的一些战略要地也有一定比例的村民作为阿赫木丹参与区域治理。②

古代缅甸的另一类村社组织由"阿台"组成,其并非直属于王室。"阿台"即普通的农民,蒲甘王朝时改称为"阿桑"(Asan)。这些农民占了村社居民中的绝大部分,以村社作为基层组织来进行农业生产,村长作为官员负责管理村社的内外活动。这类村社成员一般不用服兵役,但必须把部分农业收成交纳给王室充当赋税。收成中还有一部分(一般是1/10)则交给头人。假如这个村庄田地被当作采地,由国王赏赐给某位官员(缪沙),"阿台"就要把田地赋税交纳给这位官员。缪沙所得实物,即为其薪俸。

在缅甸封建社会中,无论是阿赫木丹还是阿台,都深受人身依附关系束缚,不能随意离开自己的村社。③ 这也是缅甸封建社会独立的手工业和商业始终不发达的一个重要原因。

(二)阿赫木丹制和缅甸的封建领主制

阿赫木丹制就是缅甸封建社会国王和各级封建主按族群和职业身份控制以各种农奴为主体的人力资源的制度,是缅甸封建领主制的基础,它对缅甸封建社会的结构和封建经济的发展,都有着深远的影响。可以说,不了解阿赫木丹制度,就难以认识缅甸封建社会的特点。

阿赫木丹也译为"阿木丹",在缅甸语里的意思是"承担义务、职责、服役的人",也即直接为缅甸封建王朝服役的农奴。④ 从制度的角度看,它是缅甸封建社会中一种按族群和职业身份控制人员的特殊的农奴组织和特有的农奴制度。在其发展的

---

① 贺圣达:《东南亚历史重大问题研究》下册,云南人民出版社2015年版,第158页。
② 贺圣达:《东南亚历史重大问题研究》下册,云南人民出版社2015年版,第158页。
③ 贺圣达:《东南亚历史重大问题研究》下册,云南人民出版社2015年版,第159页。
④ 贺圣达:《东南亚历史重大问题研究》下册,云南人民出版社2015年版,第168页。

第三章 缅泰稻米产业的发展战略变迁

后期,即东吁王朝和贡榜王朝时期,缅甸王室又把从国外如当时的阿瑜陀耶掳掠来的类似的农奴也编入阿赫木丹组织。

早在缅甸第一个统一的中央集权制封建国家——蒲甘王朝(1044—1287)时期,阿赫木丹制度就已经略具雏形。阿奴律陀在统一缅甸的过程中,为了便于征集兵役和劳役,把许多地方确定为必须提供一定数目的服役人丁的地方。9—11世纪的历史研究资料显示,居住在缅甸中部地区村社组织中的大部分居民,已由官府将其按职业和族群成分组建为直接服务于封建王朝的农奴组织。由于从事同一职业(主要是农业和手工业)的农奴聚集于同一村社,这就使这些农奴组织与所在村社具有同一性。这些村社也往往以其居民的职业和特征命名,如碑铭中记载的就有鼓手村、陶工村、石匠村、铜匠村、盐工村、象耕村(其村民用象拉犁耕田)等。更多的村庄是兵农合一的村社。每个村社都有自己的首领,称为"敏"(缅语的意思是"王"),即基层的封建领主。这些村庄的居民直属于王室,碑铭上称之为"筐托"。按照缅甸历史学家的解释,"筐"的意思是附属于庇护人,作为他的臣属;"托"则表示与王室有联系。所谓筐托,意即"国王的臣属""附庸",实际上就是直接附属并服务于国王的人,主要是农奴和农奴组织。

筐托就是后来的阿赫木丹组织的雏形。虽然在蒲甘碑铭中尚未发现"阿赫木丹"一词,但筐托实质上是与阿赫木丹具有同样性质的专门为国王服役的农奴组织。14世纪以后,缅甸处于分裂时期,在由阿瓦王朝统治的中部地区,"阿赫木丹"一词已出现在碑铭上,意为"负担的承受者"。阿赫木丹是"为国王服务者",上自国王的大臣,下至直属国王的士兵、王田耕作者均为阿赫木丹。但国王的大臣作为官员,实际上一般并不称为阿赫木丹。阿赫木丹有务兵、务农两类,以务兵为主的一类的社会、政治和经济地位较高。阿赫木丹在近代以前的缅甸,占从事物质生产人口的相当大的部分,在经济、政治、军事上发挥了重要作用。

"筐托－阿赫木丹"制度的形成,同缅甸早期历史特别是缅族由部落社会发展成中央集权的统一国家的统治民族的历史有着密切的关系。在蒲甘王朝之前,缅甸历时最长、疆域最广的国家是骠国。公元1—9世纪,这个国家存在了约800年,极盛时"东西三千里,南北三千五百里"①。但骠国是保持着众多部落的、政治结构松散的早期国家,《新唐书·骠国传》说它有18个属国、9座城镇和298个部落。缅族势力于9世纪中叶崛起于以蒲甘为中心的地区,这个族群兴起于村社、部落等社会组织。缅甸的学者认为,缅族这个族群在蒲甘王朝初期就采用了"筐托－阿赫木丹"这一基层治理制度,这些地区的首席统治者臣服了比自己实力更强的敏纪(大王)。蒲甘王朝形成后,蒲甘敏纪被其臣民称为"雷弥顶",意即"所有土地和水的最高所有者",在王国内拥有最高的权力。② 在这一过程中,缅人的村社制度被保存了下来,成为王国的基层社会经济组织。随着缅人势力逐步向周边地区扩展以及主要通过战争和征服手段统一缅甸、建立封建中央集权的国家,缅人社会的部落首领成为封建国家的统治

---

① 《新唐书》第16册,中华书局1975年版,第5285页。
② Khin Khin Sein. "Pagan Administrative Hierarchy". *Vanguard*, 1971 (11).

东南亚农业发展与国家现代化
—— 缅泰稻米产业面面观

者，缅人村社和一些被征服地区村社的专门职能和军事职能得到强化，并且直接服务于封建王朝，形成形形色色的筐托－阿赫木丹组织。

蒲甘王朝瓦解后，缅甸经历了200多年的分裂时期（1287—1530），各地战乱频繁，使得统治阶级加紧了对人口的掠夺和控制。在这一时期，"阿赫木丹"一词经常出现在缅族人最为集中的缅甸中部阿瓦王朝（1364—1555）统治地区的碑铭中。① 后来，东吁王朝（1531—1752）时期的阿赫木丹组织在著述其历史时，也称其可追溯到阿瓦王朝时期。②

他隆王在位期间（1627—1648），对原有的"筐托－阿赫木丹"制度加以完善，强化了中央王权对这个社会组织的控制力。除严格区分"阿台"和非"阿台"的阿赫木丹，还将这些"阿台"限制在特定区域范围内，禁止自由流动。他下令对阿赫木丹文身，并且给各类阿赫木丹军事组织规定了不同的标识——旗帜、武器、雕饰等。③ 他在1630年还下令调查阿赫木丹的户口，整顿阿赫木丹组织，编为炮兵、水兵、象兵、步兵、弓箭手、圆盾兵、长盾兵、宫廷卫队等；禁止各服役组织成员互相调换，禁止服役人员从一个村庄迁到另一个村庄。④

贡榜王朝（也称雍籍牙王朝，1752—1885）的建立与发展，伴随着阿赫木丹制度的继续重建和加强。雍籍牙（1752—1760年在位）在建立缅甸最后一个封建王朝——贡榜王朝后所采取的第一个重要措施，就是在他赖以崛起的牟河和下亲敦江流域组建新的阿赫木丹组织。孟云统治时期（1782—1819），王朝臻于极盛，阿赫木丹制度的发展和封建王朝对阿赫木丹组织的控制也达到了前所未有的程度。仅在1782—1784年，孟云就颁布了不下20道敕令，命令各地官员全面调查阿赫木丹的户籍，整顿和加强阿赫木丹组织。

形成于蒲甘王朝时期的阿赫木丹制度，经过数百年的发展，到贡榜王朝前期不仅完整地保存着，而且显示了更加严密、强大的组织力量。⑤ 这与缅族一直是缅甸封建社会中的统治民族、缅甸的三次统一都由缅族建立的王朝通过战争征服完成，与古代缅甸地广人稀（从蒲甘王朝到19世纪初，缅甸人口仅从150万增长到400万）有很大关系。而缅甸封建社会实行土地国有制、社会商品生产和交换极不发达、各地缺乏经常性的经济联系，以及缅甸封建社会战争频繁且规模巨大，因此统治阶级需要通过强制性的手段直接控制村社人口。古代缅甸各民族在社会经济发展上的不平衡性的一个重要特点，就是占据有利于农业发展的伊洛瓦底江流域河谷、平原地带的缅族在人力资源聚集和规模，政治、军事组织程度以及经济发展水平上明显高于周边的山区民

---

① 贺圣达：《东南亚历史重大问题研究》下册，云南人民出版社2015年版，第169页。
② Than Tun. *The Royal Orders of Burma A. D. 1598—1885*, Part 1. Center for Southeast Asian Studies, Kyoto University, 1983. p. 108.
③ Than Tun. *The Royal Orders of Burma A. D. 1598—1885*, Part 1. Center for Southeast Asian Studies, Kyoto University, 1983. pp. 2–30.
④ Than Tun. *The Royal Orders of Burma A. D. 1598—1885*, Part 1. Center for Southeast Asian Studies, Kyoto University, 1983. p. 68.
⑤ 贺圣达：《东南亚历史重大问题研究》下册，云南人民出版社2015年版，第170页。

第三章 缅泰稻米产业的发展战略变迁

族,这就使阿赫木丹制度不仅很少受到冲击而且可以使其地位和作用更加突出,因而其得以长期存在并得到巩固、扩大和加强。

英国殖民者发动的第一次和第二次对缅侵略战争,改变了缅甸历史发展的进程。由于战败,丹那沙林、若开等下缅甸地区成为英国扩大殖民的跳板和桥头堡。但是,这些地区并不是缅甸封建王朝的核心统治区,当地居民的主要成分并不是缅族而是孟族、若开族等,大多不是阿赫木丹而是阿台。因此,1852年第二次英缅战争后,阿赫木丹制度仍然盛行于缅甸国王统治的上缅甸。敏同王(1853—1878年在位)在内忧外患之下实行的一些改革,基本上也没有触及阿赫木丹制度。因此,阿赫木丹制度可以说是与缅甸封建王朝的历史相始终。

1885年第三次英缅战争后,缅甸完全沦为英国的殖民地,缅甸王室不复存在。皮之不存,毛将焉附?阿赫木丹已失去了作为王室服役组织的基本前提。[①] 在英国殖民统治下,随着商品经济和土地私有制的发展,阿赫木丹制度逐渐瓦解,阿赫木丹逐渐从村社农奴转化为自耕农、佃农、雇农、手工业者和工人等。

在贡榜王朝时期,除了阿赫木丹,缅甸封建社会中还存在着另一类农奴——阿台。阿台向农奴主交纳土地赋税的方式和蒲甘王朝时期基本上一致,只是其来源有所扩大,包括了缅族的和非缅族的普通农奴。他们不是直接从属于封建王室的服役组织。他们平时耕种村社土地,按规定向封建王朝交纳各种实物赋税,只有在大规模战争时期才会被编入军队。就社会地位和对封建国家的重要性而言,他们都不如阿赫木丹。

几乎在整个缅甸封建王朝时代,缅甸中部地区就作为权力中枢所在地影响着缅甸历史的发展进程,其地缘政治影响力也超过其他任何一个地方。任何一个封建政权要统一缅甸,都必须在这一地区建立稳固的统治以取得可靠的"大粮仓"。不同时期统一缅甸的封建王朝的首都(蒲甘、阿瓦、曼德勒等),也无不位于这一地区。

正因为干燥地带的灌溉农业是缅甸封建中央集权制国家的主要经济基础,这一地区成为阿赫木丹组织最为集中、阿赫木丹人数最多、封建政权对农奴的控制和人身束缚最为严重的地区。缅甸经济是封建国家全面控制下的自给自足的自然经济这一特点,在干燥地带表现得最为充分。尽管这一地区有当时缅甸最为发达的消费农业,但这种农业在本质上不过是自给自足的封建农业,农业和手工业产品一是用于满足统治阶级的消费需要,二是用于阿赫木丹自身的生存消费。由于没有相对独立发展的地方经济,没有能摆脱封建领主束缚的农民和手工业者,阿赫木丹的劳动以实物和劳役的形式直接提供给王室和封建领主,这一地区的商业、货币经济和城市都极不发达。封建国家和领主对农奴的剥削、掠夺,主要是靠强征劳役、兵役以及收取实物地租。在贡榜王朝时期,赋税方面,就有地税、水税、田税、沙洲税、林业税等。缴纳给王宫的金税、银税由京都的官员负责。有些农村用当地的农林产品代替银钱缴纳赋税。麻、潺树皮、马榴橙、糖饴、牛角瓜树烧成的木炭、供写字用的糖棕嫩叶、罗望子、

---

① 贺圣达:《东南亚历史重大问题研究》下册,云南人民出版社2015年版,第171页。

石油、龙脑香脂、吉贝棉、牛皮胶等物资，以及属于地方的普通林产品，都可作为贡物。① 在劳役方面，仅仅专门的服役组织，就有守时钟的婆罗门、保管国王的擦牙用具者、管喜车者、雕工、裁缝、执掌盾牌者、铅匠、下等木匠、能做浮雕的金匠、绘画者、王家洗衣人、宫廷奴仆、守金库者、王室公主奴仆、太子官守护者、工厂手工艺人、守账房者、金库木匠、养马者、宫廷和枢密院专用铁匠、修宫殿者、画匠、点灯者、金匠、园圃管理者、印度水泥匠、种香艾者、王家鼓手、管王家谷仓者、贝叶经捆扎者、理发匠、武库职员、打磨象牙者、王家纺织者、刺绣者、观星象者、制官服者、雕塑者、诗人、玉石琢磨者、阿迎舞舞蹈者、大夫（医生）、开道者、管礼品者、师婆、守枢密院者、献牛奶者、宫廷引座者、后宫刺绣者、铜匠、煮僧斋者、王后事务官、后宫金匠、补船木匠、推御辇者、造船木匠、击钟者、印刷工匠、传信快差等。② 正如马克斯·韦伯所说，在这种情况下，"各式各样的食品和手工业制品，都以特别的方式向农民课取，因此不需要（或者说，应该没有必要）去购买任何的必需品。其自然经济之彻底执行，就要远远超过西欧中世纪卡洛林王朝的国库与僧院领主制了"③。

缅甸南北两端的社会经济，则具有与中部干燥地带明显不同的特点，呈现出更为活跃的状态，商业和贸易的兴盛更非中部地区可比。④ 这是因为缅甸南北两端远离缅甸封建统治中心，除了一些军事要地和中心城镇，较少有阿赫木丹分布。在地理上，缅甸南北两端也便于同外界进行经济往来，是缅甸对外贸易最为发达的地区。

二、近代缅甸稻米产业的发展战略

19世纪20年代至20世纪40年代是缅甸社会生产关系大变革的历史时期。稻米产业经济的快速发展导致传统的村社和土地制度解体，其大部分土地的所有权被因稻米业发展而致富的稻米商所控制，广大的村社成员沦为农业无产者。缅甸传统的村社和土地制度被新的社会生产关系所取代，缅甸稻米产业的发展环境发生变化，导致这种农业类型的产前、产中和产后等三个环节所发挥的作用也发生了变化，这在一定程度上影响了该国稻米产业的战略定位。

英国在殖民下缅甸的早期并没有对当地原有的社会生产关系做出大的改动，一直到英国工业革命完成前夕才对封建时代的缅甸土地生产关系进行调整。英法等欧洲国家的工业化进程使亚洲和欧洲之间的市场联系更加紧密，因此英国殖民者才采取战争手段打开缅甸国门来拓展自己的市场，下缅甸封建统治时期闭塞的市场体系被英国带来的自由贸易体系所取代，稻米产业的市场元素逐渐增多。另外，19世纪后半期，在西亚、南亚和东南亚等地区，殖民地性质的原料初级工业和经济作物种植业兴起，

---

① ［缅］吴佩貌丁著：《缅甸古代的行政体制》，李孝骥译，《东南亚资料》1979年第44期。
② 李孝骥译：《阿苏，阿索》，原载《缅甸百科全书》第14卷，《东南亚资料》1979年第44期。
③ ［德］韦伯：《印度的宗教——印度教和佛教》，康乐、简惠美译，广西师范大学出版社2005年版，第355页。
④ 贺圣达：《东南亚历史重大问题研究》，云南人民出版社2015年版，第181页。

第三章 缅泰稻米产业的发展战略变迁

而缅甸离这些地区距离近，为缅甸的稻米产业创造了巨大的市场商机，成为这个时期缅甸稻米产业快速发展的重要推动因素。上述地区对缅甸稻米的需求扩大，使得环印度洋周边区域逐渐形成一种缅甸生产和供应稻米，西亚、南亚和东南亚等地区的雇佣劳动力消费缅甸稻米的市场局面。这种新的稻米市场流通模式使缅甸稻农的经济意识也在产生变化，① 缅甸水稻种植区逐渐成为国际稻米市场的重要组成部分。

为了让更多的缅甸稻米进入国际市场，以及解决稻米产业发展过程中的劳动力短缺等问题，下缅甸的英国殖民政府在1876年颁布的新土地法案中规定，"下缅甸任何一块连续耕种满12年且没欠税的田地，可以作为该稻农的私有财产，法律为其权益提供保护"②。稻农获得这块田地的所有权后，其亲属可以继承，也可以将这块田地自由出让、抵押和转卖。③ 这在一定程度上提高了下缅甸稻农的生产积极性，有利于英国稻米贸易商向国际市场运送更多的稻米。上缅甸在1885年被英国殖民者侵占后，上缅甸殖民当局以下缅甸土地法案为范本，在今天缅甸的中部地区继续发展殖民地性质的稻米产业经济，从而使新型的土地社会生产关系在缅甸建立起来。

英国殖民政府在缅甸建立新型土地生产关系的过程中，遭到了缅甸封建王权的强烈抵抗。为了消除推行缅甸殖民地新型土地法案的最大障碍，英国人将贡榜王朝末代君主锡袍王押解到今天的印度东北部地区，同时废除原封建统治阶级所享有的土地特权，重新规范了水稻种植者的权力，即承认稻农对耕种田地的私有权。④ 通过上述举措，缅甸原有社会生产关系逐步瓦解，缅甸稻农不断融入新的稻米产业经济体系中。

英国殖民当局在缅甸建立新的社会生产关系，不是作为救世主来解放封建时代受统治阶级剥削的缅甸民众，而是为了配合宗主国的现代化进程。其施行新土地法案的目的在于：首先，为了英国稻米贸易商的利益而扩大缅甸稻米的生产规模，为宗主国的产业发展提供更多的资金；其次，将稻农原先交纳的土地赋税转移到缅甸殖民政府手中，以减轻英帝国的财政负担；最后，扶持因新时期稻米业发展而崛起的大地主阶级作为英国殖民缅甸的代理人，以转嫁社会矛盾。⑤ 第一和第二个目的，是英国人在缅甸建立和发展"现代化"稻米产业的根本立足点。而最后一个目的，英国人做得比较隐蔽，他们转嫁社会矛盾，但这些社会矛盾又成为英国殖民统治终结的重要推手。这种社会矛盾因20世纪20年代末的世界经济危机和"二战"中日本对缅甸的占领而被进一步激化。由于这个时期缅甸稻米产业不景气，许多稻农的生产和生活环境日益恶化，沦为流民，流落到仰光等大城市，给英缅殖民当局统治带来新的不安定因素。

"二战"结束后，缅甸稻农的生产和生活环境更加恶劣，大量的稻田由于原有的产业体系在战争和经济危机中遭到破坏而被稻农遗弃。人数众多的农业无产者开始将

---

① J. S. Furnival. *An Introduction to the Political Economy of Burma*. Rangoon, 1938, p. 123.
② J. S. Furnival. *An Introduction to the Political Economy of Burma*. Rangoon, 1938, p. 43.
③ M. Adas. *The Burma Delta: Economic Development and Social Change on an Asian Rice Frontier, 1852—1941*. The Universiy of Wisconsin Press. 1974, p. 28.
④ J. S. Furnival. *An Introduction to the Political Economy of Burma*. Rangoon, 1938, p. 239.
⑤ 郭华：《近现代缅甸、泰国土地所有制演变及其特点：比较研究》，云南大学2008年硕士学位论文。

东南亚农业发展与国家现代化
——缅泰稻米产业面面观

英国殖民者在缅甸的代理人——齐智人和其他缅甸大地主作为革命对象。他们重新建立革命组织（农会），抵制英缅殖民当局摊派的各种赋税，从物质和人力上支持抵抗组织的民族解放战争。英国在缅甸的殖民统治摇摇欲坠，面临着巨大危机。

英国人虽然为重现战前缅甸稻米产业经济的辉煌而做出种种努力，如在稻米生产上给予政策鼓励，在稻米产业收入分配和金融服务上给予优惠条件，但是其恢复和发展缅甸稻米产业经济的根本目的在于为"二战"后的英国经济服务，以及继续维护殖民代理人在缅甸的特权利益。英国在"二战"后颁布的种种土地法案和条例①，如同废纸一堆，对稻米产业经济的恢复于事无补。而英国为恢复稻米产业经济而做出的社会生产关系调整也最终失败。新时期土地生产关系改革的接力棒落到了新兴的缅甸民族资产阶级手中，缅甸稻米产业的战略定位由服务于殖民宗主国经济发展，转变为服务于新时期独立自主的国家经济发展。

三、现代缅甸稻米产业的发展战略

缅甸独立后，吴努政府相继废除和收回英国殖民者在缅甸的一些特权，国家投资建立国营企业，发展国有经济，以降低对英国经济和市场的依附。另外，还合理利用国外资金来建立合资企业，以推进缅甸经济快速发展。同时，允许其他性质的经济形式存在，以增强缅甸的经济活力。在法律上，保护私营民族工业的发展，并在资金上予以帮助，在关税上予以保护。为解决殖民地时期遗留下来的严重的土地问题，发展农村经济，吴努政府先后颁布了《缅甸土地私有化法案》（1948）、《缅甸土地国有化法案》（1953）和《缅甸土地国有化修改法令》（1954）三个土地法案，在农村推行土地改革。但是，土地国有化措施到1959年就停止实施，而由于国内政局动荡以及复杂的民族关系，这些措施在掸邦、克钦邦、钦邦等山区少数民族地区从未实行。这些少数民族地区依然保留了英属时期乃至缅甸古代的土地制度。

奈温执政时期，缅甸政府以土地国有化为目标，继续推行吴努时期的土地制度改革，先后颁布了《缅甸农民权利保护法和租佃法》（1963）和《修改缅甸租佃法的法令》（1965）两个土地法案。在农村成立没有地主参加的租佃委员会，从而使农村社会生产关系的变革更彻底，将佃农从人身依附关系的束缚中解放出来。奈温时期的农业改革是以国家掌握土地的最高所有权为基础的，它使得稻农的土地权责关系更加规范，消灭了封建生产关系残余，国家也因此把农业经济纳入其计划和控制的范围之内。不仅工业经济的发展按计划进行，在农村"农户种什么、种多少以及主要农作物的收购价格"也由国家规定。这个时期的缅甸稻米产业计划经济色彩较为浓厚，稻农的生产积极性受到影响，其在国际稻米市场发挥影响力也受到了一定限制。

1974年，此前被取缔的缅甸农业银行重新开业并恢复发放农业贷款的业务。1975年，缅甸农业投资额为8900多万缅元，约为20世纪60年代至70年代初农业投

---

① 如《土地争议条例》（1945年）、《动产保护条例》（1945年）、《耕种者偿还贷款条例》（1946年）、《租佃条例》（1946年），等等。

第三章 缅泰稻米产业的发展战略变迁

资额的 2 倍。尤其是 20 世纪 80 年代末以来，缅甸政府发挥市场流通在稻米产业经济中的作用，鼓励稻农扩大水稻种植面积，并在政策和资金上给予保障，同时大力发展涉农产业，促进了稻米产业经营的多元化。随着缅甸土地政策的不断调整，鼓励私人开垦空地、闲置地、荒地等措施的不断实施，缅甸水稻种植面积成倍扩大，农田水利设施也有很大的发展。缅甸土地利用空间巨大，全国适合进行农业生产的土地有 4478.7 万英亩，主要产粮省还有很多尚未开发的耕地、空地、闲置地和荒地。①

为了扩大缅甸稻米的生产与出口，缅甸政府于 2003 年 4 月公布了缅甸稻米贸易的新举措。②组建了以缅甸国家和发委第二秘书为首、由各部部长和米商协会负责人参加的缅甸稻米贸易指导委员会。新政策规定，私商们出口稻米不需要再通过缅甸商务部农产品贸易公司，可以直接从市场上收购稻米用于出口。按照过去的规定，农民每种一英亩水稻，必须按照政府的定价向政府有关部门交售 12 箩的责任粮，其余部分还不能自行出口；如要出口稻米，出口商还必须从缅甸商务部的农产品贸易公司购买后才能出口。新政策规定，100%放开稻米市场。缅甸稻米企业家协会主席昂丹乌对记者说，将来政府所需的粮食也要从商人手里按市场价格购买。另外，为了控制稻米的大量出口，新的政策规定，稻米出口收益的 50%必须交给政府，政府再将其作为投资适当返还给出口商。同时规定，必须在满足国内需求之后才能扩大出口。

缅甸民选政府执政时期，经济发展战略由"以农业为基础全面发展其他产业的经济政策"向"进一步发展农业，建设现代化的工业国家，全面发展其他经济领域"转变。另外，重视农村贫困问题，组建农村发展和减少贫困中央委员会，强调加快农村地区的发展是减少贫困的根本途径，要求政府稳定粮食价格，在乡下开展小额贷款业务。继续对稻米相关产业的发展给予支持并将其纳入缅甸年度经济发展规划。如在扩大缅甸稻米生产规模方面加大政策支持和资金投入，提高稻米业经营的自主性；加快发展与稻米相关的食品制造业，以增加稻米产品的附加值，使稻米生产和加工企业能够获得更多的利润；在稻种培育和销售方面投入更多的人力、物力和科技力，以增强稻米产中环节的安全性；健全稻米业科技和信息咨询方面的服务机制。③多年来，通过品种改良、适当的技术、有效的灌溉系统，目前缅甸稻米产量已经大幅度增加。④除此之外，缅甸政府还为稻农提供贷款。2012 年 9 月，缅甸稻农获得 1000 亿缅元（约 1.14 亿美元）水稻种植保障优惠性贷款，这笔农业贷款由国家农业发展银行组织实施。⑤2011/2012 财年发放的贷款为 3121.1 亿缅元（约 3.56 亿美元），发放的标准为稻谷种植每英亩 4 万缅元（约 45.6 美元），其他作物每英亩 1 万缅元（约 11.4 美元）。2012 年夏水稻种植贷款提高到每英亩 5 万缅元（约 57 美元），计划发放 4364.8 亿缅元（约 4.98 亿美元），至 7 月 21 日，已发放贷款 1500 亿缅元（1.71

---

① 聂凤英：《海外农业调研报告：缅甸篇》，中国农业技术科学出版社 2017 年版，第 8 页。
② 《缅甸稻米生产现状及发展前景》，中国农业网，2019 年 12 月 1 日，http://www.agronet.com.cn/Tech/69241.html。
③ ［缅］陈玉凤：《缅甸大米贸易出口研究》，广西大学 2014 年硕士学位论文。
④ ［缅］王丽珍：《21 世纪以来缅甸农产品出口发展研究》，云南大学 2015 年硕士学位论文。
⑤ 张雨：《缅甸增加发放农业贷款》，《农友之家》2012 年第 9 期。

亿美元）。

缅甸大米联盟于2018年1月21日宣布中小企业发展计划。① 大米联盟计划与财政部合作，共同扶持从事稻米产业的中小企业，为其提供贷款。缅甸政府计划向从事稻米产业的中小企业提供贷款650亿缅元。2018年1月1日，国有缅甸农业开发银行宣布，自1月份开始向涉农中小企业发放贷款，贷款利率为9%，信用担保保险将为无力提供抵押品的企业提供支持。

大米联盟计划将该笔贷款分配到8个领域，包括种子生产、出口贸易、组建合资企业、升级机械、建设碾米厂、建立供电设施等。同时，大米联盟起草了"大米行业工作计划书"，内容涉及财政、管理及中小企业面临的其他问题，于2018年4月开始实施。

稻米仓库及相关机械设备建设是工作计划的首要重点，政府将对相关项目贷款予以特殊考虑。大米联盟计划将贷款的20%用于建设仓库，18%用于建设发电厂，17%用于升级稻米生产加工机械设备。大米联盟副主席梭吞表示，缅甸稻米产业的强劲增长将带动国家经济的显著发展。除了发放贷款和财政支持外，政府还将在技术现代化和市场准入方面继续对稻米产业给予扶持。根据缅甸2015年出台的《5年商品出口规划纲要》，稻米被列为7大优先进出口领域商品之一。2019年11月28日，缅甸《2020—2025年商品出口规划纲要》出台，继续将稻米列入农业基础产品领域。

第二节　泰国稻米产业的发展战略变迁

一、古代泰国稻米产业的发展战略

和缅甸一样，泰国种植稻米的历史也十分悠久，在史前时代就已诞生这种农业生产模式。随着泰国社会性质的变化，泰国稻米产业所对应的社会生产关系也发生了变化，封建社会性质的生产关系在泰国稻米业历史进程中发挥着主导作用。② 对于封建经济因素的作用，苏联学者烈勃里科娃曾在其著作《泰国近代史纲（1768—1917）》中评价道，封建经济因素产生于泰国原始社会，这些因素与社会生产关系变革相互影响，这种态势一直持续到封建社会形成。③ 随着新社会的形成，田地最高所有权由为

---

① 《缅甸政府为大米行业提供贷款扶持》，农业走出去公共信息服务平台，2018年7月4日，https://mp.weixin.qq.com/s?__biz=MzA4OTkwOTA0MA==&mid=2247484859&idx=2&sn=281538523bcfd2d44c923b59d0909eba&chksm。

② 参见何平：《东南亚的封建——奴隶制结构与古代东方社会》，云南大学出版社1999年版。

③ [苏] 尼·瓦·烈勃里科娃：《泰国近代史纲（1768—1917）》上册，王易今等译，商务印书馆1974年版，第11页。

部落所有转属为王权所有。① 从11世纪中叶开始，一直到19世纪拉玛五世改革，国王都是国家土地的最高所有权的拥有者。

在国王掌握国家最高土地所有权的前提下，土地按贵族的爵位、官吏的官衔和职务以及平民百姓不同的级别进行分配，称为"职田"或"食田"，然后由国家征收劳役地租或实物地租。这种"食田"制度随着后来历史进程的发展，应用范围不断扩大，进而形成具有古代泰国封建社会特色的土地社会生产关系模式——"萨迪纳"（Sakdina）。这种新兴土地制度对泰国封建时代的稻米产业发展产生重要影响。因此，古代的泰国稻米产业发展战略和缅甸一样缺乏"现代意义上"的稻米产业经济元素，其战略定位主要围绕以王权为中心的圈层模式展开，跟稻米流通市场的关系不大，一直到18世纪产生清朝–暹罗稻米贸易，其市场元素才不断增多。

（一）泰国封建社会的村社

兰纳王国和素可泰王朝以后的泰国古代农村公社，是在泰族人进入这一地区后形成的；而在泰国封建王权专制逐渐加强，尤其是"萨迪纳"制确立后，进一步形成了具有泰国特点的村社。

公元6—12世纪，泰族族群形成并且开始向大陆东南亚北部和中部迁徙。此时泰人还处于原始社会后期，形成了大大小小的公社和部落。在他们进入大陆东南亚中北部地区发展为泰人国家后，随着社会生产力的变化，各个公社、部落发展出现差异，从而产生了"阶级"这个社会结构概念，在此基础上逐渐发展成阶级社会。公社、部落首领和成员之间的关系演变成统治者和奴隶的关系。② 陈碧笙先生更为明确地指出："在泰族由部落过渡到国家时，固有的氏族公社的组织形式并没有受到彻底的破坏，而是基本上被保留了下来，构成封建国家进行统治的基础。"③ 公社的性质是从根本上改变了，自由的农村公社一变而为从属于封建国王或封建国家的农奴制公社。但前一时代的公社组织的某些形式和制度却仍然在人们的社会、经济、政治生活中起着重大的作用。旧的氏族公社、部落领袖在变成新的村镇头目（Po Pan）之后，往往按照原有的村社习惯对居民进行徭役的管理和土地的分配。④ 这种情况一方面有利于封建制的确立，封建主能够借助于村社这一组织形式轻易地把战争、劳役、贡赋等种种义务强加于人民；另一方面却也使大多数居民能够得到公社残余力量的保护和救济，不至于迅速地大规模地沦为奴隶。在公社残余力量还能够支配土地和水源使用的时期，这种作用尤其明显。古代泰人称村的头目为"Po Pan"，其意为一村之父，而称村民为"Luk Pan"，其意为族子；称乡的头目为"Po Mun"，其意为部落之父，而

---

① ［苏］尼·瓦·烈勃里科娃：《泰国近代史纲（1768—1917）》上册，王易今等译，商务印书馆1974年版，第14页。
② 邹启宇：《泰国的封建社会与萨迪纳制》，《世界历史》1982年第6期。
③ 陈碧笙：《古代暹罗封建制初探》，中国东南亚研究会编《东南亚史论文集》，河南人民出版社1987年版，第235页。
④ 贺圣达：《东南亚历史重大问题研究》下册，云南人民出版社2015年版，第160页。

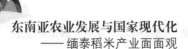

东南亚农业发展与国家现代化
——缅泰稻米产业面面观

称自由民为"Luk Hmu",其意为子民。这些称呼也可以说明,泰人社会的早期政治组织基本上还是建立在旧有氏族公社、部落的血缘关系基础之上的。①

和缅甸一样,泰国封建社会时期的土地制度建立在王权对全国土地占有的基础之上,这种土地社会生产关系模式开始于11世纪中期。此后,泰国封建土地所有制一直保持着这种王有制特征。阿瑜陀耶国王于1637—1647年间颁布的一道法令还重申:国王享有全国土地的最高所有权。②泰人的农村公社被纳入土地王有的封建统治;在阿瑜陀耶王朝建立起"萨迪纳"制后,农村公社又被纳入了"萨迪纳"制体系。

(二)"萨迪纳"制与泰国的封建领主制

1. "萨迪纳"制的形成和基本内容

成熟的泰国封建社会,是以授田等级制度即"萨迪纳"(Sakdina)制为其完成形态。在泰语里,"萨迪"的意思是权利,"纳"是稻田。"萨迪纳"可直译为"对稻田的权利",也译为"食田等级"。这一制度由阿瑜陀耶王朝在15世纪确立,一直延续到19世纪中叶,在泰国一共盛行了400多年。在此之前,泰国封建社会尚未形成与授田制度相应的严格的封建等级制。

在阿瑜陀耶王朝戴莱洛加纳王统治时期,统治集团对村社田地和村民的控制力增强。同时,封建君主专制已经形成,国王需要加强对贵族领主的控制和对人民的统治。③1466年,戴莱洛加纳王颁布了《文职官员土地占有法令》和《武官及地方官员土地占有法令》等两部土地法案,对贵族、官吏以及平民百姓的"食田"级别和标准作了明确规定,使"萨迪纳"制具有法律效力。在王族中,最高的可授田10万莱(1莱=2.4亩=1600平方米),贵族(坤琅)授田数量由高到低为10000莱到400莱,小吏授田300莱到100莱。而对于各类农奴,法令规定授田分为30莱、25莱、20莱、15莱和5莱5个等级,各种奴婢则一律为5莱。一方面,食田是封建国家给各级官吏的俸禄,另一方面,食田数量的多寡,也反映了各个阶层社会地位的尊卑高低,因此"萨迪纳"制又是一种社会等级制。曼谷王朝(又称却克里王朝)对阿瑜陀耶王朝的萨迪纳制有发展变更之处,但其基本内容与戴莱洛加纳王时期大体相同。但食田均为王有,国王通过授予食田和相应权力牢牢地控制着各级封建领主,同时以他们作为统治支柱,维护封建等级制和国王的专制统治。

2. "萨迪纳"制下的社会等级结构

"萨迪纳"制确立后,泰国封建社会明显地分为封建领主阶级和农奴阶级这两个阶级。泰国的封建领主阶级成员主要由两部分人组成,一部分是王族(昭),最初分为昭法(国王的嫡子女)、帕翁昭(国王的庶子女或昭法的嫡子女)和蒙昭(昭法的

---

① 陈君笙:《古代暹罗封建制初探》,中国东南亚研究会编《东南亚史论文集》,河南人民出版社1987年版,第235页。
② 《三印法典》第3册,第3页,转引自邹启宇《泰国的封建社会与萨迪纳制》,《世界历史》1982年第6期。
③ 贺圣达:《东南亚历史重大问题研究》下册,云南人民出版社2015年版,第186页。

庶子女或帕翁昭的子女），王族每降一辈，称号下降一级，蒙昭的子女身份就变为平民。1851年拉玛四世登基后，又在蒙昭之下增加了蒙拉差翁（蒙昭的子女）和蒙銮（蒙拉差翁的子女）两级，相应地，蒙銮的后代是平民。王族均按称号和职级，获得食田，最高达10万莱，最低也有500莱。另一部分是非王族的封建领主，其中上层的是贵族，又称"坤琅"，他们是由追随部落军事首领的部落和村社首领演变而来的，后来发展为国王手下的官吏。按"萨迪纳"制规定，授田级别在400莱以上者才是坤琅。坤琅又分为5级，从高到低依次为昭披耶、披耶、帕、銮、坤，等级最高的昭披耶授田达1万莱。坤琅在各级政权中担任各种职务，是泰国封建国家政权的重要支柱，同时，坤琅享有终身保持职务（但是不能世袭）和觐见国王的权利，而且本人及其家属可以免于劳役。在坤琅之下，有为数众多的"攀"一类的小吏、小首领，授田在100～300莱，他们是封建领主阶级的下层。各级封建领主占有数量不等的土地，掌握军、政、司法大权，享有各种特权，并且以超经济的强制迫使农奴提供实物贡赋和劳役。

泰国封建社会的另一大阶级是农奴阶级。这个阶级的成员在当时都被称为派（Phrai），分为派銮、派帅和派松。① 派銮是直接隶属于国王的农奴，类似于缅甸的阿赫木丹，可以分得10～25莱的土地，但须将收获物的1/10上缴国库，每年还须为国王服劳役6个月（曼谷王朝初期改为3个月）。派帅是直接隶属于国王的手工业者，人数不多，处境与派銮大致相同，不同之处在于不一定要服6个月的劳役，可以其手工产品顶替。派松则是不直接隶属于国王而隶属于某一个封建主的农奴，类似于缅甸的阿台，其地位与农奴等同。这种依附关系，最初产生于部落社会中和村社组织中，进入阶级社会后，就形成了村社居民依附于其首领的关系。古代泰国地广人稀，土地不虞缺乏，村社居民只要遵循当地习惯或法律所规定的手续，在取得当地头目或领主的同意后，就可以领到他自己和家属所能耕种的土地。在这种情况下，"农民（农奴）对地主（领主）的人身依附是这种经济制度的条件"，因为"如果地主没有直接支配农民个人的权力，他就不可能强迫那些得到份地而自行经营的人为他们做工"。② 因此，基于人身依附关系而来的超经济强制在古代泰国就显得特别突出。戴莱洛加纳王在位时，将全国人口分为兵、民两大类，规定每个成员都要登记上名册，分属各个部，依附于各个部的官员，对封建国家和封建主承担沉重的赋税和徭役。到曼谷王朝建立初期，更加强了对农奴的控制，规定"派"必须向其所属的主人"乃"登记。这与缅甸贡榜王朝加强对阿赫木丹的控制也有类似之处。在乃的严密控制和监督下，派有固定的住所与役籍，父子祖孙相继，不得自由移动。全国各地设有专门登记役籍的机构，登记人都要在左腕或右腕刺印，以资识别，并防止逃亡。但是，派有自己的小块份地，有少量的生产工具和其他财产，可以独立从事小规模的农业生产，封建主

---

① 贺圣达：《东南亚历史重大问题研究》下册，云南人民出版社2015年版，第187页。
② 《俄国资本主义的发展》，中共中央马克思恩格斯列宁斯大林著作编译局编：《列宁全集》第3卷，人民出版社2012年版，第158－159页。

不能随便处死他们。因此，他们是泰国封建社会的农奴，而不是奴隶。①

泰国封建社会中社会地位最低的阶层是"塔特"（That）。按规定，塔特可以获得5莱的土地。关于塔特的性质，各国学者大多认为是奴隶，但中国学术界有人认为是奴婢或奴仆，他们主要为封建主从事家务劳动。按其来源，塔特可以分为债务奴隶（塔兴泰，他们占了奴婢的大多数）、战俘奴婢（塔乍勒）和家生奴婢（鲁塔，奴婢所生子女）。根据其依附对象的不同，塔特可以分为官有、私有和寺院所有3种。一切奴婢都被看作主人的财产，1355年阿瑜陀耶王朝颁布的《奴婢法》规定，主人可以管束和自由转卖塔特，但是不能让其丧失性命。②

因此，"萨迪纳"制也是一种社会等级制度，泰国古代社会存在着严格的封建等级制度。③ 其实，不仅是泰国，这一时期东南亚其他国家同样存在着相当分明的封建等级制度。罗兹·墨菲所说的"社会等级结构，在东南亚不那么明显"，"社会等级也不那么严格"，就其对泰国、缅甸等东南亚古代国家而言，实在是缺乏依据的。④ 只是步入近代，在"萨迪纳"制解体之后，"因为拥有大量的土地，所以（泰国）农民相互关系也变为平等，变为没有身份等级的社会"⑤。

3."萨迪纳"制对泰国古代历史发展的影响

"萨迪纳"制的形成历程对泰国历史进程的影响体现在两大方面。一方面，它形成了国王控制下的封建土地国有制和封建领主制，上至王族，下至农奴，都处在复杂的封建等级制的社会关系网络中，认同各自的身份与地位尊卑，从而有利于维护等级森严的封建统治秩序，维护封建国家的统治。阿瑜陀耶王朝持续了400年，在此期间泰国没有发生过国家分裂，也没有出现过如中国封建社会中不时出现的大规模的农民起义，没有出现过地方领主势力"尾大不掉"的现象，更不要说地方势力成功入主中枢了。王室内争往往由于争夺王位引起，甚至因此造成新国王在继位以后对同胞兄弟进行肉体迫害，或者采取非人道手段，使其跛脚、失明，变成残废，或者强迫其饮酒变成白痴；聪明一点的王兄、王弟则遁入佛寺终身为僧，以求保命。历史上，有的国王还把同父异母的同胞姐妹娶为妃娘，以防止王族和外戚集团的扩大。⑥ 另一方面，"萨迪纳"制下的官僚政体（也可以说整个社会的存在），名义上是为国王服务，但事实上却处处为自己着想。表面上，王权控制下的社会组织严密、层次分明，但是在实践中却是由一些独立自主的单位（村社、各自的领地府、属国）组成的松散的集合体。一个典型的单位就可能是一个完整的即尽可能不依赖于其他单位而绝大部分依靠自给自足的小天地。⑦ 这种制度在巩固封建国家自身的同时，却束缚甚至扼杀了社

---

① 邹启宇：《泰国的封建社会与萨迪纳制》，《世界历史》1982年第6期。
② 邹启宇：《泰国的封建社会与萨迪纳制》，《世界历史》1982年第6期。
③ 贺圣达：《东南亚历史重大问题研究》下册，云南人民出版社2015年版，第188页。
④ [美]罗兹·墨菲：《亚洲史》，黄磷译，海南出版社2004年版，第58页。
⑤ [日]友杉孝：《泰国古代社会及其解体》，宋恩常译，《泰国农村调查研究译文》，云南大学历史研究所民族组1976年内部资料，第27页。
⑥ 陈碧笙：《古代暹罗封建制初探》，中国东南亚研究会编《东南亚史论文集》，河南人民出版社1987年版，第242—243页。
⑦ 吴复新：《泰国行政发展之研究》，台湾私立东吴大学1981年版，第56页。

会成员包括官员的生机和活力。它在削弱地方治理权力的同时,也使地方丧失了有效地组织当地居民防卫外族入侵的权力和能力,以致地方在外族入侵下显得消极被动。19世纪以前,在历次大规模的缅泰战争中,泰国往往处于守势,不得不尽弃边城,保卫首都,有时甚至连首都也不保,"萨迪纳"制是一个重要原因。

直到曼谷王朝前期,以"萨迪纳"制为基础的泰国古代的政治结构仍然呈现出同心圆式的松散格局,王权对地方事务的控制力仍然相当薄弱,越是远离统治中心的地方独立性就越强。[①] 京城及其附近地区处于国王的直属统治之下,由国王直接任命的官员负责管辖,为第一圈层。孔敬、加拉信、黎逸等地的地方总督的爵位和官职可世袭,在对国王效忠的基础上,可自主处理自己辖区内的事务,为第二圈层。宋卡、洛坤、呵叻等地的披耶,对其辖区事务有一定的处置权,为第三圈层。不过,随着曼谷王朝统治地域和势力范围的扩大,又增加了两个圈层。第四圈层是18世纪以后才被纳入版图的附庸土邦,主要包括清迈、兰纳、万象、占巴塞以及北大年等地区,其统治者须认可泰王的权威,定期向王室送贡品,服王室摊派的劳役和兵役。吉打、丁加奴、吉兰丹、柬埔寨以及琅勃拉邦等土邦,其统治者只要认可泰王的权威,定期向泰王室送贡品,其统治范围内的大小事务可以不受泰国王权的影响,为第五圈层。[②]

泰国封建时代形成的"萨迪纳"制,还影响到泰国近现代历史的发展,使得外来移民尤其是华人而不是当地泰人更多地参与对外贸易的商品经济发展。在"萨迪纳"制下,理论上,泰国社会基本上划分为贵族与平民,国王、皇裔贵族以及官僚贵族掌握了全部经济政治大权。封建贵族之下就是平民,其中绝大部分就是深受"萨迪纳"制人身束缚的自由民(freemen)或奴隶。在这种制度下,每个人都有其固定(虽然不是永久不变的)的地位,对上和下都有明确的义务和权利。[③] 自由民是较高阶层的被保护人或家臣,而奴隶则属于上层阶级个人或家族的财产。自由民绝大多数是农民,他们不隶属于土地,而隶属于保护人。被保护人与保护人之间的关系是父权方面的关系和互相依赖的关系;然而,自由民也如同奴隶一样,不准离开其保护人或领主管辖的范围。此外,一定年龄内的全部男性自由民以及各级奴隶,每年必须为国王服役四个月。这种义务劳动就成为徭役制的基础。各种公共土木建设工程——庙宇、运河、城堡等都是由徭役劳工修建的,而军队也由征募的壮丁和奴隶组成。必要的时候,保护人也要提供一定数量的被保护人,以徭役的身份参加政府特定机构的工作。这就使得泰国庶民丧失了在新经济事业竞争中所必需的个人自由与地域移动的权利。而华人的地位和泰国庶民显然不同,华人可以免服徭役,也不必附属于一个保护人或官家主人,因此也就可以不受限制地在泰国境内各地自由旅行与定居。19世纪曼谷王朝最初几代国王鼓励华人入境,因为华人受"萨迪纳"等社会生产关系的束缚少。另外,华人熟悉稻米和其他土特产品的对外贸易业务流程,与泰国加强与清王朝经济联系的宗旨相符。此外,华人善于适应王室的贸易政策,能给泰王和王室带来

---

① 贺圣达:《东南亚历史重大问题研究》下册,云南人民出版社2015年版,第191页。
② David K. Wyatt. *Thailand: A Short History*. 2nd ed. Yale University Press, 2003, p.143.
③ 贺圣达:《东南亚历史重大问题研究》下册,云南人民出版社2015年版,第192页。

可观的收入。因此,华人得以享受到当时泰国庶民设想不到的自由,从而能作为政府代理人来发展泰国稻米对外贸易业务。①

二、近代泰国稻米产业的发展战略

在泰国周边邻国逐步沦为英法殖民列强殖民地或半殖民地的历史进程中,受外来经济发展模式的冲击,泰国稻米产业逐渐成为核心区农业经济发展过程中的重要链条。② 泰国传统的"萨迪纳"社会生产关系开始受到冲击,农民在空间、阶层和产业中受到的束缚开始松动,越来越多的自由劳动力进入稻米产业,使这个历史时期泰国的稻米产业的生产规模和市场流通的范围进一步扩大,泰国的稻米贸易商能向国际市场提供更多的稻米。泰国稻米的竞争优势吸引着国外资本对其投资,使稻米生产的资金和技术要素进一步优化,有利于进一步壮大泰国的稻米产业,给泰国政府带来可观的财政收入。另外,随着稻米产业壮大而来的外国政治发展模式、社会运行机制、思想观念、文化理念等社会结构内容也给泰国传统社会环境带来冲击,在潜移默化中推动着泰国社会生产关系的变革。

泰国的"萨迪纳"制是随着泰国400多年的封建社会历史进程而发展起来的,这种社会生产关系直到19世纪上半叶,其基本特征都还比较稳固。③ 但是,随着泰国稻米产业融入世界市场程度的加深,"萨迪纳"制逐渐土崩瓦解。④ 在泰国被迫开放国门前,其经济发展模式主要是农业经济,社会模式主要是乡村社会。社会所依赖的环境大部分为农村,手工业产品是市场上的主要产品,可再生性能源使用比例高且多为生物能源。这就导致泰国各个地区间的经济发展水平差距过大,政治发展程度也不尽相同。泰国经济发展比较缓慢且长期在某一增长线上徘徊,民众思想比较封闭,跟外界联系少,职业种类少且技术含量不高,等等。

泰国经济体系由于被动式的对外开放,步入了"近代化"的历史发展进程,原有的经济所依托的社会发展环境及表现特征发生变化。⑤ 泰国统治集团开始以一种"自上而下"的方式对原有的社会生产关系进行调整,通过发展稻米产业来巩固王权统治基础。于是,国王开始从稻农的人身依附关系方面进行改革,以推动劳动力自由流动,解决稻米产业劳动力不足的问题。例如,拉玛四世通过招徕雇佣劳动力完成国家工程的建设任务,逐步废除原有的无偿使用"派"服杂役的"萨迪纳"规定。除此之外,拉玛四世还在法律上对"派"出卖为"塔特"以及"派"的转卖做出限制。拉玛四世通过1874年、1897年和1899年颁布的三部法令废除了农民对领主的人身依附关系,这对于解放生产力,为稻米产业发展和城镇建设提供自由劳动力起到了促进

---

① [美]施坚雅:《泰国华人社会:历史的分析》,许华等译,厦门大学出版社2010年版,第102－103页。
② [美]斯塔夫里阿诺斯:《全球分裂——第三世界的历史进程》上册,迟越、王红生等译,商务印书馆1993年版,第160页。
③ 何平:《泰国历史上的封建制度及其特点》,《云南师范大学学报》2006年第4期。
④ 邹启宇:《泰国的封建社会与萨迪纳制》,《世界历史》1982年第6期。
⑤ [日]驹井洋:《泰国的近代化》,日本国际问题研究所1978年版,第18页。

第三章　缅泰稻米产业的发展战略变迁

作用。

拉玛四世和拉玛五世对农民人身依附关系的改革使泰国稻米产业进入一个新的历史发展时期。但是，这种产业经济从开始融入国际稻米市场时就是畸形的，泰国稻米产业并没有掌握发展自主权，对资本主义国家市场和国际稻米垄断资本有很大的依赖性，因此并没有让泰国农民享受到实惠，稻米贸易所获得大部分利润都落入了外国资本家的腰包里。1929年，源于美国华尔街的经济危机蔓延全球，导致泰国稻米的出口量下降，对泰国国内的稻米行业产生连锁反应。首先，从事水稻种植的广大泰国农户的生活和经济环境日益恶化；其次，依靠稻米产业带动起来的工业生产陷入萎缩；最后，稻米产业经济的低迷，使食品制造业、交通运输业等相关产业也陷入困境，也导致大量的泰国劳动者失业。

从1930年到1932年年初，泰国的稻米价格下跌了2/3，土地价值降了5/6。① 由于稻米贸易所带来的利润是泰国财政收入的最主要来源，稻米产业的低迷导致泰国政府面临财政危机，例如1931年的财政赤字金额达1100万泰铢。为摆脱稻米产业不景气所引起的国内政治经济危机，1939年，銮披汶·颂堪政府成立国营泰国米业公司对泰国稻米产业进行垄断经营，但他的做法违背市场规律，且将善于经营稻米贸易业务的华人资本集团排除在外，因此没能给本国稻米产业带来起色。②

第二次世界大战时期，由于战争干扰了国际稻米贸易业务的正常运作，以及日本利用跟泰国的特殊同盟关系③对稻米产业进行了严重的经济剥削，泰国稻米产业发展停滞，其本已糟糕的经济形势更加恶化，导致泰国民众的生活更加困苦。例如，泰国中部地区的稻米生产因1942年的水灾而颗粒无收，稻米供应严重不足，许多地方饿殍遍野。曼谷的生活指数，若以1938年为100，到1944年则增长到409.7。④ 在这种条件下，泰国稻米产业是无法恢复过来的，残酷的战争和领导阶级的软弱性，使得政府无法拿出有效的对策来使稻米产业摆脱困境。

"二战"结束之初，泰国因统治集团在战争期间实施的特殊外交政策以及自身战略地位的重要性，避免了沦为战败国的命运。1946年，泰国的水稻种植面积比战前缩小了1/4。统治集团利用战后特殊的国际环境来发展稻米对外贸易，他们通过将泰国国库的储备粮走私到越南、缅甸和马来亚等地牟取暴利，却导致泰国国内米价暴涨、稻米供应严重不足和农民处境恶化。例如，1948的稻米价格是"二战"前的5倍，而同期的稻农人均收入只是"二战"前的2倍，泰国中部地区的许多农民沦为农业无产者。战后泰国稻米产业的繁荣是建立在统治集团严重剥削稻农的基础上的，农民阶级为维护自身权益，开始兴起农村革命。但由于农民阶级自身实力弱小且存在局限性，革命很快被统治集团采取分化手段镇压下来。之后，泰国政府虽然颁布了一些提高稻米产业生产力水平的法令，但其更多的是象征意义上的。⑤

---

① 周方冶：《泰国政治现代化进程》，社会科学文献出版社2011年版，第57页。
② 段立生：《泰国通史》，上海社会科学院出版社2014年版，第230页。
③ 中山大学东南亚史研究所编：《泰国史》，广东人民出版社1987年版，第256页。
④ 中山大学东南亚史研究所编：《泰国史》，广东人民出版社1987年版，第245页。
⑤ 翁琳：《泰国的土地改革——想改革又怕触及地主利益》，《东南亚研究》1979年第2期。

三、现代泰国稻米产业的发展战略

20世纪五六十年代,泰国还没有工农两业协调发展的目标和总体规划,但当时世界各主要国家大多处于经济恢复时期,世界市场对农产品的需求不断扩大,使泰国的稻米出口保持在较稳定的水平(平均每年150万吨)。同时,马来西亚、印尼及菲律宾等国因受殖民地时期单一经济的影响,粮食不能自给,需从泰国进口。加上泰国地广人稀,可以通过开垦荒地扩大种粮面积,政府又大力投资兴修水利工程,农业生产在50年代获得了较快的发展,成为泰国经济增长的主要动力。① 1961年,农业产值在泰国国内生产总值中所占比重达到40.4%。

泰国这一时期在发展农业方面的主要措施是发展多元经营,注重农产品的多样化、商品化和出口创汇。实施这一战略同当时国际、国内的需求有密切关系。国际上,20世纪50年代以后,发达资本主义国家的经济进入一个相对稳定的较好发展时期,到了60年代,其民众的生活水平有了很大提高,对肉、蛋、奶的消费量不断上升,因此刺激了西方国家饲养业的发展,对进口饲料的需求也就日益增多,杂粮在世界粮食贸易中的比重持续上升,从1951—1955年的31%上升到1961—1971年的48.2%。泰国国内则由于进口替代工业的迅速发展需要更多的资金,政府希望能通过以农养工、扩大农产品的出口收入来支持工业发展。

首先,为了促进工商业较快发展,泰国政府实行稻米贴价制度。这一制度于20世纪50年代中期开始实施,当时的目的仅在于保证政府财政收入,确保国内稻米供应量和稳定国内米价。60年代以后,贴价政策有了新的内容,即对出口稻米征收较高的税收,并对稻米出口商征收储米税。出口税的税额视稻米质量的等级而定,1965年,在曼谷每吨稻米的批发价为1536泰铢,出口价为2281泰铢。储米税是要求出口商按出口稻米的数量拨出一定的比例,低价出售给国家作为储备。这项政策显然是对稻米生产和出口的一个限制,但对其他作物的生产和出口则是一种促进,也保障了国内农业的多元化发展。

其次,泰国政府制定和颁布《商业银行农业贷款条例》,从资金上加大对农业发展的支持力度。泰国的商业银行是泰国金融机构中资产最多的,但对农业的投资历来很少,对农业的贷款仅占其全部贷款的2%。为了改变这种状况,1975年政府通过中央银行颁布了《商业银行农业贷款条例》,规定商业银行的农业信贷放款额占贷款总额的比例必须逐年递增2个百分点,此后这个比例的增长幅度又改为按照上年的存款额来计算。1975年该比例为5%,1977年为9%,1979年为11%,1985年提高到15%,1987年达到20%。除此之外,政府为了使农产品工业化,在提供资金和发放信贷方面对从事农产品加工者提供优惠政策,如放宽资产担保条件等,使农产品加工业得到迅速发展。

再次,实行农产品价格补贴政策,保护农民的利益。泰国长期以来都比较重视农

---

① 李勤:《东南亚经济概论》,云南民族出版社1999年版,第155页。

业生产的发展，并且强调农业的多样化、农产品的商品化和出口创汇，但农业生产面临的风险相对较大，既受自然条件的影响，也受国际市场供求关系变化的影响。为了避免因农产品价格太低而挫伤农民的生产积极性，政府每年都根据市场行情及实际生产成本，加上农民应得的利润，制定适当的保障价格。这一政策从60年代中开始实行。每年一定的时候，当政府制定出最低保障价格后，各地的农业和合作社银行、农业合作社联合会等有关机构向农民收购产品，或者让农民在政府仓库储存产品，待价格上升时再出售。

最后，进行土地改革。泰国土地改革最早开始于1954年，当时针对人口增长较快、耕地不足、租地现象较为普遍、地租过高等问题，政府颁布了《土地法大纲》，规定给无地或少地的农户分配土地，限制大土地占有制的发展。但该法案没有提出具体的实施办法，因此并未实施。20年过去了，情况也没多大变化。70年代以后，国内可供开垦的土地已经不多，农户原有的耕地又不断分给子女，拥有少量耕地的农户比重越来越大，租佃现象依然存在，土地问题引发的矛盾已发展到比较尖锐的程度，农民多次举行大规模示威游行。为了解决租佃问题，政府于1974年年底颁布了《农地租佃管理法》，规定地租不得超过产量的1/3，1975年，政府又通过了《土地改革法》，规定每户可保有土地50莱（经营牧场、农场者可保有100莱），多余部分由政府购买，然后分给无地或少地的农民。这个法案在1976年军事政变后被废除，土改成效不大。1976—1980年，政府在81个县进行了土地改革，调整绘制地图267.8万莱，审查了6.1万户农户的土地占有权，通过赎买和征收的方式获得土地15.7万莱，有大约两万户农户分到临时或永久土地占有权。但直到80年代末，由于政府对土改拨款有限，地主和地方官员反对等原因，土改进展一直很缓慢。应该说，土改对调动农民的生产积极性是起到一定作用的，但仅仅进行土改并不足以让农业生产力获得更大发展。

到20世纪90年代，泰国仍然是以农业为主的国家，农业在国民经济中占有重要地位。1991年，从事农业的人口占全部经济活动人口的比例仍高达57.3%。泰国稻米产量占世界总产量的1/4，出口量占世界的1/3。1989年，泰国稻米出口量为630万吨；1990年有所下降，为400万吨。目前，泰国稻米的出口量在世界占第一位，已超过美国。

1997年爆发的亚洲金融危机打乱了泰国原有的稻米产业发展战略，泰国稻米产业面临新的机遇和挑战。2001年他信政府上台后，对稻米产业实施稳健的扶持政策：其一，在巩固原有的中国等传统稻米出口市场的基础上，加大与中东等新兴稻米出口市场的合作力度；其二，加强与缅甸、越南等稻米生产大国在国际贸易方面的合作与协调，维护国内稻农的利益；其三，继续为稻农提供金融方面的保障；其四，发展与稻米产业相关的食品制造业，提高稻米产品附加值，增强稻米的市场流通能力，增加稻农收入，繁荣泰国的农村经济；其五，发展与稻米相关的旅游业，增强稻米产业发展的可持续性。

2011年8月，英拉当选泰国总理后，在他信稻米产业发展战略的基础上更进一步，实施稻谷典当政策。在竞选期间，英拉承诺：若成功当选总理，她将提高农民收入、改善农村贫困状况。根据计划，政府与农户签订合同，以每吨450美元的价格从稻农手里收购稻谷，这一价格非常之高，甚至比全球市场价格还要高出50%，这一政策受到稻农特别是贫农的大力支持。英拉当时打了个小算盘：政府先高价从稻农手中收购稻谷，然后把收购的稻谷囤起来，减少全球稻米供应量进而抬高米价，最后再将囤起来的稻米以高价卖出去。

副总理吉迪拉表示，希望能够让泰国的农民以合理价格种植和销售产品，为此泰国可以失去全球稻米最大出口国的地位。在吉迪拉表态后，国际米价进一步走高，截至北京时间2011年9月13日，米价为每100磅18.255美元，高于前一交易日的收盘价18.170美元。9月1日，吉迪拉在与国内稻米种植、加工及贸易商代表会谈后表示，保护价政策计划于10月7日启动实施，希望通过此举大幅提高米价。①

英拉政府的稻米政策引起了国际上部分专家的担忧，他们的担忧源于亚洲稻米市场对于世界的重要性，这项稻米政策的实施将给相关国家的稻米产业发展造成消极影响。据有关专家测算：泰国政府收购的稻米，除了收购价以外，加上稻米去壳重量减少的差价、储存和运输等成本，每吨实际成本竟然高达830美元左右。但是人算不如天算，由于越南、印度等国的稻米产量不错，全球米价并没有因为泰国稻米供应量减少而受到影响，全球稻米均价维持在570美元左右。泰国稻米830美元的价格明显高于全球大米价格，导致泰国稻米失去竞争力，2012年出口量下跌35%，造成了至少80亿美元亏损。

另外，据香港《文汇报》2014年1月7日报道，"此前泰国实行的稻米收购政策帮助总理英拉在2011年上台，却令米价上涨，影响出口，部分未收到收购资金的农民甚至也加入近期的反政府示威。泰国国营农业及农业合作社银行（BAAC）1月16日将发行200亿泰铢（约36亿人民币）的3年期债券，以筹集资金继续实施收购政策。BAAC累计已花费6800亿泰铢（约合1243亿元人民币）收购稻米，目前资金严重不足，2013年11月拍卖首批750亿泰铢（约135亿人民币）债券，只筹得目标金额不足一半。'泰国农民协会'主席巴实表示，200亿泰铢不足以支付拖欠多时的收购金，若未能解决，只会激发农民上街游行示威。泰国在两年前出台了有争议的稻米收购政策，政府的购买价格要高于国际市场价格。该计划给国家财政带来了沉重压力；该国作为全球最大稻米出口国的地位也受到冲击，同时还引起了世界贸易组织（WTO）的担忧"。②

即使已引起外界担忧，英拉仍继续实施稻米典押政策。2013年6月22日，英拉在曼谷表示，政府不会终止稻米典押政策，而是以一种可持续的方式继续实施。她表示，政府有信心继续实施该政策，并相信这可提高农民的生活质量。③

---

① 《泰国政府表示将实施大米"新政"提高农民收入》，人民网，2011年09月14日，http://finance.people.com.cn/nc/GB/15657795.html。
② 《泰国将发行债券以继续实施有争议稻米收购政策》，中国新闻网，2014年1月7日，http://ku.m.chinanews.com/wapapp/cns/gn/zw/5707450.shtml?target=_self。
③ 《泰国政府将继续实施大米典押政策》，中国新闻网，2013年06月22日，http://www.chinanews.com/gj/2013/06-22/4958284.shtml。

第三章 缅泰稻米产业的发展战略变迁

但是，英拉的稻米政策引起了国内反对党的质疑。2012年的泰国财政部经济年报显示，稻米典押政策给泰国稻米产业带来1360亿泰铢的经济损失。泰国前总理、反对党民主党党魁阿披实对该数据提出质疑，称该国库存稻谷以目前市场价格计算，其亏损数字一定高于政府的估计。

英拉表示，为泰党在执政之前就开展了一项有关解决民众贫困问题的调查，特别是针对农民所面临的稻米价格偏低问题的调查。该调查认为，帮助提高农民生活质量的方式之一就是提高稻米价格。因此，为泰党在执政第一年就将稻谷典押政策作为一项紧迫政策实施。这位女总理称，这一政策已连续实施了两年，除增加农民收入外，同时还有助于刺激国内消费，促进泰国的经济增长。

英拉表示，泰国内阁于2013年6月19日接受了国家稻米政策管理委员会的建议，将稻谷收购价在原有基础上调低20%，调整后的收购价为1.2万泰铢/吨。内阁这一决定是在考虑了包括水稻生产成本、稻米品质、全球稻米价格和财政纪律等多重因素后作出的。

因稻谷降价而利益受损的农户对泰国内阁的这一决定表示不满。有农民组织领导人称将联系22个府的农民代表于2013年6月24日到曼谷总理府前集结，要求当局将下调稻谷收购价格的实施时间延后至9月15日。因为该产季农民的土地租金、化肥资金均已投入，而其价格较前均普遍上涨。

2014年5月，巴育政府对英拉时期的稻米产业发展战略做了一定的调整。同年10月6日，巴育召开会议部署具体措施帮助稻农增加收入，寻找更多销售渠道，提高稻米产业的发展质量。①

巴育要求相关部门寻找更多的稻米外销市场，制定具体措施维持稻米销售价格，必须以短期和长期的双重角度调整收购与销售政策。由农业和合作社部为26个旱灾严重的稻米产业大县制定应急预案，以降低因自然灾害而造成的经济损失。内政部将协调农业和合作社部帮助农民寻找需水量少、附加值高的农作物进行耕种，但此项政策并非意味着禁止农民种植高产水稻。

2018年5月初，由泰国总理巴育担任主席的泰国国家稻米政策管理委员会已经通过信用制度建设稻米储存仓库，旨在保持该国稻米价格稳定以及协助出口。信贷额度约为16.7亿泰铢（约合5500万美元），用于帮助农民和企业建立稻米储存仓库，稻谷收割期间推迟稻米销售，旨在保持该国稻米价格稳定。该政策的目的是发放一万笔贷款，政府每年贴息3%。泰国商务部内贸厅厅长Boonyarit Kalayanamit表示，泰国国营农业及农业合作银行将向每个符合贷款标准的农民提供15万泰铢的贷款，为各农业组织提供300万泰铢贷款。②

Boonyarit Kalayanamit说，国家稻米政策管理委员会已经批准2018年出售库存的

---

① 《泰国政府稻米政策管理委员会召开首次会议》，中华人民共和国驻泰国经济商务参赞处，2014年10月7日，http://th.mofcom.gov.cn/article/jmxw/201410/20141000751037.shtml。

② 王振家：《泰国政府提供信用贷款 保持大米价格稳定》，越通社，2018年5月9日，https://cn.qdnd.vn/cid-6130/7188/nid-549494.html。

200万吨稻米的计划,同时肯定该计划不会影响市场价格,因为只有4万吨稻米达到食品标准,剩下的只适用于生产动物饲料和生物燃料。

自2014年5月执政以来,巴育政府通过招标出售了1480万吨稻米,获得了1350亿泰铢。泰国稻米出口商协会代表透露,2018年第一季度,该国稻米出口量达278万吨,同比增长3.1%;出口额达440.9亿泰铢,同比增长9.5%。

2018年第一季度,泰国是世界上最大的稻米出口国,其次是印度,印度稻米出口量达259万吨(下降20.8%),巴基斯坦稻米出口量达120万吨(增长38.9%),越南稻米出口量达105万吨(下降20.5%),美国稻米出口量83万吨(下降19.1%)。2018年3月份,泰国稻米出口量86.49万吨,同比下降9%;稻米出口额137.8亿泰铢,同比下降7.6%。原因在于稻米价格相对较高,导致订单减少。

2019年8月21日,泰国国家稻米政策管理委员会正式通过2019/2020财年稻米保价实施方案(见表3-1),预计整个计划将动用210亿泰铢的政府预算。另外,会上还同意向稻农提供收割和生产补贴等帮扶,每莱500泰铢,每户上限20莱。①

表3-1 2019/2020财年泰国稻米保价实施方案

品种	保价/(万泰铢/吨)	每户上限/吨
茉莉香米(常规季)	1.5	14
茉莉香米(晚季)	1.4	16
黏米	1	30
巴吞香米	1.1	25
糯米	1.2	16

资料来源:《泰国政府通过19/20年度全泰大米保价方案》,搜狐网,2019年8月21日,http://www.sohu.com/a/335416202_181860。

2019年11月28日,巴育政府推出了国内经济流通管理措施,尤其是在帮助农民、扶持农业经济方面,政府特许通过2019/2020生产年度提升稻米质量及资金援助稻谷收割项目,向水稻种植农户提供资金援助与补贴,以救济农户,减轻农民在收割稻谷和升级稻米品质方面的经济负担,从而加强农民的谋生技能,提升农民的生活品质。政府指出,凡是2019年到农业促进厅登记过的水稻种植农户,均可获得此次收稻补贴。小型农户按种稻面积领取补贴款,每莱地补贴500泰铢,但每户可获得补贴的稻田上限为20莱,也就是说每户最高可领1万泰铢补贴。除此之外,政府还批准,进一步增加2019/2020生产年度水稻种植户生产成本支持项目的预算额度,农户补贴款发放期限从2019年12月31日延长至2020年4月30日,因为2019年在农业促进厅登记的水稻种植户,要比预期多得多。②

---

① 《泰国政府通过19/20年度全泰大米保价方案》,搜狐网,2019年8月21日,http://www.sohu.com/a/335416202_181860。

② 《政府补贴稻农 每户最高1万泰铢》,《泰国世界日报》,2019年11月28日。

同样作为保障农民收入的措施,巴育政府出台的稻谷保价措施与英拉政府出台的稻谷典押政策到底有何异同?泰国著名智库——开泰研究中心于2019年9月发布了一份对比研究报告,对这两项措施做了对比分析。①

虽然稻谷保价措施是巴育政府出台的一项重要的施政纲领,但其真正的主推者并非总理巴育而是其政治盟友民主党。而稻谷保价措施最早可追溯到2009—2011年该党前党魁阿披实的总理任期,被视为该党一项重要的政治遗产。民粹主义色彩浓郁的稻谷保价措施,其运行机制就是在市场价格低于政府规定的参考保价时向农户提供差价补偿。而在2011—2013年为泰党党魁英拉任期内实施的稻谷典押政策,同样具有民粹主义色彩,其运行机制则是由政府指定一个参考典押价格,之后由碾米厂和共库组织实施具体的稻谷收购活动。

但不管是保价措施还是典押政策都有一个共同的目标和对象,就是确保水稻种植农户获得稳定的收益。因为农户能够以不低于市场价的价格出售稻谷获利。表3-2为开泰研究中心列出的两大措施的细节对比。

表3-2 泰国稻谷保价措施与稻谷典押政策细节对比

关键点	稻谷保价措施	稻谷典押政策
农户获利权益的范围	仅限登记参加计划的水稻种植农户,规定每户可享受权益的种植面积和产量上限	所有稻谷均可典押,且无数量限制
农户获得的稻谷售价	市场价+差价补偿	政府公布典押价格(高于市场价)
监督机制	在补差价时会实施抽查	典押时将对稻谷质量进行抽检
农户从政府收款流程	农户可根据政府公布的保价向农合社银行申领差价补偿	凭典押单到农合社银行兑现典押款
稻谷所有权	农户/私人企业(如碾米厂)所有,不会出现政府和米商库存积压和管理的问题	若农民在规定时间内不赎回稻谷,所有权将归政府
预算资金负担	政府仅补差价,没有稻谷库存和存储的新增费用	政府全额支付收购稻谷的款项,包括存储和后期库房管理费用等
对产业链的影响	碾米厂和出口商以市场价格从农户手中收购稻谷	碾米厂和出口商承担较高的成本负担,可能导致泰国稻米出口价格无法与对手竞争,同时还需要面临库存积压的问题

资料来源:《泰国经济政策解读:稻谷保价措施与典押政策》,《泰国中华日报》,2019年9月4日。

对于任何执政党来说,实施民粹主义政策毫无疑问会给政府财政带来巨大的压力,如果该政策没有在经济层面带来足够大的联动效应以帮助拉动内需,那可能会被

---

① 《泰国经济政策解读:稻谷保价措施与典押政策》,《泰国中华日报》,2019年9月4日。

认为是失败或是错误的决策。从经济联动效应方面来看,政府不管是采取保价措施还是启动典押政策,最大的受益群体——农民如何支配和使用他们手中的钱将变得非常关键。农民有钱了就拿去购物消费或是购买新生产资料用于持续的产出,这对于拉动基础经济来说非常有效。开泰研究中心的专家认为,受2019年的大旱以及水灾影响,农民收入可能会整体下滑2.1%。而政府实施的稻谷保价措施将让全泰160万农户受益,每户可获得1.2万泰铢的收入。预计补贴将动用200亿泰铢政府预算。

第四章 缅泰稻米产业的历史条件与发展

第一节 缅甸稻米产业的历史条件与发展

缅甸幅员辽阔，在东南亚国家中面积仅次于印度尼西亚，是中南半岛国土面积最大的国家，西临安达曼海，西北与印度和孟加拉国毗邻，东北靠近中国，东南连接泰国与老挝，是连接东南亚与南亚的桥梁，具有举足轻重的战略地位。缅甸与中国山水相连、唇齿相依。特殊的地理位置、相近的民族源头和文化底蕴，造就了两国的友邻外交关系。早在公元前2世纪，西南丝绸之路就把中国和缅甸联系起来，两国的政治、经济和文化交往从古代一直绵延到现在。缅甸独立和新中国成立后，在两国领导人的共同努力下，中缅友好关系谱写了新篇章，中缅两国的"胞波"友谊不断巩固和深化。缅甸是最早承认中华人民共和国的东南亚国家，又是第一个与中国和平解决边界争端和签订《友好和互不侵犯条约》的东南亚国家。长期以来，缅甸在对外交往中一直奉行和平、自主、中立的外交政策，为实现不同社会制度的国家相互理解和尊重做出了不懈的努力。2011年缅甸新政府组建后，实施一系列政治经济改革，推动包括美国在内的西方国家陆续解除对缅制裁。[①] 丰富的自然资源、充裕的劳动力资源、得天独厚的地理位置和广阔的市场前景使缅甸被全球众多的投资者视为亚洲经济增长新星，成为投资热土。中缅两国在经济领域有着密切的合作，2011年中国对缅投资额超过泰国，成为缅甸最大的投资国。与此同时，中缅贸易得到飞速发展，中国是缅甸第一大贸易国。在此背景下，越来越多的人希望能更加客观准确地认识和了解缅甸。

一、自然地理及经济区划

（一）地理条件

1. 区位与国土

缅甸地处东经92°10′至101°11′、北纬9°58′至28°31′，位于澜湄地区的西部、中国云南省的西部，领土面积为676581平方千米，大致相当于中国云南、贵州、重庆

---

① 廖亚辉等编著：《缅甸经济社会地理》，世界图书出版广东有限公司2014年版，第1页。

三省市面积之和，国土面积在东盟国家中居第二位，仅次于印尼。国土轮廓南北狭长，东西突兀，从南到北长约 2052 千米，东西最宽处约 937 千米。缅甸地连"三亚"——连接了东亚的中国、南亚的印度和孟加拉国、东南亚的泰国和老挝，具有十分重要的战略地位。缅甸西北与印度和孟加拉国接壤，缅印、缅孟国境线分别长 1462 千米和 72 千米；缅甸东北与中国西藏自治区和云南省接壤，国境线长 2185 千米，占其陆上边界总长的 2/5；缅甸东南与老挝、泰国毗邻，缅泰、缅老的国境线分别长 1462 千米和 72 千米；缅甸南临孟加拉湾和安达曼海，海岸线长 2655 千米，分布众多良港，水系也相当发达。

2. 地形地貌

缅甸地形较为多样，以山地和高原为主，也有平原分布，受地势影响，其山脉、河流呈南北走向。① 在缅甸北部，喜马拉雅山的余脉从中国西藏延伸入境，在此形成一块高山地区，地势起伏很大，其与海平面的高度差超过 3000 米。从这片高山地区往南，山脉分为东西两支，东支穿过掸邦高原，直抵南部的德林达依；西支在缅甸西部，自北向南直抵孟加拉湾沿岸。缅甸北、东、西三面被高山和高原环抱，南面临海。三条平行的山脉，即西部山脉、勃固山脉和东部山脉自北向南纵贯缅甸全境。缅甸中部则主要是由伊洛瓦底江和锡唐河冲积而成的平原和三角洲，其中以伊洛瓦底江三角洲最为重要。

（1）西部山地，主要由那加山脉、雷塔山脉、钦山和若开山脉等组成，从北向南延伸了 1100 多千米，北高南低，北部山幅宽阔，向南渐窄。北段的那加山脉位于缅甸与印度的阿萨姆邦之间，地势较高，海拔在 4000～5000 米，位于缅印边境的卡格博亚济峰海拔 6337 米，是缅甸境内第一高峰，也是东南亚海拔最高的山峰。中段为雷塔山脉和钦山山脉，一般海拔 2000～3000 米，最高处为沙拉马地山，海拔 3826 米。南段的若开山脉由连绵不断的崇山峻岭构成，山幅变窄，高度变低，除维多利亚山海拔 3053 米外，一般海拔均在 1000 米以下，特别是若开山脉的南端海拔全部在 500 米以下。这一山系最后在缅甸西南部的纳格雷斯角沉没于海，并向南延伸至印度安达曼－尼科巴群岛，再延至印尼苏门答腊岛。

西部山地山势高耸，地形崎岖，森林茂密，江河众多，水流湍急，岸壁陡峭，交通十分不便，成为缅印之间陆上交通的天然屏障。人们多利用若开山体中由于断裂下陷而形成的山口作为主要交通通道，其中著名的通道有：加叻丹河道、安山口通道、洞鸽山口通道和古亚山口通道等。

（2）中部平原，位于东部高原和西部山地之间，包括伊洛瓦底江和锡唐河两大流域的广大地区，地势低平，以盆地居多，低山和丘陵间有分布。曼德勒以北直到北部高山区南界，是中部平原的顶部，地形以山地为主，海拔 200～500 米。主要有古蒙山脉、甘高山脉、敏温山脉、当冬隆山脉和芝彬山脉等。曼德勒一带的中部平原，宽度达 160 千米，河汊纵横。自第悦茂以下、苗旺以上，伊洛瓦底江由于受到若开山和勃周山挤压，多急流峡谷，平原较窄。苗旺以南为缅甸经济最发达和人口密度最高

---

① 廖亚辉等编著：《缅甸经济社会地理》，世界图书出版广东有限公司 2014 年版，第 1 页。

的地区——仰光省，这个地区地形自北向南呈扇形，南北长约290千米，底部宽约240千米，总面积达3.2万平方千米。仰光省的地势较为平坦、河网密布，水路交通方便，土地肥沃。稻米产业在仰光农业总产值中所占比重较大，另外该地还是缅甸最大的稻米贸易集散地，大部分面向国际市场的缅甸稻米在这里交易完成。

在伊洛瓦底江与锡唐河之间，北起敏建，南延至仰光市内大金塔脚下，是一条南北走向的勃固山脉。[①] 勃固山脉的平均高度只有600米，但山坡陡峭，人烟稀少，漫山皆是林木，构成东西交通的障碍。其北端有一座著名的死火山——卜巴山矗立在平原之上，海拔1519米，火山口深达600米，是缅甸佛教圣地和旅游胜地之一。

在中部平原上有许多大小河流穿流其间，形成诸多冲积平原[②]：葡萄平原、漠河平原、曼德勒平原、叫栖平原、敏巫平原、东枝平原等。中部平原土壤肥沃，雨量丰沛，灌溉方便，交通发达。该地区因为有较为发达的工业和农业产业体系，在缅甸经济和历史文化中都占有重要地位，是缅甸的心脏地区，亦属缅甸本部。

（3）东部高原，是一片广阔的高地，又称缅东高原。它与中国云贵高原连成一片，是缅甸最古老的陆地。北起缅北克钦邦中缅边境上的高黎贡山，向南依次包括伊洛瓦底江与萨尔温江之间的山脉、掸邦高原、克耶高原以及南部的德林达依地区。整个高原南北狭长，中间宽阔，北高南低。

东部高原是中南半岛的最大高原，一般海拔1000～3000米，地势自西北向东南倾斜。东部高原的北部为中缅边界一带海拔3000米的高山；中部为宽广的掸邦高原和克耶高原。高原西部边缘与中央平原相交处，地势骤落，形成陡峻的峭壁。此峭壁高出平原近1000米，南北延伸达600～700千米。高原上的山脉多呈南北走向。主要山脉有都纳山脉、董纽山脉，海拔1000多米。腊戍东南面的莱岭，海拔2676米，是东部高原上的最高峰。东部高原的南部，排列着呈南北走向的、山幅渐小的山脉，主要有登劳山脉、他念他翁山、比劳克东山等，总称为德林达依山脉。这些山脉之间有众多的深谷，奔流着许多源短流急的河流，它们在安达曼海沿岸冲积出许多小平原，称为德林达依海岸平原。该地区气温高，雨量特别充沛，盛产橡胶等热带作物。

（4）若开海岸平原，在若开山脉与孟加拉湾之间，有一狭长地带，这就是若开沿海区。它位于缅甸的最西边，东接中央平原，北与孟加拉国毗连，西濒孟加拉湾，东南与伊江三角洲相连。若开沿海区有一些呈西北—东南走向的山脉，加叻丹河、莱茂河等穿流其间，这些河流冲积出许多狭小的平原，被称为若开海岸平原。若开沿海岛屿众多，帕永嘎岛、延别岛、曼昂岛是缅甸重要的石油产区。海岸沿线有礁石、小海湾和沙滩海岸，额布里海滩和甘达雅海滩也在这一地段。

3. 气候条件

在东南亚各国中，缅甸的地理位置最为偏北，位于北纬10°～28°，北回归线穿过国土的大部分地区。其国土的气候带除少部分为亚热带地区外，大部分属于热带地区。另外，除南部面向印度洋外，其余三个方位均被山地、高原等地貌所环绕，成了

---

① 廖亚辉等编著：《缅甸经济社会地理》，世界图书出版广东有限公司2014年版，第2页。
② 廖亚辉等编著：《缅甸经济社会地理》，世界图书出版广东有限公司2014年版，第3页。

阻挡来自北方冷空气南下的天然屏障。而南部面向海洋，深受潮湿的印度洋西南季风影响，缅甸全境基本上属于热带季风性气候和亚热带季风性气候。沿海地区全年炎热、湿润、多雨，内地则因地势关系，差异很大。

（1）气温。缅甸年度气温差别不大，全年温差不超过10℃，1月的最低气温为20℃，4—5月的最高温度为30℃。可以说缅甸的气候较为温暖，全年基本上难以感到寒意。在缅甸东部，伊洛瓦底江上游以及掸邦高原海拔1000~2000米的地区，是"四季如春"的温带气候，全年有1~2个月降霜雪，其余各月平均气温为10℃~22℃。温度年变化极小，但昼夜及晴雨之间，温度变化较大。缅甸西北部海拔3000~4000米的高山山地则是寒带气候，无夏季，全年4个月以上有霜雪；海拔4000米以上少数高山，至少有6个月积雪不化，全年都是冬天；海拔超过5000米的个别山峰，雪线以上终年白雪皑皑。缅甸中部由于海拔较低，又受到阳光的直接照射，是缅甸最热的地区，如曼德勒最热月的气温甚至在40℃以上。缅甸南部濒临印度洋，受海洋的调节，气温略低于中部。

（2）降雨。缅甸雨量丰沛，为稻米产业提供了较为优越的水文条件。全年90%~95%的降雨量都集中在5—10月，这个时间段由于降水较多，成为缅甸农业生产最为繁忙的时候。其余时间的降雨量特别少，为缅甸稻米产业进入产后环节提供了充足的光照和热量。依据降雨量及风向等因素，缅甸一年中可以分为较为明显的雨季和旱季两个季节。

降雨量在缅甸各地分布极不均匀。① 纬度低而又迎西南季风的山坡地带雨量十分丰富，雨量最大的是若开沿海区和德林达依沿海区，年降雨量4000毫米以上，若开沿海区的丹兑年降雨量达5672毫米，居全国之首。其次是伊洛瓦底江三角洲地区、掸邦高原和北部山地的边缘地带，年降雨量多在2000毫米以上。而伊洛瓦底江中游的曼德勒和蒲甘一带由于深居内陆，两侧为山地和高原，西南季风被若开山脉阻挡，是缅甸的干旱地带，年降雨量不足1000毫米。

缅甸各地的降雨与西南季风关系密切。每年在湿润的西南季风到达前，各地几乎不会降雨。不过，从印度北部或安达曼海不时有旋风吹袭。因此，1月会有少量降雨。

二、自然资源

（一）水资源及其利用情况

缅甸是拥有丰富水资源的国家，境内河流密布，主要河流大多发源于我国青藏高原或缅甸北部山区。其缅甸的山脉、峡谷均呈南北走向，因而大多数江河都是向南流，注入印度洋。缅甸有伊洛瓦底江和萨尔温江两大主要水系，其次还有锡唐河、德

---

① 廖亚辉等编著：《缅甸经济社会地理》，世界图书出版广东有限公司2014年版，第5页。

林达依河和加叻丹河等。这些河流将上下缅甸连为一体,灌溉着千百万亩良田,同时也蕴藏着丰富的水利资源。10条主要河流流域面积约73.78万平方千米,水资源中地表水约为108.2万立方米、地下水约为49.5万立方米,降雨量因地而异,内陆干燥区500～1000毫米,山地和沿海多雨区3000～5000毫米。作为一个以农业为经济基础的国家,缅甸农业部门用水占所有用水的90%,仅占缅甸水资源总量的5%左右。显然,缅甸在开发和利用水资源方面有相当大的潜力。

1. 伊洛瓦底江水系

(1) 伊洛瓦底江,简称伊江,即我国古籍上所称的"大金沙江""丽水",是缅甸境内最主要的河流。缅甸人称伊洛瓦底江为"天惠之河",以雨神"伊洛瓦底"命名,由此可以看出缅甸人对它十分崇敬。

伊洛瓦底江犹如一条大动脉,纵贯缅甸全境。[①] 其上游有两大支流:恩梅开江和迈立开江。恩梅开江的最上游独龙江发源于我国西藏察隅境内。这两条河流在密支那以北45千米的密松汇合后始称伊洛瓦底江。伊洛瓦底江沿途有太平江、瑞丽江、南姆渡河、钦敦江等支流汇入。

伊洛瓦底江在缅甸境内,自北而南穿过众多崇山峻岭、急流峡谷、宽阔平原,在河网交织的三角洲地带从9个入海口浩浩荡荡地汇入印度洋的莫塔马湾。这条河流长度超过2400千米,流域面积占缅甸总流域面积的60%(43万多平方千米),流域内耕地面积也达到缅甸耕地总面积的70%,长度与流域面积与我国珠江基本相当。

伊洛瓦底江上游属山地河流性质,滩多水急,水能资源十分丰富。杰沙至第悦茂是中游地带,虽有钦敦江汇入,但由于流经干旱地带,水量增加不多。下游在苗旺以下进入三角洲地带,其受季风影响,江水丰沛,河道交织如网,运输灌溉都很便利。伊洛瓦底江三角洲地区因此成为缅甸的鱼米之乡。伊洛瓦底江是缅甸各民族的摇篮和缅甸灿烂文化的发源地,也是连接上下缅甸的天然交通孔道。沿岸风景秀丽,物产富饶,沿江两岸有缅甸古都曼德勒、万塔之城蒲甘、石油名城仁安羌。仰光、第二大海港城市勃生也都分布在伊洛瓦底江流域。

伊洛瓦底江最大的支流是钦敦江,其源头为塔奈河,发源于缅北的枯门岭,全长880千米。在敏建附近形成几条分支注入伊江,钦敦江在涨水时有600千米可通航。伊洛瓦底江是一条含沙量很大的河流,每年带入印度洋的泥沙多达26100万吨,使得海岸向外伸展的速度惊人,平均每年向外扩展约50米。

(2) 锡唐河,位于勃固山脉以东,全长560千米,发源于掸邦高原西缘的克伦山,南流注入莫塔马湾。缅甸古代东吁王朝的都城东吁就位于锡唐河的中游。

现在这条河的水源已被伊洛瓦底江所袭夺,因而表现出"无源河"的特点,致使其宽浅的河床与过少的水量形成鲜明的对比。东吁附近的河段,枯水时水深仅0.5～1米,涨水时则又常致泛滥。它的河口呈喇叭形,常有来自印度洋的3～3.5米高的怒潮,以每小时19千米的速度沿河上溯达90千米远,对航行不利。锡唐河河口距仰光约90千米,附近有运河与勃固河相连接,因此可经内河水道通往仰光。

[①] 廖亚辉等编著:《缅甸经济社会地理》,世界图书出版广东有限公司2014年版,第7页。

2. 萨尔温江水系

萨尔温江水系是缅甸的第二大水系。萨尔温江的上游是我国的怒江，发源于西藏高原唐古拉山南坡，流入缅甸境内。① 它纵贯掸邦高原，经克耶邦、克伦邦、孟邦，在毛淡棉附近注入莫塔马湾，全长 3200 千米，为中南半岛上仅次于湄公河的第二大河流。萨尔温江在缅甸境内长约 1660 千米，是缅甸第二大河流。萨尔温江在我国境内谷深流急、支流稀少；进入缅甸掸邦后支流渐多，依次有南卡江、南滕河、南邦河等注入。

萨尔温江是一条典型的山地河流，下切强烈，峡谷众多。除在毛淡棉附近有数十千米的冲积平原外，河谷平原一般很小，且不连片。其江流湍急，水能资源丰富，但航运价值不大，仅供运送木材之用。萨尔温江受季风气候影响，有明显的枯水和涨水季节，水位差别可达 15～30 米。

3. 沿海水系

（1）加叻丹河，是若开沿岸最长、最重要的河流，发源于钦邦的钦山，长约 700 千米，向南流至实兑附近注入孟加拉湾。下游有肥沃的冲积平原，盛产稻米。加叻丹河自巴列瓦至实兑 160 千米河段可以通航。

（2）德林达依河，是缅甸南部最大的河流，发源于米扬莫－雷特卡特山，初向北流，然后折向南流，在丹老附近分两支注入安达曼海，下游德林达依镇至丹老一段约 70 千米可航行。

此外，在狭窄的德林达依沿岸，沿着山脉间的构造线还孕育出很多短小的河流。这些热带河流水量变化小，含沙量大，在沿海冲积出许多小平原，成为这一狭长地带的稻米和热带经济作物的主要产区。中南半岛最大的河流湄公河也有将近 320 千米的河段穿流在缅老边境，但由于它远在掸邦高原最东面，流程又短，在缅甸水系中的位置并不突出。

4. 湖泊

缅甸境内较大的湖泊为数不多，以克钦邦的茵道枝湖和掸邦的茵莱湖最为有名。在众多河流的两岸，每到雨季，泛滥的河水流入低地，形成许多季节性的湖泊。这些季节性的湖泊，一年之中存在五六个月之久，可用来灌溉田地、饲养鱼虾、放养鸭鹅、种植菱藕、观光游览，给缅甸人民的生产生活带来种种便利。

缅甸最大的湖泊为密支那以西的茵道枝湖，其是经过一次大地震后形成的。② 湖长 25 千米，宽 11 千米，湖中有小岛，湖的三面为森林茂密的丘陵所环绕，水面如镜，风景优美。掸邦高原南部东枝附近还有一个湖叫作茵莱湖。其面积和茵道枝湖差不多，但近来已逐渐缩小。缅甸中部有一人工湖名叫密铁拉湖，位于上缅甸干旱地区密铁拉市近郊，为 900 年前水利工程的遗迹。

---

① 廖亚辉等编著：《缅甸经济社会地理》，世界图书出版广东有限公司 2014 年版，第 8 页。
② 廖亚辉等编著：《缅甸经济社会地理》，世界图书出版广东有限公司 2014 年版，第 9 页。

（二）土地资源

缅甸土地资源丰富，曾经是亚洲的粮仓，全国适合进行农业生产的土地有4478.7万英亩，占全国土地面积的37%，绝大部分地区雨量充足，一年可以种植三季水稻。① 1988年以来，随着缅甸政府对土地政策做出调整，鼓励私人开垦空地、闲置地、荒地，农作物的种植面积成倍扩大，农田水利设施也有所发展。1998—2001年，缅甸共开垦荒地2.6万英亩。2001年，缅甸全国可耕地面积达4503.5万英亩，其中已利用的耕地面积为2500.7万英亩，尚待开发的荒地达2001.6万英亩。缅甸伊洛瓦底省、仰光省、勃固省、马圭省、德林达依省、曼德勒省、掸邦、克钦邦和克伦邦等主要产粮省、邦尚未开发的耕地达1040.3万英亩，约占全国尚待开发的耕地总面积的52%。2005/2006财年，缅甸可耕地面积约4500万英亩，净种植面积2800万英亩，总灌溉面积720.3万英亩，能直接用水来浇灌的耕地面积为518万英亩，另外还有1600万英亩的土地闲置。可以说，缅甸还有许多潜在的土地资源可供发展种植业。

三、农业经济区划

缅甸发展农业的条件比较优越，地广人稀，物产丰饶。被誉为"缅甸粮仓"的伊洛瓦底江三角洲，河流纵横，鱼塘点点，土地肥沃，水路交通十分便利。缅甸自独立以来一直以农业为国民经济基础，是典型的农业国家，还一度成为世界重要的稻米产业国，也从中反映了缅甸有比较充足的土地资源来发展涉农产业。根据美国相关机构于1951年出台的缅甸农业经济调查报告，缅甸有24%的土地资源可作为耕地来发展农业（耕地面积为24237万亩），其中可耕地面积为10421.91万亩、休耕地面积为2181.33万亩、未耕地面积为11633.76万亩。而根据以色列专家于1955—1956年出台的缅甸农业调查报告，可耕地面积为34800万亩，其中25.86%的可耕地能用于水稻种植、74.14%的可耕地能用于其他作物种植。② 而根据2001—2002年缅甸政府出台的农业调查报告，只有22.47%的土地资源能用于农作物种植（可耕地面积为22543.2万亩）。③ 因此，虽然美国、以色列和缅甸本国的农业专家各自统计的缅甸耕地面积数字有所差异，但毋庸置疑的是，超过20%的缅甸土地资源能用于农作物种植，这在东盟国家中是首屈一指的。

农业是缅甸经济的主导产业，缅甸的工业发展水平低且发展缓慢。④ 2011新政府上台后实行经济改革，工业发展步伐有所加快，但整个国家的工业化水平仍很低。

---

① 廖亚辉等编著：《缅甸经济社会地理》，世界图书出版广东有限公司2014年版，第11页。
② 李晨阳：《军人政权与缅甸现代化进程研究》，云南大学2006年博士学位论文。
③ 缅甸联邦政府国民计划与经济发展部：《2002年统计年鉴》（*Statistical Yearbook 2002*），仰光2003年版，第81页。
④ 廖亚辉等编著：《缅甸经济社会地理》，世界图书出版广东有限公司2014年版，第28页。

2003/2004 财年，缅甸工业产值约占国内生产总值的 14.3%；到 2007/2008 财年，缅甸工业产值约占国内生产总值的 18.9%；2011/2012 财年，缅甸工业产值占国内生产总值比重提升到 26%。缅甸的工业主要集中在缅族聚居的以仰光和曼德勒为中心的下缅甸和缅甸中部地区，少数民族地区基本没有像样的工业。

受经济发展水平的制约，缅甸的城市化程度较低，人口在 20 万以上的城市只有仰光、曼德勒、内比都、勃生、勃固、毛淡棉等。仰光是全国最大的城市，也是经济中心和主要工业城市，曼德勒是第二大城市和第二大工业城市。1990 年缅甸的城市人口为 1010 万，2010 年已达 1626 万，从 1990 年占总人口的 25% 提高到 2010 年占总人口的 30%，增长了 5%；农村人口占总人口的比重则从 1990 年的 75% 减少到 2010 年的 70%，减少了将近 5%。

缅甸的经济格局为三个相对独立的经济区：曼德勒以南、以仰光为中心的政府控制经济区；缅北的几个特区组成的与中国云南省经济相互交融的经济区；缅东北部以大其力为中心的与泰国经济紧密联系的经济区。随着中泰经济的快速发展，后两个经济区对中泰边境地区经济产生了越来越强的依赖性。

四、农业发展布局

受特殊的地理位置和气候影响，缅甸各地形成了多种多样的生态区域，出产多种热带和温带的农产品。① 重要的农作物有稻谷、豆类、小麦、玉米、粟米、花生、芝麻、向日葵、棉花、黄麻、油棕、橡胶、烟叶、咖啡、香料、甘蔗、辣椒、洋葱、大蒜、马铃薯等。缅甸农业布局大体上可划分为三部分。

（1）下缅甸，包括伊江下游和三角洲、锡唐河谷以及若开和德林达依的沿海地区。这里气候暖和、雨量充沛、土地肥沃，是盛产稻谷的地区，为全缅甸国民提供了近七成的稻米，故有"缅甸粮仓"之称。

（2）上缅甸，包括伊江中游谷地干燥地带。在农业上又分为灌溉区和非灌溉区。灌溉区中 90% 以上的耕地种植水稻，非灌溉区则主要种植经济作物，如棉花、花生、芝麻和豆类等。这里又是重要的养牛区，每年向下缅甸输送大量耕牛。

（3）掸邦高原区，这里地广人稀，农业属于迁徙性的自给自足经济。一部分平原有水田宜于种稻；山坡有大片荒地，草原广阔，是发展畜牧业的理想地区。

五、稻米产业史

水稻是缅甸种植业中最为重要的农作物，在种植面积、产量及出口上都占据了缅甸农业的绝对主导地位。② 水稻种植是政府创汇、增加财政收入的重要手段之一。下缅甸水稻种植区一年的总降雨量超过 2000 毫米，为该地发展水稻种植业提供了得天

---

① 廖亚辉等编著：《缅甸经济社会地理》，世界图书出版广东有限公司 2014 年版，第 50 页。
② 廖亚辉等编著：《缅甸经济社会地理》，世界图书出版广东有限公司 2014 年版，第 51 页。

独厚的条件。而上缅甸的水稻种植区虽然在农业用水条件方面要差一点,但依然能利用部分水资源来灌溉稻田,故其在缅甸稻米产业中的地位也较为重要。

缅甸种植水稻的历史可以追溯至中国先秦时期,当时百越的一个分支——掸族迁徙到今天的中南半岛,同时将中国长江中下游的水稻栽培和种植技术带到这个区域,后来,一条西起印度恒河地区东至越南红河地区的水稻种植带逐渐形成,对该地区的社会发展、政治和经济模式选择和居民生活观念产生深远影响。① 在沦为英国殖民地以前,缅甸的水稻种植业主要依附于统治阶级,受这个时期的村社制度和土地制度影响较大。而在沦为英国殖民地以后,受国际市场影响,殖民者将这种传统型农业发展为具有现代性的稻米产业,一度在世界产生重要影响。在20世纪40年代以前,缅甸为国际市场提供了近四成的稻米。另外,缅甸的"波山"牌大米曾在2011年的世界大米会议上被评为"世界最好大米"。②

（一）近代缅甸稻米产业

1. 英国资本主义历史进程促进缅甸稻米产业的产生

缅甸稻米产业是随着英国在缅甸的殖民地扩展而产生的。1826年,英国人通过第一次对缅战争的胜利,获得阿拉干、丹那沙林等两个濒临印度洋地区的控制权以及对缅贸易特权,为英国建立下缅甸殖民地创造条件。通过爆发于1852年的第二次对缅战争,英国完全控制了下缅甸,该地虽然人口密度低,但发展农作物种植业的基础非常好。为发挥该地区的农产品资源优势,服务于英国资本主义发展,下缅甸殖民当局采取了一些有利于发展现代化稻米产业的政策。

第一,废除以往缅甸封建王朝不利于扩大稻米生产和市场流通的一些陈旧制度,从英国引入一些有利于发展商品农业的贸易制度,为缅甸稻米走向国际市场扫除了政策性障碍。

第二,根据下缅甸的地质水文条件兴建和完善交通设施,提倡和鼓励使用新型交通工具,为建设较为完善的稻米物流体系奠定基础。另外,完善交通网络系统,便于英国在下缅甸立足未稳的情况下,增强军事快速反应能力,镇压当地民众的敌对行为,稳固其侵略缅甸的战略基地。英国人在兴建交通设施时,除充分利用以伊洛瓦底江为主的水上运输外,还兴建港口、铁路,发展电报业,便于水稻种植区和市场的信息畅通,为缅甸稻米等农产品走向国际市场奠定基础。

第三,完善缅甸的货币金融体系,按照英国蓝本发行纸币,吸引英国、印度和其他外国投资者到缅甸开设英国式的金融机构,为稻米产业的发展提供保险和信贷服务。第一套具有英伦风格的缅甸纸币于1861年在下缅甸发行,很快就被用于稻米流通交易的经济活动。为便于稻米交易流通的持续进行,许多银行开展纸币存取和兑换

---

① 林琳:《论百越水稻向中原地区及亚洲的传播》,《民族论坛》1996年第4期。
② 杨德荣:《缅甸农业发展现状分析》,中国农资市场网,2018年8月22日,http://m.enongzi.com/news/69369.html。

东南亚农业发展与国家现代化
—— 缅泰稻米产业面面观

业务。另外，英国殖民者还鼓励印度齐智人在下缅甸开展与稻米生产和流通相关的金融信贷业务。采取这样的金融政策的初衷是解决下缅甸经济开发面临的资金难题，当然也有英国殖民者向殖民地转嫁矛盾的深层次考虑。

第四，完善稻米产业生产关系，变革原有土地制度，实施一种名为"帕达"的新土地制度。英国殖民者在占领下缅甸的初期打破了当地原有土地生产关系，将土地所有权先归属到政府名下，然后再根据授田标准"授予"或"租给"新时期的稻农，但土地不能自由转让和买卖，政府掌握土地所有权。① 下缅甸殖民当局于1876年颁布的《下缅甸土地与税收法案》规定，"下缅甸任何一块连续耕种满12年且没欠税的田地，可以作为该稻农的私有财产，法律为其权益提供保护"②。稻农获得这块田地的所有权后，其亲属可以继承，也可以对这块田地自由出让、抵押和转卖。③ 1876年土地法案的颁布和实施，确立了下缅甸新时期的生产关系，刺激了稻农的生产积极性。

第五，面对下缅甸人口密度低的状况，招徕周边国家和地区的移民（主要是印度人），以解决缅甸稻米产业发展过程中的劳动力短缺问题。虽然英国殖民者在下缅甸稻米产业发展初期已从上缅甸招徕到一批移民，但是远远不能满足下缅甸发展稻米产业和公共建设的需求，为将下缅甸稻米产业发展起来，建立有利于英国殖民统治的经济秩序，来自印度和中国等国家和地区的民众在英国方面的组织下移民下缅甸，以推进新时期的下缅甸经济开发。

下缅甸殖民当局通过上述五方面的政策措施，在不损害英国殖民者切身利益的前提下，较为完美地解决了早期稻米产业发展过程中所面临的生产关系、生产者、产品运输、产品销售和生产保障等难题，为英国国家现代化进程提供新的市场和原料产地。但这些做法也导致下缅甸形成较为畸形的稻米产业单一经济，给独立后的缅甸国家现代化进程造成不利影响。

2. 国际稻米市场的旺盛需求、运输方式的发展推动缅甸稻米产业步入发展快车道

（1）国际稻米市场的旺盛需求对缅甸稻米产业的影响。

世界上许多地区对稻米的需求量普遍增大，刺激了稻米价格随之上涨。1840年，每100箩稻米的价格为8卢比，远远低于其劳动力成本。1855年，稻米价格上涨到45卢比/百箩，并从1860年到1870年在50～65卢比/百箩的区间波动。1880年上涨到85卢比/百箩，1890年上涨到95卢比/百箩；到19世纪末，价格仍在此区间波动。④

在19世纪，许多国家人口持续地增长。对许多穷人来说，稻米就是奢侈品，直到中南半岛的缅甸、泰国、越南等国家的稻米产业在商业贸易基础上发展起来以后，

---

① 贺圣达：《缅甸史》，人民出版社1992年版，第247页。
② J. S. Furnival. *An Introduction to the Political Economy of Burma*. Rangoon, 1938, p. 43.
③ M. Adas. *The Burma Delta: Economic Development and Social Change on an Asian Rice Frontier, 1852 – 1941*. The Universiy of Wisconsin Press, 1974, p. 28.
④ Cheng Siok-Hwa. *The Rice Industry of Burma 1852 – 1940*. The University of Malaya Press, 1968, p. 8.

第四章 缅泰稻米产业的历史条件与发展

稻米才被那些贫民所享用。在欧洲，稻米逐渐家喻户晓，并被用作廉价的食材、丈量布匹的淀粉、猪牛的饲料，以及制作面包时需要和小麦粉混合的一种原材料。

欧洲市场最初的稻米供应地为意大利，但到了18世纪早期意大利稻米就被来自卡德纳斯、恒河三角洲和南印度等地的稻米所取代。欧洲随后改为从印度进口未经深加工的稻米并对其进行深加工。深加工是一个必不可少的环节，因为当时在长途海运期间，通风设备不佳的航船会使船舱过热，而加工过的稻米长期处于这种过热的环境中容易变质，失去原有风味。19世纪早期，欧洲发明了一种能将谷壳去除而不会造成过多谷粒破损的改良碾米机。同时，对稻米进行抛光的新兴技术也获得了推广，伦敦、利物浦、不来梅和汉堡成为欧洲主要的大米加工中心。19世纪50年代末，印度民族大起义的爆发导致印度稻米对欧洲的出口中断了。然后，1861—1865年美国南北战争导致美国南部各州的蓄奴制度被废除，卡罗来纳地区的稻米对欧洲市场的出口也中断了。当地许多稻田和昂贵的仪器设备都毁于战争，黑奴一摆脱奴隶主的控制压迫，就放弃了水田里的稻米生产劳动。① 一直到许多年以后，从美国南部地区出口的稻米才重新在欧洲市场占有一席之地。② 此时，欧洲稻米贸易商和加工商被迫寻找新的稻米生产基地来维持其经营活动。自然而然地，他们将注意力放在英国管辖下的下缅甸，因为当时下缅甸有稳定的殖民政府推动稻米生产的迅速扩展。但是，那个时期缅甸出口的大部分稻米都流通到了印度市场。随着欧洲尤其是来自英国和德国的稻米贸易商和加工商的经济活动扩展到下缅甸，以及欧洲海运业和金融机构的大规模发展，下缅甸稻米产业的发展进入黄金时期，不断壮大，成为缅甸殖民地经济的主要支柱。

据有关研究资料，英国的约瑟夫公司是最早在下缅甸从事面向欧洲市场的稻米贸易业务的外国企业。1864年，该公司将航船驶入缅甸，把1000吨糙米运回利物浦，后来为了在仰光的稻米市场占有一席之地，于是在当地设立了公司。其他的欧洲企业也很快跟上利物浦米商的步伐，在下缅甸的仰光、阿恰布（今实兑）、勃生、毛淡棉等大城市建立了稻米贸易分公司。

这些来自欧洲的稻米跨国贸易公司逐步发展成连接下缅甸和欧洲的商业纽带，将正在扩展的缅甸市场剩余稻谷的供给与不断增长的欧洲乃至世界各国的大米需求联系起来。第一批稻米跨国贸易公司和现代化加工企业主要由来自欧洲的外商投资和经营管理，他们为下缅甸的稻米产业发展提供投资、公司、技术知识和贸易经营理念。欧洲企业出现的重要性是基于这样一个事实——大部分本来出口到印度的稻米在欧洲公司成立后很快流入欧洲。在1845—1846年，缅甸的稻米出口量为74000吨，其中6500吨稻米销往欧洲，36100吨稻米销往印度。③ 到1870—1871年，缅甸稻米出口量达到484000吨，其中353400吨销往欧洲，23800吨销往印度。④ 缅甸稻米在亚洲最

---

① H. B. Proctor. *Rice：Its History, Culture, Manufacture and Food Value*. London, 1882, p. 12.
② 第一次世界大战结束后，美国、意大利和西班牙重新成为欧洲大米市场的主要出口方，参见 *Report of the Rice Export-Trade Enquiry Committee*. Rangoon, 1937, p. 8.
③ Horace Ralph Spearman. *The British Burma Gazetteer*. Vol. 1. Government Press, 1879, p. 460.
④ *Report on the Administration of Burma* 1873/74, p. 86.

东南亚农业发展与国家现代化
—— 缅泰稻米产业面面观

主要的出口地是印度和中国，从19世纪70年代起，从缅甸出口到亚洲国家的稻米开始增加，在数十年后最终超过了出口到欧洲的稻米数量。①

几乎所有缅甸稻米的出口都要途经仰光、勃生、阿恰布（今实兑）和毛淡棉这四个港口中的其中一个。最早成为重要稻米出口港的是阿拉干省的阿恰布，它是随着英国殖民政权的建立而诞生的出口港。1826年，阿恰布的稻米商凭借地理位置上临近印度的优势，开始与印度恒河三角洲开展稻米贸易业务。1840年，从阿恰布港运到印度的稻米为74500吨，在当地的市场价值为1257000卢比；到了1855年，其面向印度的稻米贸易量达到165000吨，市场价值达到3051000卢比。②但是，缅甸稻米产业经济真正发展起来是在1852年英国殖民者实际控制下缅甸之后。这一时期，下缅甸的水稻种植规模和稻米产量都在快速增加，与国际上的稻米贸易往来也在不断增多。下缅甸的中心城市仰光因此成为最大的受益者，港口贸易在1852年后迅速发展起来。到了19世纪60年代，仰光的稻米出口量超过了阿恰布。1867年，仰光对欧洲大米的出口量赶上了阿恰布。尽管事实是阿恰布的稻米贸易已经占据了大约28年的上风，但仰光无论是作为港口招徕海运汽船，还是作为稻米产业发展的腹地，它的条件都比阿恰布更为优越。仰光位于伊洛瓦底江三角洲地区，这一大片沃地被许多小港汊断开，这些小港汊不仅提供了廉价便利的交通方式，还有助于排干稻田中多余的水分，使得这里成为缅甸最重要的稻米生产区。与此相比，阿恰布处于阿拉干的狭窄海岸线平原，多山且干燥，因此，这一带的稻米生产规模较小。阿恰布的发展速度较慢的另一个原因是，在英国人首次到达该地时，阿拉干相对于仰光周边地区而言开发得更好，且人口密集，导致未来发展的空间不大。直到19世纪60年代，阿拉干地区的水稻种植已在几乎所有适宜之地进行，并且扩展到了边境地区。

阿恰布的缅甸第二大稻米港口的地位并未保持很长时间。大约在1877年，位于伊洛瓦底江-锡唐三角洲地区的勃生取代了阿恰布在稻米贸易中的地位。大约在1895年，位于丹那沙林狭窄海岸线上的毛淡棉港的稻米出口量开始超过阿恰布。毛淡棉稻米出口增长是因为在英国人首次登陆当地时那里还未得到有效开发，所以有更多土地空间用于扩展水稻种植。

（2）苏伊士运河的开通对缅甸稻米产业快速发展的影响。

英国政府在缅甸的殖民政策和资本主义现代化进程的加速推进，导致缅甸的稻米产业受外部市场的影响越来越深。随着欧洲、印度、中国、菲律宾、新加坡和马来亚等稻米贸易市场的迅速发展而引起的大米价格上涨，进一步刺激了缅甸的稻米产业规模扩大。1863—1870年，下缅甸水稻的种植面积年均增长5万英亩。1891—1900年增幅最大，平均每年增加近20万英亩，1901年后稻田增加的速度逐渐放慢了。③

加速下缅甸稻米产业发展的因素有很多，其中最主要的因素是运载稻米的汽轮能通过苏伊士运河，稻米海上运输的航程被大大缩短，使得下缅甸的稻米生产和欧洲市

---

① Cheng Siok-Hwa. *The Rice Industry of Burma* 1852–1940. The University of Malaya Press, 1968, p. 10.
② Cheng Siok-Hwa. *The Rice Industry of Burma* 1852–1940. The University of Malaya Press, 1968, pp. 25–26.
③ Cheng Siok-Hwa. *The Rice Industry of Burma* 1852–1940. The University of Malaya Press, 1968, pp. 25–26.

第四章 缅泰稻米产业的历史条件与发展

场的联系更加紧密。自 18 世纪中叶英国打败法国确立其世界霸权以来，其殖民政策实践的先行军——英国东印度公司几乎垄断了亚洲和欧洲之间的商业贸易。但英国人是不会仅仅满足于维持这种点状的沿海贸易体系的，因为其对英国国内资本主义发展的作用有限。只有建立世界性的殖民主义体系，才能持续推动英国的现代化进程。面对英国的殖民扩张行动，法国也不甘落后。1798 年，拿破仑趁英国自顾不暇，亲率军队侵入埃及，但由于受到英国的军事干预以及当地的顽强抵抗，战事进展不利，加上法国国内局势发生剧变，于 1801 年被迫撤离。1859 年，有法国政府背景的资本家莱赛普通过经济欺诈的方式攫取了苏伊士运河的开凿权，这项工程于 1869 年完工。拥有这条运河经营权的苏伊士运河公司股权分配：以莱赛普为首的法国资本占股 52%，而付出巨大牺牲的埃及政府仅占股 48%，而且这部分股份还被后来的英国政府趁火打劫据为己有。苏伊士运河的开通使亚洲和欧洲之间海上贸易的行程大为缩短，例如孟买到马赛、伦敦的贸易行程分别由 10400 千米、10800 千米缩短至 4600 千米、6300 千米。① 交通运输领域的进步有力地推动了世界贸易的快速发展。

因此，跟海运密切相关的下缅甸—欧洲的稻米贸易业务，成为这项世界伟大工程的直接受益者。缅甸逐渐取代了欧洲传统的稻米供应地——意大利，成为欧洲进口稻米的主要来源；吸引了欧洲资本对缅甸进行经济投资，带动缅甸相关产业的发展，推动着缅甸的现代化进程向前发展。

无可否认的是，苏伊士运河通航所产生的直接或间接影响，都对稻米贸易的发展和分配起着非常重要的作用。不过，许多关注这个话题的人都过分地夸大了此事件的重要性。一些人认为，在 1869 年以前，是不存在任何重要的稻米贸易的，但苏伊士运河一开凿，稻米贸易就迅速发展、蔓延开来。然而实际上，在 19 世纪 30 年代，缅甸稻米就已开始大量出口。到 19 世纪 40 年代，阿恰布出口稻米 745000 吨，1855 年出口 162000 吨。1852 年，英国控制下的仰光港兴起，经过大力开发，仰光的稻米产量和出口量都大大提高了。直到 1866 年，从缅甸出口的稻米达 364000 吨。稻米贸易以稳健的速度持续发展着，到 1870 年缅甸约有 440000 吨稻米出口。因此，在 19 世纪 70 年代，这种稻米出口量的持续性、显著性的增长不能仅仅归功于苏伊士运河的开通。另一些人指出，缅甸向欧洲出口的稻米量的增长是由于自从苏伊士运河通航以来航程减半，货运速度变快。这种说法在运河开通早期是不成立的，因为汽轮的运费比帆船费用高，而且还要承担港口和航运等多种税费。实际上，在苏伊士运河开通后十年甚至更长的时间里，多数欧洲稻米贸易商还是偏爱使用运费较低的帆船运输稻米。② 但是，这对于贸易商在欧洲市场上倾销所有船运稻米是没有任何好处的。

对这两种观点的反驳这并不是要否定苏伊士运河开通对缅甸—欧洲的稻米出口贸易所发挥的积极作用。其正面作用表现在使两地间的稻米运输周期缩短，能大大提高稻米品质，使缅甸稻米在欧洲市场更受欢迎，竞争力增强，有利于缅甸发展多元化的稻米出口经济。在当时，稻米出口主要还是沿用船运稻谷的形式，这是为了更好地维

---

① 陈启能主编：《大英帝国从殖民地撤退前后》，方志出版社 2007 年版，第 76 页。
② Cheng Siok-Hwa. *The Rice Industry of Burma 1852 – 1940*. The University of Malaya Press, 1968, p. 13.

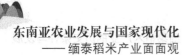

东南亚农业发展与国家现代化
—— 缅泰稻米产业面面观

持稻米的品质。但即使航程又短又快,稻谷由于未脱壳会占用船舱内许多宝贵的空间,航运还得为毫无价值的米壳付费。另外,不带壳的或经过深加工的稻米在无通风设备、过热和常伴湿气的船舱内经历长途航行很容易变质。后来,人们发现把糙米和稻谷混在一起运输是解决稻米变质问题的最好方法,商人们也发现,这种运输方式从成本上看最划算,因为它意味着在考虑稻米损坏的情况下,损失是最小的。船运稻米到达欧洲后会在当地的加工工厂进行深加工。使用汽轮运输稻米可使运输周期大大缩短,从而有效保障了稻米的品质,使其更容易为欧洲市场所接受。在汽轮运输方式出现以前,缅甸的稻米加工企业只能生产糙米。一直到汽轮运输成为稻米的主要运输方式之后,精米才随着欧洲新式碾米设备的引进而被生产出来。到 19 世纪 80 年代末,仰光周围的大部分稻米加工企业都采购了这种新式碾米机器设备。到 1905 年,这种新式碾米机器的使用范围进一步扩大,下缅甸大部分地区都能看到这种机器的影子。① 于是,欧洲的加工工厂就失去了很多生意,只能转而关注对稻米的分配。

苏伊士运河对稻米贸易的另一个影响就相对间接了。苏伊士运河的开凿加速了那些想更接近欧洲市场的国家和地区的产业的发展,例如锡兰(斯里兰卡)、马六甲和荷属东印度群岛(印度尼西亚)这些地区大力发展采矿业和经济作物种植业。这些产业都需要大量的劳动力。随着生产规模的扩大和贸易往来的增多,人口快速增长,这些地区对稻米的需求也在增长,使得缅甸出口的稻米又有了新的市场。

汽轮制造技术和生产效率的提高使其生产成本和维护成本降低,使缅欧贸易航路上大规模使用汽轮运输稻米成为可能,压缩了传统帆船在稻米贸易领域的使用空间。到了 1900 年,汽轮几乎垄断了所有的稻米运输业务,因为汽轮的使用意味着海运对季风的依赖变小了,一年中适航的日子变得更多,将货物运载到欧洲更加便捷,这意味着更加丰厚的利润。同时,稻米大量积压的问题在某种程度上得到缓解,但仍然存在,这是由港口囤积稻谷的制度所造成的。

英国人来到缅甸后,废止了稻米出口的禁令,在市场需求的刺激下,稻米价格不断上涨。1891 年每一百箩稻米的价格的 92 卢比,1892 年初上涨到 127 卢比,1892 年 4 月高达 138 卢比。价格上涨的原因,一是商人之间的激烈的竞争,二是米价过高的欧洲有大量的需求。但是到了 1892 年年底,欧洲的米价严重下跌。这时,仰光的工厂主聚集到一起,表示不同意为收购稻米支付每一百箩 77 卢比的价格,并将部分作物在合作成员间分摊。这种合作价格一度影响到国内其他地区的稻米价格。最终稻米售卖者屈服,不论欧洲的米价如何之低,工厂主仍然获取暴利,但中介和耕农却遭受收入的严重缩水。1891 年缅甸稻米出口量为 771830 吨,1892 年为 728790 吨,1893 年为 688571 吨。② 稻米出口量的衰退影响了缅甸稻米产业的收入,社会购买力下降,当地人对进口商品的消费急剧减少,导致进口商也遭受严重的损失。③

"一战"期间,米价又出现了下跌,主要原因有三方面:其一,出口到欧洲市场

---

① *Burma Rice*, Burma Pamphlet No. 4. London, 1944, p. 13.
② *Annual Report on Trade and Navigation*, 1893/4. p. 22.
③ *Annual Administration Report*, 1893/94, 55 and *Rangoon Gazette*, August 1893.

的稻米减少；其二，当时船运运力不足且运费昂贵；其三，殖民政府担心出现粮食短缺，便对出口到印度的稻米数量做出限制。随着"一战"结束，缅甸稻米价格回升。到20世纪20年代初，稻米价格进一步上涨，达到200卢比/百箩。但是，20年代末的世界经济大萧条导致稻米价格下跌，1931—1934年甚至一度跌至80卢比/百箩，许多稻农损失惨重，纷纷破产。当然，在这次经济危机中，农产品的价格实际上普遍比已有的刺激性价格下跌还严重。一直到1935年，稻米价格才略微涨到110卢比/百箩，这种态势一直保持到"二战"爆发前夕。

（二）现代缅甸稻米产业

1886—1917年这32年间，缅甸的稻作业获得了比前30年更为迅速的发展，其增长速度之快，在世界殖民地农业史上是罕见的。在19世纪的最后30年中，下缅甸的稻田面积每年增长3.5%，人口每年增长2.4%，稻田面积的增长超过人口增长的速度。1886—1917年，缅甸的稻田面积、稻谷总产量和输出量都增加了一倍以上。缅甸（主要是下缅甸）稻作业在这一时期仍然得到大发展的主要原因，在于国际市场特别是印度和英属海峡殖民地等地区对大米的需求有增无减，移民（主要是来自上缅甸和印度的移民）比1885年之前更大量地进入下缅甸，而下缅甸主要是伊洛瓦底江三角洲也仍然有大片的荒地可以垦殖。

但是，下缅甸稻作业的扩展，实质上只是规模的扩大和数量的增加，而不是生产力水平提高的结果。农业生产技术几乎没有什么进步，生产工具主要还是锄、犁、耙等简单的农具，主要的进步仅在于对铁犁的使用比过去更为普遍而已。灌溉工程大部分只是在原来的基础上进行修复和疏浚。20世纪初，有人工灌溉设施的耕地面积仅60万英亩左右，只占耕地总面积的7%左右。农业生产技术的落后，在20年代以后成为缅甸农业发展停滞的一个重要原因，而问题的根源在于这一时期的殖民当局根本不愿意去投资农业。农业生产方面的投资只占殖民当局开支中微不足道的一小部分。在殖民当局1918/1919财年的预算中，用于农业的仅占0.63%，而用于警察事务的却高达24.7%，几乎相当于农业开支的40倍，即使是用于监狱方面的开支，也占了预算的1.78%，相当于农业开支的1.5倍。[①] 同时，占有越来越多土地的地主，只想花最小的代价获取最大的利益，尽量使用和剥削廉价劳动力，而不愿意投资于改良土地和改造、提高农业生产技术。绝大部分自耕农在沉重的税收、高利贷和不断上涨的生活成本的重压下，只能勉强维持生存，根本无力改良农业生产技术。

缅甸殖民地的农业不仅生产力水平低下，而且属于仅有稻作业才得到发展的单一种植业。稻田面积占总耕地面积的比重，1891年是72.3%，1911—1915年平均值仍为

---

① 据 The Economic and Social Board, Office of the Prime Minister. *A Study of the Social and Economic History of Burma.* Rangoon, 1958 中所引 1918/1919 财年的统计数字。

71.5%。① 在下缅甸，稻田面积占了耕地面积的83%～85%。只有在上缅甸，大豆、花生、棉花等作物的种植面积才有较大的增加，其中增加幅度最大的是油料作物，1891年油料作物种植面积仅2.17万英亩，1911—1915年其平均种植面积已增加至132.8万英亩。②

稻米生产在20世纪20年代继续发展，按1915—1919年与1925—1929年的平均值计算，水稻种植面积从1051万英亩增加到1186万英亩，共增加了135万英亩，其中下缅甸增加了120万英亩，平均每年增加12万英亩。这一时期，缅甸的精米产量为500万吨，年均增长14万吨，堪称近代缅甸精米生产的辉煌时期。③

进入20世纪30年代后，缅甸的稻作业发展的步伐逐渐减慢下来。1930—1940年，总种植面积仅增加了70万英亩，其中下缅甸仅增加35万英亩，可见缅甸特别是伊洛瓦底江三角洲的稻作区的扩大已到了极限。而缅甸殖民地稻米产量的增加，从19世纪中叶以来就一直是依靠耕种面积的不断扩大，但在技术上基本没有什么改进和提高。由于种植面积难以扩大，技术水平依旧得不到提高，稻作业发展就不可避免地出现了衰退的迹象和危机的征兆。从20年代末到30年代末，下缅甸人均占有稻田面积已从1.3英亩下降到1.11英亩，每公顷的产量从1000千克下降到960千克。④

这一时期，缅甸仍然保住了世界最大稻米输出国的地位，20世纪20年代平均每年输出稻米267万吨，30年代平均每年输出314万吨。但是，这种增长是以缅甸人民的稻米消费水平下降为代价的。据有的学者估计，在整个30年代，缅甸人均稻米消费水平下降了25%⑤，人均稻米消费量从20年代的150千克下降到30年代的110千克⑥，这是"亚洲季风国家（稻米消费水平）的最大幅度的下降"⑦。

第二次世界大战结束后，受缅甸脱离英国独立、缅甸内战、军人威权统治等因素影响，缅甸稻米生产在很长一段时间内都没能重现"二战"前的产业辉煌。自1948年独立以来，缅甸的水稻种植面积直到2006年才超过历史最大种植面积，稻米最高产量直到1962年才恢复到"二战"前的水平，而稻米最高出口量至今仍未恢复到英国殖民时期的水平。

---

① Allen Fenichel and Gregg Huff. *The Impact of Colonialism on Burmese Economic Development*. McGill University, 1971, p. 47.

② 据 Aye Hlaing. "Trend of Economic Growth and Income Distribution in Burma, 1870—1940". *Journal of the Burma Research Society*, 1964, vol. 47 中表5 "1870—1940 年外贸的变化"及表10 "进口的发展和进口品的结构"的数字。

③ Allen Fenichel and Gregg Huff. *The Impact of Colonialism on Burmese Economic Development*. McGill University, 1971, p. 9.

④ Allen Fenichel and Gregg Huff. *The Impact of Colonialism on Burmese Economic Development*. McGill University, 1971, p. 10.

⑤ J. S. Furnivall. *Colonial Policy and Practice: A Comparative Study of Burma and Netherlands India*. New York University Press, 1956, p. 192.

⑥ Allen Fenichel and Gregg Huff. *The Impact of Colonialism on Burmese Economic Development*. McGill University, 1971, p. 21.

⑦ Allen Fenichel and Gregg Huff. *The Impact of Colonialism on Burmese Economic Development*. McGill University, 1971, p. 21.

第四章 缅泰稻米产业的历史条件与发展

据缅甸统计总局年鉴数据，1992/1993 财年，缅甸稻米产量开始出现较大幅度的增长，单位产量由 1991/1992 财年的每英亩 56 箩（1 箩 = 21.06 千克）上升到 59 箩，1991/1992 财年至 1994/1995 财年期间，水稻种植面积以 11.5% 的年均增长率高速增长。到 1995/1996 财年，全国稻米产量高达 1811 万吨。2005/2006 财年，水稻种植总面积为 1790 多万英亩（其中雨季稻 1540 万英亩、旱季稻 250 万英亩）。2006/2007 财年，稻米产量 3121 万吨，可满足国家 143.8% 的粮食需求。2009/2010 财年，水稻种植面积为 2018 万英亩，全年稻米总产量达 3294 万吨。主要种植地区有伊洛瓦底省、实皆省、仰光省和曼德勒省，其单位产量分别为：伊洛瓦底省 96.01 箩/英亩，实皆省 90.27 箩/英亩，勃固省 80.06 箩/英亩，仰光省 83.16 箩/英亩，曼德勒省 96.26 箩/英亩。除这些地区外，其他地区也有很高的单位产量，如掸邦（北部），平均每英亩产 148.13 箩；马圭省，平均每英亩产 98.02 箩。受厄尔尼诺现象的影响，2011 年缅甸雨季来得较晚，产粮基地伊洛瓦底省整个 4 月没有下过一次雨。为了避免稻米减产，缅甸农业部向农民推广 200 万箩由缅甸农业公司中缅培育基地培养的优质稻种。该稻种的生产周期为 120～135 天，可在降雨量较少的地区种植。然而到了七八月份，缅甸又开始大量降雨，许多农田被淹没。缅甸原计划在 2010/2011 财年要种植水稻近 2046 万英亩，但据缅甸大米协会统计，该财年实际种植夏季稻 1600 万英亩，产量约 10 亿箩（约 2106 万吨），种植面积和产量与上一财年相比，均有较大幅度的下降。当然，缅甸的稻米产业也面临着一些问题，如稻种培育技术落后、农用机械化水平低、金融信贷服务落后和稻农老龄化问题严重、贸易保护主义等。

稻米出口方面，由于具有优越的地质、水文条件以及得到英国殖民者的大力扶持，下缅甸地区一度成为当时世界上最主要的稻米贸易集散地。在 1940 年以前，缅甸稻米对外贸易额占了当时国际稻米贸易市场的四成左右。20 世纪六七十年代，缅甸稻米产业地位有所下降，但其出口额仍占缅甸商品出口总额的 40%。现在，缅甸稻米主要出口到中国、日本、印尼、俄罗斯、西班牙、葡萄牙和巴西等国家。缅甸稻米除了生产规模大，其品质也受到国际同行的关注。在越南胡志明市举办的 2011 年世界大米会议上，缅甸的"波山"牌大米评分超过泰国"茉莉花"牌大米，获得"世界最好大米"评选的一等奖，为缅甸稻米产业赢得了世界性荣誉。2010 年，缅甸共有 30 多家专门的稻米公司投资稻米种植和加工领域，从事稻米出口的公司也有 30 多家。同时，缅甸还开辟了乌克兰、澳大利亚和韩国等新的海外市场。

2004 年缅甸出口稻米 18.2 万吨，2005 年出口 21.3 万吨，2006 年出口 30.6 万吨。2009 年缅甸出口稻米 83.7 万吨，创汇 2.8 亿美元，但 2010 年出口仅为 59.2 万吨，出口量下降幅度接近 30%。2011 年开始，缅甸大米联盟动用其稻米储备来调控缅甸稻米市场，以低于市场价的优惠价格向缅甸民众出售，以恢复市场信心。2011 年上半年，缅甸稻米出口价格低迷，"瑞瓦吞"稻谷每 100 箩价格已低至 25 万缅元以下，农民的信心和生产积极性受到很大打击。缅甸政府及时提出以保障价收购储备粮 100 万吨，使得市场大米价格开始回升，"瑞瓦吞"稻谷每 100 箩价格迅速上涨到 35 万～37 万缅元。据缅甸商务部数据，2011/2012 财年，缅甸出口稻米 84.4 万吨，远超原计划的 50 万。2012/2013 财年，缅甸共出口稻米约 145.4 万吨，是 2011/2012 财年出量的约 1.7 倍。2013/2014 财年稻米出口量为 123.4 万吨，比上一财年有所回落。目前，缅甸稻米年产量超过 2500 万吨，单产水平为 3.77 吨/公顷，近年来有不断增长的趋势，是世界第七大稻米生产国和稻米出口国。

据缅甸媒体 2018 年的报道，2018 年 4 月 1 日至 11 月 23 日，缅甸向全球 61 个国家出口稻米总量为 139.77 万吨，出口额达 4.80 亿美元。其中，海上贸易出口 66.06 万吨，出口额为 2.20 亿美元，占总量的 47.26%；边境贸易出口 73.71 万吨，出口额为 2.60 亿美元，占总量的 52.74%。① 缅甸商务部数据显示，2018 年 11 月 17 日至 23 日一周内，缅甸稻米出口量为 6.75 万吨，出口额达 0.21 亿美元。其中，边境贸易出口 2.41 万吨，出口额达 0.07 亿美元；海上贸易出口 4.34 万吨，出口额达 0.14 亿美元。

2019 年 10 月 15 日，据缅甸金凤凰网报道：2019 年缅甸稻米出口量显著下降，缅甸国内积压约 500 万吨大米未能出口。据悉，造成稻米积压的主要原因是国际市场对进口稻米的质量提高了要求，而缅甸稻米又没有相应的质量标准体系，难以满足国际市场的要求。缅甸每年稻米出口量达 250 万吨，其中从边贸市场出口约 150 万吨。2018 年开始，中国开始严厉打击稻米走私，中国商人停止购买缅甸大米，因此由边境地区向中国输出的大米出口量出现大幅下降。②

2013 年 6 月，泰国开泰研究中心的一份缅甸稻米产业调研报告显示，随着缅甸政府和稻米产业的日益重视，2015 年缅甸稻米对外出口量将达到 300 万吨。2025 年稻米对外贸易额将突破 500 万吨，成为和泰国、印度、越南等同等重要的稻米贸易大国。③ 除此之外，缅甸还不断吸引和利用外资来发展稻米产业，加大和中国等稻米科技先进国家的合作力度，大力开发缅甸北部的农业资源，现在缅甸已成为发展潜力巨大的稻米生产、加工、科研基地和农产品市场流通的集散地。

第二节 泰国稻米产业的历史条件与发展

一、自然地理及行政与经济区划

一个国家的地理环境及其与周边国家地区的关系，对该国经济的发展起着不可忽视的作用。优越的地理环境，良好的区位优势能为其经济发展提供便利条件，反之则会制约其经济的发展。④ 泰国地理位置优越，位于东南亚地区的中心，是通往马来群

---

① 《缅甸 2018 年共向全球 61 个国家出口大米》，新华网，2018 年 12 月 7 日，https://www.imsilkroad.com/news/p/122948.html。
② 《缅甸积压大米约 500 万吨》，中国反走私综合治理调查研究中心：《反走私周边观察》，2019 年内部资料，第 1 页。
③ 廖亚辉：《缅甸经济社会地理》，世界图书出版广东有限公司 2014 年版，第 52 页。
④ 邹春萌、罗圣荣编著：《泰国经济社会地理》，世界图书出版广东有限公司 2014 年版，第 1 页。

第四章 缅泰稻米产业的历史条件与发展

岛的门户,同时又是东西方文化的交会地,自古以来就具有十分重要的战略地位。第二次世界大战后,泰国经济发展较快,是中南半岛经济水平最高的国家,但泰国经济发展的地区差异性较大,已成为其经济可持续发展的主要障碍。

(一)地理条件

泰国全称泰王国,古称暹罗,1939年更名为泰国,意喻"自由之国",1945年恢复旧名,1949年又改为今名。泰国位于亚洲中南半岛中部,地势特点是北高南低,自西北向东南倾斜,北部厚重,南部细长入海,绝大部分地区都属于亚热带季风气候。

1. 区位与国土

泰国位于亚洲中南半岛中部,地处北纬 5°30′~21°、东经 97°30′~105°30′之间,国土面积51.3万平方千米,与法国的面积大致相同,与中国四川省的面积相当,在东南亚仅次于印尼和缅甸,居第三位。泰国东部毗连柬埔寨王国,东北部与老挝人民民主共和国交界,西部和西北部与缅甸联邦共和国为邻,南部与马来西亚接壤,东南部毗邻泰国湾,西南部濒临安达曼海。泰国南北距离为1620千米,东西最宽775千米,最窄处仅10.6千米。因此,泰国人常形象地把自己的国家版图比作大象的头,把一直向南延伸到马来半岛的部分比作大象的鼻子。泰国陆地边界线长约3400千米,海岸线长约2614.4千米,其中沿泰国湾海岸线1874.8千米,沿印度洋海岸线739.6千米。

泰国是佛教文明、儒家文明、伊斯兰文明、基督教文明和海洋文明等多元文化荟萃之地。

2. 地形地貌

泰国地形基本上由山地、高原和平原构成,其中50%以上为平原和低地。[①] 泰国全国可以分为北部、东北部、中部、南部、东部和西部六大区域。北部与西部峡谷耸立,高山风景壮观秀丽;东北部为高原地区,粗犷苍峻;中部为湄南河三角洲,是富庶的鱼米之乡;南部为半岛地区,海涛拍岸,浪卷千里。

(1)北部地区,面积9.3万平方千米,平均海拔1600米,是全国最高的地区,80%的土地是山地和丘陵,是中国云贵高原怒山山脉的延伸,由北至南纵贯全境。位于清迈的因他暖峰海拔2576米,是泰国的最高峰。热带森林和绵延的山脉遍布该地区,被泰国人称为"母亲河"的湄南河的四大支流——宾河、汪河、荣河、难河都发源于北部山地。宾河和荣河流至那空沙旺府后,与汪河交汇,形成湄南河。湄南河是泰国的第一大河,长1352千米,自北向南流入泰国湾。这些河流流经的地区形成狭窄的冲积盆地,特别适宜种植粮食和棉花、栽培水果或放养牲畜。清迈是北部最重要的城市,以绢织品、漆器、木雕、银器等特色工艺品而闻名,盛产龙眼、荔枝等热带水果。

---

① 邹春萌、罗圣荣编著:《泰国经济社会地理》,世界图书出版广东有限公司2014年版,第2页。

(2) 东北部地区，面积 16.8 万平方千米，也称呵叻高原，海拔在 200～300 米之间。全区分布着起伏的崇山峻岭，大片地区为沙土所覆盖，其西面和南面被群山环绕，北面和东面有湄公河环绕，整个高原由西向东倾斜，横贯高原的蒙河顺山势流入湄公河。湄公河也是泰国与老挝的天然国界，其上游为中国的澜沧江。呵叻高原有两个盆地，一个是呵叻盆地，另一个是沙功那空盆地。其中，呵叻盆地是荣河及其支流由西北向东南流时，在荣河河口形成的一个冲积小平原，土质肥沃，是东北部地区主要的水稻产地。呵叻市是整个东北部的交通枢纽和经济中心，孔敬市次之。

(3) 中部地区，面积 9.2 万平方千米，也称湄南河平原，是泰国最大的冲积平原，大部分土地在海平面以下。该地区河流纵横，水网密布，土地肥沃，是泰国主要的稻谷产区和水果种植区，有"亚洲粮仓"之美誉。首都曼谷就坐落于此，还有泰国重要的工业基地北榄府和被列入联合国教科文组织世界遗产名录的泰国古都大城府也汇集于此。

(4) 南部地区，即马来半岛的北部，面积 7.2 万平方千米。泰国南部半岛多为丘陵山地，其东邻泰国湾，西濒安达曼海，海岸线很长，东海岸和西海岸是两个差别很大的地区。东海岸平直开阔，海湾较少，沿海为沙土；而西海岸为下沉海岸，大陆架狭窄，海岸线曲折。南部沿海地区热带岛屿众多，有不少风景优美的海滩和岛屿，普吉岛、苏梅岛、甲米等旅游胜地均位于该地区。宋卡是泰国南部经济中心、交通中心和主要港口。

(5) 东部地区，面积 3.4 万平方千米，著名的海滨度假城市芭堤雅和深水大港廉差邦坐落于此。区内罗勇府是泰国重要的工业基地，因跨国汽车公司聚集而被称为"东方底特律"。

(6) 西部地区，面积 5.4 万平方千米，以山地为主，拥有泰国境内最美的瀑布和著名的桂河大桥，叻丕是该地区的工商业中心。

3. 气候条件

泰国地处热带，绝大部分地区属热带季风气候，终年炎热，全年温差不大，可谓"四季如夏"。除个别山地外，各地气温均比较高，年平均气温一般为 28 ℃左右。

受热带季风影响，泰国全年可明显分为三季：3 月至 5 月为热季，空气干燥，气温最高，月平均温度 32 ℃～38 ℃；6 月至 10 月为雨季，全年 85% 的降雨量集中在雨季，日晒充足，月平均温度保持在 27 ℃～28 ℃；11 月至次年 2 月为凉季，受东北季风的影响，这个季节泰国的大部分地区气温下降，平均气温为 19 ℃～26 ℃，气候凉爽宜人，是泰国旅游的最佳时节。泰国的凉季和热季很少下雨，因此也叫干季或旱季。总体来看，泰国平均最高气温 37 ℃，平均最低气温 20 ℃，气温的年较差很小，即使在凉季，月平均气温也不低于 18 ℃。4 月是全年最热的月份，最高气温在 33 ℃～38 ℃之间；1 月是全年气温最低的月份，最低气温在 13 ℃～20 ℃之间。由于 4 月气候炎热无雨，泰国的学校多选择在 4 月放暑假，同时泰国最大的节日宋干节也在 4 月。

泰国各地因地形不同，气候有一定差异。北部山区地处亚热带，大部分地区属亚热带季风气候，平均气温较其他地区要低，年平均气温一般为 25 ℃左右，可谓四季如春。热季平均最高气温35 ℃，平均最低气温21 ℃；凉季平均最高气温30 ℃，平均最低气温17 ℃；有些山区的最低气温甚至可达4 ℃左右，是泰国气温最低的地区。北部雨季为6月至9月，这一季节雨量充沛，气候潮湿多雨；而10月至次年5月，气温在18 ℃～24 ℃之间。泰国东北部主要是高原，该地区热季和凉季的气候差别很大，热季时天气十分炎热，而凉季时天气偏冷。热季平均最高气温为35 ℃，平均最低气温为23 ℃；凉季平均最高气温30 ℃，平均最低气温18 ℃。泰国南部半岛地区属热带季风气候，终年炎热湿润，无明显旱季，年温差小，全年平均气温在27 ℃左右，最高气温可超过40 ℃，年平均降水量为1100 毫米，湿度在66%～82%之间。以首都曼谷为中心的中部地区全年均较为炎热，平均最高气温达32 ℃，最热的4月平均气温可达35 ℃，最舒适的月份为12月，平均温度17 ℃左右。

泰国的降水量比东南亚其他国家要少。年平均降水量大约为1500～1600 毫米，在季风吹过的地区降雨较多，年平均降水量可达3000 毫米。中部地区的年均降雨量不到1500 毫米；东北部地区除高原边缘年降雨量可达3000 毫米外，其他地区年均降雨量仅为100 毫米。降雨量最大的两个地区都是濒临大海、处于迎风坡面，其中东南沿海地区的达叻府年均降雨量为4767 毫米，南部半岛的拉侬府年均降雨量为4320 毫米；降雨最少的地区是中北部的素可泰府、甘烹碧府和西部的达府与北碧府，年均降雨量不到100 毫米。泰国各地的降雨分布时间不一，北部、东北部及半岛西海岸降雨量最多的月份为8月，中部和东南部为9月，半岛东海海岸为1月。由于降水不均和保水问题，干旱或洪灾也不时降临泰国。

（二）水资源及其利用

泰国的水资源十分丰富，拥有大量的地下水和众多的河流、湖泊，淡水面积为3750 平方千米。雨量充沛，年总降雨量约为80万亿立方米，其中75%由于蒸发而损失，其余的25%构成了河流的径流。

1. 河流

泰国河流众多，100 千米以上的河流有58条，遍布全国各地。

（1）湄南河，又名昭披耶河，即"河流之母"①的意思，她是泰国最长、流域面积最大的河流，号称泰国的母亲河，被誉为"东方威尼斯"②。湄南河发源于泰国北部山地，全长1352 千米，流域面积17万平方千米（有的说法是25万平方千米），自北向南纵贯泰国全境，注入泰国湾。

湄南河的河水主要由宾河、汪河、荣河、难河等四条支流在那空沙旺府汇入，这四条河流穿梭于崇山峻岭之间，形成许多谷地，这些谷地经过长期的河流改造，形成在地理上横跨清迈、南邦、难府等三府的水稻种植区。稻米产业的发展带动了其他涉农产业的发展，使这些地区成为泰北重要的经济中心，发展成物产丰富、适合居住的

---

① 何平：《湄公河名称的含义及其所反映的民族历史变迁》，《云南社会科学》2005年第5期。
② 邹春萌、罗圣荣编著：《泰国经济社会地理》，世界图书出版广东有限公司2014年版，第6页。

理想之地，也成为泰国重要的稻米市场流通中心（清迈）。湄南河下游有支流巴塞河和色梗河流入。湄南河流至猜纳又分成两条支流，向东的支流为湄南河，向西的支流称为他真河，但这两条河流最终都流入太平洋。

湄南河流域的农业生产主要受湿润气候影响，但其北部受季风气候影响，干湿季节明显；而南部受海洋气候影响，全年温差不大。湄南河流域内的水资源较丰富，源于其较为充沛的降水，北部山区降水量为 1220 毫米，中部约为 1360 毫米，南部达到 1800 毫米以上，雨季为 5—10 月。湄南河主要靠雨水补给，6—9 月为汛期，受西南季风影响，一年内径流量变化较大，干湿季节的河水径流量之差可高达 10 多倍。旱季时径流量仅为 150 立方米/秒，雨季则达 2000 立方米/秒。湄南河带来的肥沃土壤造就了泰国中部富饶的冲积大平原，即著名的湄南河三角洲大平原。这是泰国主要的农业区，素有"泰国谷仓"之称，水稻是这里的主要农作物，其种植面积达到泰国全国水稻种植总面积的五成，产量占全国的 4/5。

（2）湄公河，全长 4909 千米，其流域总面积为 81.1 万平方千米，是整个东南亚地区最长、流域面积最大的河流。① 它的源头在中国青藏高原的唐古拉山脉，在中国的部分称为澜沧江，经西双版纳出境后称为湄公河，流经缅甸、老挝、泰国、柬埔寨、越南五国，最后在越南湄公河三角洲注入太平洋。湄公河在泰国境内的流域面积占整个湄公河流域面积的 23%，约为 18.65 万平方千米；径流量为 2560 立方米/秒，占比 18%。湄公河在中南半岛五国农业生产中发挥着重要作用，同时这条河流多流经各国边境地区，这些区域跨国民族众多，给流域六国（包括中国）的边疆治理带来了一定难度。现在六国因经济全球化和区域一体化等因素的推动，正在形成新兴的合作区域——澜湄合作区域，这将对该地的经济、扶贫合作等产生深远影响。

（3）其他河流。宾河，是湄南河一条重要的支流，发源于清迈府清佬县境内的丹劳山，河流由北向南流，先后接纳唐河、恩加特河、寨姆河、图恩河以及汪河等，在那空沙旺府巴南坡区汇入湄南河。宾河从源头到那空沙旺府巴南坡区的长度为 600 千米，流域面积约 3.39 万平方千米，年径流量 669 亿立方米。

难河，是湄南河的另一重要支流，发源于难府播县博格叻区境内的琅勃拉邦山西麓泰老边境，河流由北向南流经程逸府、彭世洛府、披集府，最后在那空沙旺府法雅区与宾河、汪河交汇为湄南河。全长约 740 千米，流域面积 3.43 万平方千米，年径流量 95.8 亿立方米。

汪河，发源于南邦府汪讷县境内的匹班南山，自北向南流经达府，与宾河在达府的巴旺村交汇。全长约 400 千米，流域面积 1.08 万平方千米，年径流量 14.3 亿立方米。

荣河，发源于清莱府崩县境内丹劳山南面的坤元峰，流经帕府、素可泰府、彭世洛府和披集府，在那空沙旺府春盛县格差村汇入难河。全长约 550 千米，流域面积 2.36 万平方千米，年径流量 26.6 亿立方米。

巴塞河，是湄南河下游最大的一条支流，发源于黎府境内的碧差汶山，由北向南

---

① 何大明：《国际河流跨境水资源合理利用与协调管理》，科学出版社 2006 年版，第 137 页。

第四章 缅泰稻米产业的历史条件与发展

流经碧差汶府、华富里府和沙拉武里府,在大城府汇入湄南河。全长约500千米,流域面积1.45万平方千米,年径流量26.2亿立方米。

此外,泰国还有帕因河(长513千米)、达比河(旧称銮河,长214千米)、汶河(长170千米)、北大年河(长165千米)、湄隆河(长140千米)等主要河流。

2. 湖泊

泰国的主要湖泊有宋卡湖、波拉碧湖和农汉湖。宋卡湖位于南部半岛,是泰国最大的湖泊,其北面与海湾相连,故其北部湖水略咸。波拉碧湖位于中部的那空沙旺府,面积212平方千米。农汉湖位于东北部的沙功那空府,面积170平方千米。此外,泰国还有一些较小的淡水湖,如乌隆府的公博哇丕湖、那空帕依府的农雅湖。

(三)土地资源及其利用

根据泰国土地分类资料,1980年泰国土地资源中,农业用地占45.8%,森林面积占42.0%,草地占10.4%,沼泽占0.5%,城市用地占0.5%,水体占0.9%。[①] 农业用地和森林是泰国最主要的土地资源类型。随着泰国经济社会的发展,这两类土地资源已发生较大变化。世界银行公布的数据显示,2011年泰国农业用地占41.2%,其中可耕地占30.8%,人均可耕地面积为0.23公顷;森林面积占37.2%。自1980年以来,泰国农业用地面积不断增加,从1980年占国土面积的37.1%增至2011年的41.2%,但其中可耕地的面积在不断减少,从1980年占国土面积的32.3%下降为2011年的30.8%。

泰国的土地管理机构是泰国农业和合作社部下属的土地发展局。[②] 土地发展局分为行政部、技术部、操作与应用部等部门。行政部下设秘书处、干部处、财务处、土地发展技术监督管理处、土地发展一处、土地发展三处、土地发展四处、土地发展五处。技术部下设政策规划处、国际信息交流处、土地管理研究与发展处、土地科技发展处、绿色土壤处、土地利用处、皇室土地项目处、土地发展二处、土地发展十处、土地发展十一处、土地发展十二处。操作与应用部下设工程师处、地图测绘技术处、土地勘测利用规划处、土地发展六处、土地发展七处、土地发展八处和土地发展九处。泰国是农业大国,政府十分重视农业用地的规划和发展。土地发展局对全国土地进行分级管理,通过对土地勘测评估,将境内土地按贫瘠度划分为数十个等级,再根据不同土质做进一步细分,而后制定出相应的土地管理制度,如《泰国土地开发方案》(1983年)、《泰国土地法典》(2001年)、《泰国渔业法案》和《泰国提高和保护自然环境质量法案》(1992年)等先后颁布实施。这些法案不但涉及土地资源利用和开发,还对水域利用等进行了规范,同时倡导环保理念、建立自然保护区,以保持水土,维护生态平衡,实现泰国土地合理、科学利用的良性循环。

泰国历来对土地资源的利用和农业的发展给予高度重视。政府根据不同地区的自

---

① 龚子同:《泰国的土壤和土地利用》,《土壤》1990年第5期。
② 邹春萌、罗圣荣编著:《泰国经济社会地理》,世界图书出版广东有限公司2014年版,第9页。

东南亚农业发展与国家现代化
—— 缅泰稻米产业面面观

然条件,对土地利用采取因土制宜、分区种植的方式,对经济发展产生较大的促进作用。泰国中央平原地形平坦,有良好的灌溉水源,是水稻的主产区,尤其是湄南河三角洲几乎只种植水稻;东北高原和中央高地因降水较少,气候偏干,以种植木薯、玉米等旱地作物为主;泰南半岛全年高温多雨,相对湿度大,在排水良好的丘陵地区重点种植橡胶、油棕等经济作物;西部和北部高地则作为木材等森林产品的主要产区。

泰国的土地资源利用存在森林面积减少、土壤肥力下降、泥石流和山体滑坡等问题。森林面积减少原因,一方面是木材产业的发展,另一方面就是人们为了扩大耕地面积而毁林开荒。泰国的土地利用政策一直围绕农业用地与林地协调来展开。泰国政府在国家"八五计划"中提出要把整个国家 40% 的土地作为林地加以保护。然而,如何有序地将一部分植物保护区调整为耕地,以提供给数量不断增加的无地农民耕种,从而维护当地社会稳定,成为泰国政府需着重考虑的问题。而在经济发展的几十年中,非法开发荒地的问题一直困扰着泰国政府。截至 1993 年,泰国因非法开荒而造成的林地毁坏面积达 8760 万莱,占了泰国国土面积的 27.68%。① 因此,为遏制日益严重的非法开荒问题以及满足不断增加的农业人口的劳作需要,政府于 1975 年制定并颁布了《泰国农业土地改革法》。这部法案主要由土地所有权和利用类型、农作物种植类型和农业服务机构的改革等内容组成。土地所有权和利用类型主要指调整土地社会生产关系的问题;农作物种植类型主要指农产品生产的农作物带的统筹问题。农业服务机构主要指为泰国农民提供现代农业的产前、产中和产后等三个环节的信息咨询和服务的部门,包括农产品市场流通、金融服务等。为实施土改,泰国政府以现金或发行债券的形式设立农业土改基金,用于从私人所有者手中购买和征用土地;同时,政府还牵头成立各种农业互助组织,如利用土地基金会这个平台来组织无地农民和雇工进行劳动技能方面的培训。截至 1997 年亚洲金融危机爆发前夕,泰国土改面积达到 3890 万莱,实际分配面积为 1060 万莱,有 60 多万的农业人口成为这次农业改革的受益者。②

但是,这次农业生产关系改革还存在若干问题,主要包括四个方面:第一,这次泰国土改只是把对土地使用权分配问题的注意力转向公有土地资源,但非法开荒现象的增多导致泰国的生态环境恶化;第二,这次土改面临的矛盾增多,在农业无产者和特权利益集团这一对矛盾的基础上又增加了一对矛盾——经济发展和资源的可持续利用;第三,农业无产者从土改中实际享受到多少红利的问题,因为土改法案并没有触动泰国地主和农场主的实质利益;第四,《泰国农业土地改革法》的执行力问题,包括土地价值和赔偿标准的制定、土地流转、农业服务部门改革以及对原土地所有者的说服工作等等,都是这次泰国土地社会生产关系变革的拦路虎。如何处理非法开荒这个难题是关于此次土改争论的焦点。农业无产者的非法开荒由来已久,已是既成事实,解决难度非常大,若是鼓励农业无产者开发公有土地资源,那么动植物保护区的工作开展将更加艰难;如果不分配这些土地资源,则会影响到这些人的生计,给社会

---

① 田志康:《泰国可持续发展的土地资源管理》,《科技进步与对策》1999 年第 1 期。
② 田志康:《泰国可持续发展的土地资源管理》,《科技进步与对策》1998 年第 6 期。

第四章 缅泰稻米产业的历史条件与发展

发展带来不稳定因素。另外，由于这个历史时期泰国内阁更迭频繁，政局持续动荡，土改政策缺乏持续性和连贯性，其效果大打折扣。①

（四）经济区划

所谓经济区划是根据社会劳动地域分工的规律、区域经济发展的水平和特征的相似性、经济联系的密切程度，或者依据国家经济社会的发展目标与任务，对国土进行的战略性划分。②泰国的经济区划与行政区划略有不同，泰国经济与社会委员会将全国划分为7大经济区，即曼谷市及周边地区5府、中部6府、北部17府、东北部20府、东部8府、西部6府、南部14府。

由于地理环境和资源禀赋的不同，泰国各地区的发展差异较大。加上泰国政府根据不同的区域特征对各地区采取不同的区域发展战略，使得有些地区得到优先发展。在经济地理环境上，中部地区是泰国稻米产业中最重要的水稻种植区和加工区，这有赖于该地区地势平坦、水资源丰富、人口稠密和交通网络密布，故成为供应泰国国民的粮仓。由于稻米产业在泰国国民经济发展中的重要性，中部地区成为泰国权力活动的中心，这种地缘政治态势从泰国成为国家以来一直持续到今天。泰北的经济地理环境比较恶劣，这个地区的地貌以山地为主，兼有小部分丘陵，虽然有丰富的矿产和林业资源，但由于交通落后以及国家中枢权力难以深入，泰北的资源优势难以发挥。东北地区的发展条件要比泰北好一点，该地虽然土地贫瘠、干旱缺水，但由于其自古以来就是战略要地，其地缘政治环境要优于泰北地区。另外，自泰国选举政治开启以来，东北地区的农民选民已成为政治家的重要票仓，国家中枢权力对此地事务的介入力度较大，泰东北地区因此发展为仅次于中部地区的一个国家战略区。南部地区地形比较狭长，是泰国佛教文明和伊斯兰文明的交会之地，成为亨廷顿式文明冲突的一个典型例子。但该地区雨量丰富，土壤肥沃，富有锡矿，适宜发展橡胶产业、热带水果种植业、锡矿开采和加工业。

二、稻米产业史

泰国地处热带，雨量充沛，适宜作物生长，所以种植业自古以来就是泰国农业重要的部门。③2007年，泰国农业耕种面积达1830万公顷，占国土面积的35.6%，其中耕地面积1500万公顷，橡胶等多年生作物的种植面积为330万公顷。根据自然条件和国家权力活动，以湄南河三角洲地貌为主的中部地区成为泰国稻米产业最为重要的地区；东北部的呵叻高原河谷宽且浅，沿河可种植水稻和其他作物；北部地区的水稻种植区主要分布在山间狭小的平地，其稻米产量有限，主要供当地民众自用，但是

---

① 田志康：《泰国可持续发展的土地资源管理》，《科技进步与对策》1998第6期。
② 邹春萌、罗圣荣编著：《泰国经济社会地理》，世界图书出版广东有限公司2014年版，第30页。
③ 邹春萌、罗圣荣编著：《泰国经济社会地理》，世界图书出版广东有限公司2014年版，第87页。

东南亚农业发展与国家现代化
—— 缅泰稻米产业面面观

其稻谷单位产量却居全国首位;南部半岛终年气候湿热,适合种植橡胶、咖啡等经济作物,是泰国橡胶的主产区。

泰国过去绝大多数耕地种植水稻,20世纪60年代后国际市场对经济作物的需求增加,在政府"农业多元化"战略的引导下,泰国农民开始广泛种植橡胶等各种热带作物,并在外向型经济的带动下逐渐扩大规模。除了稻米外,泰国种植的主要粮食作物有木薯和玉米。

泰国是世界主要稻米生产国,其在种植水稻方面有很多优势条件:第一,泰国中部地势平坦,气候适合种多季稻,土壤肥沃有利于水稻种植,水资源充足、光照充分有利于水稻生长;第二,泰国耕种历史悠久、技术纯熟、品种多样;第三,泰国经济长期以农业为主,统治者一直重视农业发展,政府给予政策支持;第四,泰国地理位置优越,便于稻米出口;第五,人口稠密,劳动力丰富,有精耕细作的传统经验,保证了稻米生长所需的劳动力条件;第六,当地人有食米的爱好,水稻单位产量高,能供养更多的人口,可以缓解粮食供应和土地生产关系调整的压力。

虽然泰国稻米的产量只占世界的3%~5%,但其稻米出口量却占世界大米总贸易量的25%。另外,泰国还具备成为世界上最大稻米出口国的诸多条件,即泰国有良好的水稻土壤,处于热带,并且靠近海洋,水资源丰富,有良好的水稻生长条件;泰国政府对农业生产极为重视,每年都投入大量资金和资源研发新稻种;泰国地处南海核心地带,海上运输极为方便。另外,泰国有机稻米竞争力强,有机稻米一般都要通过严格检测才能得到认证,限制了其产量的增加。目前泰国已获得国际标准认证的有机稻米种植面积约为13万英亩,年产量为1.5万吨左右。随着国际稻米市场消费理念的改变,这种类型的稻米的市场前景将更加广阔。

稻米是泰国人的主食,稻米生产在历史上一度占据泰国农业的核心地位。泰国的水稻生产首先必须满足国内的消费需要,而后才是出口富余产品。泰国的地理和气候条件适宜水稻的种植,并能出产多种优质品种的稻米。

和缅甸一样,泰国的水稻种植历史也比较悠久。以美国学者索尔海姆教授为代表的农业史专家曾认为,泰国是亚洲稻米文明的起源地。这种论点的证据来源于1965年泰国孔敬府能诺塔(Non Noktha)遗址的考古发掘,索尔海姆教授牵头的考古团队对其中一块残陶片稻米遗迹进行了^{14}C测定,其结果表明,这块文物的历史年代可以追溯至公元前3500年左右。但是,这个观点遭到部分中国农学家的反对。随着中国云南、长江中下游地区和岭南地区稻米文明考古工作取得进展,以及中国农业考古学界和泰国、日本、美国等国的考古学专家的通力合作,各类考古成果有力地证明了中国稻米遗迹的历史年代要早于泰国等其他亚洲国家,泰国古代的水稻种植是由迁居到此地的百越民族发展起来的。另外,有部分学者认为,泰国的水稻种植业是由迁居到此地的南亚民族发展起来的,他们提出这个论点的根据是,能诺塔遗址稻米遗迹的历史年代比中国云南的稻米遗迹还要早。[①] 虽然专家们的分歧很大,但是"泰国先民培育和种植水稻的历史在很早以前就开始了"这一点是毋庸置疑的。到13世纪末,稻

---

① 黄镇国:《再论中国稻作的起源发展和传播》,《热带地理》2002年第1期。

米已成为泰国重要的粮食作物。元代航海家汪大渊的《岛夷志略》就对这一时期的泰国水稻种植业有过详细描述。当时的稻米主产区在今天的泰国中部地区，这里的稻米不但品质好，还有余粮供应给北部地区，这种现象可从一个侧面反映国家经济核心区和边缘地区的经济交流状况。随着17世纪泰国封建经济的快速发展，统治者通过兴修水利、改进稻米生产和加工工具、培育优良稻种等措施来发展稻米生产。如清朝雍正帝在位时，当时的泰国国王曾将稻种作为贡品来进献，这从一个侧面反映了泰国稻米的高品质。到了1855年，泰国的稻米产业生产力水平已经非常高，全国水稻种植面积达到泰国耕地总面积的九成以上，中部平原地区发展成泰国稻米产业的中心地带，另外北部地区和东北地区的稻米产业也有所发展。每年有大量的泰国稻米输出到中国、菲律宾和马来半岛等国家和地区，其中中国是最大的泰国稻米贸易对象国。①

到2019年，泰国依然是世界上出口稻米最多的国家，政府十分注重稻米出口的品牌战略。2010年泰国稻米总产量3073万吨，出口稻米903万吨，出口金额53.4亿美元。所有对外出口的稻米必须按照泰国严格的稻米质量检测标准进行审查，只有符合出口标准的产品方能出口，对香米的质量检测标准则更为严格。泰国政府在1998年颁布了第一版《泰国茉莉香米标准》，不但明确规定了香米纯度检验的各项指标，还规定了所有泰国香米出口前都必须经过香米纯度的检验，并在包装袋上注明香米的含量。2001年，泰国商务部对该标准进行修订，进一步规定只有香米含量在92%或以上的产品才能称为泰国茉莉香米，才可使用"Thai Hommal Rice"品牌标志。为保证《泰国茉莉香米标准》的严格执行和出口香米的品质，他信政府农业部投入资金和科研技术组建质检中心负责相关的质量检测工作。正是由于坚持质量第一的品牌意识，泰国稻米才能在国际市场竞争中一直立于不败之地。近年来，尽管受到美国稻米在高档市场和越南稻米在低档市场的双重竞争压力，泰国稻米出口总量仍稳中有升，出口总额更是增长强劲。2011年泰国出口稻米1070.6万吨，出口金额64.46亿美元，其中香米出口功不可没。

（一）19世纪泰国稻米产业

清朝初年，中国与暹罗（泰国）除维持原来的朝贡关系外，还进行以稻米贸易为主要内容的商业往来。暹罗南部系湄南河冲积平原，土地肥沃，盛产稻米。人口的南移，部分解决了当地水稻种植劳动力不足的问题，大量荒地被开垦出来，粮食产量有了大幅度的增长。一个接一个出现的新兴城市，由于靠近湄南河的出海口，交通便利，逐渐成为对外贸易的中心。② 另外，广东、福建和浙江等中国东南沿海地区经济发展与人多地少的现实矛盾越来越突出，导致当地稻米等农产品供应严重不足，给18世纪暹罗稻米的对外贸易提供了市场和商机。为解决东南沿海等地的粮荒问题，康熙帝在1722年从暹罗使臣处获知"其地米甚饶裕，价值亦贱，二三钱银，即可买

---

① 吴关琦：《泰国的农业》，《世界农业》1985年第5期。
② 段立生：《泰国通史》，上海社会科学院出版社2014年版，第88页。

东南亚农业发展与国家现代化
—— 缅泰稻米产业面面观

稻米一石"①的信息后,便给上述地区主管经济的官员下旨,允许地方从暹罗进口稻米来解决粮荒,并给予进口的暹罗稻米零关税待遇。1729年,清政府又将暹罗稻米的进口权限下放至普通商人,甚至在1743年规定,对于从暹罗运送稻米数量巨大的商贾给予一定的船货税减免的奖励,如运送稻米数量1万担以上的稻米商减免税收50%,运送稻米数量5000担以上的稻米商减免税收30%。②到了1751年,乾隆帝又规定,对运送稻米数量达2000担的稻米商授予官职。

但是,从事暹罗和清朝的稻米贸易所带来的利润毕竟有限,无法与从事其他土特产品贸易所带来的利润相比。因此,许多贸易商选择采取减少稻米运送数量,增加香料、苏木等土特产品运送数量的办法来减免船货税银及牟取更大利润,例如一艘稻米运送数量不足5000担的商船,其获得的利润却可以达到数十万两白银。虽然暹罗和清朝的稻米贸易实质发生改变,但是这种贸易方式使两国都获得可观的经济利益。例如,清朝广东澄海海关每年的关税收入达到11600余两。除此之外,稻米贸易还导致两国社会阶层和产业结构发生变化,一个个为稻米贸易服务的新兴阶层和产业在中国和暹罗生根发芽,逐渐发展成为未来经济变革的推动力量。

中暹稻米贸易的结果对双方均有裨益。对中国来说,部分解决了闽粤两省的粮荒问题;从暹罗方面看,中国稻米市场的开拓,刺激了暹罗国内的稻米生产,从事水稻种植业的人数和土地的耕种面积都有大幅度增加,与稻米有关的火砻、运输、造船等行业都有很大的发展。③萨莫寺、卡卢寺、卡南寺的前面一带,尽是从红统、华富里、因城、蓬武里、信武里、北揽坡、素攀等地来的满载稻谷的大小船只。④

随着中暹稻米贸易的开展,移居泰国的华人日益增加,使泰国的民族构成和阶层结构发生改变。在与清朝开展稻米贸易业务之前,暹罗的经济结构是自给自足、缺乏市场流通的小农经济,几乎没有"市场"和"商业活动",其内部比较封闭。这是由于泰国的社会生产关系——"萨迪纳"制束缚了农民在空间、阶层和产业上的自由流动。而华人受泰国社会生产关系的束缚较少,可以从事稻米、苏木和香料等商品的贸易,从而积累了大量的商业资本,逐步发展成泰国较早的新兴阶层。资本实力雄厚的华人商贾,利用清朝的稻米贸易政策从事中暹海运稻米贸易业务,到后期又将贸易商品类别扩展到苏木、香料等。部分擅长中暹海运稻米贸易的华人商贾还被暹罗王室任命为贸易厅主管,从事暹罗面向中国、日本和周边国家的对外贸易,推动了暹罗与相关国家的经济贸易往来。华人在暹罗的经济实践,在为暹罗经济快速发展做出贡献的同时,还使暹罗的经济结构和社会生产关系发生改变,动摇了原有的社会生产关系——"萨迪纳"制的根基,影响了暹罗的社会制度和国民生活理念,暹罗的经济水平和文明进程获得很大发展。⑤

曼谷王朝建立以后,国家获得了统一和安定的局面,因而生产逐步得到恢复和

---

① 《清实录·圣祖实录》卷二九八,中华书局1985年影印本。
② 《清实录·高宗实录》卷二百,中华书局1987年影印本。
③ 段立生:《泰国通史》,上海社会科学院出版社2014年版,第89页。
④ 段立生:《泰国通史》,上海社会科学院出版社2014年版,第90页。
⑤ 段立生:《泰国通史》,上海社会科学院出版社2014年版,第66-68页。

第四章 缅泰稻米产业的历史条件与发展

发展。曼谷王朝农业生产的基础仍然是个体小农经济，但在19世纪初，由于开拓了新的农业耕作区，大田作物的种植开始出现。湄南河三角洲纵横交错的河流被凿通并连接起来之后，三角洲上肥沃的新都平原被开发出来。三角洲东南面和西面原有的两个广阔农业地区，随着国家的和平安定，生产也迅速得到了恢复。由于暹罗优越的自然环境，大部分地区一年可以栽种水稻2～3季。据估计，截至19世纪中叶，暹罗的水稻种植面积约有580万莱。水稻产量在有良好灌溉系统的地区，其收成是播下种子的40倍。暹罗稻米的优良品质和极佳口感，使它成为出口的热门商品。1822年，西方人克劳福德在《出使暹罗和交趾支那王朝日记》中写道："除孟加拉外，暹罗输出的稻米，无疑比亚洲任何一个国家要多。"暹罗稻米生产已逐步趋于专业化。[1]

虽然有上述的清朝和暹罗稻米贸易活动的推动，但是泰国的稻米对外贸易数量仍然有限。例如，每年用于开展对外贸易业务的泰国稻米仅占稻米生产总量的5%左右，为100万～150万担，这与泰国年产2000万～2300万担的水平是极不相称的。泰国的稻米产业在1855年之后逐步被纳入资本主义世界体系，泰国稻米对外贸易量增长迅速，其占泰国稻米年产量的比重也不断提高。1907年泰国50%的稻米年产量可用于供应国际稻米市场。同时，稻米在19世纪50年代之后成为泰国最重要的对外贸易商品。到1909—1910年，稻米出口贸易总额占泰国出口总额的77.6%。[2]（见表4-1）暹罗出口的稻米大都通过受英国殖民统治的新加坡和香港转口欧美各地。暹罗出口稻米备受资本主义世界经济行情的影响，外国商人热衷于投机倒把，往往是压价收购，或把世界市场行情危机的损失转嫁给提供这些原料、商品的暹罗直接生产者，从中攫取高额利润。

表4-1 泰国稻米出口占出口总额的比重

年份	比重/%	年份	比重/%
1867	41.1	1930—1934	65.4
1890	69.7	1935—1939	53.5
1903	71.3	1940—1944	60.5
1906	69.1	1947	35.3
1909—1910	77.6	1948	50.5
1915—1916	70.1	1949	62.7
1920—1924	68.2	1950	50.8
1925—1929	68.9		

资料来源：J. C. Ingram. *Economic Change in Thailand 1850 - 1970*, Oxford University Press, 1971, p. 94。

---

[1] 段立生：《泰国通史》，上海社会科学院出版社2014年版，第140页。
[2] 段立生：《泰国通史》，上海社会科学院出版社2014年版，第180页。

东南亚农业发展与国家现代化
——缅泰稻米产业面面观

随着商品货币关系的发展,作为财富象征和支付手段的本地和外来的货币扩大了流通领域。外国人在暹罗开设的银行纷纷扩展自己的业务范围,开始直接贷款给外国商人和当地的商人、高利贷者来扩张其企业活动,为暹罗兴办的工厂企业提供了充足资金。19世纪下半叶至20世纪初,曼谷不断出现较大型的碾米厂。1858年,来自美国的外国投资商兴建了泰国第一家用蒸汽机提供动力的稻米加工厂。1867年,在曼谷只有5家属于外国资本的大型碾米厂,以后又逐年增多,1889年增至23家,1892年25家,1895年27家,1910年59家。这些大型碾米厂用蒸汽机碾米,日碾米能力为100～200吨,最大的厂家雇工多达400人。而一般只拥有十几个或几十个雇工的小手工业作坊也为数不少。①

受泰国稻米产业快速发展的影响,许多农业和手工业无产者开始进入到这个新兴产业从事相关工作,促进了早期泰国无产阶级的诞生,也推动了泰国的城市化进程。例如,曼谷、清迈、洛坤等地的城市人口在1830年以后分别达到40万、6万和1.2万,远远超过泰国国门打开前的城市人口数量。除此之外,还有越来越多的华人被吸引到泰国从事稻米行业的工作。1820—1850年,由中国华南地区乘船前往暹罗的华人每年达15000人。而到了19世纪90年代,增加到年均112160人,如1890年是33000人,1891年是9800人,1892年是120000人,1893年是190000人,1894年是22000人,1895年是10000人。② 在产业链形成方面,泰国稻米产业的发展促进了碾米业、建筑业、交通运输业、采矿业和零售业等的快速发展,有力地推动了泰国经济的现代化进程。

但是,这个时期的泰国乃至东南亚的稻米产业仍然存在不少问题。其一,对西方资本主义市场的依赖。经济上一直处于资本主义世界体系的"边缘区",是资本主义世界的原料产地和销售市场,"不等价交换"在东南亚地区和西方资本主义国家之间一直存在着。③ 其二,单一的经济结构。在资本主义经济浪潮的冲击下,原有的自给自足的自然经济基础逐步瓦解,为适应资本主义世界市场的需要而形成的农业单一种植制度,使粮食生产遭到破坏,转而畸形发展资本主义世界所需要的经济作物;民族工业虽有微弱的发展,但由于诸如采矿业、出口作物加工业、交通运输业等经济命脉大部分掌握在外来垄断资本和买办资本手中,没有形成较为完整的民族工业体系。因此,民族工业基础薄弱,在国民经济中没有产生多大作用。其三,经济发展不平衡。这种不平衡不但存在于经济部门中,而且还存在于地区经济发展中。本来由于地理位置的优劣,气候、土壤的差别,矿产资源分布的不均衡等,在东南亚地区就形成了地区经济资源的不平衡,而殖民者的入侵及对当地农矿产品的掠夺又进一步加剧了这种不平衡。

泰国稻米产业发展进程还改变了其原有的社会生产关系。随着泰国经济体系被动式的对外开放,英法等国外资本介入泰国的经济发展历程,泰国经济成为世界经济体

---

① 段立生:《泰国通史》,上海社会科学院出版社2014年版,第176页。
② 段立生:《泰国通史》,上海社会科学院出版社2014年版,第183页。
③ 王正毅:《边缘地带发展论:世界体系与东南亚的发展》,上海人民出版社1997年版,第89-90页。

第四章 缅泰稻米产业的历史条件与发展

系的一个组成部分。新的世界经济体系推动着泰国经济系统在社会生产关系方面做出调整,因为原有的社会生产关系已经不能满足新时期泰国的经济发展需求。在泰国封建社会中根深蒂固的"萨迪纳"制成为泰国现代化进程的主要障碍。

所谓"萨迪纳"制,就是把全国的土地,按贵族的爵位、官吏的官衔和职务以及平民百姓不同的级别进行分配,使其占有"食田",然后由国家征收劳役地租或实物地租。"萨迪纳"制的实行,标志着泰国社会封建领主制的确立。在"萨迪纳"制度下,每个社会成员无一例外地分属不同的社会阶级。国王是最高统治者,下面是王族、贵族和各级官吏,他们是统治阶级。而占全国绝大多数的被统治阶级是"派"和奴隶。"派"在泰国社会结构中属于平民阶层,其主要由"派素姆""派銮"和"派帅"等三类人构成。为封田贵族或官吏耕种土地和服杂役的"私民"叫作"派素姆"。他们按耕种田地面积向主人交纳部分地租,可以拥有私有财产,亲属子女拥有这部分财产的继承权,但不能自由流动,其活动范围不能超过主人的封田范围。为国王耕种土地和宫廷服务的"官民"叫作"派銮"。他们所拥有的权利与"私民"相同,只是在依附对象方面有所差异,除了国王外,还要依附代管他们的地方官吏。在双重剥削下,"派銮"的地位还比不上"派素姆",常有"派銮"宁愿当私民而逃亡去投靠新的主人。"派帅"是指为国王生产手工业特需品的工匠,其境况跟"派銮"一样。尽管法律规定不准对"派"进行买卖交易,但这种买卖事实上是存在的。处于社会最底层的奴隶被称为"塔特"。"塔特"可以自由买卖,能够获得至少5莱的田地进行耕种,也可以拥有私人财产,其子女可以继承,但其子女仍为"塔特",供主人使唤和服杂役。主人除了不能对"塔特"任意杀害外,可以对其随意打骂。"萨迪纳"制确立了"派"和奴隶对土地的人身依附关系,把他们紧紧地拴在土地上。在这种社会结构中,统治者通过生产关系控制了生产者。[①] 在当时泰国社会地广人稀的条件下,统治阶级对劳动力的控制更有其重要性。

泰国的历史发展进程被纳入世界体系,导致其原有的社会生产关系——"萨迪纳"制无法适应新的历史时期的世界发展历程和国内发生的社会变革。泰国利益集团为了维护其利益和统治,实行自上而下的社会结构改革,为国家的前途命运探索和现代化道路的选择提供了现实性和操作可行性。泰国稻米贸易在19世纪中期后获得快速发展,但也导致产业对劳动力的需求不断扩大,迫使统治阶级要对原有的农民依附关系进行改革,使农民从人身依附关系中解放出来,以适应稻米产业的发展需要。但是,传统的泰国社会生产关系阻碍了农民的自由流动,束缚了稻米产业生产力水平的进一步提高。而光靠人口数量的自然增长,远不能满足劳动力增长的需求。据统计,1850年暹罗人口总数为500万~600万人,到1900年才增加到730万人。因此,只有解放生产力,提高劳动效率,才能满足不断扩大生产规模的需要,这就必须改变"萨迪纳"制度下的生产关系。对此,拉玛四世做了一些初步的改革。首先,使用招徕雇佣劳动力的方式来完成国家工程的建设任务,逐步废除原有的无偿使用"派"服杂役的"萨迪纳"规定。他在位时修筑的几条运河,主要通过给雇佣劳动力支付

---

① 段立生:《泰国通史》,上海社会科学院出版社2014年版,第62-63页。

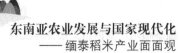

东南亚农业发展与国家现代化
——缅泰稻米产业面面观

工资的方式来完成。而雇佣工人从事劳动生产的积极性的确大大超过徭役承担者。拉玛四世曾说，木工、泥水工和砖瓦工等项目，使用雇佣劳动力将节省50%的人力成本。受拉玛四世改革的影响，无偿使用"派"服杂役的"萨迪纳"规定在1871年后已名存实亡，许多官员和贵族根据市场行情来聘请雇佣劳动力服杂役和做家务。① 对于奴隶，拉玛四世也颁布了若干法令，对个人被出卖为奴隶的条件加以限制，使主人不能随意将"派"出卖为"塔特"。另外，他还对"塔特"的赎身条件做出规定，只要"塔特"个人觉得潜在的新主人较好，就可请新主人为其付钱赎身，从而脱离旧主人，依附新主人。在劳动力缺乏的暹罗，"塔特"另找新主人是不难的。这样，多少保护了奴隶的权益，减轻了他们的痛苦。

拉玛五世时期着眼于从根本上废除奴隶制，解放生产力。1874年，拉玛五世颁布法令，凡是在1868年10月1日之后出生的"塔特"，满21岁就可成为平民，并且这类"平民"禁止被出卖而免于重新沦为"塔特"。但这个法令仅在京城和周边一些省份得到贯彻执行。在北部和边远的柬埔寨人聚居的省份，直到1903年政府还没有采取措施来废除奴隶制。1897年，拉玛五世颁布了修正1874年法令的新规定，规定凡是在1897年12月16日以后出生的暹罗人，不分男女皆不得自卖或转卖他人为奴，并明令该规定在老挝人或马来人聚居的地区同样生效。1899年又颁布新法令，取消农民对封建领主的人身依附关系。按照过去的法律，18～60岁的成年人都得在其腕上文身，并到居住地各级部门登记，编属于不同的封建领主门下。1899年的新规定意味着废除了农民对封建领主的人身依附关系，废除了暹罗传统的"萨迪纳"制，它的执行无疑对解放生产力，为城镇提供自由劳动力起到了促进作用。1900年，拉玛五世下令取消曾盛行于泰国东北部的农奴制。1905年又颁布法令，禁止订立任何将儿童卖为债务奴隶的契约。1908年生效的《暹罗刑法法典》规定："强行运出、买进或卖出一个人做奴隶的，处以1～7年徒刑或课以100～1000泰铢的罚款。"至此，从拉玛四世开始的持续了近半个世纪的废奴运动基本完成，它缓和了尖锐的阶级矛盾，在一定程度上解放了暹罗的社会生产力。②

同时，拉玛五世还将官吏和贵族的工资制度改为薪俸制，进一步加强了泰国王室的权力，打压地方民族分离主义和地方割据现象。薪俸制的设立加强了泰国王室对地方官吏的控制，有效防止其建立地方独立王国，挑战中央权威和威胁国家统一。1897年5月，拉玛五世对国内行政区划进行改革，在府以下设立县、乡、村三级行政区，由王室选派官员进行直接管辖。拉玛五世通过对国家和地方层面的行政制度改革，给泰国稻米产业的持续、快速发展创造了良好的社会环境。③

泰国稻米产业由于英法的经济侵略而获得快速发展，但这种畸形的经济发展模式并没有让泰国农民享受到实惠，稻米贸易所获得的大部分利润落入外国资本家的腰包，另外，缅甸、中国和越南的被殖民程度的加深也给泰国国家精英敲响了警钟，稻

---

① 段立生：《泰国通史》，上海社会科学院出版社2014年版，第181-182页。
② 段立生：《泰国通史》，上海社会科学院出版社2014年版，第183-184页。
③ 段立生：《泰国通史》，上海社会科学院出版社2014年版，第185页。

第四章 缅泰稻米产业的历史条件与发展

米贸易业务的展开让其得以了解到更多国外的新鲜事物，为泰国的社会改革提供借鉴。为维护自身的利益，以泰王为首的统治集团以"自上而下"的方式对泰国的生产关系、行政制度、徭役制度、教育制度和法律制度等进行改良，解除了限制现代经济发展的各种束缚，建立了一套新的国家治理运行机制，推动了泰国的国家现代化进程，兴建各种公共基础设施，奠定泰国"现代化"的基础。但是这次改革并不彻底，还保留了许多泰国封建制度残余，而且泰国稻米产业依然没有摆脱对资本主义世界市场和国际稻米垄断资本的依附关系，但是对于这次改革的积极作用，我们仍要给予肯定。

（二）20世纪泰国稻米产业

20世纪，随着资本主义进入帝国主义阶段，泰国的稻米产业也进入新的发展阶段，为稻谷加工提供服务的企业纷纷产生，产业附加值进一步增加。泰国的碾米企业从1927年的200家增加到1930年的500家，年均增长100家，其中，71家分布在曼谷，且全为大型企业。据泰国统计年鉴的统计，1913/1914财年，稻米出口量为19723000担。第一次世界大战结束后的1919年，暹罗遭遇大旱，稻谷产量只是正常年景的2/3，政府不得不下令1920年禁止稻米出口，这造成了当年泰国出现8100万泰铢的贸易逆差，若在正常年景，此项贸易本可带来4000万泰铢的顺差。在这种情况下，为保障国民生计，泰国政府被迫恢复稻米出口。1923/1924财年，稻米出口量增至22249000担。在1925—1929年，暹罗平均每年向世界市场输出稻米达120万吨。[①] 1925/1926财年，稻米出口占泰国对外贸易总额的68.9%，1930—1942年，稻米出口占泰国对外贸易总额的65.4%。[②]

起源于美国华尔街的全球经济危机给泰国稻米对外贸易带来了前所未有的冲击和挑战。这场经济危机的爆发，是由于商品生产与销售之间出现了不可调和的矛盾，再加之资本家的贪婪。这场危机历时四年，其间各国贸易保护主义盛行，给国际市场经济活动带来了灾难。泰国稻米的贸易对象主要为中国香港、新加坡、欧洲、日本和荷属东印度（份额比分别为：40%、27%、8.5%、7.5%、6.2%）等国家和地区，剩余份额稻米中的大部分则输往其他英属殖民地。泰国稻米的贸易对象也是这次经济危机的重灾区，经济危机导致泰国稻米的出口量下降，并且对泰国国内的稻米行业造成连锁反应。例如，泰国的精米价格由1930年的9.48泰铢/担降至1931年的5.79泰铢/担，往后更是跌至4泰铢/担。再以曼谷输出国外的稻米出口量和价格来计算，世界经济危机爆发前的1928年输出量为1669000吨（价值2.18639亿泰铢），每吨售价131泰铢；1929年输出量为1148000吨（价值1.435亿泰铢），每吨售价125泰铢；1930年输出量为1019000吨（价值6623.5万泰铢），每吨售价跌至65泰铢，也就是说，每吨售价与世界经济危机前相比，下跌大约50%。再来看素有"暹罗粮仓"之

---

① 段立生：《泰国通史》，上海社会科学院出版社2014年版，第205–206页。
② 段立生：《泰国通史》，上海社会科学院出版社2014年版，第209、211页。

东南亚农业发展与国家现代化
——缅泰稻米产业面面观

称的红统府,其当时有2万户,10万人口。该府农民1929年年初出售1车稻谷(等同于200千克,下同)可得60～80泰铢,同年10月缩水至50泰铢。1930年3月为32～35泰铢,1931年10月跌至28泰铢,比1929年10月猛跌了44%。到1932年4月,米价更跌至24～26泰铢,比正常年景下跌60%～70%。红统府是一个人多地少的地区,大多数农民每户约占耕地20莱。1931年,如果按公价每莱约6.25泰铢来计算农业收入的话,那么占地20莱的农户当年农业总收入为125泰铢,而按照世界经济危机爆发前的正常年景,则可挣得400泰铢。与正常年景相比,在1931年,占地20莱的农户收入减少了285泰铢。如果以该府不同类型农户生活开支的差别来计算的话,那更能说明问题。就1932年年初来说,手头宽裕的农户(仅占该府农户总数的8%)开销是250泰铢,比1928年的生活开销减少150泰铢,下降37%;中等收入的农民生活开销为130泰铢,比1928年减少120泰铢,下降48.7%;低收入的农民生活开销为60泰铢,比1928年减少60泰铢,下降50%。作为泰国最大产粮区的中部平原,在世界经济危机期间,农民生活水平尚且大幅度下降,那么在自然条件比较恶劣、交通不便且生产力落后的东北部地区,农民的生活状况则更是难以想象。[1]

从事水稻种植的广大泰国农户除了要承担稻米贸易市场低迷行情的打击外,还面临着向政府部门交纳多种赋税的难题。为了应对因稻米产业经济状况低迷而产生的财政赤字,泰国税务征收部门在原有赋税基础上又增加了新的赋税,稻农比1928年以前要多交9%的税费。泰国农民的经济状况日益恶化,有的被迫选择逃离田地,流落到城市去从事裁缝等零工,以解决基本生存问题。这种"弃田不耕"的现象,在1932年人民党发动政变时发表的《宣言》中也曾提及。

广大农民为了维持生计,不得不以年息30%～36%,甚至高达60%～120%的利率向高利贷者借贷。根据金麦曼1930—1931年的调查,暹罗中部平均每一农户的负债额为190泰铢,北部为30泰铢,南部为10泰铢,东北部为14泰铢。在经济和商业比较发达而又土地肥沃的中部平原,负债农户比例最高,100家农户中就有49家负债。红统府40%～45%的农户靠借债度日。不少农民被迫将其仅有的份地抵押给高利贷者和地主。据不完全的资料统计,1928/1929财年,农民抵押的份地面积达338莱,抵押款为14789泰铢;1929/1930财年,农民抵押的份地增至1274莱,抵押款39463泰铢;1930/1931财年,农民抵押的份地增至43290莱,抵押款1485314泰铢。这还是因为在"萨迪纳"制度下,农民分得的份地是不可以出售的,只能进行抵押,否则,农民的份地都会被卖光。[2] 在农业不景气的同时,依靠稻米产业带动起来的工业生产也陷入困境,工厂主期盼稻米产业能走出困境。

稻米贸易利润是泰国其他产业投资的主要资金来源,稻米产业经济的低迷,使食品制造业、交通运输业等相关产业的发展也陷入困境,导致了大量的泰国劳动者失业。内政部发布的一份《搬运工调研报告》表明,曼谷作为泰国最重要的稻米贸易集散地,在世界经济危机爆发一年之内,4267名搬运工因稻米行业不景气而失去工

---

[1] 段立生:《泰国通史》,上海社会科学院出版社2014年版,第209页。
[2] 段立生:《泰国通史》,上海社会科学院出版社2014年版,第210页。

作。而城市中的普通公务员虽然还没失业，但是其状况仅仅比那些产业工人好一点点而已，同样面临着下岗和降薪的风险。

稻米产业发展陷入困境使泰国国家现代化进程暂时停滞，其原因在于泰国经济发展过于依赖稻米产业，然而稻米产业发展的主导权控制在国际垄断资本手中，使泰国政府在世界经济危机面前束手无策。稻米产业的低迷，导致与稻米产业相关的行业也跟着陷入困境。主导产业的不景气导致泰国国民收入锐减，国民生活环境恶化导致社会不稳定，从而导致泰国政府面临着统治危机。各种矛盾的激化以及英国君主立宪思想的影响，导致泰国于1932年6月24日爆发了"人民党革命"（实际上是一次政变）。这次"革命"获得成功后，泰国政体从君主专制转变为君主立宪制，民族主义和西方民主开始在国家现代化中扮演重要角色。

1939年6月24日，銮披汶·颂堪政府推出了一项令人瞩目的国家主义政策，又称"大泰民族主义"。① 主要内容为：确定国家的名称应与种族的确切名称和泰族人民的喜好相一致，因此，泰语里，国家、民族和国籍的名称应为"泰"；英语里，国家的名称应为"Thailand"，民族和国籍的名称应为"Thai"。从此，正式将国名由暹罗（Siam）改为泰国（Thailand）。銮披汶还在承认泰国是多民族国家的基础上建构出一个民族共同体，即将泰国境内的非泰族纳入泰族这个主体民族中，甚至连缅甸、中国、印度、老挝等国家的傣泰族群也被纳入这个民族共同体，泰语是这个族群的官方语言，这种理念给这些国家的民族建构和民族治理带来了不利影响。

1939年，泰国米业公司建立，这是一家由政府控制的国营公司。② 倚仗政府的扶持，泰国米业公司业务迅速发展。据1939年11月的统计，泰国米业公司掌控了曼谷的11家碾米厂，从内地用船只运到曼谷的稻谷，有30%被该公司收购加工。政府还强行规定，凡国家机关属下单位，如军事机构和监狱等，必须在该公司购买稻米。政府还准许该公司有使用铁路运输稻米的特权，并享有最优惠的税率。

但是实践证明，统制米业的政策是行不通的。政府制定的稻米统制政策因资金短缺和管理无能而无法长期维持。华人主导泰国稻米产业的发展由来已久，从清康熙年间正式开启中暹稻米贸易算起，已有200多年。从资金到经验的积累，从经营方式到专业知识，从人脉到地缘关系，华侨华人企业都具有别人无法取代的优势和坚实的基础。尽管受到政府的一再打压，截至1941年，曼谷规模较大的华人碾米厂还有56家，资金规模约2000万泰铢，每日可碾米500吨；其他各府小规模的碾米厂有数百家，也多由华人华侨经营。如果说，泰国稻米产业在泰国国民经济中占有十分重要的地位的话，那么华人华侨在泰国稻米产业中的地位也是举足轻重和不可替代的。他们对泰国稻米产业的发展，对稻米的加工和出口，对繁荣泰国经济，都有难以估量的功绩。

签订于1946年1月1日的《英泰和平条约》规定，泰国向缺粮国家每年免费提

---

① 段立生：《泰国通史》，上海社会科学院出版社2014年版，第229-230页。
② 段立生：《泰国通史》，上海社会科学院出版社2014年版，第230页。

东南亚农业发展与国家现代化
——缅泰稻米产业面面观

供 150 万吨稻米。① 5 个月后，英泰双方又达成另一个协议：泰国必须在未来 12 个月内至少提供 120 万吨稻米，不足之数稍迟即须补足。但是，泰国最终未能如期交出原定数额的稻米，实际上只提供了 60 万吨稻米，并且没有因此而受到惩罚。

20 世纪 50 年代中叶到 60 年代中叶是泰国种植业产品结构由单一种植向多样化方向发展的开始阶段。这一时期，泰国的水稻生产尽管种植面积和总产量仍有提高，但与战后初期的十年相比，发展速度十分缓慢。1965 年，泰国水稻种植面积为 4096 万莱，稻谷产量 1097 万吨。与 1956 年相比，9 年间泰国水稻种植面积仅增加了 500 万莱（1946—1955 年，泰国增加的稻田面积超过 1100 万莱），稻谷产量增加了 270 万吨。由于同期国内人口的增长，这一时期泰国稻米年均出口量还达不到第二次世界大战以前的水平。② 稻米出口额在全国出口总额中所占的比重也逐年下降。

稻米是泰国传统的出口创汇物资，朝鲜战争爆发后，由于参与了西方国家对中国的禁运，泰国稻米出口规模大幅度萎缩，直接影响了国民经济的总收入。③ 因此，泰国政府不得不于 1956 年宣布，稻米不是战略物资，解除禁运，恢复向中国出口。泰国与中国恢复稻米贸易的当年，它的年利润就增加了 25%。

20 世纪 60 年代后，随着农业产业结构逐步实现多元化，稻米的地位有所下降，但至今仍是泰国最重要的农产品。全国从事水稻种植的农户多达 400 万户，占农户总数的 77.5%。2011 年泰国稻米年产量超过 200 万吨，占全球稻米总产量的 45%。不过，近年来稻米年出口量在 700 万～1010 万吨之间，占世界稻米贸易总量的 25%～35%，是世界第一大稻米出口国。泰国稻米出口遍及五大洲 100 多个国家和地区，主要的市场在亚洲，占出口总量的 63.78%，其次是北美、南非和欧洲，分别占 13.4%、9.83% 和 8.09%。

在执行第一个五年计划到第七个五年计划期间，泰国政府倡导经济自由化政策，鼓励民间资本参与产业投资和市场竞争，特别是从第五个五年计划以后，泰国经济快速发展，逐步实现由农业国向新兴工业国的转化。1995 年人均国民收入超过 2500 美元，被世界银行列入中等收入国家。以后连续几年的经济增长率都保持在两位数，直到 1997 年金融危机爆发，其经济发展势头才受到遏制。

从农业经济结构的调整优化来看，30 多年来取得的最大成功在于增加了农民的收入，其增长速度令人满意。在农业仍是国民经济主要产业的情况下，从农业中分出许多新兴产业。农业产值在国内生产总值中所占的比重越来越小。④ 比如说，1970—1972 年，农业产值占国内生产总值的 31.54%，到 1986 年农业产值只占国内生产总值的 22.29%。这说明，经济结构发生了改变，工业发展起来，工业总产值在国民经济中的比重增加了。另外，农业经济结构的改变，还表现在农业中从事种植、畜牧、渔业和林业者的收入分配比例发生了变化。根据 1960—1986 年的统计，1960 年种植

---

① 段立生：《泰国通史》，上海社会科学院出版社 2014 年版，第 241 页。
② 邹春萌、罗圣荣编著：《泰国经济社会地理》，世界图书出版广东有限公司 2014 年版，第 52 页。
③ 段立生：《泰国通史》，上海社会科学院出版社 2014 年版，第 252 页。
④ 段立生：《泰国通史》，上海社会科学院出版社 2014 年版，第 270 页。

业的收入占 27.87%，畜牧业的收入占 5.07%，渔业的收入占 1.41%，林业的收入占 3.17%。到 1986 年，种植业的收入降至 16.82%，畜牧业的收入降至 2.97%，渔业的收入增至 1.8%，林业的收入降至 0.69%。经济结构的变化并不等于农业没有发展。1961 年农业生产总值为 210.66 亿泰铢，1987 年增加到 1950.59 亿泰铢。泰国农业之所以取得这么大的发展，是因为它跟世界的农业商品经济挂上了钩，泰国的农业生产不再像过去那样仅仅是它自己的事，而是与国际产业经济的发展紧密联系在一起。

但是，泰国稻谷的单产量并不高。虽然 2003 年泰国稻谷总收获量为 27000 吨，是 20 世纪 60 年代产量的近 3 倍，但这主要是靠增加耕种面积而取得的成果——2003 年泰国的稻谷收获面积约 1100 万公顷，占耕地总面积的 73%，与 20 世纪 60 年代相比几乎翻了一番。目前，泰国稻谷每公顷的平均产量实际只有 2.45 吨，远低于其他主要稻米生产国。造成泰国稻谷单产量低的原因是多方面的，但主要是泰国农田水利设施落后。尽管泰国全年月平均气温 25 ℃左右，年平均降雨量 1300 毫米，日温差小且太阳光照充足，十分适合稻谷的生长，却只有 15% 的稻田具备较好的灌溉条件，可以一年种植两季甚至三季，多达 7% 的稻田属于完全靠天吃饭的"望天田"，只能在雨量充沛的雨季种植一季，而且产量还要受降水量的影响。因此，水源充足的中部地区就成为泰国水稻的主产区，稻谷收获量约占全国总量的 50%，而相对干旱的北部和东北部地区则主要种植旱稻，稻谷的收获量约占全国总产量的 33%。同时，泰国政府奉行的"重质不重量"的出口型稻米扶植政策，也对泰国稻谷单产量的提高起了一定的限制作用。由于泰国国内的稻米消费量在 1200 万～1300 万吨之间，国内不存在需求缺口，因此为了提升泰国稻米在国际稻米市场中的口碑，泰国政府在政策方针上更注重提高稻米的质量而非产量。在品种改良上，泰国政府始终遵循品质优先的原则，只有符合品质标准的稻种才有资格参与评审并获得推广，否则产量再高也不能投入应用。因此，就不难理解为何泰国政府十分重视稻米品质改良工作，还为此在 1983 年特别成立了由农业部农业司直接领导的全国水稻研究所。[1] 但至今泰国最主要的水稻应用品种仍是早在 1959 年就已推出的优质香米品种"好茉莉"，而且其近年来的耕种面积还在全国水稻耕种总面积不断减少的情况下逐年稳步上升，由 1993 年的 229.2 万公顷增加到 2000 年的 281.6 万公顷。

（三）21 世纪泰国稻米产业

泰国稻米产业在进入 21 世纪之后继续以较快的速度向前发展。稻米总产量由 2000 年的 1800 万吨增加到 2005 年的 2353 万吨，稻米对外贸易量由 2000 年的 614 万吨增加到 754 万吨，稻米对外贸易总额由 2000 年的 655 亿泰铢增加到 936 亿泰铢。2011 年英拉当选泰国总理后，将每吨稻谷保护价提高到 1.5 万泰铢，向农民提供相

---

[1] 邹春萌、罗圣荣编著：《泰国经济社会地理》，世界图书出版广东有限公司 2014 年版，第 87 页。

东南亚农业发展与国家现代化
——缅泰稻米产业面面观

当于预期收入 70% 的贷款。① 受英拉政府稻米政策的推动，2014 年的稻米总产量达到 3880 万吨，对外贸易量达到 1080 万吨，贸易总额达到 53.72 亿美元。

在泰国稻米产业的发展进程中，农民这个群体虽然人数众多，但一直在国家政治中扮演着边缘角色。不过，随着泰国经济现代化的深入，农民开始在物质要求基础上发出自己的政治呼声。这导致国家权力中枢开始介入泰国农村事务，农村成为左右泰国选举政治的重要票仓。以英拉为首的为泰党选举团队提出利于稻农利益的大选策略来争取稻米产业选民的支持。英拉上台执政后，在发展稻米产业方面实施稻谷典押政策。这个政策的初衷是好的，政府部门在稻谷收获前以高于市场价的价格向稻农订购，以解决稻谷销路问题，有利于维护国内稻米产业的安全。但由于忽视了市场规律和具体落实政策时把关不严，经办官员营私舞弊，部分稻米商投机倒把，甚至通过从邻国购入稻米再出售给政府来赚取差价，政府的财政出现了亏空，稻农从该政策中获益也不多。稻谷典押政策反而成为反对党攻击英拉的靶子，导致泰国政界局势急转直下，2014 年，泰国军方再度发动政变，将英拉政府推翻。

2016 年，国外媒体报道了一则有关泰国稻农陷入困境的新闻："泰国稻农的收入大减，还因为亚洲地区米价都在下跌，同时，种植水稻的成本在上升。稻农们不知道谁可以帮助他们，今年他们大多数在苦苦挣扎，一些人甚至没有赚回本钱。专家们表示，政府的稻米储存计划只是一个短期解决办法。它类似于当时的总理英拉提出的一个计划，因为该方案的失败，军方将英拉赶下台，并罚款 10 亿美元。许多泰国工人觉得政府根本不知道如何运作经济，他们认为政府对控制国家更感兴趣，而非帮助农民，约 40% 的泰国劳动力都在进行农业相关的工作。Lung Chai 是清迈的一个稻农，他说：'如今的情形影响了所有的农民。'他表示他在赔钱，但不知道该和谁说。'没有人听我们的声音'，他说道。泰国在大米出口上面临印度和越南的强力竞争。部分原因在于邻国工资低，预计今年产量高。泰国银行最近出资进行的一项研究显示，泰国农民除了稻米，应该种植其他作物。研究还称泰国农民应该进行培训，学习预测市场变化。Singhachai Boonyayotin 是泰国银行的高级主管，他说，'泰国应该生产除精米外其他的产品同越南、柬埔寨竞争'。Wachirajak Nin-khuntod 想帮助他的稻农父亲，他开始打包粮食，并在网上进行销售，以此方式来增加收入。他说，'起初我的父母并不认为我能够在社交媒体上卖掉稻米，因为很多农民都认为只有通过中间人或米厂才能卖掉大米，如今我的父母知道不需要中间人也能卖掉自产的稻米'。"②

2018 年 10 月 12 日，临时总理巴育主持召开国家稻米政策管理委员会会议，力求促进泰国稻米出口及各农业部门的协调发展。巴育此前听说一些地方的米仓因资金缺乏，难以持续从米农处收购稻谷，于是敦促农业合作社银行向各地米仓发放低利率贷款以维持正常的稻谷收购。2018 年 9 月份，稻米的国际市场价格为 7500 泰铢/吨。

---

① 段立生：《泰国通史》，上海社会科学院出版社 2014 年版，第 267 页。
② "Thai Rice Farmers Hurt by Dropping Prices", November 10, 2016, https://learningenglish.voanews.com/a/thai-rice-farmers-hurt-by-dropping-prices/3589791.html#:~:text=Rice%20farmers%20in%20Thailand%20are%20facing%20a%20large,help.%20Many%20of%20them%20are%20struggling%20this%20year.

因该年菲律宾遭受超强台风"山竹"影响,同时印尼遭受海啸袭击,国际市场上稻米产量预期下降376万吨,未来两月内米价上扬成为必然。巴育明确表示,对泰国稻米年出口量突破1000万吨很有信心。①

---

① 《巴育有信心今年泰国大米出口破1000万吨》,泰国头条新闻,2018年10月22日,https://www.thai-headlines.com/19279/。

第五章　缅泰稻米产业发展对国家现代化进程的影响

第一节　稻米产业对东南亚文明进程的影响

"农耕文明与众不同的特点，就是他们的规模、居住期间的人口密度以及社会复杂性。以前的共同体在规模和复杂性上根本无法与之相比。"① 研究农业史的专家认为，从狩猎经济向农业经济的过渡和发展，带来了人口地图的变化。据估算，农业人口密度比狩猎和采集人口密度大为增加——最简单的轮耕体系可以增加10倍或更多的人口，有着较为精细的水稻种植体系的地区的人口则可以增加100倍。② 按照这样的估计，在距今大约4000年前，已发展了稻作农业的泰国北部一些地区和越南红河中游地区的人口，保持着比狩猎和采集的地区多10倍的人口，成为当时东南亚经济社会发展较好的地区。但是，当时这一地区的居民还是生活在没有国家的共同体中，以原始村社为基本的社会组织。在这些小型的稻作农耕共同体周围，是大量的继续保持着与旧石器时代晚期相类似的食物采集和动物猎取的生活方式的部落共同体。农耕时代早期的东南亚是一个相对和平的世界。

原始稻作农业出现后，水稻取代了东南亚当地的天然植被，由此导致当地的自然环境发生改变。③ 秧苗覆盖了地表，东南亚各国人民通过修建城邑、聚落，把道路延伸至各地，经营工商业，改变了当地原有面貌而形成新的田园自然风光。稻谷种植对东南亚的许多地区来说，不仅"是获得文明证书的一个方式"④，而且，"作物的传播也往往是出色的文化史的课题。野生植物以适应特定的气候及土质等自然环境的形式传播，而作物则是人类选择作用的产物。根据人类社会结构和文化特点，其选择的结果也不尽相同。如果人们选择的是稻米那样重要的农作物，它的存在往往象征着一个社会及文化的性质"⑤。稻作农业的形成和发展，不仅对东南亚的原始文化，而且对此后数千年东南亚的历史和文化发展，都产生了极大的影响。水稻栽培提供了更多

---

① ［美］大卫·克里斯蒂安：《时间地图：大历史导论》，晏可佳等译，上海社会科学院出版社2007年版，第316页。
② ［新西兰］尼古拉斯·塔林主编：《剑桥东南亚史》第1卷，贺圣达等译，云南人民出版社2003年版，第72页。
③ 韩茂莉：《中国历史地理十五讲》，北京大学出版社2015年版，第2页。
④ ［法］费尔南·布罗代尔：《15至18世纪的物质文明、经济和资本主义》第1卷，施康强等译，生活·读书·新知三联书店1992年版，第168页。
⑤ ［日］渡部忠世：《稻米之路》，尹绍亭等译，云南人民出版社1982年版，第4页。

第五章　缅泰稻米产业发展对国家现代化进程的影响

的、更加稳定的食物来源。在水稻种植中，人工劳作极为重要，"特别是当人们开始在较高和不平整的地面种植喜水性的水稻，尤其如此。人们要面临各种各类的艰巨挑战，在每一处稻田中，都要一寸一寸地平整田地，修建起一条条的水渠，并通过改变溪水的自然流向来营造一个个浅浅的水塘，而它们的深度却只有几英寸。这些必要的水利工程设施必须时时保持完好。同时，还需做出一系列十分复杂的安排，以保证对水利设施的正常使用，保证适时地输送水源，从而使得每一块稻田里的水稻在成熟和收割季节到来之前都能够得以正常地生长"①。稻作农业极大地增强了一个地区人口大量集中的能力，巩固和发展了农业居民定居、聚居的村社生活方式，较大的居民点形成了具有专门化劳动和其他社会职能部门的更加复杂的社会。"当水稻种植成为中国和其他东亚地区社会的基础之后，那种连续不断的田间劳作便对这些地区的家庭关系和大规模的社会结构起到了形塑（shape）的作用，使其按照一条与其他地区截然不同的路线向前发展"②，促成了社会阶层的发展和国家的形成和发展。稻作农业最为发达的地区，如红河平原、湄公河流域、湄南河流域、伊洛瓦底江流域、印度尼西亚的爪哇岛和苏门答腊岛，都是东南亚最早孕育文明和产生国家的地区，在进入公元以后也一直是东南亚经济和文化最为发达的地区。水稻种植业的发展对山地族群的生计方式产生了重要影响，一个突出的例子是，菲律宾的伊夫高人在2000多年前，建造出比中国元阳梯田面积大得多的农业景观，成为世界农田水利工程奇迹。古代东南亚的村社大多以稻作业为经济的主业。村社的长期存在、巩固以及村社的文化传统，都与稻作业有不解之缘。许多村社的民众将稻子当作神灵来祭祀，产生了原始宗教，关于稻子成为神灵的故事是东南亚民间文学中数量极多的神话类型，对稻神的祭祀，反映稻谷生产、稻作农业生产生活的民歌、民谣甚至史诗，例如菲律宾伊夫高人的史诗《呼德呼德》，成为东南亚农村社会文化的重要内容。也许更为重要的是，由稻作农业在许多方面起决定作用的生产方式与村社居民稳定的和聚居的生活方式，对东南亚古代居民特别是低地（大河流域和沿海平原）居民总体上倾向于和平、协作的人际关系以及他们的内在气质、思维方式、心理特征、兴趣爱好等方面产生了深刻的影响。

但是，由于环境的不同，种植业的类型也有所不同。除了上述以稻作农业为主的地区，在相当长的时期，在东南亚的许多热带雨林地区，根栽型农业是主要的农业类型。③ 无论是在大陆东南亚还是海岛东南亚，在东南亚的热带雨林地区，甘薯、马铃薯、香蕉、甘蔗、椰子等营养繁殖作物很早就脱离了野生状态，被当地人栽培，产生了以这些作物为主要种植对象的根栽型农耕。这种在原始热带雨林地区发展起来的农耕，一般是在伐木、烧荒后的土地上种植农作物1～3年，然后弃之，迁徙到另一个地方，轮休10～15年再行耕种。因此，维持农民生活的必要农用地的面积相当大，

---

① 贺圣达：《东南亚历史重大问题研究》上册，云南人民出版社2015年版，第209页。
② ［美］约翰·R.麦克尼尔、威廉·H.麦克尼尔：《人类之网——鸟瞰世界历史》，王晋新等译，北京大学出版社2011年版，第30页。
③ 贺圣达：《东南亚历史重大问题研究》上册，云南人民出版社2015年版，第210页。

东南亚农业发展与国家现代化
——缅泰稻米产业面面观

农民养殖的家畜只有猪和鸡。没有犁,掘棒是重要的农具。生产力有限,土地对人口生存的支持力度不大。在终年高温多雨的热带,草木经年常青,农作物没有特定的播种期和收获期,与此相应,当地形成了连续收获、播种的农耕方式。这些地区的原始部族,因其居住地区的生态环境能常年提供较充足的食物资源,尤其是采集和渔猎资源丰富,加之气候条件优越,人们无须花费多大功夫就能解决食物、居住等问题,因而他们不觉匮乏,不知道生活中还缺少什么。所以,这些族群也就缺乏改进生产工具以提高生产力、开辟新的经济领域的动力。优越的生态环境制约着这些民族的生存方式,加上缺乏与外界交流,一些村社甚至到了近代还在过着以采集和渔猎为主的原始经济生活。此外,与稻作农业不同,根栽型农耕的祈神、谢神等农耕礼仪很不发达,也缺少产生特殊祭祀阶层的契机,始终未能产生政祭合一的古代王权是这种农耕形态的一大特色。[1] 在根栽型农耕地区,除伐木、烧荒等开拓耕地的工作外,农事劳动主要由妇女承担,男子则从事渔猎等劳动,这成为该地区妇女地位较高的一个重要原因。根栽型类型在东南亚形成之后,向东扩展到大洋洲地区。

但是,在东南亚广大地区,随着农业的发展,稻作农业区的居民开始迁徙到更广大的地区。由于杂谷栽培型农业和稻作农业能带来更稳定的发展和更高的产出,根栽型农耕逐渐地被其后产生的杂谷栽培型和由此分化出来的稻作农耕所代替,尤其是河谷地区和平原地区,形成了东南亚农业文明。

至于东南亚原始社会的农业文化形态及其与后来的东南亚文化进步和文明发展的关系,还是一个有待探讨的问题。但是,有一点却很清楚,那就是东南亚农业文明与当地原创性古典文化的关系,与中国是大不相同的。在中华文明发展史上,先秦时期特别是春秋战国时期的先进文化具有丰富的内涵,产生了一大批影响深远的"元典",出现了诸子百家,已经形成大体完整的系统,可以称之为"原创性文化"。[2] 但东南亚在这一时期尚处于原始社会末期。一般说来,原始文化不能称为"原创性古典文化",但是中华文明起源时期的原始农业和原始文化同"原创性古典文化"有着重要的关系。有学者认为,中国最早的农业文明产生于黄河、长江等大河流域核心区;依靠粟这种粮食作物发展起来的农业文明推动了孔孟文化的产生与形成;而依靠稻谷这种粮食作物发展起来的农业文明促进了老庄文化的形成与发展。孔孟文化给人以厚重感,注重人的品性等道德文化素质。黄河、长江流域作为中国两大古人类生活聚居区,由这些文明区发展而来的两种文化类型成为中华文明的重要组成部分。而在东南亚,除了红河流域原始文化与后来越南"原创性文化"有一定的联系,其他地区的原始文化与当地历史时期的文化尤其是原创性古典文化(如真腊、吴哥、室利佛逝文化)的产生,关系显然更为复杂,其中一个重要的因素是,东南亚的文化在公元1世纪以后的多个世纪里受到印度文化(印度教和佛教)传入的影响,并且以

---

[1] [日]祖父江孝男等:《文化人类学事典》,乔继堂等译,陕西人民出版社1992年版,第42-43页。
[2] 张岂之主编:《中国历史十五讲》,北京大学出版社2003年版,第16页;冯天瑜:《中华元典精神》,上海人民出版社1994年版,第1-20页。

印度文化为重要中介和基础。① 当然，这三者之间有着怎样的关系，还有待于进一步的研究去证实。东南亚的稻作农业孕育出独具特色的东南亚文明，而作为东南亚重要区域的缅甸和泰国在东南亚文明形成的过程中发挥了重要作用，因此研究缅泰稻米产业发展与其国家现代化进程之间的关系具有重要的理论和现实意义。

第二节 缅甸稻米产业对国家现代化进程的影响

稻米产业作为英属缅甸时期最为重要的产业，对缅甸近代历史发展进程产生了重要影响。近代中东、南亚和东南亚等殖民地种植园经济的兴起和英国国内拓展工业新边疆的需要，导致上述地区对稻米的需求量上升。殖民者在下缅甸的殖民扩张，使英国获得了理想的水稻种植基地，有能力为种植园经济区和英国国内提供大量的稻米。下缅甸殖民当局为发展稻米业而实施的多项优惠政策，吸引许多上缅甸居民和南印度的外国移民来到下缅甸垦殖。当地政府为将稻米推向国际市场，修建了港口、铁路等公共设施，稻米产业随之发展起来。稻米产业的发展不仅带动了水稻种植、稻米加工、稻米储存、稻米运输和市场流通等产业内重要部门的发展，还为零售业、旅店业、新闻媒体业、宗教传播、医院、学校等行业提供了大量的发展机遇。随着稻米产业发展而导致的大量劳动力聚居，除解决缅甸稻米产业劳动力短缺的问题外，来此地谋生的人群还获得了一定的收入，在共同生活的基础上形成生活聚居区，而区域内人们的不断交往，就为其形成一个利益共同体奠定了基础，在这个体系上除了形成聚落区外，无产阶级、民族资产阶级等也随之诞生。英国资本家不仅在殖民地拥有大量的廉价劳动力，而且还为国内产品找到了大量的消费者。总之，稻米产业的发展进程对缅甸国家现代化产生了全方位的影响。

一、单一作物制——畸形发展的缅甸经济

稻米产业作为缅甸近代经济发展中最为重要的农业产业部门，不仅对农业发展，而且对整个缅甸的经济发展都产生了关键影响。在稻米产业发展态势的影响下，缅甸几乎所有的行业发展都跟稻米产业状况挂钩，从稻米贸易攫取的利润不仅塞满了资本家的腰包，还为当地政府提供了大量的税收，为政府对殖民地进行有效治理提供了充足的物质基础。英属缅甸的这种特殊经济的发展模式，除了导致农业经济畸形发展外，还导致了工业、采矿业和服务业等行业发展对稻米产业存在很大的依赖性。这种畸形的产业经济始于下缅甸殖民地的开拓，到殖民者征服上缅甸时，这种发展模式已定型，仰光及其周边地区就以稻米为主的单一作物制来发展经济。

仰光所在的伊洛瓦底江流域面积约为90000平方千米，其中冲积平原约52000平

---

① 贺圣达：《东南亚历史重大问题研究》上册，云南人民出版社2015年版，第211页。

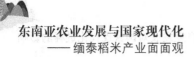

东南亚农业发展与国家现代化
—— 缅泰稻米产业面面观

方千米。伊洛瓦底江三角洲地区土地肥沃,雨量充沛,早在英国入侵之前,就是缅甸重要的水稻产区。但是,19世纪初三角洲地区仍然地广人稀,人口100万~120万,平均每平方千米不到14人。许多地方还是沼泽地,并没有得到开发。贡榜王朝时期的阿赫木丹制度严格地限制了属于王室服役组织的农奴的迁移,而它采取的禁止稻米出口政策,更不利于刺激当地农民发展水稻生产的主动性和积极性。当时三角洲地区的水稻生产主要满足当地的需要,也有一部分剩余产品被封建王朝调运到上缅甸缺粮地区。商品经济极为不发达,米价很低,每百箩售价仅为5卢比,而大量输出国外特别是输往中国云南的棉花,每百箩达40卢比,相当于米价的8倍。①

19世纪50年代英国侵占伊洛瓦底江三角洲时,当地水稻生产已有一定的规模。据1856/1857财年统计,三角洲地区的耕地面积约662000英亩,其中稻田约占616000英亩,这大致上反映了英国入侵下缅甸之前的情况。英国占领之初,废除了对稻米出口的禁令,三角洲地区的稻米输出量逐年增加。但是,当时世界市场上的稻米主要生产和输出地是英属印度和美国南部。1857—1858年,印度爆发了声势浩大、席卷各地的民族大起义,接着,1861年美国内战开始了。这两大事件导致印度和美国输出稻米急剧减少,但欧洲市场对稻米的需求有增无减,同时,砂拉越、马来半岛等英属殖民地的种植园经济发展起来,导致这些地区对稻米等粮食需求也在不断增长。国际环境和世界市场的需求,都有利于三角洲地区发展水稻生产和扩大稻米出口。1870年苏伊士运河正式通航,使缅甸到欧洲的航路大为缩短,从而大大降低了稻米的运输成本。

在三角洲地区,19世纪70年代后交通条件得到改善,殖民当局继续采取吸引移民的政策,大量劳动力从印度和上缅甸进入三角洲地区。当地优越的自然条件使得殖民当局无须大量投资就可以坐收水稻生产发展之利。

内部和外部的有利条件,使得仰光及周边地区的稻米产业以史无前例的速度不断发展。水稻种植的新增面积以年均5500英亩的幅度递增,1866—1870年水稻种植面积为4万英亩,1871—1880年增加到近10万英亩,到1885年水稻种植面积已发展到15万余英亩的规模。仰光市场的稻米单位价格也随着时间推移而扶摇直上,1851—1852年为18卢比/百箩,1861—1865年为40卢比/百箩,1876年以后已达80卢比/百箩。稻米的市场交易量也在成倍增加,1856年下缅甸稻米贸易量为12.7万吨,其中上缅甸占了50%的市场份额;到1868年,该地稻米贸易量增加到23.5万吨,1873年又提高至50万吨,国外市场对稻米出口的需求增加。下缅甸的水稻种植区在1885年已达到286万英亩的规模,稻米输出达94.6万吨,成为当时全球最为重要的稻米生产基地。② 三角洲地区以水稻为主的单一作物制,也正是在这一时期形成的,在全部耕地中,水稻田占了90%以上。

---

① Aye Hlaing. "Trends of Economic Growth and Income Distribution in Burma, 1870—1940". *Journal of the Burma Research Society*, 1964, vol. 47; Michael Adas. *The Burma Delta: Economic Development and Social Change on an Asian Rice Frontier*. The University of Wisconsin Press, 1974, pp. 30–31.

② Aye Hlaing. "Trends of Economic Growth and Income Distribution in Burma, 1870—1940". *Journal of the Burma Research Society*, 1964, vol. 47.

第五章　缅泰稻米产业发展对国家现代化进程的影响

三角洲地区以水稻为主的单一作物制的形成，虽然同这一地区的自然地理条件有利于水稻生产有很大的关系，但是从根本上来说，是殖民当局有目的地发展稻作农业的结果，因为当时在这一地区发展稻作农业需要殖民当局的投资最少、最能适应世界市场的需要，也最能给英国商人、工厂主和殖民当局带来利益。

尽管在英国入侵前，伊洛瓦底江三角洲的农业生产主要是稻作农业，但是，英国殖民统治下形成的以水稻为主的单一作物制与其具有根本不同的性质。首先，英国殖民统治下形成的以水稻为主的单一作物制是一种高度商品化的农业模式，农民生产的稻米有一半甚至一半以上是作为商品输出国外，而过去的水稻种植是为了满足当地居民的生活需要，属于传统的自然经济。其次，过去缅甸农民在农闲时从事家庭纺织业，每家每户亦耕亦织，构成了一个独立的基本上自给自足的经济单元，而在英国殖民的统治下，大多数缅甸农民已只是单纯地从事水稻生产，他们程度越来越深地被卷入市场中去。同时，越来越多的廉价的英国工业品涌入缅甸，到这一时期已摧毁了三角洲地区以及丹那沙林和阿拉干地区的家庭手工业。至于新到的移民，大多数一开始只从事水稻种植。三角洲地区的农业，几乎只限于稻作农业，三角洲地区除生产和输出大米外，民众生产和生活的必需品几乎都依靠从海路输入的外国商品。这些都反映出三角洲的农业是一种畸形的单一的种植业经济。

随着下缅甸在1852年后逐渐沦为英国的殖民地，稻米产业经济发展模式在缅甸逐步建立起来。1879—1930年是缅甸稻作面积快速增长的时期，如下缅甸，1879年稻作面积不到100万公顷，而1930年的水稻种植面积已增加了3倍，达到400万公顷，除了稻米产业一枝独秀外，其他经济作物种植业发展缓慢。下缅甸殖民当局颁布的1876年土地法案推动了稻米产业的快速发展，该地逐渐形成单一生产水稻的局面，当地传统的经济发展模式逐步被外来经济模式所瓦解。在英国发动第三次对缅战争后，缅甸完全沦为英属印度的一个省。此后，缅甸稻米产业继续发展，水稻种植面积从1919年的1051万英亩增加到1929年的1186万英亩，共增加了135万英亩，其中下缅甸增加了120万英亩，平均每年增加12万英亩。在这一时期，缅甸精米加工量由1919年的431万吨增加到1929年的500万吨，这是缅甸稻米产业最为辉煌的时期。[①] 稻米产业的高速发展导致水稻种植面积不断扩大，农业经济建设对稻米产业更加依赖，由于稻米产业以市场为导向，缅甸的经济发展更为畸形。稻米产业对缅甸的经济贡献率在1881—1931年间达到67%，有近七成的缅甸民众的经济来源为稻米产业收入。缅甸1886年的稻米种植规模为400万英亩、产量为200万吨、贸易量为90万吨，到了1917年种植规模发展到800万英亩、产量增加到400万吨、贸易量提高到200万吨。英属印度稻米产量的15%，都来自这个人口占4%、面积只占13%的缅甸省。因此，缅甸对英属印度的重要性就如同印度对英国的重要性一样，被比喻为"英国王冠上的珍宝"[②]。一直到第二次世界大战全面爆发前，缅甸水稻种植区都是国

[①] 贺圣达：《缅甸史》，人民出版社1992年版，第328页。

[②] Frank N. Trager. *Burma from Kingdom to Republic: a Historical and Political Analysis*. Pall Mall Press, 1966, p.145.

东南亚农业发展与国家现代化
—— 缅泰稻米产业面面观

际稻米市场最重要的供应商,在1931—1940年间每年出口量为268万吨,市场行情好时一度达到创纪录的312万吨,在缅甸对外贸易出口总额中的比重达47%,占了东南亚地区67%的稻米贸易份额。水稻种植区面积虽然由1891年占全国耕地面积的72.3%略微下降至1915年的71.5%,但是稻米业产值在缅甸生产总值中的比重仍远远超过其他产业。①

缅甸稻米产业的发展被以英国为首的国际资本所控制,缺乏自主权。缅甸农民的经济收入严重依赖稻米对外贸易,另外农民的生活起居也严重依赖因稻米产业发展而兴起的零售业、生活用品制造业。因此,一旦国际稻米市场行情发生剧烈波动,缅甸民众的生产和生活就会受到很大影响,缅甸殖民地经济体系也会遭到重创。如同泰国稻米产业受到1929—1933年世界经济危机影响一样,缅甸的稻米产业也受到此次经济危机的严重冲击,继而使缅甸经济长期处于低迷状态。经济危机过后,稻米产业长期不景气,不仅导致缅甸对外贸易额急剧下降,还使仰光殖民当局税收锐减,另外民众的生产和生活条件也日益恶化。英国等国际垄断资本为了能尽快摆脱经济危机,于是又使出了老一套——向殖民地转嫁危机和矛盾——以降低稻米收购价的方式来弥补自己的经济损失。例如,稻米单位价格在1925年为180~200卢比/百箩,到1931年时仅为64卢比/百箩,同比下降约66%。水稻种植区面积在1929年达到顶峰后便开始逐年削减。由于缅甸稻米产量和贸易量增加不是靠提高单位产量,而是靠扩大水稻种植面积,农民在这次经济危机中损失惨重。②

缅甸稻米产业经济是在欧洲产业推动和殖民地种植园经济大发展的双重作用下繁荣起来的。为了让这种经济模式为英国资本服务,下缅甸殖民当局采取改革缅甸传统的社会生产关系,兴建稻米出口业所需的港口、轮船等基础设施,以优惠政策招徕上缅甸、南印度等地民众来发展水稻种植业,同时为稻米贸易布局稻米加工、储存、运输等相关产业的措施和政策,从而推动稻米产业的形成和发展。同时,殖民者实行"只在缅甸发展稻米业相关行业"的产业发展政策,通过税收和贷款优惠来鼓励农民扩大水稻生产规模,在稻米贸易方面也是采取这种方式来扩大稻米国内和国外的市场流通。宗主国控制了稻米产业的各个生产环节,农民只能通过将其收成拿到市场流通后获得收入,以购买自己生活所需的用品。在19世纪90年代,英国以"剪刀差"的手段对缅甸进行殖民掠夺,通过政策和市场手段压低稻米的收购价格,又以较高的价格出口到国际市场;对英国及其殖民地的商品实施低关税政策,使得包括火柴、煤油等进口商品获得在缅甸市场的价格竞争优势,挤压缅甸民族企业的市场空间,从而获得更多的经济收益,并且遏制了缅甸民族企业的发展。稻农除了粮食外,其他生活用品基本上依赖英国的工业生产,缅甸传统的经济体制逐渐被新的经济体制取代。近代缅甸畸形经济体制的形成,导致缅甸产业发展不均衡和不充分,区域内市场化水平低,经济发展严重依赖稻米产业,缅甸民众只能享受到很少的一部分稻米产业发展红利;还导致缅甸经济安全系数低,抗风险能力弱,一旦遇到经济危机,经济就会遭受

---

① 贺圣达:《缅甸史》,人民出版社1992年版,第324页。
② 郑宗玲:《殖民统治时期缅甸稻米产业的发展及影响》,云南师范大学2005年硕士学位论文。

第五章　缅泰稻米产业发展对国家现代化进程的影响

重创，民众生活水平急剧下降。

二、国家核心区板块发生战略博弈

地理环境在国家文明的历史发展进程中起着重要作用，即使它不能决定国家未来的发展趋势，但是当国家的历史发展与之产生关联时，地理环境就会对国家现代化进程产生重要影响，使之向前发展或停滞。地理环境还会对一个国家的族群分布、核心区定位、发展重心的转移等产生重要影响。自然地理环境不但影响人类聚居区的形成和分布，还会对统治者的国家决策产生影响，进而影响这个国家的现代化进程。

对于地理环境对聚落分布和国家决策的影响，部分学者曾做出论述。孟德斯鸠曾在《论法的精神》中论述气候对聚落分布的影响：气候温暖的地方人口多，聚落较为密集；寒冷的地方人口少，聚落较为分散。让·不丹也对南方地缘政治进行过深入研究，认为南方人智商高是因为其宜居的生活环境，在这种基础上会产生发展程度高的文明，但是这种生活环境使人性格温和、安于现状、缺乏冒险精神，政权较为稳定，容易产生专制集权。① 缅甸位于北纬9°58′~28°31′，北回归线穿过国土的大部分地区。其国土的气候带除了少部分为亚热带地区外，大部分为热带地区。另外，除南部面向印度洋外，其余三个方位均被山地、高原等地形所环绕，成为阻挡来自北方冷空气南下的屏障。缅甸全年温差并不大，不超过10 ℃，1月的最低气温为20 ℃，4—5月的最高温度为30 ℃。可以说，缅甸的气候较为温暖，全年基本上难以感受到寒意，比较适合人类居住。缅甸稻米文明产生较早，水稻种植在封建经济中占有重要地位。② 农民过着较为稳定的生活，且性格较为温顺，缺乏冒险精神，古代的王权统治也较为稳定，这也是英国能逐步蚕食缅甸并最终将其吞并的重要原因，另外从当今缅甸国民的心态以及现代缅甸历史进程也能体会到这一点。

根据上面所叙述的地缘政治理论，地理环境能对一个国家的历史进程产生重要影响，使之有利于或不利于这个国家文明的发展，使这个国家文明进程前进或停滞、毁灭。根据地理环境作用论，缅甸宜居环境应该能促进国家历史发展进程朝着有利态势发展，但是又恰好让这种理论成为"悖论"——缅甸特殊的历史让地理环境成为国家发展的阻碍因素。区位优势并没有在缅甸国家文明进程中得以发挥，反而成为地方割据和民族分离主义产生的主要因素。地理环境也没在抵抗外来侵略中发挥作用，英国能在三次对缅战争中打败缅甸并将其吞并，跟缅甸邻近海洋和印度次大陆有很大的关系，这一点也是缅甸封建统治集团屡次抵抗英国殖民侵略失败的一个主要原因。缅甸邻近恒河三角洲的现实，便于英国就近从印度调派军队，发动侵略；缅甸邻近印度洋便于英国发挥海军优势，以较低成本实现战争目的——军舰沿着伊洛瓦底江流域深

---

① 叶自成：《地缘政治与中国外交》，北京出版社1998年版，第37页。
② 许清章：《缅甸民族生活习俗与民族性格》，《东南亚纵横》2004年第7期。

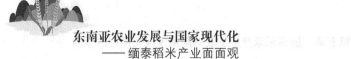

东南亚农业发展与国家现代化
—— 缅泰稻米产业面面观

入内陆核心区,实现对缅甸国土的占领。①

缅甸国土由西部山地、中部平原、东部高原和若开沿海平原等构成。中部平原地区在缅甸国家发展中的战略地位最为重要,该地区是缅甸经济最为发达的地区,不仅有历史和文化名城曼德勒,还有经济最为发达的城市仰光;该地区集中了全国绝大部分的工业和农业生产,国内和跨国公司也多集中在这个地区,同时也是缅甸主体民族缅族的主要聚居地。而其他三个地带对于国家发展的重要性不亚于中部平原地区,这些地区的资源比较丰富,但交通不便,是克钦、克伦和掸族等少数民族的主要聚居地。缅甸当今地缘政治格局的形成是国家历史进程所导致的必然结果。中部地区经济状况好,但是在资源方面存在劣势;而其他三个地区经济发展虽然差一点,但资源方面具有优势,只是缺乏开发条件。因此,只有上述四个地区实现优势互补,缅甸国家现代化才有可能实现。②

英国在建立下缅甸殖民地政府之前,上缅甸一直是古代缅甸封建王朝的核心区域,国王将全国大部分的军事力量部署在这里,以拱卫京师。另外,这个地区集中了全国半数以上的人口,上缅甸的人口在1852年之前占全缅总人口的67%。除国家分裂时期外,缅甸封建王朝的首都均设在上缅甸,如蒲甘、曼德勒等。直到今天,缅甸国内的大城市也多集中在这一地区。该地区地势较为平坦、河网密布,水路交通方便,土地肥沃。农作物种植业在国家经济发展中居于主导地位,另外该地还是缅甸商品流通最大的集散地。统治者对核心区发展的重视,以及优越的自然条件,为农民提供了进行农业生产的重要前提,国家提供与之相配套的社会生产关系,使得古代缅甸国家的发展重心一直在上缅甸,这一态势持续到19世纪中后期。

下缅甸虽然也位于平原地带,但是其在古代缅甸历史发展进程中一直属于边缘地区,直到殖民者在这个地区发展稻米产业,下缅甸的地位才发生改变。缅甸封建统治者对下缅甸发展的忽视,主要是由三个因素所导致的。首先从安全角度考虑,内陆地区的安全性要比沿海地区好。统治者发展农业主要是为了稳固其统治,至于发展农产品对外贸易这一点还未进入统治者的考虑范围,农业收成主要供农民自用或留作种子。其次,当时下缅甸人口稀少,水利技术和垦荒技术落后,当地居民在洪水、泥石流等自然灾害面前无能为力,且该地多为沼泽,开发成本较高。伊洛瓦底江下游平原地区长期得不到开发,导致下缅甸农业的发展水平低下。最后,下缅甸的医疗条件无法应对瘴气等地方疾病。缺乏人类宜居的自然环境,导致下缅甸人口增长缓慢,对该地的农业发展造成不利影响。

下缅甸沦为英国殖民地后,殖民者在该地建立殖民政权,采取了一些有利于发展"现代化"稻米产业的政策,以服务于宗主国经济发展。例如,从英国国内引入一些利于发展商品农业的贸易制度;兴建和完善交通设施,推广和鼓励使用新型交通工具;完善缅甸的货币金融体系,以英国货币为蓝本发行纸币;完善稻米产业生产关

---

① [苏]瓦西里耶夫:《缅甸史纲(1885—1947)》上册,中山大学历史系东南亚历史研究室与外语系编译组合译,商务印书馆1975年版,第34页。

② 李晨阳:《军人政权与缅甸现代化进程研究》,云南大学2006年博士学位论文。

系，变革原有土地制度；招徕周边印度、上缅甸等的外来移民。经过这些政策的实施，下缅甸稻米产业逐渐发展起来。在稻米产业的带动下，上缅甸农民的流动加快，下缅甸人口剧增，经济很快就发展起来。在下缅甸发展稻米产业的过程中，上缅甸为下缅甸提供了 90% 的新增劳动力。密铁拉等地仅在 1896 年就有大约 20 万人迁往下缅甸地区。到了 1901 年，上缅甸平原地区的人口流动数量达到 34 万人。[①] 稻米产业发展带来的人口流动，不仅导致上缅甸某些村社人口空心化，还导致了国家发展重心转移。

在 1852—1885 年这一时期，上、下缅甸在政治上属于两种不同的制度，他们之间的经济地位也在发生变化。下缅甸在经济上的重要性越来越显著，它的农业发展显然也远远地超过了仍在实行封建制度的上缅甸。更为重要的是，下缅甸出现代表先进生产力的近代工商业和交通运输业，与此相关联的是，作为工商业中心的一些城市得到了较快的发展。仰光在 19 世纪初还是一个只有 1 万～2 万人口的小城镇，1863 年已有 6 万多人，1885 年人口已超过 10 万；毛淡棉的人口也超过了 5 万，卑谬、勃固、阿恰布（今实兑）的人口都在 2 万上下。但是，作为畸形殖民地经济下的工商业中心，下缅甸的城市在文化上是极为贫乏的，缅甸传统的民族文化在当地受到冷落，西方近代文化却也没有引入。即使在仰光，也是"没有书店，没有博物馆，艺术馆、剧院、音乐厅等文化设施也极度缺乏，总之该地没有英伦风格的文化地标"[②]。

下缅甸的人口增长得很快，逐渐赶上并超过上缅甸的人口数量。（见表 5-1）1852 年下缅甸的人口为 150 万左右，1872 年第一次统计人口时已达到 2747147 人，1881 年第二次人口统计时增加到 3736771 人。估计 1885 年下缅甸人口已有 400 万左右。但是，殖民统治使得下缅甸的居民成分变得复杂起来。受到殖民统治前，下缅甸的居民主要是缅族人、孟族人、克伦人和若开人，他们大部分都信仰佛教，仅有一部分克伦人信仰原始宗教，一些若开族居民信奉伊斯兰教。仰光也有一些印度人、华人和少数欧洲人，但他们在全体居民中的比例是很小的。值得一提的是，今天备受国际社会关注，让缅甸政府焦头烂额的南部罗兴亚族群，也是英国在阿拉干建立殖民统治后才大量引入的，英国殖民者可谓到处"埋雷"，除了中国、印度、巴基斯坦，缅甸也是深受其害。

表 5-1　上缅甸和下缅甸人口数量变化[③]

地区	1856 年	1891 年	1931 年
上缅甸	360 万	331.4 万	681.5 万
下缅甸	138.1 万	440.8 万	776.6 万

---

① Michael Adas. *The Burma Delta: Economic Development and Social Change on an Asian Rice Frontier*. The University of Wisconsin Press, 1974, pp. 44-46.

② J. S. Furnivall. *Colonial Policy and Practice: A Comparative Study of Burma and Netherlands India*. New York University Press, 1956, p. 129.

③ Cheng Siok-Hwa. *The Rice Industry of Burma 1852-1940*. The University of Malaya Press, 1968, p. 226.

东南亚农业发展与国家现代化
—— 缅泰稻米产业面面观

稻米产业的持续繁荣，带动了下缅甸经济快速发展，其经济规模迅速赶上并超过上缅甸。随着下缅甸在经济地位上取代上缅甸，缅甸权力中心开始转移到仰光及周边地区，而上缅甸曼德勒等原国家权力中心降级为上缅甸地区权力中心。仰光是一座具有美丽风光的滨海城市，2500年前由一个名叫奥加拉巴的渔村逐渐发展而来，11世纪时改名"达贡"（Dagon），1755年，贡榜王朝开国君主雍籍牙又把达贡改名为"仰光"（Yangon），在缅语中的意思是"战争结束"。该城的东、南、西三面依次被勃固河、仰光河、伊洛瓦底江的支流莱河等河流环绕，又位于伊洛瓦底江入海口，是英属缅甸乃至东南亚重要的稻米贸易港口。英国殖民者将仰光确立为英属缅甸的行政中心后，在该地修建了大量的政府大楼、中央银行、海关、火车站、邮电大楼、街道等基础设施。1948年缅甸独立后半个多世纪里，仰光是缅甸联邦的首都。2005年，当时的缅甸政府基于国家安全考虑，决定迁都至位于内陆的内比都。但仰光依然是缅甸最重要的经济中心，目前缅甸75%以上的国内生产总值都是仰光贡献的，全缅甸80%左右的出口货物从仰光港口进行中转，全缅甸重要的交通干线均在仰光汇集。综上所述，稻米产业对英属缅甸殖民当局的重要性使缅甸的行政中心从内陆迁往沿海城市——仰光；而缅甸独立后，随着稻米产业对缅甸国计民生的重要性的下降，另外，基于防范外敌入侵需要，缅甸行政中心又迁往内陆城市——内比都，这一历史轮回可谓地缘政治学中的一种理论范式的运用。

三、缅甸土地所有制的改变

前面章节对于封建统治时期缅甸的土地制度和生产关系已做了详细的论述。在英国殖民统治前，缅甸实行的是土地国有制，国王是全国一切土地的所有者，而村社是缅甸农民社会重要的基层组织，农民与村社之间存在着人身依附关系。

随着下缅甸殖民统治体制的建立，稻米产业兴起并逐渐发展起来。稻米产业经济的快速发展导致传统的村社和土地制度解体，其大部分土地所有权被因稻米产业发展而致富的稻米商所控制，广大的村社成员沦为农业无产者，缅甸传统的村社和土地制度被新的社会生产关系所取代。英国在殖民下缅甸的早期并没有对原有社会生产关系做大的改动，一直到英国工业革命完成前夕才对封建时代的缅甸土地生产关系进行调整。下缅甸殖民当局将土地所有权先归属到政府名下，然后再根据授田标准"授予"或"租给"新时期的稻农，但土地不能自由转让和买卖，政府掌握最高土地所有权。1876年，殖民当局颁布和实施新的土地法案，承认农民耕种田地的私有权，确立了下缅甸新时期的生产关系，从而刺激了稻农的生产积极性。笔者在前面探讨殖民时期缅甸经济模式时提到，缅甸稻米出口量的增加依赖于水稻种植面积的扩大。随着南亚、东南亚等英属殖民地的种植园经济发展而导致当地稻米需求量增加，缅甸原有的水稻种植规模已不能适应新时期稻米出口的需要。因此，许多稻农违反殖民当局相关土地法案，私自去垦荒，以生产更多的稻谷投入市场进行交易，仰光殖民当局只好对原有的土地制度进行修订。

首先，是土地占有者与承租者之间形成新的生产关系。上缅甸早在19世纪以前

第五章 缅泰稻米产业发展对国家现代化进程的影响

就已形成以地主为主要土地占有者的土地制度。在吞并上缅甸之初,殖民当局并没有将地主的土地特权废除,而是将这个利益集团作为英国人统治缅甸的同盟者,对原有的地主与农民之间的租佃关系予以保留。鉴于地主的社会影响力,殖民当局对地主阶级的利益予以维护,除了能降低殖民当局新土地法案的实施阻力外,还能为农民生产稻谷提供稳定的社会环境,为英国垄断资本在国际稻米市场赚取更多利润创造条件。除此之外,任何一种土地制度的实施,都不可能一蹴而就,而是需要一定的时间、空间来进行缓冲。

而下缅甸的土地占有情况跟上缅甸略有差异。该地受瘴气等地方疾病的困扰,农业人口很少,劳动力缺乏,这儿的土地基本以农民占有为主。稻米产业的发展,以及英国殖民者的重视,使得较为先进的垦荒技术和医疗技术在下缅甸得到推广,大量的沼泽地被开发成农田,使稻米市场流通量的扩大成为必然,下缅甸开始发生土地兼并,以农民占有为主的土地占有模式逐渐被瓦解。这种现象早在1880年就已出现。大量的农民沦为无产者的社会现象引起了仰光殖民当局的关注,当局曾想阻止这种现象蔓延,但收效甚微。到1899年,这些农业无地者已经形成一个稳定的阶层——佃农。[1] 新的土地兼并导致农民的租金、赋税等负担加重。同时,一个新的利益集团——土地承包商逐渐形成。这个阶层和水稻种植业没有直接联系,他们依靠雄厚的资金掌握着土地的转租权和转让权,将土地当作一种投资要素,从中牟利。佃农和土地承包商的产生,导致农民土地逐渐集中于新型地主手中,下缅甸形成新的社会生产关系。

其次,殖民当局虽然承认了稻农对耕种田地的私有权,但是这种权利只有在农民向政府登记、交纳土地税等赋税后,才会被土地法案所认可和保护。另外,每个农民家庭还要按照成年男子数、户口来纳税。仰光殖民当局税法规定,以户为单位征收户口税,人头税征收对象为18岁以上的男子,征收日期为每年8月。受时代条件限制,缅甸居民户数很难统计,地主将户口税转嫁到佃农身上,导致佃农比地主纳的税还要多,生存环境日益恶化。[2] 而且,地主不仅从佃农身上剥削更多的东西,实际上交纳给政府的赋税也很少。

传统的小农经济的瓦解和稻米产业的发展,使农民的生产、收成和经济来源对国际稻米市场的依赖加深;而仰光殖民当局对农民的税收却日益增多,甚至比封建王权时代还要多。随着土地私有观念在缅甸民众心中形成,土地税成为稻农的又一经济负担。20世纪以后,土地税收是缅甸当地政府的主要财政收入来源,同期50%以上的财政预算来源于这一项税收。

政府的苛捐杂税导致缅甸农民纷纷破产,为了筹集来年农业生产资金,他们不得不向高利贷集团举债。据缅甸经济史学者的统计,在1890年前,只有20%的农民借

---

[1] [苏]瓦西里耶夫:《缅甸史纲(1885—1947)》上册,中山大学历史系东南亚历史研究室与外语系编译组合译,商务印书馆1975年版,第60页。

[2] J. S. Furnivall. *An Introduction to the Political Economy of Burma*. Peoples' Literature Committee & House, 1957, p. 245.

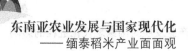

东南亚农业发展与国家现代化
——缅泰稻米产业面面观

债,但到了 1929 年,这一比例飙升至 80% 以上①,到 1930 年这个比例甚至达到 90%。② 但是,能按时还款的农民并不多,于是更多的农民陷入债务危机。缅甸经济史学家的相关研究成果还显示,只有 1/4 的农民在秋收后具备债务偿还能力。③ 另外,据知名缅甸研究学者安德鲁斯估计,20 世纪初,缅甸高利贷的年利率通常为 15%～36%,因此,他断言,"只有少部分企业能在这种贷款环境中生存"④。实际上,农民承担的债务利息比安德鲁斯的估计要严重得多,因为有的农民承担的利息基本上跟借款金额相当。⑤ 缅甸人在稻米产业发展初期主导了高利贷业务,在 1930 年后,其业务逐渐被齐智人高利贷集团所替代。高利贷的特征是利滚利、滚雪球,农民只要与高利贷集团产生借贷关系,就很难还清债务,最终只得被迫将土地所有权抵押。这样,大量农民占有的土地以债务抵偿的方式集中到土地承包商手中。另外,随着农民因债务金额增加偿还能力不断弱化,其土地私有权逐渐被齐智人高利贷集团收购,这个资本集团在手中的土地达到一定数目后,又将土地出租给佃农,从缅甸农民身上获得更多的收益,导致农民经济环境更加恶化。

高利贷在缅甸能发展成一个行业,跟稻米产业的发展有很大关系。以扩大水稻种植的面积来增加稻米贸易量的方式,使土地价格不断上涨,购买土地成为一种新的投资方式;另外,在以稻米产业为主的畸形经济下,缅甸殖民地的工业并不发达,又有英国资本的竞争,高利贷资本难以投入工业领域,因此向缅甸农民放贷成为齐智人高利贷集团的主要投资领域。⑥

在高利贷集团的经济压榨下,越来越多的缅甸农民沦为无产者,尤其是仰光及周边地区等稻米主产区的农民失地数量更多。下缅甸的失地农民在 20 世纪前可以通过垦荒的方式获得土地私有权,但是到了 1920 年后,下缅甸沼泽地已被开发殆尽,在无荒可开的困境下,为了维持生存,很多农民沦为佃农。1926 年,土地承包商控制的田地面积占缅甸耕地的 28.9%,到 1930 年增加至 31.7%,到 1936 年提高至 51.3%。⑦ 缅甸近代时期稻米产业的发展历程,实际上就是农业无产者形成和发展的历史过程。在这个时期,高利贷集团对农民土地私有权的剥夺,使一种新的土地占有方式产生。这一新型土地占有方式成为近代缅甸土地制度的一个明显特征。政府苛捐杂税、高利贷盘剥、大规模土地兼并,这几座"大山"压得农民喘不过气来,他们

---

① [苏] А. П. 穆兰诺娃:《1918—1939 年缅甸农民的债务》,刘玉遵译,《东南亚研究资料》1962 年第 4 期。
② 苏联科学院世界经济和国际关系研究所编:《亚洲不发达独立国家的土地农民问题》,范锡鑫等译,世界知识出版社 1963 年版,第 65 页。
③ [苏] 瓦西里耶娃等:《殖民地和其他不发达国家的农业和农民状况》,方林等译,世界知识出版社 1959 年版,第 282 页。
④ J. Russell Andrus. *Burmese Economic Life*, Stanford University Press, 1948, p. 67.
⑤ G. E. Harvey. *British Rule in Burma, 1824—1942*, London, 1946, p. 54.
⑥ [苏] 阿·普·穆兰诺娃:《高利贷资本——20 世纪 20 年代殖民掠夺缅甸的工具》,《东南亚历史译丛》1979 年第 1 期。
⑦ [日] 竹村正子:《下缅甸三角洲地区的农民负责与土地集中》,日本《亚洲经济》1976 年第 17 卷第 10 号,转引自何平《论殖民地时期缅甸的地主土地所有制》,云南省社会科学院 1985 年硕士学位论文。

的生产积极性没有了,农业新技术也难以被运用到水稻种植中,从而导致缅甸稻米产业在1940年后开始衰落。这种土地制度是缅甸稻米产业发展所导致的必然结果,也是英国对缅甸进行殖民统治的基础。①

四、缅甸工人阶级的形成和发展

殖民地时期稻米产业的发展,促进了缅甸工人阶级的形成和发展。随着缅甸稻米产业经济的发展,社会生产关系发生变革,传统的经济体制瓦解,当地村社组织也不断解体,手工业产品市场日益缩小,导致缅甸社会结构发生变化。随着稻米对外贸易量的扩大,上缅甸迁往下缅甸的居民日益增多,到这个"新世界"谋生的农民是暂时没有土地的,为维持生计,这个群体成为稻米加工、稻米储存等行业的从业人员,这批人逐渐发展成缅甸最早的无产阶级。他们对殖民者抱有敌视态度,原因除了殖民政策导致那批农民经济破产外,还有外来的社会新风尚与他们坚持的传统社会文化相冲突,导致他们在短期内难以适应这种社会新环境。另外,高利贷资本介入缅甸稻米产业中,许多农民因陷入债务危机,不得不把土地所有转让给了债权人,自己沦为农业无产者。这些债权人因土地不断集中在自己手中,成为新兴地主。为生存下去,这批农民中的绝大多数人成为土地承包商的佃农。佃农是缅甸近代农村最重要的农民群体,这个群体人数的增加代表着英国对缅甸的经济剥削加重。当这批农业无地者在农村租不到土地耕种时,就会转化为流民或工人。缅甸稻米产业发展需要大量的壮劳力,外部市场对农村传统交易场地的冲击,导致农民群体内部结构发生变化,分化出来的这部分农业无产者就孕育了缅甸早期工人阶级。

第一次英缅战争后,在英国资本家在丹那沙林和阿拉干开办的一些近代性质的锯木厂和造船厂中,已出现了一些缅甸籍工人。第二次英缅战争后,在下缅甸的碾米、锯木厂和内河航运、铁路部门中,都有一些缅甸籍工人。1880年,下缅甸已有74家工厂,11740名工人,其中碾米厂49家,工人约9500人。② 但碾米业是依附于稻米产业而存在且具有很强的季节性的生产行业,碾米厂和工人之间并没有形成稳定的雇佣关系。因此,当时缅甸还谈不上已经形成了一个工人阶级。

缅甸工人阶级作为一个阶级,形成于20世纪的第二个十年。到这一时期末段,缅甸各类工厂已超过500家,在各类近代企业中的工人人数已在10万以上。碾米业的工人约有3.5万~3.8万人。③ 内河航运业的工人(包括码头工人)约有1.1万人。④ 铁路部门的雇员有2.8万人,其中大部分是工人。⑤ 矿业工人的人数没有确切

---

① 何平:《论殖民地时期缅甸的地主土地所有制》,云南省社会科学院1985年硕士学位论文。
② 赵松乔:《缅甸地理》,科学出版社1958年版,第158页。
③ Maung Shein. *Burma's Transport and Foreign Trade in Relation to the Economic Development of the Country, 1885–1914.* University of Rangoon, 1964, p.73.
④ Maung Shein. *Burma's Transport and Foreign Trade in Relation to the Economic Development of the Country, 1885–1914.* University of Rangoon, 1964, p.176.
⑤ Alister McCrae and Alan Prentice. *Irrawaddy Flotilla.* James Paton Limited, 1978, p.126.

的统计，估计在3万人以上。此外，在锯木厂等其他各类加工厂的工人，估计也不下1万人。比起19世纪80年代，缅甸工人的人数在这一时期增加了10倍左右，而且，他们与近代化大生产联系的程度也加深了。

缅甸工人阶级从一开始就带有英属印度殖民地工人阶级的特点。首先，这一时期的缅甸工人大多数不是缅甸人而是印度人。在当时从事石油行业的3万多工人中，缅甸籍工人只占不到1/3，仅9472人。① 在约2.8万名铁路雇工中，缅甸人也只有9000人。② 1921年，在规模为20人以上的碾米厂的17239名工人中，仅有2511名是缅甸人。③ 据1921年的调查，在缅甸规模为10人以上的工厂中，印度工人在熟练工人中占55%，在非熟练工人中占73%，缅甸人所占的比例分别是37%和23%。而且，印度工人集中在缅甸沿海较大的城市和较大的企业中。其次，工人队伍缺乏稳定性，不仅从事碾米业的工人中有许多只是季节性的工人，而且在码头、矿山等部门，非熟练工人的流动性也很大。再次，这一时期的缅甸籍的工人，不久前才从农民队伍中分离出来，因此还较多地保留着农民小生产者的特点。而印度籍的工人，往往由同一个家族、种姓、地区的人员组成大大小小的团体。最后，无论是缅甸籍工人还是印度籍工人，文化程度都很低，深受宗教影响：缅甸籍工人受佛教影响，印度籍工人受伊斯兰教和印度教的影响。由于上述这些特点，20世纪初缅甸工人阶级组织性很差，觉悟程度较低，还没有统一的组织和公认的领袖，甚至纯粹以经济斗争为目的的工会组织也很少建立。因此，缅甸工人阶级在思想上和组织上比缅甸民族资产阶级更不成熟，还不可能在社会政治运动中发挥很大的作用。

到了第一次世界大战时期，在各种近代企业中的缅甸工人的人数已不下10万，主要集中在石油矿产业、碾米和锯木等加工业及铁路、内河航运等部门。20世纪20年代以后，缅甸工业继续有所发展，工厂数量和工人数量都有所增加。1911年缅甸各类工厂307家，到1940年已达1027家，据统计，1938年2月（许多季节性行业工厂的开工时期），缅甸产业工人已达187012人（不含掸邦），如果加上掸邦的矿业工人，缅甸工人总数应当在20万以上。人数增长最多的是石油矿业工人，1911年仅8000人，到1931年已达3.8万人。④

缅甸工人阶级最重要的特点之一，是印度籍工人在工人队伍中占多数。20世纪20年代以后，随着农业危机的加深，许多农民丧失土地，不得不脱离传统的农村生活，进入城市寻找工作，这使得缅甸籍工人在工人队伍中的比例有所提高。但是，一直到30年代，印度籍工人在缅甸工人中的比例仍然不低于60%。据1934年2月的统计，当时印度籍工人在缅甸工人中占70.1%，在熟练工人中占61.2%，在不熟练工

---

① Maung Shein. *Burma's Transport and Foreign Trade in Relation to the Economic Development of the Country, 1885 – 1914*. University of Rangoon, 1964, p. 73, 176.

② Maung Shein. *Burma's Transport and Foreign Trade in Relation to the Economic Development of the Country, 1885 – 1914*. University of Rangoon, 1964, p. 73.

③ Maung Shein. *Burma's Transport and Foreign Trade in Relation to the Economic Development of the Country, 1885 – 1914*. University of Rangoon, 1964, p. 176.

④ [缅] 顶保枝·钦貌：《缅甸的工人组织和工人运动》，陈炎译，《南洋问题资料译丛》1957年第1期。

人中占71.4%，到了1939年2月，印度籍工人在缅甸工人中的比例下降为67.5%，其中在熟练工人中占68.4%，在不熟练工人中占65.5%。① 在缅甸工人阶级最为集中的仰光，印度籍工人的比例最高。

在第一次世界大战期间，英帝国主义把缅甸拖入战争，在缅甸人中组建了三队工兵、四个步兵营、一支来复枪队、两支劳工队和一些运输队，把他们派往美索不达米亚、巴勒斯坦和欧洲等地，为英国人服役。这在客观上使得大批缅甸人增加了对外部世界的了解。同时，在英属缅甸，英帝国主义暂时放松了对缅甸民族资本的压迫，民族工业得到较快的发展，民族资产阶级的力量有所增强。战争使得米价下跌，工业用品价格上涨，工人和农民的生活状况恶化，又加深了缅甸人民对帝国主义的憎恨。

随着工人队伍的发展和壮大，工人运动的兴起是不可避免的。缅甸工人阶级尽管有着种种弱点，但在20世纪第二个十年已有了一支不下10万人的队伍，而且较为集中在碾米业、运输业和矿业等部门。工人的利益毫无保障，劳动条件恶劣，实际工资下降，迫使工人自发地组织起来为自己的利益而斗争。印度籍工人和在缅甸的其他外国工人的经济斗争也给予缅甸籍工人以直接的影响和启示。1916年，缅甸石油公司所雇佣的美国钻工发动罢工，就曾影响了油田的缅甸籍工人。② 第一次世界大战之后，有组织的缅甸工人运动开始兴起。早期缅甸工人运动还只是经济性质的斗争。1918年8月，仰光的印度籍码头工人举行缅甸工人运动历史上第一次大规模的罢工，要求增加一倍工资。罢工使得仰光港陷于瘫痪，最终迫使资本家给码头工人增加25%的工资。1919年，在石油重镇仁安羌，缅甸石油公司的缅甸籍工人和职员举行历史上首次由缅甸籍工人组织和参加的大规模罢工。20年代初，缅甸频频发生较大规模的工人罢工运动。1920年5月，仰光的印度籍码头工人为了反对港务局的专横和包工头的盘剥，举行罢工。罢工虽然得到印度籍人力车夫的支持，却还是以失败告终。同年12月，沙帝炼油厂8000名工人罢工，斗争一直持续到1921年4月。殖民当局不得不出面调解，使资方被迫同意增加10%的工资。

缅甸工人在为争取改善自身经济地位的斗争中，产生了在更大范围内联合起来的愿望。1920年，在缅甸的印度籍工人成立缅甸工人协会，有会员7000多人，但是，协会的领导权却被资本家篡夺。1921年，仁安羌的缅甸籍工人和印度籍工人联合起来，秘密成立了缅甸工人联合会。1923年，缅甸工人联合会领导了有4000多人参加的罢工，要求增加工资、改善生活条件、给予居住房屋。这次罢工失败后，工会领袖妙纽、巴提被资方开除并驱逐出油田。

在整个20世纪20年代，缅甸工人的罢工斗争时有发生，有些规模也不小，但始终没有超出经济斗争的范围。较大规模的几次斗争是：1925年伊洛瓦底江轮船公司3000多名工人罢工；1926年仁安羌油田2000多名工人罢工，坚持了45天，并焚烧了一些油井，资方被迫做出让步，同意缅甸籍工人每年有10天参加佛教节日活动而

---

① *India Immigration Report*. Rangoon, 1939, p. 62.
② ［缅］吴妙吞西：《缅甸的劳工和劳工运动》（*Labour and Labour Movement in Burma*），仰光1961年版，第5页。

东南亚农业发展与国家现代化
—— 缅泰稻米产业面面观

不被扣工资。①

缅甸工人运动的兴起，反映了缅甸工人阶级已开始为争取本阶级的利益而团结起来，进行有组织的斗争。但早期工人运动仅仅局限于经济斗争的范围，工人阶级还没有自己的思想家和理论家，没有全国性的领袖和全国性的工会组织，工人阶级的组织程度也还较差。这些都反映出缅甸早期工人运动的弱点和不成熟性。

缅甸的印度籍工人在地理空间分布上，集中在仰光及周边地区的城市和城镇里。1936年，仰光88.5%的熟练工人和非熟练工人都是印度人。仰光的手工业者也有56.1%是印度人。在仰光有的工厂中，印度籍工人占熟练工人的86%和不熟练工人的96%。② 仰光的码头工人和人力车夫直到30年代初也几乎全是印度人。印度籍工人的主要特点有三个方面。一是他们不同程度地受种姓制度和村社制度的影响，往往都以同一种姓或村社为基本单元，通过在工厂主和他们之间的中间人——招工头的招募，来缅甸当契约劳工。二是流动性大，大部分印度人在缅甸只工作和居住2~4年，契约期一满，他们就回印度了。三是他们大部分来自印度农村地区，还带有浓厚的农民气质，文化素质也很差。这些弱点对印度籍工人的组织性和政治觉悟的提高带来了不利影响。

缅甸籍工人也有自身的特点：一是他们绝大部分都是缅族工人，其他少数民族的工人很少。二是他们集中在油田、碾米厂和运输业中。1933年，缅甸油井区工人共11482人，印度籍工人占27.9%，缅甸籍工人占70%以上，总人数不下8000。③ 在炼油厂和铁路部门，缅甸籍工人也较为集中。三是在仰光之外的城镇的小工厂中，缅甸籍工人占了绝大部分甚至全部。四是大多数缅甸籍工人才从农民队伍中分离出来不久，主要来自破产农民，组织程度和政治觉悟都不高，文化程度一般也较低。

同其他殖民地的工人一样，缅甸工人在帝国主义和本国买办势力的压迫和剥削下，被剥夺了许多基本的权利，劳动条件和生活条件都十分恶劣。即使按照殖民当局1934年颁布的《劳动法》，注册工业（20人以上的有动力设备的工业企业）工人每周工作时间也长达54~60小时，日工作时间长达9~10小时，而碾米业规定的周工作时间为72小时，日工作时间长达12小时。工人工资低微，工厂主经常利用印度籍工人与缅甸籍工人之间的就业竞争，尽量压低工资，并大量雇用女工和童工，因为他们的工资只有成年男性工人的一半。印度籍工人还要遭受中间人和包工头的盘剥。

甚至连殖民当局的官员也不得不承认，工人"居住条件恶劣，工作时间长，缺乏恢复体力和脑力所需要的休息时间，精神食粮不足。所有这些因素使这群不幸者过着毫无生气的、单调的生活"④。工人的生命安全也没有保障，在1925/1926财年到1937/1938财年的大部分年份中，每千人中有7~16人死于工伤事故。⑤

---

① ［缅］顶保枝·钦貌：《缅甸的工人组织和工人运动》，陈炎译，《南洋问题资料译丛》1957年第1期。
② *India Immigration Report*. Rangoon, 1939, pp. 67 - 70.
③ Robert H. Taylor. *The Relationship Between Burmese Social Classes and British - Indian Policy on the Behavior of Burmese Political Elite*, Cornell University, 1971, p. 79.
④ E. J. L. Andrew. *India Labour in Rangoon*, London, 1933, p. 184.
⑤ ［缅］顶保枝·钦貌：《缅甸的工人组织和工人运动》，陈炎译，《南洋问题资料译丛》1957年第1期。

第五章 缅泰稻米产业发展对国家现代化进程的影响

缅甸工人阶级所受的剥削使他们逐渐认清自己的利益,开始了各种形式的反抗斗争。早期的工人运动目标比较单一,主要是争取薪资和劳动形式的改善,以罢工为主要斗争形式,政治权益的争取还未被提上日程。而且工人的斗争运动也经历了由自发行动向有组织行动的转变。1917 年,仁安羌油田的工人就曾举行罢工,要求提高工资。1921 年,油田工人又组织了工会,开展了有组织有领导的经济斗争。但是,由于上述种种弱点,缅甸工人阶级还不是一支认识到自己的阶级使命的、有高度组织性的队伍,在 1938 年前还没有自己的政党。随着马克思主义等社会主义思想在缅甸广泛传播,缅甸工人运动进入新的阶段。20 世纪 30 年代末 40 年代初,在缅甸先进的知识分子组织"我缅人协会"的领导下,缅甸工人阶级才在全国范围内组织起来,掀起全国工人运动的高潮,并且在民族解放运动中发挥了重要的作用。1946 年 1 月,英资斯蒂尔兄弟公司的企业爆发了"二战"后缅甸第一次大罢工。2 月,仰光码头工人举行罢工,此次罢工还得到伊洛瓦底江轮船公司工人的声援。总之,缅甸工人阶级的不断发展壮大,为缅甸民族解放运动扩大了群众基础,推动缅甸近代历史进程向国家独立的方向发展。

五、缅甸民族资本与外来资本的发展

随着下缅甸殖民政府在缅甸发展商品农业,一大批与之配套的公路、港口等公共基础设施建立起来,交通、粮食储存和贸易等行业发展起来,吸引了英国和其他欧洲国家的商人远赴下缅甸做生意,金融、医疗、餐饮、酒店、酒吧等服务行业也随之发展起来,一些缅甸商人开始为外国商人代办稻米收购等业务,这个商人群体逐步发展为一个新的阶层。随着下缅甸殖民地化的加深和柚木、稻作业的发展,为了扩大贸易,增加出口,更多地掠夺缅甸丰富的资源,获得更为丰厚的利润,外国资本(主要是英国资本)开始在缅甸投资。

当时英国向英属缅甸投资,主要不是为了输出过剩的资本,而是为了辅助殖民地农林产品的输出。因此,投资数额小,规模不大,范围极有限,主要是柚木加工业和碾米业。英国资本投资的目的是:利用廉价的柚木造船,以利贸易;锯木加工,方便木材输出;建造碾米厂,增加大米出口。在这些投资行业,英国资本都能在较短的时期内就获得丰厚的利润。

这一时期,英属缅甸的造船业经历了由盛而衰的过程。毛淡棉的造船业在 1853 年达到最高峰,该年共造船 10 艘,总吨位达 4527 吨。19 世纪 50 年代前期,毛淡棉的造船厂制造出许多艘大吨位的巨型木船:1853 年造的"马六甲号",载重量为 1300 吨;1856 年造的"康斯巴蒂号"是 1418 吨的大船,也是毛淡棉所造的最大吨位的木船;其他如 1854 年的"坎宁号"和 1855 年的"哥本哈根号",也都是千吨以上的大木船。①

但是,19 世纪 50 年代正是世界海运史上铁质汽轮同木质大船激烈竞争的年代,

---

① Horace Ralph Spearman. *The British Burma Gazetteer*. Vol. 2. Government Press,1880,p. 368.

东南亚农业发展与国家现代化
——缅泰稻米产业面面观

铁质轮船充分地显示了其优越性,从而逐渐占据上风。当时发展很落后的下缅甸殖民地,当然没有制造铁质轮船的物质基础和技术条件。因此,50年代后期,毛淡棉的造船业就开始衰落,木质船订单急剧减少,而铁质船造不出来。在整个60年代,毛淡棉造船的总吨位从未超过900吨。到70年代,毛淡棉的造船业已完全式微,年造船吨位下落到300吨以下。①

缅甸的柚木是举世闻名的优良木材。在19世纪50年代前,柚木是欧洲商人和船厂主最想得到的优质造船材料。柚木除了可用于造船,还广泛应用于铺设铁路枕木、建造房屋、制造家具等各个方面。为了满足缅甸的木材特别是柚木输出到国外的需要,下缅甸的锯木工业开始发展起来。到1877/1878财年,下缅甸已有22家锯木工厂,主要设在毛淡棉和仰光。②

这一时期英属缅甸的主要加工业是碾米业。随着下缅甸水稻种植业的迅速发展和世界市场对缅甸大米的需求的持续增长,碾米业成了十分有利可图的行业,也成了英国资本投资最多的行业。1859年,下缅甸出现第一家机器碾米厂。1878年,已有45家机器碾米工厂。大的碾米厂拥有400500马力的动力设备,一天的加工能力可达800吨。

这一时期下缅甸的碾米厂和锯木厂绝大多数是欧洲人(主要是英国人)开设的。1880/1881财年下缅甸共有49家机器碾米厂,其中有41家是欧洲人开设的,印度人和华人开设的各3家,缅甸人开设的只有2家,仅占全部厂家的4%,而且都是小厂。③

1855/1856财年,下缅甸的海路贸易进口额为10690024卢比,出口额为3704487卢比;到1878/1879财年,进出口额分别为49064398卢比和70838625卢比。也就是说,在短短的23年间,进口额增长了约4倍,出口额增长了18倍。自19世纪60年代以后,缅甸出口额一直超过进口额。但是,这种外贸出超的地位,并没有给殖民地人民带来物质利益和技术进步,因为缅甸的对外贸易几乎完全由殖民当局和外国公司、商人所控制,出超所得全由他们独占,而输出的物资却是缅甸的资源和人民用血汗创造的劳动产品。因此,有的缅甸学者称在这种缅甸人民两头受损的贸易中,缅甸"就像一支两头都点亮的蜡烛"。据统计,下缅甸的海路贸易总额1855/1856财年为1440万卢比,1883/1884财年已达到1.6亿卢比,在不到30年时间里增长了约10倍。④

1852—1885年,在殖民当局的支持下,在对缅甸的自然资源进行掠夺性开发和对缅甸人民进行剥削的过程中,一些由英国人创办的工商、交通等行业的企业,迅速地发展为初具规模的具有垄断性质的大公司。在后来的英国殖民统治时期,这少数几家公司也一直占有突出的垄断地位。这是缅甸殖民地经济发展中一个重要现象。这些

---

① U Tun Wai. *Economic Development in Burma from 1800－1940*. Rangoon, 1961, p. 40.
② Horace Ralph Spearman. *The British Burma Gazetteer*. Vol. 1. Government Press, 1879, p. 421.
③ Michael Adas. *The Burma Delta: Economic Development and Social Change on an Asian Rice Frontier*. The University of Wisconsin Press, 1974, pp. 30－31.
④ U Tun Wai. *Economic Development in Burma from 1800－1940*. Rangoon, 1961, p. 42.

第五章 缅泰稻米产业发展对国家现代化进程的影响

公司中最有代表性的是伊洛瓦底江轮船公司、斯蒂尔兄弟公司和缅甸孟买贸易公司。

伊洛瓦底江轮船公司的创始人，是英国格拉斯顿·亨得逊公司的几个股东。这家公司自1839年以来，就从事对缅甸沿海3个港口（仰光、毛淡棉和阿恰布）的贸易。1863年，英属下缅甸殖民地首席专员潘尔把属于殖民当局所有的4艘轮船和3艘平底船卖给了该公司的股东盖尔勃兰等人。1864年"伊洛瓦底江船队和缅甸轮船航运有限公司"正式成立，当时公司的全部资金约有2万英镑。该公司在1869年就开设了曼德勒—八莫航班。1876年改名为"伊洛瓦底江轮船有限公司"，已拥有11艘轮船、32艘驳船、65艘平底船，垄断了伊洛瓦底江上的航运业务。①

斯蒂尔兄弟公司始创于1862年，早年的旅缅华侨都称这家公司为"实珍洋行"。它最初经营大米贸易和柚木出口，到第三次英缅战争前夕，已是下缅甸最大的经营大米收购、销售和碾米业的公司，垄断缅甸3/4的大米贸易，并且对同行业的商号实行垄断性的控制。同时，它也经营柚木等多种利润丰厚的生意。在1885年英国吞并整个缅甸后，它又投资石油和矿业，著名的缅甸石油公司（Burmah Oil Company）最初的资本就是由斯蒂尔兄弟公司提供的。② 1907年斯蒂尔兄弟公司创立印缅石油公司（Indo-Burma Petroleum Company），该公司占有缅甸石油资本总额的1/8。此外，斯蒂尔兄弟公司还投资造船、水泥、橡胶等行业。

孟买缅甸贸易公司的创始人是英国人威廉·瓦莱斯。瓦莱斯1842年在印度孟买加入费利公司，1848年担任经理后，把费利公司改名为瓦莱斯公司。1850年以后，他从殖民当局那里获得在英属缅甸采伐柚木的特权，向印度大量提供铺设铁路所需的枕木，从中大发横财。1858年，这家公司在毛淡棉开设锯木厂。瓦莱斯本人同潘尔的关系很密切。在潘尔的帮助下，他又获得了上缅甸品质最好的柚木的经营权。1863年9月，"孟买缅甸贸易公司"在孟买注册，当时的资本约10万英镑（110万卢比）。1864年7月，瓦莱斯亲赴上缅甸曼德勒，同缅甸国王敏同王建立了往来关系。到第三次英缅战争前，孟买缅甸贸易公司的资产已达420万卢比，每年的利润就高达45万卢比。③

英国和别的西方国家的资本家在缅甸开设的其他一些较大的企业有：1885年英国人在仰光开设的司各脱公司，主要经营造船业和金融业；英国人艾利曼在阿拉干开设的"阿拉干大米贸易公司"，从事大米贸易、造船和保险等业务；丹麦人成立了"东亚公司"，兼营进出口、碾米、造船等业务。几乎所有这些西方公司经营的行业，都具有投资不多但收效快、利润高而风险小的特点。所有的垄断性大公司都与殖民当局有较密切的关系。在1885年英国吞并上缅甸后，这些公司又得到进一步的发展，在缅甸殖民地经济中起着重要的作用。

1886—1917年，缅甸的工矿业有了迅速发展。但是，这些发展只是发生在缅甸

---

① Alister McCrae and Alan Prentice. *Irrawaddy Flotilla*. James Paton Limited, 1978, chap. 3-9.

② Khin Maung Kyi. "Western Enterprise and Economic in Burma". *Journal of the Burma Research Society*, 1970, 53（1）.

③ Khin Maung Kyi. "Western Enterprise and Economic in Burma". *Journal of the Burma Research Society*, 1970, 53（1）. A. C. Pointon. *The Bombay Burma Trading Corporation Limited, 1863-1936*. London, 1964, pp. 2-14.

东南亚农业发展与国家现代化
—— 缅泰稻米产业面面观

有着丰富资源,而且都是被外国资本控制和垄断的部门。这些外国公司关心的是获取利润,而不是发展缅甸的经济。因此,工矿业的发展具有片面的、畸形的性质,在很大程度上也是外国资本对缅甸资源的掠夺。

石油和金属矿业需要比碾米、锯木等行业大得多的投资,仅仅靠几家老牌公司,已不能适应英帝国主义开辟新的投资领域的需要了。于是,各种新的企业、公司应运而生。1906年在缅甸注册的公司仅55家,总资本为2460万卢比;到1910年注册的公司已达104家,总资本达1.073亿卢比,在短短5年时间里资本竟增加了3倍多。[1] 若干小公司经过合并重组,又形成了一家较大的公司或合股公司。

这一时期缅甸实力最雄厚的英资公司是缅甸石油公司。该公司成立于1886年,但发展极快,到20世纪初它所拥有的全部资本可能已达到1000万英镑。[2] 在金属矿的开采方面,1910年成立的兴得昌采锡公司,拥有资本15万英镑;1902年建立的远东矿业有限公司(1914年改名为缅甸公司),当时拥有的资本已达100万英镑,成为缅甸最大的金属矿业公司。[3] 缅甸石油公司和缅甸公司分别垄断了缅甸85%以上的石油和金属矿的开采份额。截至1914年12月底,英商在缅甸的企业资产已达到1500万~1700万英镑。[4] 英国资本已牢牢地确立了它在缅甸的一切工业部门,包括石油、金属矿开采和农林产品加工业的垄断地位。少数几家英国公司在垄断中起了决定性的作用。

大量的投资促进了石油、金属矿开采和碾米等工业的迅速发展。缅甸的石油产量增长最快,如果以1891年为100的话,1909—1913年的年平均产量指数已达4700,十余年间就增长了46倍。1911—1915年,缅甸石油的平均年产量为2.5亿加仑(1加仑=4.546升),约占当时世界石油产量的2%,成为当时重要的产油国。[5] 1914年第一次世界大战爆发后,在战争需求的刺激下,缅甸采矿业获得快速发展。到1918年,缅甸采矿部门已成为国际市场重要的矿产供应商。根据相关经济年鉴记载,缅甸钨的年均产量居世界第二位,仅次于中国;铅的年均产量居亚洲首位、世界第五位;铜的年均产量居亚洲第四位;其他的矿产如锡、锌、镍等战略资源也大量向宗主国国内供应,以支持英国获得战争的胜利;另外,缅甸的红宝石驰名世界,在这一时期也遭到了掠夺。

英属缅甸工业的结构及所有者的民族成分,都明显地反映出其殖民地工业的性质。受缅甸殖民地工业发展引起缅甸阶级分化的影响,在19世纪末到20世纪的第二个十年期间,缅甸民族工业有所发展,民族资产阶级初步形成。

---

[1] Aye Hlaing. "Trends of Economic Growth and Income Distribution in Burma, 1870–1940". *Journal of the Burma Research Society*, 1964, vol. 47.

[2] U Tun Wai. *Economic Development in Burma from 1800–1940*. Rangoon, 1961, p. 78.

[3] Maung Shein. *Burma's Transport and Foreign Trade in Relation to the Economic Development of the Country, 1885–1914*. University of Rangoon, 1964, p. 179.

[4] Helmut G. Callis. *Foreign Capital in Southeast Asia*. New York, 1942, p. 95.

[5] Maung Shein. *Burma's Transport and Foreign Trade in Relation to the Economic Development of the Country, 1885–1914*. University of Rangoon, 1964, p. 165.

第五章　缅泰稻米产业发展对国家现代化进程的影响

缅甸民族资产阶级，是从一部分地主、商人和殖民政权的下层官员中产生的。一方面，仰光的英国殖民政府在下缅甸发展稻米业，吸引了大量的外来劳动力移民到下缅甸从事水稻种植业，水稻种植需要一定的资金才能向市场供应稻米，导致这些农民面临着资金不足等问题，这就给资本介入农民稻米生产提供了机会。于是，这些投资者就发挥资本优势，利用农民生产资金的缺乏或因农业歉收而急需购买粮食、农具、种子的困境，发放高利贷。大量贫苦农民到期无力偿还债务，往往被迫以土地作为抵押。这样，地主土地所有制就在下缅甸发展起来。在1900年之前，富农、地主、商人和殖民政权的下层官员手中有大量的流动资金，有能力和机会向陷入经济困境的农民提供贷款，当农民无力偿还时，只得将土地抵押给债权人，形成"多数地主也是缅甸人"的现象。[①] 这个利益群体也是缅甸工业化探索的先驱，部分人手中的闲置资金达到一定量后，就开始投资小规模的稻米加工业、储存和运输业，由此带动机械制造、建筑等相关行业发展。另一方面，政府在发展地方经济时就将稻米产业定义为商品化的农业经济。在1862年后，下缅甸的地方经济开始发展和繁荣起来。少数稻农因生产规模的扩大，以及和外商业务往来的增多，开始为外商代办稻米收购、储存和运输等业务，这部分人成为缅甸最早的买办。到1899年，这些买办已经为外资企业垄断了缅甸境内的稻米贸易。[②] 买办阶级在经济力量壮大后，他们中的一些人也开始投资稻米加工业和服务业。缅甸民族资产阶级最初就是在这两部分人中产生的。由于这个群体是在缅甸封建经济与英国资本主义经济碰撞的过程中产生的，存在很多先天性不足，其发展过程一直十分缓慢。这个利益群体存在着二重属性，例如地主—职业放债人、地主—稻米商业业务代理商等，导致他们的经济活动对传统经济和外资经济有很大的依赖性，这种类型的经济投资和发展规模都很小，在初期主要集中在稻米加工业。在这个时期，缅甸民族资本家还没有形成一个阶级。1895年，缅甸人开设的20人以上的具有动力设备的制造业工厂一共才7家，而且都是碾米厂。但是，当时缅甸人中已有一个人数不少的商人阶层，特别是在县城和小城镇中。他们占整个缅甸殖民地商人总数的60%。

缅甸民族资产阶级初步形成一个阶级，是同1885年以后下缅甸稻作业的继续扩展和殖民地工业的新发展趋势直接联系在一起的。1885—1917年，这个利益群体陆续投资并开设小型米厂。19世纪90年代后，英国资本投资的重点转向石油和金属矿开采业，在客观上也有利于缅甸人投资碾米业。在第一次世界大战时期，英帝国主义忙于战争，对缅甸民族资本的压迫有所放松，缅甸民族资本主义又得到了进一步发展的机会。从1913/1914财年到1918/1919财年这6年间，缅甸的工厂数就从424家增加到549家，共增加了125家，其中碾米厂从240家增加到332家，增加了92家。[③]

---

① Michael Adas. *The Burma Delta: Economic Development and Social Change on an Asian Rice Frontier*. The University of Wisconsin Press, 1974, pp. 110 – 112.

② Michael Adas. *The Burma Delta: Economic Development and Social Change on an Asian Rice Frontier*. The University of Wisconsin Press, 1974, pp. 110 – 112.

③ 据 The Economic and Social Board, Office of the Prime Minister. *A Study of the Social and Economic History of Burma*. Rangoon, 1958 中的"工厂发展情况表"数字。

东南亚农业发展与国家现代化
——缅泰稻米产业面面观

盐业生产发展也很快，1917—1919年平均每年产量达5.41万吨，超过1913—1916年年均产量（2.65万吨）的一倍。①

在20世纪的第二个十年中，缅甸民族资产阶级已初步形成。缅甸人的商业资本和高利贷资本在前一阶段的基础上有所发展。缅甸民族资本不仅在碾米和锯木业中实力有所壮大，而且在石油和采矿业中也开始出现了。缅甸人开设的碾米厂，1881年仅2家，1911年有57家，1921年增加到224家。缅甸人开设的锯木厂，已从1911年的20家增加到1921年的49家。1911年，在缅甸19口油井中，仅有1口属于缅甸人，而到了1921年，全缅甸的22口油井，属于缅甸人的已有12口。缅甸的钨、锡厂厂主在1911年共17个，只有1个是缅甸人，但在1921年的41个钨、锡厂的厂主中，已有8个缅甸人。②

民族资产阶级因缅甸地主涉足稻米商业化经营而产生，但这个阶级产生时间晚，人数偏少，而且力量薄弱，无论是在碾米业、锯木业还是石油开采业、金属矿开采业中，缅甸人所拥有的，只是一些小型厂矿。阶级上的二重属性，使他们既反对帝国主义对缅甸的殖民统治，又和外国资本家进行利益妥协，这种阶级局限性导致民族资产阶级无法成为缅甸独立运动的领导者，无法承担起带领缅甸人民建立独立国家的重任。但他们仍然积极投身到反对英国殖民统治的斗争，对于抵制外国资本对缅甸的经济侵略也发挥了一定的积极作用。

第三节　泰国稻米产业对国家现代化进程的影响

一、土地国有制的解体与地主土地所有制的形成

随着泰国经济体系被动式的对外开放，英法等国外资本介入泰国的经济发展历程中，泰国成为世界体系的一个部分。新的世界经济体系推动着泰国经济系统在社会生产关系方面做出调整。

1851年以后，泰国稻米产业被卷入世界市场，农民在空间、阶层和产业上的束缚开始松动，越来越多的自由劳动力进入稻米业这个行业，使这个历史时期泰国稻米产业的生产规模和市场流通的范围进一步扩大。③ 泰国的稻米贸易商能向国际市场提供更多的稻米。为适应这种产业经济新模式，泰国王室开始实施一些积极政策，推动稻米产业的发展。王室于1858年颁布了荒地种植水稻减免第一年赋税的公告，以扩大稻米的生产规模，向国际市场输出更多的大米。

---

① Maung Shein. *Burma's Transport and Foreign Trade in Relation to the Economic Development of the Country, 1885-1914*. University of Rangoon, 1964, p. 142.

② Maung Shein. *Burma's Transport and Foreign Trade in Relation to the Economic Development of the Country, 1885-1914*. University of Rangoon, 1964, p. 189.

③ 马小军：《泰国近代社会性质刍论》，《世界历史》1987年第5期。

第五章　缅泰稻米产业发展对国家现代化进程的影响

国际市场稻米需求量的增加，是泰国稻米产业快速发展的主要原因。1900 年，亚洲稻米消费者在 1850 年的基础上增加了两亿人。香港、新加坡等城市的快速发展，使稻米消费市场又有所扩大。因为工业化发展，欧洲对稻米等粮食的需求也在不断增加。苏伊士运河通航和汽轮的发明，使稻米运输时间缩短和运输费用下降。缅甸、越南等地的稻米贸易商将欧洲作为主要出口市场，给主要以亚洲为出口市场的泰国稻米带来发展机遇，泰国稻米单位价格开始持续上涨，刺激泰国水稻种植面积又进一步扩大。① 这股经济发展热潮始于 1880 年，一直持续到 1905 年才降温。稻米生产规模的扩大，为稻米市场流通常态化提供保证。市场因素在稻米生产中的重要性不断提升，给泰国传统的小农经济和"萨迪纳"制度带来巨大冲击。

1855 年，泰国政府在同英国签订《鲍林条约》后，又陆续与法国等西方国家签订了类似条约。泰国在进入条约体系后，虽然在国家主权方面受到一些损害，但是避免了沦为英国或法国殖民地的厄运，获得了开启国家现代化进程的自主权。随着稻米产业对劳动力、土地资源等的需求日益增加，原有的社会生产关系已经不适应新时期经济发展的要求，社会迫切需要一种新的生产关系来提高社会生产力水平。就像《泰国近代社会性质刍论》这篇论文所言，资本主义在世界的扩散，不仅使泰国稻米业成为世界体系的一个重要部分，还导致泰国传统的社会秩序和"萨迪纳"制逐步瓦解，代之以新的土地制度和社会秩序来适应新产业模式的发展。②

"救亡图存"时期，泰国统治集团领导的"自上而下"的社会改革，将农民从人身依附关系中解放出来，以适应稻米产业发展需要。这次"现代化"变革促进了农民的自由流动，农业生产力水平进一步提高，"萨迪纳"制逐渐被市场化的土地和劳动力所代替，促成泰国地主土地所有制的形成，成为泰国历史的转折点。

拉玛四世做了一些初步的改革。首先，通过招徕、雇用劳动力完成国家工程的建设任务，逐步废除原有的无偿使用"派"服杂役的"萨迪纳"规定，这一规定在 1871 年彻底土崩瓦解。③ 对于奴隶，拉玛四世也颁布了若干法令，对个人被出卖为奴隶的条件加以限制，使主人不能随意将"派"出卖为"塔特"。由于这个时期的地主土地所有制还在发展形成中④，拉玛四世改革只是调整了奴隶和主人的关系，废除了强迫劳役，对"萨迪纳"制度的改革还停留在初级阶段，解除农民对领主的人身依附关系的重任落在了拉玛五世的身上。

拉玛五世着眼于从根本上废除奴隶制，解放生产力。1874 年，他颁布法令规定，1867 年 10 月 1 日后出生的奴隶，满 21 岁就可成为平民。1897 年颁布的法令规定，在 1896 年后出生的奴隶从此时此刻起获得平民身份。1899 年的法令废除了农民对封建领主的人身依附，废除暹罗传统的"萨迪纳"制，它的执行无疑对于解放生产力，为城镇提供自由劳动力起到促进作用。1900 年的法令规定，废除国内的奴隶制，但

---

① 邹启宇：《泰国的封建社会与萨迪纳制》，《世界历史》1982 年第 6 期。
② 马小军：《泰国近代社会性质刍论》，《世界历史》1987 年第 5 期。
③ 段立生：《泰国通史》，上海社会科学院出版社 2014 年版，第 181－182 页。
④ 中山大学东南亚史研究所编：《泰国史》，广东人民出版社 1987 年版，第 182 页。

东南亚农业发展与国家现代化
——缅泰稻米产业面面观

这个法令最初只在曼谷及周边地区得到贯彻,直到 1903 年才在全国范围内实施。1905 年的法令规定,任何组织和个人不得将儿童卖为奴隶。1908 年生效的《暹罗刑法法典》规定:"强行运出、买进或卖出一个人做奴隶的,处以 1～7 年徒刑或课以 100～1000 泰铢的罚款。"始于拉玛四世时期的废奴运动在拉玛五世时期基本完成任务,使当时尖锐的社会矛盾得到缓解,在一定程度上解放了泰国的劳动生产力,推动了地主土地所有制的形成。①

华人在泰国的经济实践,在为泰国经济的快速发展做出贡献的同时,还使泰国的经济结构和社会生产关系发生改变,动摇了原先的社会生产关系——"萨迪纳"制,影响了泰国的社会制度和国民生活理念,泰国的经济水平和文明进程获得大发展。②

由于华人基本上不受"萨迪纳"制度的束缚,19 世纪的泰国稻米产业基本上为华人资本所控制,这个资本集团将大量的资金投到稻米生产、加工、储存和市场流通等领域。当时企业生产和零售批发等行业的资金背景分为两类:华人资本和官僚-华人混合资本。企业将产品供应给大零售商,大零售商将商品批发给小零售商,这些小零售商基本上都是华人。随着传统的小农经济解体,由华人开办的店铺遍布泰国各个城镇和农村。到 20 世纪初,华商的投资领域进一步增多,除作为中间商收购稻米和其他土特产品外,他们还在农村开展小额贷款业务。同缅甸农民一样,泰国国内能如期偿还债务的农民比例很低,负债累累的农民被迫将自己的土地抵押给债权人。随着越来越多的农民陷入债务危机,高利贷者手中的土地不断增多,这个利益集团开始介入农业生产领域。③ 失地的农民为了维持生存,被迫向土地富余的地主租种土地,成为地主家的佃农。耕地往新兴地主和华人高利贷资本集中,成为一种生产关系调整的新趋势。

拉玛五世颁布 1908 年法令,全面禁止奴隶制度在泰国境内存在,"塔特"这个"萨迪纳"制中的最低等级被正式废除。从 1856 年泰国国门被列强敲开,泰国国家历史步入"近代化"阶段,到 1908 年政府全面废除奴隶制度,这场社会生产关系调整经历了 52 年。土地所有权由国家下放,"私有"观念深入人心,农民以货币交纳租税的方式摆脱了对领主的人身依附关系,以新的身份从事稻米生产。劳动生产力的解放,导致"萨迪纳"制被摒弃,落后的封建社会体制逐渐被新的体制取代。

泰国政府于 1901 年将第一张土地证颁发给邦巴因区的王公和贵族,承认其土地私有权,标志着地主土地所有制建立起来。

泰国经济被卷入世界体系、泰国统治集团对社会生产关系的改革以及华人资本的崛起所引起的社会生产关系方面的连锁反应是地主土地私有制形成的推动因素,而颁发土地证一事意味着土地私有权已获得国家法律的承认和保护。民间买卖土地的现象虽然在 1850 年后就已出现,但是这种土地权利是不被国家认可的。邦巴因区的王公

---

① 段立生:《泰国通史》,上海社会科学院出版社 2014 年版,第 183 - 184 页。
② 段立生:《泰国通史》,上海社会科学院出版社 2014 年版,第 66 - 68 页。
③ [苏]尼·瓦·烈勃里科娃:《泰国近代史纲(1768—1917)》下册,王易今等译,商务印书馆 1974 年版,第 252 页。

和贵族凭借这张土地证获得了面积达 7.5 万莱的土地，这个地区的居民成为他们的佃农，因该地区是泰国人口最为稠密的区域，这些王公和贵族成为国内最大的地主。因此，王公和贵族是地主的主要来源。这些王公和贵族住在首都的宫殿里，他们作为"非耕作者"，并不对自己的田产进行直接管理和经营，而是将土地转包给华人经营，华人定期将利润分成上交即可。华人承包商雇佣外国劳工在这些土地上进行农业生产。① 这种地主类型被学者称为"外住地主"，在缅甸、老挝、柬埔寨等国家同样存在。土地私有权被国家认可的历史过程，也是地主制和"萨迪纳"制进行制度博弈的历史，在这个过程中，一种新兴土地制度得以确立。② 另外，由于泰国的社会改革是自上而下进行的，"小农占有土地"这种方式也被保留下来，以区别于缅甸的地主土地所有制。

总之，稻米产业经济发展引起泰国经济体系和社会生产关系的变化。新经济商业模式对传统交易模式的冲击，导致农民对领主的人身依附关系逐步瓦解、土地占有方式等发生变化。拉玛四世和拉玛五世的改革推动了地主土地所有制的发展，政府以法律形式确认土地私有权，标志着这种新型土地制度建立，悠久的"萨迪纳"制度彻底退出泰国历史舞台。

二、泰国华人资本的产生、发展与形成

关于海外华侨华人史的研究，经常会涉及海外华侨华人的经济活动，因而出现了"华侨资本"或"华人资本"这一经济学上的概念。就当前的情况而言，因为大多数华侨皆已加入居住国的国籍，外籍华人的人数大大超过华侨，所以当我们说到某个国家的华人的时候，往往会将那个国家的华侨包括在内。因此，华人资本实际上也包括了华侨资本。假如我们要对某个国家的华人资本做一界定的话，也许可以这样说，所谓某个国家的华人资本，指华人这个群体投资于该国经济领域建设的资产总和，这部分资产主要用来赚取更多的利润。

考察泰国华人资本形成的历史，应先从探讨稻米与华人经济活动的关系开始，即稻米产业对泰国华人资本产生和发展的影响。可以说，稻米产业是推动华人资本形成和发展的主要因素。我们通过下列几点来论证。

18 世纪初期清朝和暹罗稻米贸易业务的往来，使得当时中国广东和福建的许多居民常驻泰国，有力地保证了中暹贸易的正常进行，这个群体成为清朝最早的合法移民。

华人移民泰国有着久远的历史，但直到清朝初年以前，华人移民海外都是非法的，只能偷偷摸摸进行，一被发现就有被监禁，甚至被杀头的危险。为解决东南沿

---

① [苏]尼·瓦·烈勃里科娃：《泰国近代史纲（1768—1917）》下册，王易今等译，商务印书馆 1974 年版，第 344－345 页。

② [日]友杉孝：《泰国古代社会及其解体》，宋恩常译，《泰国农村调查研究译文》，云南大学历史研究所民族组 1976 年内部资料，第 29 页。

东南亚农业发展与国家现代化
——缅泰稻米产业面面观

海、广东等地的粮荒问题,康熙帝在 1722 年从暹罗使臣处获知"其地米甚饶裕,价值亦贱,二三钱银,即可买稻米一石"①的信息后,一改前朝禁止臣民移居海外的政策,鼓励广东、福建和宁波等地商人与暹罗开展稻米贸易等商业往来,这批商人成为清朝最早移居泰国的合法移民。据《嘉庆一统志》记载,广东澄海县商人拿着官府颁发的牌照到暹罗购买大米,向内地居民供应粮食,在海上来回奔波 40 多年,只有五六成的商人选择回乡。澄海一县如此,更可以想见整个福建、广东和海南岛有多少人移民暹罗了。据西方学者维克多·珀塞尔(Victor Purcell)估计,当时在暹罗首都阿瑜陀耶有华侨 3000 多人。②我们虽无法确定这个估计数字的准确性,但暹罗华侨人数众多已是不争的事实。这就是近代史上华人移民泰国的第一次高潮。

为了鼓励中暹大米贸易,清政府除了对运送大米来华的货船免征船货银外,还对运米 2000 石以上者赏给顶戴。③清政府这样做的目的是鼓励华侨多运些大米来中国,其意想不到的结果则是大大提高了华人移民的政治和社会地位。乾隆二十八年(1763)运米船商蔡陈等获赏九品职衔就是一例。④这在当时是足以光宗耀祖的大事。即使对没有获赏顶戴的一般华人移民来说,当他们返回故里的时候,也用不着像犯罪嫌疑人那样躲躲藏藏,起码可以昂起头来堂堂正正地做人,不再受歧视,不必再承担"自弃王化""通敌叛国"的罪名。中暹大米贸易给清政府的华侨政策带来了始料未及的变化。

清朝初年移民泰国的华人,很多人是携带着资金去的,这跟 19 世纪被贩卖到欧美地区的"猪仔"华工截然不同。前者是具有一定经济基础的自由民,后者是身无分文的契约奴隶。强调这一点十分有必要,目的在于说明早期华人移民泰国等东南亚地区跟鸦片战争后的"卖猪仔"有着本质的区别。一种是自愿的行为,移民者及接收国双方都喜闻乐见,因此华人移民能很快与当地社会相融合,华人移民带去的资金最终变成了当地民族资本的一部分。即使是没有携带资金移民的华人,他们的人身自由也是不受束缚的,不必承担任何契约义务。他们依靠自己的双手和大脑去寻求新的发展机会,实际上是用体力和智力去投资。所以,他们能够发挥主动性和积极性,在异国他乡创家立业。而被贩卖到欧美的"猪仔"华工,则是被坑蒙拐骗,身不由己的。他们仅仅是为了去履行"卖身契"中所规定的义务,因而情绪悲观绝望,很难振作起精神。而且,他们面临的是非人的虐待和残酷的剥削,受尽种族歧视,遑论融入主流社会了。

由此可见,大批携带资金或虽没有资金,但身份自由的华人移民涌向泰国,是日后泰国华人资本得以形成的先决条件。在大批华人移民泰国之前,泰国的大米只是粮食;稻米产业是在华人大规模移居泰国后,才作为商品农业发展起来的。

泰国从阿瑜陀耶王朝的戴莱洛迦纳王在位时开始实行"萨迪纳"制,即把全国

---

① 《清实录·圣祖实录》卷二九八,中华书局 1985 年影印本。
② Victor Purcell. *The Chinese in Southeast Asian*, Oxford University Press, 1996, p. 89.
③ 《清文献通考》卷二九七《四裔考》。
④ 《清实录·高宗实录》卷六八七,中华书局 1987 年影印本。

的土地按阶级地位和官爵高低分给每个人，地位最高的王族受田10万莱，地位最低的奴隶受田5莱，一般农民受田10～30莱不等。农民必须履行向王室或官吏服劳役的义务，才能取得耕种份地的权利，农民被束缚在土地上，并跟封建领主形成人身依附关系。泰国的社会经济一直在这种"萨迪纳"制的约束下缓慢地发展，长期处于自给自足的小农经济水平，很少发生商品交换。正如泰国著名学者披耶·阿努曼拉·查东在《泰人过去的生活》一书中说："日常生活的必需品，都靠他们自己生产。不能生产的，可以通过以物易物的方式去交换。泰国中部地区的人常说：'换米'，就是用多余米去换取他所需要的东西。"①

清朝初年，大批华人去暹罗贩运大米，在某种程度上打破了泰国农村长期封闭式、自给自足的状态。华人移民因为有自由身份，可以深入各个自然村落去收购多余的稻谷，然后加工成稻米，组织运输至码头口岸，再集中起来运往中国。这就造成泰国的稻米商品化之后，其加工、运输和贸易等环节皆被华人移民所垄断。当地农民被制度和法律牢固地束缚在自己耕作的土地上，只能年复一年地从事水稻的种植。正是从这个意义上说，稻米产业产生和发展起来，泰国的稻米才由粮食变为商品，华人成为泰国最早的稻米贸易商。

早期华人移民大都靠经营稻米贸易发家，这是泰国华人资本最初形成的一种普遍模式。

19世纪末20世纪初，泰国华人商业资本适应开放国门后的新形势，不仅基本上完成了从航运业经过包税业向稻米业的业务转型，而且完成了由前资本主义性质的商业资本向资本主义性质的工商业资本的转化。

马克思曾经指出，商业和商人资本比资本主义生产方式的出现要早得多。② 它是资本历史上更为古老的自由存在方式，商人资本发展到一定的水平，本身就是资本主义生产方式发展的历史前提，因为这种存在和发展是货币财产集中的先决条件。虽然如此，商人资本的发展就其本身来说，还不足以促成和说明封建主义生产方式向资本主义生产方式的过渡。资本主义制度的产生需要以更高的生产力水平为前提，只有在生产者同生产资料彻底分离，劳动力成为商品货币所有者，在市场上购买到劳动力这种特殊商品并由此获得剩余价值的现象普遍存在时，资本主义生产方式才得以建立起来。

那么，在泰国"萨迪纳"封建制度下发展起来的前资本主义性质的华人商业资本如何能够在实现经济转型的同时完成向现代资本主义性质的过渡呢？这个问题只有考虑到时代的特点，并且把华人经济放在世界经济、东亚及东南亚区域经济和泰国本国经济的大格局中考证才能加以说明。

19世纪末20世纪初，欧美资本主义已经由自由竞争阶段向垄断资本主义过渡，

---

① 段立生译：《泰国当代文化名人——披耶阿努曼拉查东的生平及著作》，中山大学出版社1987年版，第287页。

② 中共中央马克思恩格斯列宁著作编译局编：《马克思恩格斯文集》第7卷，人民出版社2009年版，第362页。

东南亚农业发展与国家现代化
——缅泰稻米产业面面观

东南亚地区也已先后沦为欧美列强的殖民地或半殖民地,成为资本主义国家的原料产地、商品市场和资本输出场所。泰国作为英属缅甸和法属印度支那之间的缓冲地带,虽在政治上保持了独立,其经济却已被深深卷进资本主义的世界市场之中,并在东南亚地区劳动分工中承担起专门为生产工业原料的其他殖民地提供粮食的角色。这样,为泰国"稻米经济"服务的华人商业资本也就日渐从属于工业资本与金融资本相结合的英美财政资本了。

泰国稻米的生产是在小农经济的基础上进行的,① 泰国农民虽为出口稻米到国际市场而生产,却没有因此而离开土地,完成生产者与生产资料分离的过程,这种情况极大地妨碍了泰国资本主义的形成和发展。不过,近代中国日益沦为半殖民地半封建社会,加速了中国农村的解体进程,大量的农民和手工业者经济破产,生存难以为继,被迫向泰国等东南亚国家迁移,为当地产业发展提供大量的劳动力。

据统计,1882—1892 年,从中国移民泰国的人数年均为 1.6 万人,到 1906—1917 年增加到 6.8 万人。到 1931 年,移民泰国的华人已累计达到 95.1 万人,其中绝大多数是劳工。他们是非农业部门的主要劳动力,不仅受雇于泰国政府部门,还参与市政工程、港口等公共设施建设,也在欧洲人、官僚和华人兴办的企业里工作,如火砻、货栈、驳船、锯木厂、锡矿、商店等,为他们创造了大量剩余价值。这样,从 19 世纪下半叶到 20 世纪初,在多种外来因素的巨大影响下,泰国"萨迪纳"制发生了深刻的变化,具备了产生资本主义的基本条件,并相继出现了三大资本集团:其一是《鲍林条约》缔结后涌入泰国的欧美洋行。他们在"二战"前一直控制着泰国的对外贸易,泰北柚木的采伐、加工和运输,泰南锡矿的开采和冶炼,垄断了西欧殖民地银行、海运公司和保险公司在泰国的代理业务。其二是在拉玛五世改革过程中资本化的王室和贵族资本集团。这个集团的中心机构是拉玛五世 1890 年建立的王室财产局(Privy Purse Bureau),它同时也是王室的投资公司,主要投资房地产业、电车道和火车道建筑业、船运业、商业银行业,以及诸如大米、水泥之类的加工业和制造业。作为工业银行的雏形,它还对欧商与华商提供信贷。由于每年国家财政收入的 10%~15% 要拨给王室财产局,这个集团成了当时泰国国内资本最雄厚的集团。其三是以商业活动为主,特别是以稻米的加工与贸易为核心业务的华侨、华人资本家集团。② 这个集团由于是在外国资本的冲击和王国政权的控制下出现的,主要由依靠国内政治势力积累财富的包税商、依靠洋行的买办和依靠华人商业网络从事亚洲大米贸易的曼谷华商组成。19 世纪中叶,泰国南部的华人曾试图发展甘蔗和胡椒等经济作物种植,但由于国际市场对泰国稻米需求的增加和蔗糖、胡椒市场竞争的加剧,泰国经济作物种植业未获发展。20 世纪初,泰国南部一度兴盛的华人锡矿业也因资金短缺、技术落后而被欧洲资本取代。这样,在 19 和 20 世纪之交,泰国华人资本家便主要从上述三种人群中产生了。

由包税商转化为现代资本家的华商有崛起于拉玛四世时期的高氏家族(Sue

---

① 陈大冰:《泰国华人金融财阀》,《南洋问题研究》1987 年第 2 期。
② 石维有:《泰国华商资本的兴起与发展研究 1855—1996》,广西师范大学出版社 2009 年版,第 30 页。

第五章　缅泰稻米产业发展对国家现代化进程的影响

Phisanbut)、刘氏家族（Phisonbut）和李氏家族（Chotikaphukkna），以及创建于拉玛五世时的张宗煌（Sophanodon）的金成利行、刘聪敏的刘鸣成行、刘继宾的刘源裕行、陈氏家族的陈常记栈等，他们的主要特点是与王室和贵族有着密切联系，被授予官阶，成为官僚机构中的一员。他们把通过包税积累的资金先后投资于稻米加工和贸易业[①]，从而在经济上逐渐从属于国际资本。拉玛四世时的高氏家族和拉玛五世时的金成利行就是最好的例子。

高氏家族的创始人高楚香是靠承包鸦片税发迹的，他还承包过盐税、苏木税、鱼税和出口税，被国王授予"披耶"这一贵族头衔。他曾拥有四艘帆船从事对外贸易，但到了他的子孙辈，家族生意已从航运业转向碾米业，建立了"高丰利"号米行，并拥有元盛米砻和元得利米砻等三个现代化的稻米加工厂。

张宗煌是拉玛五世时最大的华人包税商。他祖籍广东海阳（今潮州潮安），1900年移居暹罗，曾从事厨师、碾米厂工人、狱警等职业，后在塔克县娶一泰女为妻，通过其与清迈总督的亲缘关系先后获得了柚木租让权，赌场、酿酒坊和运输等行业包税权。1903年，张宗煌在曼谷建立公司金成利行，做起柚木和大米生意，同时充当北泰的鸦片、酒类、赌博和花会专利的包税人。他和他的儿子张见三都被授予"披耶"头衔。到1907年，这家公司已有6家分公司，业务涵盖港口、汽轮、驳船等领域，张宗煌父子还是许多皇家特许公司的发起人和董事。据估计，1910年这家公司的总资产达到300万泰铢，相当于国家当年税收的5%，成为拉玛五世时期最大的华资公司。不过自1911年开始，由于王室税收制度改革和税收承包商间的不正当竞争，金成利行遭遇了严重的财政困难，不得不向财政部、王室财产局以及欧人商业银行贷款，总金额高达180万泰铢。1913年，金成利行因还不起债务而宣告破产。

泰国的买办主要有两种，一种是为欧洲贸易商行服务的，另一种则是为殖民地银行服务的。买办阶层主要由香港、海峡殖民地等地的华人组成，他们曾在新加坡、曼谷等地的高校就读并获得文凭。这个利益群体在担任泰国洋行买办期间积累了一定资本，然后开始兴办企业。萧铿麟（Seow Kheng Lian）就是最好的例子，他先后担任德国、英国和美国等国洋行买办，后来建立了贸易公司，从事进口香烟批发和零售业务。

20世纪初，随着东南亚缅甸、印度支那和马来亚等殖民地经济的发展和泰国稻米产业的发展，一批从事稻米对外贸易的商人群体出现了。其采取独资经营的模式，全靠自己的力量，在曼谷建立稻米加工厂，在新加坡、中国香港和汕头等地设立贸易分公司和代销点，从事亚洲稻米消费区内的贸易业务。20世纪10年代高妈和的元盛发行和20年代李竹漪的李坤盛行就是这批独立企业的典型。

元发盛行的创始人高妈和出生于广东澄海，拉玛四世时来到曼谷，曾在高丰利行干活，19世纪70年代开始与高丰利行合办首家华人蒸汽米砻。随后其业务从米业扩展到洋货经销。1903年，高妈和在元发盛商行基础上扩建了元丰盛、元章盛、元和盛等三家稻米加工厂，雇用了1000多名工人，生产各种等级的大米供应亚洲甚至欧

---

① 袁伟强：《陈粪和家族发展史及其社会功绩》，《华侨华人历史研究》1997年第4期。

洲市场。另外，他还在香港建立了地区总部——元发丰行，在新加坡设立了元发栈作为分行。1910年，其子高晖石组建了泰国第一个华人商会并担任会长，参与创建泰国火砻公会（Thai Rice Millers Association）、天华医院和普英学校，显示出高妈和家族已在泰国经济建设中发挥重要作用。

李坤盛行的创始者李竹漪也是澄海人。1908年，他已入股李成栈和创建东益碾米厂等两家企业，这两家火砻的总生产能力达到每日500吨稻米，主要出口到中国香港、新加坡和欧洲。1911年，李竹漪联合金成利行等大公司组建暹罗碾米有限公司并担任该公司总经理，掌握了泰国四成的稻米贸易业务。1919—1920年的欧洲经济危机导致泰国稻米对外贸易锐减，许多由欧洲资本和华人资本投资的碾米厂纷纷倒闭。但这次危机没有使李竹漪破产，他通过收购和租赁很快恢复业务。1920年，李坤盛集团已掌握广兴盛、蚁兴利等10家碾米厂的经营权，稻米日产量为1360吨，约占泰国火砻总生产能力的17.9%。李竹漪在稻米出口方面也有很大的利益，他在中国香港、新加坡等地设立广源盛、鸣顺盛等两家分公司，到1929年控制了泰国60%的大米贸易。

20世纪初，泰国华商虽然在稻米加工和出口方面的实力已超过欧洲商行，但在金融方面仍停留在"钱庄"和"票行"阶段。① 为了满足业务发展的需要和摆脱欧洲银行的控制，1906年，新加坡的潮州籍商人创建的四海通银行在曼谷设立了分行。1908年，尧盛兴钱庄的所有者萧尧盛和包税商出身的金成利行、陈常记栈以及李竹漪等大米加工和出口商以300万泰铢资本组建了华暹银行，同年，"潮州帮"华商郑大孝、郑舜之又建立了顺福成银行，此后又出现了陈炳春银行等。这些华商银行的出现说明泰国华人资本在20世纪初已经形成并获得初步的发展。

正当泰国华人稻米加工业和出口业在20年代迅速发展的时候，起源于美国金融崩溃的世界经济危机突然向泰国袭来，米价一落千丈，给了泰国经济严重的打击。泰国稻米的出口额占泰国出口总额的60%～70%，1925—1929年泰国年均大米出口量为2339万公担，年均出口额约为16960万泰铢；而在1930—1934年，大米出口量为2572万公担，出口额却仅为9124万泰铢，损失十分惨重。② 经济危机对华人资本的打击尤为沉重，许多米砻被迫歇业。陈常记栈、刘鸣成行等包税商出身的老字号米业集团全都消失了，连李竹漪的李坤盛集团和高晖石的元发盛集团也因负债累累先后在1931年的7月和8月被泰国商务法庭宣布破产。不过，这次经济危机并没导致华人资本一蹶不振，危机中幸存下来的和危机后新建的一些华人家族企业逐渐填补了经济危机所造成的空缺，这些家族企业有：陈守明、陈守镇家族的黉利行，卢嶐川家族的裕隆行，马立群家族的马振盛行，蚁光炎家族的光兴利行，伍柏林家族的广盛行，廖公圃家族的荣兴行，许仲宜家族的老长发行和陈振敬家族的振盛利行等。其中，前五个家族企业在危机过后逐渐支配了泰国的稻米产业并且通过华人宗乡组织在华人社会中树立了自己的威望。

---

① ［日］李国卿：《华侨资本的形成和发展》，郭梁、金永勋译，福建人民出版社1984年版，第81-84页。
② 段立生：《泰国通史》，上海社会科学院出版社2014年版，第208-212页。

第五章　缅泰稻米产业发展对国家现代化进程的影响

陈氏家族簧利行是一家老字号企业，创始人陈慈簧1865年从潮州来泰，先从事航运业后转为国际贸易，大约于1870年创建簧利行，进口中国丝绸和洋货。1874年该行业务扩展到大米加工业，先后建立隆兴利、乾利栈两大米砻。其子陈立梅又增设两家火砻，并在香港的乾泰隆号外又在新加坡开设新分行陈元利号。20世纪20年代末，簧利行已成为位居泰国第三的稻米商，陈立梅也成了华人社会重要领导人物。簧利行经受住20世纪30年代经济危机的考验没有垮掉。1933年，陈立梅的儿子陈守明、陈守镇创立了资利栈银行和銮利保险有限公司，为簧利行的稻米出口提供贸易信贷和保险服务。1938年又创立簧利股份有限公司，内分五部，总资产近2000万泰铢，成了30年代末泰国最大的华人企业。

卢氏家族裕隆行的创始人卢贡珍从贸易中发了财。其子卢飑川曾在簧利火砻工作多年并娶陈慈簧的二女儿为妻，后创立自己的霖兴栈火砻，20世纪20年代初已拥有五间火砻并出任泰国火砻公会会长。30年代经济危机过后该行也涉足银行业与保险业。

马氏家族马振盛行创建人马棠政是火砻机械师出身的，因修好陈常记栈的进口机器而名声大噪。1917年建立马振盛火砻，其子马立群继承父业，以其技术优势建立了两家现代化的新火砻。经济危机后与其他米商合资组建王福有限公司，从事海上保险、外汇交易与航运。

伍氏家族广源隆行的创始人伍淼源（Mr. Ung Miao Ngian，别号伍蓝三）是做泰北柚木生意发迹的。他在1901年建立广源隆号，1908年租有大片森林，拥有广金隆锯木厂，并且把生意扩展到火砻业。其子伍毓郎获得泰国官僚的两座火砻并在新加坡，中国香港、上海开设分店直接销售本行出口的稻米，伍毓郎的大儿子伍柏林（1901—1948）除继承广金隆外又建立广源隆、广泰隆两家锯木厂和广高隆贸易公司，还与英商合资建立洛克斯利稻米有限公司（曼谷）[Loxley Rice Co.（Bangkok）Ltd.]，直接向欧洲出口稻米。伍柏林创建的广盛行度过经济危机的艰难日子后，于1932年建立广高隆银行和广安隆保险有限公司。伍毓郎的二儿子伍竹林与泰国政府和人民党建立了友好关系，成为许多国家赞助公司的董事和经理，其三子留学德国，30年代开始代理德国五金制品。上述家族企业内的分工和经营策略使伍氏家族的企业不仅成为客家人最大的企业，而且成为泰国政府和人民党最可靠的商业伙伴。

五大家族企业中发家最晚的是蚁光炎创办的光兴利行。蚁光炎1901年才从越南来到泰国从事湄公河驳船业，后建立光兴利行，拥有大小驳船50余艘。20世纪30年代蚁光炎初涉足稻米加工业，经历经济危机后拥有光兴泰、光顺利、光顺泰三家米行。1938—1939年蚁光炎担任泰国中华总商会主席，积极支援中国的抗日战争，1939年12月遇害身亡。

上述这些经济危机中的幸存者和危机后新兴的企业具有若干共同点，如企业的领导人多为在泰国出生的第二、第三代华人，更能适应当地政治经济环境的变化；在经营米业外涉足其他业务，产业多元化，分散经营风险；吸收若干现代化的经营理念，并与国际资本建立联系，因而他们更能适应世界经济形势的变化。

在世界经济危机的背景下，1932年泰国发生了人民党领导的"立宪革命"。这次

东南亚农业发展与国家现代化
—— 缅泰稻米产业面面观

"革命"结束了君主专制的长期统治,建立了君主立宪制,对泰国社会经济的发展产生了深远影响。

新政权在建立之初因忙于内部权力斗争而无暇顾及经济问题。1938年年底,銮披汶出任总理,把国名由暹罗改为泰国,以民族主义思维来发展国家经济,① 提出泰族人应在经济建设中发挥主导作用。銮披汶政府一方面采取严厉措施限制外侨经济的发展,如将华侨入境税从6泰铢提高到200泰铢以限制华侨入境,增加"中文招牌税",规定企业必须使用泰文记账,公布限制外侨职业法令等;另一方面运用国家财政投资兴办一批国营企业,如泰国米业公司、燃料公司、矿山开发公司、泰国航空公司等,从而将国家经济命脉掌握在军人集团手中。銮披汶政府的这些政策,特别是将稻米的收购、批发、加工和出口业务收归国家经营,对泰国华人资本造成巨大的冲击。据泰国米业公司的报告,该公司成立后一年多,稻米日加工能力便达到4000吨,相当于当时开业的44家米砻日加工能力的48%,该公司还控制了泰国70%~80%的稻米出口。

不过,銮披汶的这些政策并没能将华人资本排斥出泰国经济体系,其原因在于:第一,这些政策的主要目标是限制外侨,只要华侨加入泰国国籍成为泰国公民,便不受其限制;第二,泰国国营企业的快速发展是靠征用和收购华人企业实现的,如泰国米业公司就是在短期内征购27家华人米砻的基础上组建的,但是国营企业组建后缺乏经营管理人才,不得不求助于华人企业家,如马振盛行的马立群被任命为泰国米业公司的总经理,伍氏家族的伍柏林被委任为泰国尼扬帕尼奇有限公司(Thai Niyom Panich Co. Ltd.)的经理,陈黉利家族的陈守明被任命为泰国产品贸易公司经理等。这些华人大企业掌门人为了保住自己和家族的利益,纷纷加入泰国国籍并改用泰名(如马立群改称Bulakun,卢胘川改称Bulasuk),以泰国公民身份协助政府经营企业。这样,銮披汶政府上述政策实施的结果是不但没能排除华人资本,反而加速了华人资本的本地化进程,并使华人资本从过去依附于王室转而依附于官僚、军人集团,② 由于太平洋战争的爆发,这种新的关系还未得到充分发展。

第二次世界大战结束后,为确保粮食和外汇收入掌握在国家手里,泰国政府加强了对稻米加工业和出口业的控制。1947年銮披汶二次上台执政后再度推行民族主义经济政策。他于1953年公布《国营企业法》,全面施行国家主导型工业化政策,相继建立近百家国营企业。与此同时,政府网开一面,鼓励泰国华人投资银行业,以取代行将卷土重来的外资银行。在这一政策鼓励下,华人资本纷纷转向金融业。1944至1951年间新成立的8家商业银行和25家保险公司绝大多数是华人经营的。这些新成立的银行与战前专为米业服务的单一家族银行有所不同,它们是在广泛征集各界华商要人入股的基础上组建的,具有银行自身的独立性。20世纪50年代初,泰国形成了战后五大华人金融集团,分别是:亚洲信托/盘谷银行集团、泰华集团、蓝三·黉利集团、大城集团和源联泰集团。

---

① 葛兆光:《当"暹罗"改名"泰国"》,《读书》2018年第11期。
② 杨艳:《泰国华侨资本的形成和发展》,《甘肃社会科学》1999年第A1期。

亚洲信托/盘谷银行集团是由从事商品进出口和黄金贸易的潮阳、澄海籍华商陈弼臣、周修武、郑景云、林伯岐等人创立的。这个集团的核心企业和前身是1944年建立的盘谷银行。陈弼臣自1952年出任盘谷银行总裁后成了该集团的掌门人，1958年盘谷银行分行已发展至19家。

泰华集团是由从事染料生意的余子亮和郑午楼、苏君谦等组建的。其核心是京华银行。属下的主要企业有暹罗保险有限公司、大地温沙有限公司、泰京保险有限公司、南华保险与堆栈有限公司等。这个集团的许多成员是"二战"前汇集在潮州米业贸易公司的各县潮商。

蓝三·赉利集团主要由伍蓝三家族、刘汉华等客家人组建。他们在1944年创立泰国农民银行，并以此为中心建立人身保险、航运、贸易、采矿和制造等公司，这个集团还与潮州人的资利集团建立了紧密的联系。

大城集团是普宁人王慕能、洪天涛等以泰国东北米砻公会和锯木公会为基础形成的。1950年，陆军司令炳·春哈旺元帅接管1944年成立的大城银行后任命王慕能为该行总经理，王慕能以此行为中心创立大城保险有限公司和大城人寿保险有限公司，并与军方企业密切合作。

源联泰集团是建筑承包商张兰臣领导的。张兰臣因承包中央邮局、国际机场和国营烟厂等国家项目发迹，1947年出任泰国中华总商会会长。1949年他征集了各属华商150余人，成立了曼谷联合银行，并组建了多家保险公司。

以上五大金融集团的崛起除了得益于当局的银行民族化政策外，还获得了泰国政界、军界要人的庇护。

"二战"后泰国推行反共政策，华商为了自身和企业的安全常寻求政界、军界要人的保护，而政界、军界领导人也极欲从华商方面获得资金和管理人才，并取得国家预算外的财源以扩大自身的政治势力。这样，"二战"前由军人集团初步建立起来的华商与军事官僚的联盟便在新的历史条件下获得了发展。① 这种政商联盟有两种主要形式，一种是邀请军界高官担任公司董事，另一种是华人资本以资金、技术方式入股国有企业。例如盘谷银行集团董事长陈弼臣于1952年邀请经济事务部副部长西里·实寮丁担任盘谷银行董事长，政府则提供3000万泰铢给盘谷银行，使之增资至5000万泰铢，从而成为泰国当时最大的银行；泰华集团享华保险公司邀请炳·春哈旺元帅的女婿巴曼·阿滴列汕陆军准将参加董事会，源联泰集团旗下的首都保险公司1953年改组时也邀请多个军事将领加入董事会；又如多个大城集团成员参与军人集团牵头的许多项目。由于有政策上的鼓励以及军界和政界要人的庇护，50年代在华人米业和制造业萎靡不振之时，却出现了华人金融业一枝独秀的局面。

1950年后，华人资本在金融领域取得巨大成功。华资银行1957年的资金储存量是1950年的3.5倍，1957—1967年这10年间更增长了760%；华资银行1951年的资金储存量占泰国银行资金储存量的比重为33.3%，到1972年增加至68%。随着华人银行业的快速发展，华人银行资本结构发生了两方面的明显变化：一是集团内部资本

---

① [日] 李国卿：《华侨资本的形成和发展》，郭梁、金永勋译，福建人民出版社1984年版，第88页。

东南亚农业发展与国家现代化
——缅泰稻米产业面面观

所有权从多数人共有逐渐集中到四大家族手中;① 二是全国存款和信贷大都汇集到四大家族所掌握的银行手里。例如,盘谷银行在1952年政府注入资金时,官方持有股份曾一度占60%,但1972年银行注册资金发展到5亿泰铢时,官方持有股份比例反而下降至15%,而陈弼臣及其家族持有的股份却增至33%,成为最大的股东;郑氏家族在京华银行中所持股份也从1950年的11%上升到1979年的44%;泰华农民银行由伍蓝三家族所控股;大城银行自王慕能意外去世后由李木川领导,1960年李只拥有26%的股份,但1972年已增至42%。又如1962年这四大家族旗下银行存款占市场份额的32%,而1972年已升至57%。

20世纪60年代后,随着工业化的进展,四大家族扩大其业务至非金融领域,出现了以银行为中心的跨行业的综合企业集团。如陈弼臣家族生意拓展到纺织业、制糖业,郑氏家族涉足酿酒业,李氏家族进入制粉业,伍氏家族投资食品工业等。到了20世纪70年代末,他们属下的非金融企业已有近300家了。

1957年9月,沙立元帅发动军事政变,推翻了銮披汶政权;翌年10月,他宣布废除宪法,解散国会,实行军事独裁统治。为了摧毁长期控制国营经济的銮披汶集团的经济基础,沙立政府接受了世界银行经济调查团的建议,限制国营经济的发展,取消国家主导型经济政策。1960年政府制定了新的工业投资法,授权投资局主管一切促进工业发展事宜,鼓励本国和外国私人资本投资工业,② 提高进口关税以保护国内制造业的发展。1961年,沙立政府制定了第一个经济发展六年计划(后改为五年计划),开始全面实施民间资本主导型工业化政策。

1963年沙立病逝,其继任者他侬和巴博继续推行这一政策。泰国制造业在此后的20年里获得高速发展。1950—1957年制造业产值年增长率为5.6%,第一个五年计划期间达到10.2%,第二个五年计划期间达到9.2%。1960—1980年这20年间年均增长率为9%。制造业在整个国民经济中的比重从1960年的13%上升至1980年的20%。与此同时,泰国国内出现了以纺织、汽车组装、钢铁制品、家电、化学制品等制造业为主体的新兴资本集团。日本著名的泰国问题研究专家末广昭曾于1979年对泰国境内100强企业进行研究,发现泰国有大型企业61家,其中24家以工业为主。这24家大型工业企业除了最大的一家属于王室财产局所有外,其他23家均为华人所有,足见在实施以民间资本为主导的经济政策过程中,华人制造业获得空前的发展。这些华人制造业集团主要有:纺织业吴乾基家族的泰美伦集团、汽车制造业陈龙坚家族的暹罗摩托集团、日用品工业李兴添家族的协成昌集团等。

在20世纪六七十年代发展起来的这些华人制造业集团有如下五个值得注意的特点:其一,和华人银行家一样,所有的华人制造业企业家都取得了泰国国籍,使用泰文名字,其中大多数是接受泰语和英语教育的;其二,华人银行家多是从祖辈、父辈手中继承产业,具有大学学历,而大部分华人制造业企业家是企业集团的创始人,他们的受教育程度不高,是新兴的资产阶级;其三,他们中大多数是从工业品的进口商

---

① 陈大冰:《泰国华人金融财阀》,《南洋问题研究》1987年第2期。
② [日]李国卿:《华侨资本的形成和发展》,郭梁、金永勋译,福建人民出版社1984年版,第89页。

转型为制造商的,少数则是由大米出口商转型的;其四,他们转型制造商的原因是政府实施进口替代型的产业政策,而他们的发展也得益于政府的优惠政策和保护措施;其五,他们在资金和技术上严重依赖外国资本特别是日本资本,据统计,泰国24家工业集团的211家制造厂中有77家与外资合营,其中日资占了62家。因此,与华人金融业不同,制造业的发展主要是受惠于政府促进工业发展的政策以及与外国资本的联系,而不是依靠军人集团的直接支持,暹罗机器集团和泰美伦集团就是典型的例子。

暹罗机器集团的创立者陈龙坚(Thawon Phornprapha)"二战"前与陈同发合伙做进口旧汽车和五金制品生意。"二战"后,陈龙坚赴日考察,与日产汽车公司取得联系,于1952年建立暹罗机器有限公司进口和推销日产汽车。在銮披汶掌权时期,公司遇到不少困难,举步维艰,惨淡经营。沙立上台后,公司于1962年与日方合资组建暹罗机器与日产有限公司,利用日产公司的长期贷款和技术支持在国内组装日产汽车,并成为日产汽车在泰唯一的代理商。1967年,泰国政府决定采用日产的"蓝鸟"型公共汽车以代替英式"奥斯汀"车,此举给了暹罗机器大发展的机会,营业额从1963年的1.62亿泰铢上升至1967年的12.32亿泰铢。围绕着汽车制造业的发展,陈龙坚还利用外国特别是日本的资金和技术建立了20多家生产汽车、摩托车与自行车部件的合营公司,开设了为购车者提供贷款的借贷公司并进而向矿业、商业和房地产业发展。

泰美伦集团的创始人吴乾基原先从事进口棉织品生意,曾从军队获得一项批发和制造军服的合同,租得国防部属下的一家纺纱厂。1957年,他将此纱厂改成私营的泰国纱厂有限公司,一年后又建立泰国被服厂有限公司。20世纪60年代初泰国最大的纺织厂是国营的泰国纺织有限公司,那时吴乾基在纺织行业里还是无名小卒。1962年,吴乾基与日本的敷纺和野村贸易商社合作,由他提供厂房和地皮,日方提供机器设备资金和技术,改建原泰国被服厂,使之一跃成为东南亚最大、最现代化的棉纺厂。1966年和1968年,吴乾基又与日本伙伴合建两家新的纺织公司,并以这些合资公司为骨干组成一个大型纺织集团,下设13个分厂,建立了从原料制造到成衣生产的垂直生产体系,成了泰国最大的纺织集团。其他制造业部门的私人资本集团如协成昌集团和协联集团等也都经历了与外资合作的相似发展过程。

20世纪六七十年代泰国进口替代型产业的发展与农业的支持分不开。农产品的生产和出口为工业发展提供原料、资金和国内市场,而农业本身也在这一过程中发生了深刻的变化。[①] 1960年年初,大米、柚木、锡和橡胶的出口额仍占据泰国出口总额的70%,由于泰国实施了农作物多样化政策,引进了木薯、玉米、甘蔗等良种,1975年这四种传统的农业出口商品出口额在出口总额中的比重已降至17%,而新作物出口额所占的比重则由1960年的11%增至39%。20世纪70年代后半期,随着泰国经济由进口替代型向出口导向型发展战略的转变,一批从事农、牧、渔产品的生产、加工和出口的新型华人农工贸集团相继登场。如从事饲料加工和冻鸡出口的正大

---

① 石维有:《农业资本的兴起及其对我国农业改革的启示》,《广西社会科学》2009年第7期。

集团（谢易初家族），从事化肥制造及面粉、木薯加工与出口的美都集团（刘哈泰家族），从事大米、玉米加工与出口的顺和成集团（张锦程家族）和马振盛集团（马钧利家族），专事蓖麻深加工的响那那斑集团（陈卓良家族）以及生产金枪鱼罐头的尤尼科德（Unicord）集团等。这些农工贸集团和传统大米商的不同之处在于：第一，他们把原料的生产、加工，制成品的储藏和销售的整个过程统一起来，形成一条龙的垂直体系，将农业、工业和商业活动囊括在同一集团中；第二，他们所加工的产品全部销售到国际市场，因而能享受政府出台的特殊政策优惠，在1977年新的投资促进法公布后更是如此；第三，他们的企业就地取材，利用本国的原料和廉价劳动力，具有自身的优势，易于获得本国银行的贷款，形成大型综合企业集团，如正大集团、美都集团、鸿益成集团等都得到了盘谷银行的贷款支持；第四，跨国公司也乐于为他们提供高水平的生产技术和国际市场。正大集团的种鸡、种虾就是由其合资者美国爱拔益加育种公司（Arbor Acres Fram Inc.）、日本三菱公司提供的，加工技术和国际市场则是由日本合作者提供的。由此可见，这种农工贸集团是华人农产品出口商、华人银行、泰国政府和跨国公司四大经济势力结合的产物，[①] 它们成了泰国外向型经济的重要支柱，对国民经济的发展起着重要的作用。

进入20世纪80年代以后，随着城市建筑业的兴起和地价的上升，华人房地产集团也应运而生。泰国最早的住宅投资热潮可追溯到1976—1979年。此后，1983年、1987年又先后出现了新的房地产投资热潮，20世纪80年代后期由于日元升值、日本投资增加和旅游观光业的发展，泰国更是出现了空前的建设住宅、旅馆和高层建筑的热潮。

泰国华人房地产集团大体上可分为两类：一类是金融和非金融行业集团，如四大金融集团及其他工业集团和农工贸集团自20世纪60年代末以来在房地产方面的投资，其中最引人注目的有京华银行投资建设的曼谷世界贸易中心和大城银行的住宅建设投资。另一类是在20世纪70年代后期发展起来的专门从事房地产业的新兴集团，如黄子明家族的曼谷置地集团和马陈茂家族的玲英豪集团。曼谷置地集团在曼谷市北国际机场附近一片面积3000莱的土地上，独资发展了一个卫星城市——通城新都（Muang Thong Thani），整个计划耗时12年，耗资107.66亿美元。曼谷置地因此成为泰国最大的上市公司，市值高达52.2亿美元。玲英豪集团近二三十年来经营房地产、酒店、建材以及金融信托等行业，并在全泰拥有数万莱土地。此外，在銮披汶两次执政时期因米业受到限制而被迫将资金转向投资房地产的一些大米商，这时也因地价空前高涨而成了大物业发展商。

进入20世纪90年代后，泰国电信工业发展迅速，出现了知识经济型的企业西那瓦电脑和通信集团。该集团的创始人是大名鼎鼎、后来出任总理的他信·西那瓦。他信依靠自身的技术优势以及与政府、跨国公司的良好关系，获得了多项专营权，建立了泰国最大的电信集团。该集团在22家公司持股，其中5家为上市公司，市值达80亿美元。该集团还前往菲律宾、柬埔寨、老挝及印度等地拓展业务。这一例子反映出

---

① 高伟光：《华人资本主义在泰国》，《赣南师范学院学报》2009年第2期。

第五章 缅泰稻米产业发展对国家现代化进程的影响

20世纪90年代泰国华人经济的若干新特点。不过，总的说来，在20世纪90年代中期，大量国际游资主要还是投向传统产业特别是房地产业，泰国房地产过热的现象逐渐引起了人们的关注。

考察泰国华人的发家史，不难发现这样一个规律：许多泰国华人望族的祖上都曾经营过火砻业（碾米业）或米行。比如，泰国中华总商会前会长的郑明如先生（Boonsoong Srifuengfung），其父亲郑添水曾在素攀办过一家碾米厂，后又在曼谷经营复兴发大米行。百信集团的创建人陈威峰（Prasong Panichpakdee），其父亲陈作忠于20世纪30年代从家乡远赴泰国谋生，曾从事稻米贸易，开设锦顺栈米行，后来经营房地产业。据《福布斯》杂志估计，1994年陈氏家族拥有资产约3亿美元。鸿益成集团的创建人廖景辉（Phorn Liaophairat）曾在沙拉武里府经营碾米厂，1946年迁到曼谷，经营大米出口，到1989年该集团发展到属下共有30多家企业。胡玉麟（Sman Ophaswongse）家族一直是泰国主要的大米出口商，其属下的汇川米业有限公司执泰国米业之牛耳。据《福布斯》杂志估算，1996年胡玉麟家族拥有约10亿美元财富。黉利家族企业集团是泰国一个历史悠久、影响巨大的华人财团，其创始人陈慈黉创办黉利行的最初目的就是运销大宗稻米。1871年，其在泰京湄南河畔开设了一家机器碾米厂，以后又开办了多家，并把大米生意拓展到越南。陈立梅时期，黉利行租赁了轮船数艘，航行于汕头、香港、越南、泰国、新加坡之间，以载运大米为主。第一次世界大战期间，黉利家族因经营大米生意而获利甚丰。20世纪30年代，黉利家族已有7家碾米厂，每年出口大米30万吨，该家族辖下的香港乾泰隆行、乾昌利行、黉利栈则成为当时香港最大的大米进口商和批发商。在此基础上，黉利家族创办了资利银行和保险公司。另外，黉坚藩家族的京都米行有限公司是当今泰国三大出口米商集团之一，从1957年创办第一间小型碾米厂开始，到1999年该公司已有职员200多人，加工大米能力100万吨，仓储量30万吨。黉坚藩还荣膺泰国大米出口商公会第15、16届理事长。廖汉渲（Prachai Leophairatana）家族在泰国定居已历时四代，其最初创立鸿益成商号时也主要是经营稻米贸易，后向纺织业和饲料业发展，最后进军石油化工业，成为泰国最大的石化下游产品生产商，并控制泰国金融证券公司和曼谷联合保险公司两家上市公司。据《福布斯》杂志估算，1996年廖汉渲家族拥有资产约18亿美元。蓬·沙拉信（Pong Sarasin）家族的创始人是一位名叫黄天喜的华人医生，曾为泰国王室服务，获赐姓"沙拉信"。早期经营一家碾米厂，后创办兴业银行及泰南贴（可口可乐）公司。因其家族成员在商界政界声名显赫而被称为"泰国的肯尼迪家族"。据《福布斯》杂志估算，1996年沙拉信家族拥有的资产约为20亿美元。群侨集团的创始人马棠政于1888年移居泰国，最初就是通过维修碾米机发家的。当时华商多从欧洲购买碾米机，并依靠欧洲技师维修，工钱昂贵。马棠政擅长修理碾米机，技艺精湛，收费低廉，故深得碾米商欢迎。他用维修碾米机积累下来的资金开办振盛火砻行，后又向汇兑和保险业发展。群侨集团到现在已成为拥有20多家企业的集团。胜通米业集团的创始人马定伟经营米业富有开拓精神，他多次到非洲、中东、南亚和菲律宾等地推销稻米，深得当地政府和商人的信任，甚至被阿曼苏丹国政府任命为该国驻泰王国全权总领事。他扩大了泰国稻米的国际销售市场，使胜

东南亚农业发展与国家现代化
——缅泰稻米产业面面观

通米业集团发展成以稻米为龙头的多元化企业。① 我们似乎用不着举更多的事例来证明早期华人移民依靠稻米发家这一普遍模式了。总而言之,截至第二次世界大战爆发前夕,泰国的稻米产业几乎被华人垄断,这已是不争的事实。据泰国商业厅调查,1929—1938年,全泰国共有大小火砻942家,几乎全是由华人富商经营的,员工亦多是华人。②

稻米文化是促成泰、华族群融洽相处的共同文化基础。③

泰国和中国一样,是世界上最早种植水稻的国家之一。在长期种植水稻、依靠稻米为生的基础上,形成了传统的稻米文化,即在稻米的种植、加工、消费过程中逐渐形成的一整套生产流程,以及历法知识、生活习惯、风俗信仰、文学艺术等等。比如说,稻米的生产流程中一般要有播种、育秧、栽秧、薅草、施肥、收割、打场、碾米等工序,每道工序都要符合一定的节气,所以泰国和中国一样,都使用太阴历,由太阴历又推算出十二生肖。泰国的十二生肖基本上跟中国的一致,唯一不同的是用"象"代替"猪"。以稻米为主食决定了华人和泰人在饮食文化上有许多相似之处——相似的嗜好、相似的口味、相似的烹饪方法。稻米除了做成米饭食用外,还可以做成米面、米粉、米糕、肠粉、年糕等食品。特别是伴随着大批华人移民泰国,像潮州小吃、客家饭菜、海南风味都进入了泰国的正宗食谱。与水稻种植有关的民间风俗也保留至今,例如,每年春耕时节,泰国国王都会在皇家田广场亲自扶犁,举行春耕仪式;遇到天旱,除了派出飞机实施人工降雨外,农村还会举行抬着母猫游行的祈雨活动。宗教信仰方面,跟稻米有关的信仰亦颇多,如对土地的崇拜、对水神的崇拜、对风雨雷电万物有灵的崇拜,以及随之而来的祭祀活动。在文学艺术方面,中、泰民间流行着许多跟稻米生产有关的诗歌、小说、戏剧、舞蹈、音乐、绘画等文艺作品,从中都可以找到一些相同点。总而言之,稻米文化作为一种相同的文化背景,使得华人移民很容易和当地的泰人产生共同的语言、共同的信仰、共同的生活习惯和共同的心理素质,再经过通婚,实现水乳交融的民族融合,以致最后都分不出谁是华人、谁是泰人。华人资本也就理所当然地成为泰国民族资本的一部分。

前面说过,泰国华人资本的形成与稻米有着不解之缘。现在接着要论述的是,泰国华人资本的发展全靠"一米带百业"。即是说,从经营米业开始,积累了一定的资金以后又向其他行业发展。我们可以通过对华人家族的个案分析来加以说明。

蓝三家族是泰国历史悠久、经济实力雄厚的华人大家族之一。原姓伍,客家人。其创始人伍淼源于19世纪60年代从广东嘉应(今梅州)移民泰国,初期经营碾米厂和稻米贸易,后向金融、保险、制造业拓展。

除了蓝三家族发展到72个企业外,大城银行集团也发展到30个企业,曼谷银行集团发展到87个企业(尚未包括在泰国境外投资的26个企业),京华银行集团发展到77个企业,国泰信托集团发展到38个企业,陈财发集团发展到25个企业,BPI集

---

① 参阅梁英明主编:《华侨华人百科全书·经济卷》泰国相关条目,中国华侨出版社2000年版。
② 参阅梁英明主编:《华侨华人百科全书·经济卷》泰国相关条目,中国华侨出版社2000年版。
③ 段立生:《中国与东南亚交流论集》,泰国曼谷大通出版有限公司2001年版,第97页。

团发展到47个企业,暹罗机器集团发展到53个企业,泰国被服厂工业集团发展到26个企业,正大集团发展到62个企业(尚未包括在泰国境外投资的33个企业),鸿益成集团发展到31个企业,广顺利集团发展到18个企业,拉明顿·萨哈坎集团(Laem Thong Sahakan)发展到17个企业,群侨集团发展到20个企业,美都集团发展到24个企业,顺和成集团发展到15个企业,泰伦亮集团发展到17个企业。① 这里只是举其荦荦大者,还有许多华人家族没有被提及,但他们经营企业的多元化趋势十分明显。

泰国华人资本向业务多元化发展是为了顺应时代的需求。20世纪50年代,泰国步入商业社会,商品经济有了很大发展,进出口贸易日益增多,此时泰国的商业银行的数量及业务范围已无法满足经济发展的需要。此前,泰国仅有的几家商业银行都是由西方人办的,华人资本不失时机地转而投资银行和金融业,先后办起了盘谷银行、泰华农民银行、大城银行、京华银行等,对泰国的经济产生了重要影响。一方面,华人创办的商业银行对泰国的稻米、橡胶等传统农产品的出口给予很大的支持,扶持了不少中小型企业;另一方面,也使得华人资本从整体上增长迅速,成为华人金融资本形成的重要标志。进入20世纪60年代,华人资本开始转向投资工业,例如吴玉音家族投资钢铁工业,郑明如家族投资化工工业等。据统计,到1972年,泰籍华人投资创办的工业企业(不含小型工业或家庭工业)累计已达2000家,投资工业的资金达到3亿美元,占全泰工业投资总金额的90%。② 华人工业资本在泰国国民经济中占了极大的比重。随着泰国政府实施社会经济发展计划,在不同的时期提出了不同的战略发展任务,华人商业资本也顺应着时代发展的需求,分别向建筑、百货、酒店、旅游、通信等各种行业投资,使泰国经济在20世纪80年代后期至90年代初期一直保持着两位数的增长率。

三、泰国乡村政治的兴起与发展

在原有的社会经济结构和发展模式下的既得利益群体,对任何可能涉及社会经济变革的政治动向,都会表现出明显的政治保守倾向,以免影响他们在泰国社会经济发展的收益分配体系中的有利地位。泰国20世纪60年代的社会经济发展,特别是以曼谷为代表的城市社会经济的高速发展,很大程度上要归功于对农村资源的政策性占有与支配。作为世界著名的稻米出口国,泰国工商业发展的原始资本积累,依靠的正是农产品特别是稻米出口创汇。政策性地压低稻米收购价格,不仅为城市工商业提供了工业化所需的巨额启动资金,而且降低了城市劳工的生活成本,为劳动密集型产业雇用廉价劳动力创造了十分有利的条件。有学者评价指出,"泰国农业担负了为国家工业化发展积累资本、提供食品及原材料,以及输送廉价劳动力的三大任务","正是因为有了来自农业的源源不断的支持,才使得泰国避免了某些发展中国家因工业化资

---

① 梁英明主编:《华侨华人百科全书·经济卷》,中国华侨出版社2000年版,第619-648页。
② 梁英明主编:《华侨华人百科全书·经济卷》,中国华侨出版社2000年版,第415页。

东南亚农业发展与国家现代化
—— 缅泰稻米产业面面观

金不足而大举借债,以至于跌入'债务陷阱'的危险"。① 泰国的第二个国家经济与社会发展计划(1967—1971年)更是明确提出"以农扶工"的指导方针。但问题在于,"重城市,轻农村"的政策路线,在推动了城市特别是曼谷的工商业经济高速发展的同时,却严重忽视甚至刻意压制了农村地区的社会经济发展。20世纪70年代初,泰国的农业产值占国内生产总值的比重已降至三成以下,但农村人口占全国总人口的比重却保持在七成以上,从而使得城乡差距、贫富差距以及地区差距日趋明显。

无论是王室、保王派、曼谷政商集团、军人集团,还是地方豪强势力和城市中产阶级,都是城市社会经济高速发展的既得利益群体,因此他们对"重城市,轻农村"的政策路线有着相同的认知与坚持。与此相对,泰国共产党是具有民粹主义倾向的代表农民利益的政党,因此在泰国的政治转型以及社会经济发展道路的选择等问题上,势必与既得利益群体的计划安排背道而驰。② 在泰共的影响下,20世纪70年代中期的曼谷学生运动逐渐倾向于激进左翼的政治道路,要求通过政治改革甚至革命的方式,赋予社会底层群体政治话语权,并突破社会经济发展收益分享的城乡壁垒,切实推动农村地区的发展,改善农民的生活水平。泰共与左翼学生运动的政治诉求已明显触及泰国中上层既得利益群体的政治底线,使得后者从起初的开明革新立场逐渐转向了右翼的保守主义立场,甚至是极右翼的反动立场,组建右翼武装来维护乡村原有的统治秩序。

乡村巡逻队成立于1971年,起初是边境巡逻警察与内政部联合发起的农村反共组织。由于王室对边境巡逻警察有着深厚的政治影响力,随着1973年副总理兼内政部长、陆军总司令巴博流亡海外以及内政部影响力的下降,乡村巡逻队很快就成为极右翼的保王派政治力量。20世纪70年代中期,乡村巡逻队的运作模式为城市地区所效仿,通常由商业领袖、政府公务员或是其他社会知名人士牵头组织,并得到了王室的直接关照与庇护。③

极右翼组织的兴起,使得针对左翼人士的暴力事件日趋频繁。例如,成立于1974年的左翼组织泰国农民联合会(Farmers Federation of Thailand)就是主要的受害对象。1974—1975年,至少有21名泰国农民联合会成员遭到极右翼组织的暗杀。④ 再如1976年2月,泰国社会主义党(Socialist Party of Thailand)领袖布沙侬·旁永雅纳(Boonsanong Punyodyana)在自家住宅外被暗杀。此外,"红色野牛"通过投掷手雷或安放炸弹等暴力手段破坏政治集会和游行示威的事件更是屡见不鲜。由于得到传统保守力量的政治庇护,所有暗杀和暴力事件的策划者和参与者都不曾被追究法律责

---

① 韩锋:《泰国经济的腾飞》,鹭江出版社1995年版,第57页。
② Gawin Chutima. *The Rise and Fall of the Communist Party of Thailand (1973—1987)*. Centre of South East Asian Studies, University of Kent at Canterbury, Occasional Paper No. 12, 1990, p. 50.
③ Benedict Anderson. "Withdrawal Symptoms: Social and Cultural Aspects of the October 6 Coup". *Bulletin of Concerned Asian Scholars*, 1977, 9 (3), p. 22.
④ David Morell and Chai-Anan Samudavanija. *Political Conflict in Thailand: Reform, Reaction, Revolution*. Oelgeschlager, Gunn & Hain, 1981, p. 225.

第五章　缅泰稻米产业发展对国家现代化进程的影响

任,部分军警甚至直接参与了极右翼组织的政治暴行。①

由于意识到在城市(市场)经济发展方面的影响力下降,军人集团试图到农村开拓局面。炳·廷素拉暖政府曾启动"绿色东北"(Green Isan)计划,旨在推动泰国最贫困的东北部地区的建设与开发,以体现军人集团在农村经济发展方面的重要作用,从而依托农村民意"为军队的合法地位创造新的依据"②。但是,该举措未能取得预期成效,无助于改变军人集团在发展问题上的政治影响力颓势。③

泰国现代行政体系的地方建构止步于府和县,并未继续深入乡和村,这就使得地方豪强能通过传统的庇护制关系,长期把持村和乡的政治权力。他们在乡村社会被泰国政府的"重城市、轻农村"政策所边缘化的过程中,建构了游离于政府的半自治体系。

泰国政府奉行"重城市、轻农村"的政策方针,使得外府农村地区的公共产品长期匮乏。基于佛教的功德观念,以及传统乡村文化的"豪侠"(Nak Leng)意识,地方豪强通常会在当地承担起提供公共产品的重要责任。他们为地方寺庙布施,为宗教活动和庆典仪式提供资助,为修桥、铺路、盖小学等乡村工程捐款,并为困难民众提供帮助。"如果民众面临困难,他们就会去寻求'教父'的帮助。学校开学,缺少学费,前去拜望'教父'就能得到资助。临产孕妇要去医院,缺少路费,前去拜望'教父'就能得到资助……'教父'们的庇护范围相当广泛。这就使得民众深陷于'教父'庇护制网络的恩惠之中。"持之以恒的善行使地方豪强在当地拥有相当高的社会声望和政治威信,不仅能通过民主公推的方式出任村长甚至乡长,而且能在大选期间利用其号召力为特定的议员候选人"拉票"。

除地方豪强外,乡村教师、寺庙住持以及退休官僚也都是在农村庇护制关系中拥有重要影响力的人士,从而具备成为"票头"的潜质。有学者写道:"竞选时要深入乡村,拜望有影响力的村长、乡长、住持,如果能得到住持的协助,那就最为有利。"住持可以召集寺庙管理委员会,暗示"某某将会捐资翻修寺庙的屋顶,为了寺庙的事,拜托各位了",随后,委员们就会分头为其拉选票。

从政治实践来看,前述两方面因素的确在他信领导的泰爱泰党的崛起过程中发挥了重要作用,却又不是他信政治成功的关键所在。泰爱泰党之所以能成为有史以来的"第一大党",关键在于其通过制度建设与政策安排,赢得了广大农民群体的认可与支持。

作为发展中国家,泰国有近七成的外府农民,因此能否赢得草根选票,也就在很大程度上决定了政党和候选人是否能在选举中胜出。长期以来,泰国的庇护制政党并不关切基层组织建设,而是把选举交托于"票头"拉票,并由地方豪强—政客集团

---

① Elinor Bartak. *The Student Movement in Thailand 1970 – 1976*. The Centre of Southeast Asian Studies, Monash University, Working Paper 82, 1993, p. 31.

② [泰]乌吉·巴玛南:《泰国的全球化和民主发展:军队、私营部门和公众社会的新变化》,李有江译,《南洋资料译丛》2004 年第 2 期。

③ Pasuk Phongpaichit and Chris Baker. "Chao Sua, Chao Pho, Chao Thi: Lords of Thailand's Transition", *Money and Power in Provincial Thailand*, edited by Ruth McVey. NIAS Publishing, 2000, p. 46.

东南亚农业发展与国家现代化
——缅泰稻米产业面面观

居间协调，从而使得农民群体通常"唯识政客，不知政党"。

泰爱泰党成立后，始终重视党建工作特别是党员发展。到2005年选举前，泰爱泰党的党员已增至907.49万人，远多于民主党的344.68万人和泰国党的203.82万人。① 随着基层组织的日趋完善，泰爱泰党在外府农村拥有了突出的动员和组织能力，从而有助于发掘和争取农民群体的沉默选票。20世纪90年代，泰国众议院选举的投票率通常都在六成左右。如果以泰国选民4000万计，也就意味着至少还有1500万张选票的庞大政治资源尚待开发。② 1997年宪法改革选举制度后，众议院选举的投票率节节攀升，从1996年的62.4%上升至2001年的69.9%、2005年的72%以及2007年的85.4%。数量可观的新增选票，使得原有选票政治格局面临着调整与重组。在这一过程中，拥有广泛党员基础的泰爱泰党从一开始就占据了先机。

除了加强政党的组织建设外，泰爱泰党还在政策方面突破了长期以来的"重城市，轻农村"的桎梏，通过倡导和推行"草根政策"，使外府农民也有机会分享泰国社会经济发展的红利，从而为他信赢得了民心。

2001年众议院选举前，泰爱泰党明确提出以"三年缓债""乡村基金"和"三十泰铢治百病"三项计划为代表的"草根政策"。尽管泰国政府财政自1997年以来连年赤字，而且年均赤字都在千亿泰铢以上③，但他信在2001年2月上台执政后，还是顶住财政吃紧的压力，坚持贯彻落实了竞选承诺。

"三年缓债"计划于2001年3月推出，由国有的农业和农业合作社银行（Bank for Aghculture and Agricultural Co-operatives）负责落实，主要内容是允许贷款额在10万泰铢以内的农村债务人延缓三年还债，并免除三年内的利息。到2004年4月，泰国已有约230万农村债务人从该计划中受益，其中暂缓偿债的个案有117万件，债务金额530亿泰铢（约合106亿元人民币）；减免债务的有113.8万件，债务总额412.9亿泰铢（约合82亿元人民币）。④

"乡村基金"计划于2001年7月启动，由政府从财政预算中划拨种子基金，在全国各地建立小规模的乡村基金，以信贷方式支持农业技术改造、特色产品加工等项目。到2005年5月，泰国已在全国的7.4万个行政村和4500个城市社区设立基金项目，占全部行政村和城市社区的99.1%，并且通过政府储蓄银行（Government Saving Bank，负责城市地区）及农业和农业合作社银行（负责农村及城市边缘地区）向1780万借款人提供了2590亿泰铢。对2044个城市社区和1596个行政村的34843个家庭的两次（2002年和2004年）调研显示，尽管存在部分贷款家庭无力偿债的现

---

① 参见IFES选举指南网：http://www.electionguide.org。
② 据统计，1996年泰国登记选民总数为38000000人，2001年为42875036人，2005年为45232145人。参见IFES选举指南网：http://www.electionguide.org。
③ 泰国财政20世纪90年代以来一直呈现大额盈余，但在1997年亚洲金融危机后迅速恶化连年赤字，2001年赤字曾高达1328.11亿泰铢，直到2003年才有所改善，出现163.9亿泰铢的小额盈余。参见泰国银行网站：http://www.bot.or.th。
④ See Pasuk Phongpaichit and Chris Baker. Thaksin: The Business of Politics in Thailand. Silkworm Books, 2004, p. 93.

第五章 缅泰稻米产业发展对国家现代化进程的影响

象,但七成以上贷款家庭的生活水平和生产能力都得到了相应提高。①

"三十泰铢治百病"计划于2002年正式实施。根据规定,泰国公民只需前往指定的社区卫生中心登记并领取保险卡,即可成为计划受益人,每次就诊仅需交纳30泰铢即可获得基本医疗服务和药品,而且月收入低于2800泰铢者还可申请免交。"三十泰铢治百病"计划的社会覆盖面约为总人口的96%,从而初步改变了农村地区长期缺乏医疗保障的社会难题。

泰爱泰党的民意支持率提升,最直接的体现就是政党名单制选举制度下的全国得票率。在2005年的众议院选举中,泰爱泰党赢得1900万张政党名单制选票,占有效选票总数的60.7%,不仅远高于民主党的590万张(18.3%)、泰国党的360万张(11.4%)以及大众党的270万张(8.3%),而且相较于泰爱泰党在2001年众议院选举中赢得的1163万张政党名单制选票(40.6%)也有明显的巩固与提高,从而为泰爱泰党"一党独大"格局的形成奠定了坚实的选票民意基础。

他信以前的历届泰国政府长期奉行的"重城市、轻农村"政策方针,使得外府农村特别是北部和东北部地区的社会经济发展要远远落后于曼谷等城市地区。例如,医院病床占有率,在曼谷是每224人一张,在北部和东北部地区分别是503人一张和747人一张。② 再如,15岁以上受过高等教育和未受过初等教育者的比率,在曼谷分别为22.5%和19.4%,在北部地区为5.6%和29.2%,在东北部地区为4.3%和40.7%。③ 这种区域发展不平衡的状况使得农民群体,特别是北部和东北部地区的外府农民迫切要求发展,以摆脱长期以来的贫困和落后。

农民群体之所以坚定地支持他信派系,关键在于后者不仅保证了农民群体分享到国家社会经济发展的红利,而且为农村经济发展勾勒了美好的前景、开辟了新的道路,并且以政策行动的落实,使外府农民在他信执政期间切实感受到生活条件的改善与生产能力的提高。对农民群体而言,他信是否舞弊并不重要,因为在他信执政前,无论政府是否舞弊,他们都很难分享到国家福利和发展资源;而在他信执政期间,无论他信是否"中饱私囊",农民群体都是实实在在的既得利益者。

2006年以来,农民群体的政治自觉意识在"反他信"与"挺他信"政治斗争特别是"红衫军"运动过程中被激发,从而有效提高了农民群体的政治动员和组织能力。尽管农民群体在政治上还不成熟,难以自主表达政治意志,依然受到新资本集团与地方豪强—政客集团意志的引导和操控,但农民群体的"政治化"起步具有深远的历史意义,将在很大程度上改变泰国既有的政治生态。

随着政治自觉意识的形成,农民群体将不再满足于以往的政治无权和沉默地位,他们会要求和争取更多的政治话语权和社会经济利益。尽管农民群体的松散性决定了他们在很长时期内都难以成为独立的政治力量,但人数方面的优势使其掌握了重要的

---

① Jirawan Boonperm, Jonathan Haughton and Shahidur R. Khandker. *Does the Village Fund Mate in Thailand?*. July 30, 2007, https://documents1.worldbank.org/curated/en/211531468173353857/pdf/WPS5011.pdf.
② Health Resources Report 2004, Bureau of Policy and Strategy, Ministry of Public Health, Thailand.
③ Calculated from Labor Force Survey, Quarter 3/2005, National Statistical Office, Thailand.

东南亚农业发展与国家现代化
——缅泰稻米产业面面观

政治资源,成为代议制宪政框架下各派政治力量的争取对象,从而在各派的政治妥协下,潜移默化地改变既有的"权力—利益"结构关系。

一方面,随着农民群体对政治话语权的诉求不断升级,泰国国内政治格局将进一步多元化,特别是有可能分化城市中产阶级在政治权力结构中所占的份额。另一方面,随着农民群体对参与分享国家社会经济发展红利的诉求不断升级,以往"重城市、轻农村"的政策方针将面临压力。地方豪强—政客集团通过单纯的贿选方式"拉票"将日趋困难,他们也要为农村的改革与发展提供实质性的扶持和协助,否则将很难与新资本集团或其他地方派系争夺农村选票。

第六章　缅泰稻米产业存在的问题及对中国的启示

第一节　缅泰稻米产业存在的问题

一、缅甸稻米产业存在的问题

（1）在受英国殖民期间形成单一的、畸形的殖民地经济。稻米产业所获的大部分利润被用于支持宗主国——英国国内资本主义及相关产业的发展，而缅甸本身只是被定义为英属印度的"粮仓"。简而言之，缅甸稻米产业只是作为英国资本主义的附庸物而发展起来，没有自主发展权，导致被殖民统治时期缅甸的稻米产业形成虚假繁荣。

（2）作为缅甸稻米产业发展的最大贡献者，水稻种植者并没有因此而富裕起来，他们只是作为缅甸稻米产业链中最普通的一环，没有享受到最大发展红利，处于产业分工的最底层，也导致缅甸稻米产业发展后劲不足。农业产值占缅甸国内生产总值的约45%，雇用了约66%的劳动人口。[①] 米饭是缅甸人的主食，一般缅甸家庭会用60%的收入购买食物，其中稻米就占了25%~50%。因此，稻米价格和缅甸国家财政收入、国民生计可谓息息相关。缅甸不少稻田并没有完善的灌溉系统，因此只能在雨季耕种。缅甸农业发展银行（Myanmar Agricultural Development Bank）只向农民提供六个月的贷款，导致农民被迫在收割之后就需要售卖所有的稻谷以清还贷款——这个时候也是稻谷价格最低的时候。与此同时，稻米种植成本日益增加，而农民却只能以低价出售稻谷，因此缅甸农民不但无法获利，反而生活愈发艰难，国内贫困问题愈发严重。另外，缅甸稻农种植成本过高。农村普遍反映劳动人手短缺，农民们播种、插秧、收割时雇用短工找不到人，不得不出更高的工钱雇用人手。而种植时各种费用（肥料、农药、种子等）也都是一大笔开销。农民们有时千辛万苦种出了粮食，但卖稻谷时却收不回所投入的成本，以致负债破产的事情也时有发生。[②]

（3）殖民统治时期缅甸稻米产业发展所需的资金、技术主要来自英国，而缅甸自身缺乏资金和技术。随着缅甸的独立，来自国外的充足资金和先进技术逐渐断绝，稻米产业发展越来越滞后，逐渐与世界先进稻米生产和加工技术脱轨。2017年8月30日，据《缅甸投资》统计，许多缅甸稻米加工厂缺乏资本投资和新兴出口市场，

---

① 谢祥锦：《产业观察：缅甸大米价格浮动是亚洲大米出口国中最高》，《中国—东盟观察》2014年第34期。
② 《缅甸大米生产前途探讨》，缅华网，2018年1月23日，https://xw.qq.com/cmsid/20180123G0K3HY。

只有20%的缅甸稻米品质达到国际认证标准。① 许多缅甸稻米生产商在稻米生产和出口认证标准、稻米加工、稻米储存、稻米运输、相关产业配套等方面与世界先进水平差距太大，导致现在很多缅甸稻米附加值低、竞争力弱，很难打入国际稻米高端市场。

（4）与泰国等稻米出口大国相比，缅甸稻米产业整体市场竞争力不强。② 其一是水稻种植生产力水平偏低，缅甸稻米的单位面积产量比中国等邻国要低40%。其二是缅甸稻种的培育技术落后，水稻科研成果市场转化率低，尤其是优质稻种的缺乏成为限制缅甸稻米产业发展的首要因素。缅甸农业主管部门还未建立完善的稻种培育、研发和市场营销体系，新的稻种产品迟迟未能推向种子市场，稻农只能从收成中选稻种或向其他稻农购买种子用于来年生产，导致缅甸稻米产量不高和品质偏低。其三是支撑稻米生产的公共设施无法满足现代稻米产业的发展。如缅甸的交通、电力和通信等行业发展状况是所有东盟国家中最差，绝大部分农田用水只能依靠自然降水，仅有6%的水能资源被开发了出来，导致稻米生产电力供应缺口极大；仰光及周边地区集中了全缅大部分的农田水利设施，其他地区水利建设严重滞后。其四是人工和牛耕占了缅甸水稻种植方式的很大比重，农业机械运用于水稻种植的比例仅为23%。许多稻农仍采取较为粗放的生产方式，采用犁头、耙子等落后农业工具，甚至有的地方还在用史前时代农民就已采用的刀耕火种。这跟缅甸农业部门实现增加稻米产量、提升稻米质量、增强稻米市场竞争力、实现稻米产业的良性发展等宗旨严重不符。其五是缅甸在水稻等农业领域科研力度和市场开发能力比较弱，导致缅甸80%的化肥要从中国、泰国、卡塔尔、俄罗斯等国进口，高质量的稻米产品稀缺。农业科研机构每年获得的研究经费仅占缅甸农业产值的6%，远远低于亚洲国家41%和发展中国家53%的科研投入比例。另外，由于政府农业部门经费紧张、预算有限，农业站技术员不仅科学素质低，而且参加农业技术培训的机会也很少，无法为稻农生产提供有效指导，也导致缅甸稻米产业发展缓慢和市场竞争力弱。

二、泰国稻米产业存在的问题

（1）泰国稻米产业是在19世纪泰国经济逐渐卷入世界资本主义潮流的背景下发展起来的，对国际市场和垄断资本存在着很大的依附性。

（2）作为泰国稻米产业的初始贡献者——农民并没有享受到多少好处。

（3）泰国稻米的生产成本较高。第一，水资源成本高。长期以来，泰国农民每年种两季水稻，分别是在8月至11月和12月至次年3月。8月至11月这段时间泰国处于雨季，农民可以采用雨水灌溉。12月至次年3月这段时间，如果农民把此前雨

---

① "Millers Fail to Find Capital Investment, New Export Markets", *Myanmar Investment*, 30th August, 2017.
② 《缅甸农业：国民经济支柱产业，允许外商投资》，走出去新干线，2018年6月25日，https://mp.weixin.qq.com/s?__biz=MzI0MDU2OTA5Mw==&mid=2247486638&idx=1&sn=cda689651708ec881c46ec2b864d5bda&chksm。

季的雨水收集起来，就不用花钱买政府出售的水来灌溉。

第二，化肥和农药成本高。泰国的化肥、农药生产不足，农业生产的用肥用药主要靠进口，一般的化肥价格是1000泰铢/袋。泰国是农业国，长期以来，一代又一代农民都在同一个地方种植同一种水稻，导致土地质量每况愈下，稻谷产量下降。而使用化肥、农药也增加了种稻的成本，因此经济条件并不宽裕的稻农，除小面积灌溉稻每公顷施30千克纯氮外，在水稻种植中基本不施化肥，普遍采用传统农业手段自然生产，省工省力省本，广种薄收，单产水平比较低。联合国粮农组织提供的资料表明，泰国2001—2005年水稻平均单产为2.63吨/公顷，比中国低3.58吨，只有中国单产的42%。泰国1100万公顷的产量仅相当于中国湖南省420万公顷的产量水平。水稻生长要经历萌芽、分蘖、收割三个阶段，每个阶段都会遭到不同的病虫害，农民使用农药防治病虫害，时间长了，很多害虫产生了耐药性，因此必须使用威力更大的农药，而这不仅会破坏生态环境，还会损害农民的身体健康。

第三，农业机械使用率低。农业机械使用成本高，限制了其使用范围，因此泰国稻谷的机械化收获面积也只有20%左右。现代科技越来越发达，越来越多的农民选择使用机械如耕地机、播种机、喷化肥机、喷农药机、收割车等代替人力劳动从事生产。经济比较宽裕的农民自己购买农机使用，比较贫困的农民则会选择租用机械以降低成本。但是，泰国国内的农业机械大多数是从国外进口的，稻农购买或租用的价格都比较高，而且不管是国产还是进口的农业机械，维护费用都很高。此外，农业机械的使用提高了劳动生产率，稻谷产量提升，然而市场上稻谷的价格总是下跌，农民所得的收益还是很少，"谷贱伤农"这一定律在泰国同样是成立的。

（4）泰国农民环境保护意识较差。传统上，泰国农民一年种两季稻，即在8月至11月和12月至次年3月。在4月至7月这段时间，土地用来种黄豆等用水量较少的作物，当黄豆收割时，可以用黄豆的枝叶做肥料，肥沃土地，这就可以减少化肥的使用，也降低了成本。另外，农民可以使用含有毒性的树叶，如烟叶、香草、楝树叶等对抗病虫害，这种"农药"成本很低，也不会损害人体健康。现在，农民为了获得更高的利润而不顾一切，在生产中大量使用农药、化肥，这不仅破坏了大自然，还损害了人体健康。如果人们学会在不破坏大自然、不损害他人利益的情况下赚取利润，环境污染就不会像今天这么严重，同时也可以减少生产成本。

（5）泰国稻米流通环节问题多。[①] 泰国稻米的流通要经过以下环节：农民把稻谷卖给本地中间商，再由本地中间商卖到碾米厂，碾米厂加工后出售给中间商，再由中间商出口稻米。每个环节都是"低价买进、高价卖出"，赚取差价。有的中间商为了获取更多的利益，把质量差的稻谷混在质量好的稻谷里高价卖出。从稻谷到稻米经过的环节越多，成本越高，最后导致了稻米价格上升。

（6）泰国稻农老龄化严重，平均年龄56岁，其中60岁以上的农民占33%。此外，农民受教育程度较低，80%的农民只有小学文化，40%的老百姓在贫困线下生活。近年来，大量青壮年劳动力选择跳出"农门"，另谋生计，仍然留在农业领域的

---

① 李宝玉、郑志浩：《泰国稻米生产情况的分析》，《中国科技论文在线》，2018年6月2日。

老农民在 300 万人左右,严重影响了泰国水稻种植业的可持续发展。

除此之外,泰国稻米产业还存在以下四个方面的问题。一是约 70% 的稻田为"雨养地",看天吃饭,肥力低,很多为盐渍地。例如,由于当地雨量充沛,泰国东北稻米产区基本上都是雨养稻田,缺少基本的水利防护和灌溉设施,因此应对洪水和干旱等灾害的能力极弱。二是水稻连作导致病虫害频繁暴发,严重影响稻米质量。三是优质种子不足,生产成本高,稻米的附加值仍然不够高。四是科研人员不足,泰国从事水稻科研及推广的人员才 300 人左右。①

第二节 中国稻米产业的发展现状

一、水稻概况

水稻属于禾本科(Poaceae 或 Gramineae)稻亚科(Onyzoideae)稻属(Oryza Linnaeus),为广泛分布于热带和亚热带地区的一年生草本植物。② 稻属由两个栽培种(亚洲栽培稻, *Oryza sativa* L.;非洲栽培稻, *Oryza glaberrima* Steud)和 20 余个野生稻种组成。亚洲栽培稻(又称普通栽培稻)普遍分布于全球各稻区,非洲栽培稻现仅在西非有少量栽培。栽培稻起源于野生稻,其中非洲栽培稻起源于长药野生稻(*Oryza longistaminata*),亚洲栽培稻则起源于普通野生稻(*Oryza rufipogon*)。

水稻是世界上最重要的粮食作物之一。全球一半以上的人口以稻米为主要食物来源。据统计,全球有 122 个国家种植水稻,栽培面积常年保持在 1.40 亿~1.57 亿公顷,其中 90% 左右集中在亚洲,其余分布在美洲、非洲、欧洲和大洋洲。世界稻谷年产量在 6 亿吨左右,有 50 多个国家年产稻谷达到或超过 10 万吨。世界上十大水稻生产国是中国、印度、印度尼西亚、孟加拉国、越南、泰国、缅甸、菲律宾、巴西和日本。据联合国粮农组织的统计数据,2004 年全球稻作面积为 1.53 亿公顷,稻谷产量为 6.09 亿吨,平均单产 3.97 吨/公顷;世界上水稻种植平均单产较高的国家为埃及(9.84 吨/公顷)、澳大利亚(8.38 吨/公顷)、美国(7.79 吨/公顷)、西班牙(7.41 吨/公顷)、韩国(6.94 吨/公顷)、乌拉圭(6.80 吨/公顷)、意大利(6.63 吨/公顷)、日本(6.42 吨/公顷)、中国(6.31 吨/公顷)和秘鲁(6.08 吨/公顷)。主要的稻米出口国是泰国、美国、越南、巴基斯坦和中国。

水稻具有适应性广、单产高、营养好、用途多等特点。水稻虽起源于高温、湿润的热带地区,但由于长期的演变和分化,而今耐寒、早熟的稻种可以在位于北纬 59°23′的中国黑龙江省漠河市和地处海拔 3000 米的尼泊尔、不丹高原等冷凉地区种植,并且具有适于各种水分供应条件的类型(深水稻、天水稻、陆稻),其广泛适应

---

① 肖昕:《泰国水稻产业的现状和启示》,《中国水稻》2017 年第 6 期。
② 程式华、李建主编:《现代中国水稻》,金盾出版社 2007 年版,第 1 页。

性是其他任何作物所不及的。根据生态地理分化特征，可以将水稻分为籼稻和粳稻；根据水稻品种对温度和光照的反应特性，可以分为早稻、晚稻和中稻；根据籽粒的淀粉特性，可以分成黏稻和糯稻。

全球水稻以灌溉稻为主，灌溉稻面积占全球水稻种植总面积的1/2左右，占总产量的3/4，绝大部分分布在亚热带潮湿、亚潮湿和热带潮湿生态区。陆稻占世界水稻种植面积的13%，但仅占总产量的4%。天水稻占世界水稻面积34%左右。深水稻面积大约有1100万公顷，但产量很低，平均单产仅1.5吨/公顷。

水稻作为世界上最重要的粮食作物之一，在全球粮食生产和消费中具有举足轻重的地位。亚洲、非洲和美洲的近10亿个家庭，把以水稻为基础的系统作为其营养、就业和收入的主要来源，而且世界上4/5的水稻是低收入发展中国家的小规模农业生产者种植的。因此，水稻对粮食安全、脱贫和世界和平至关重要。中国是世界上最大的稻米生产国和消费国，稻米生产为中国十几亿人民的粮食供给和安全提供了重要的保障。中国还是稻作历史最悠久、水稻遗传资源最丰富的国家之一。中国的水稻栽培历史可以追溯到1万年以前，水稻农耕文明与旱作农耕文明一起构成了中华民族数千年的农耕文明史。

无可否认，以狩猎、采集为主的群体和以农业为主的群体，其生活方式、聚落形态、经济结构以及社会组织等都有很多差别。如上所述，当稻作开始萌芽的时候，当时的社会结构基本上还是相当平等的，尚未见到社会分工、专业化等"社会复杂化"的情形。[①] 但当稻作经济发展到一定程度的时候，就带来了一系列的社会变化，如剩余产品、社会分工、财富积累、私有观念等；而人类的经济结构成分也日趋复杂，从稻作萌发时期只有狩猎、采集、少量稻作和未曾专业化的手工业制作，逐步发展为专业的手工业，而手工业生产中的产品也日趋多样。

稻作农业的发展，对史前社会的工具等产生了新的需求，由此带来工艺技术的变化；后者一方面促进了稻作农业的发展，另一方面又引起了其他生产技术的改变。发展到一定阶段的稻作社会与非稻作社会的经济和生产结构差别日趋增大，往往表现为考古发掘出土的各类手工业产品在形态、工艺方面的差别。换言之，稻作经济的发展导致史前经济结构和生产结构产生了明显的变化。而这些变化又导致了社会结构的改变。

稻作经济的产生和发展也对稻作社会的亲族关系产生了深远的影响。从仙人洞的居址空间格局可以看到，当时的社会亲族关系是以群体为基础的。类似的居址空间不仅存在于仙人洞、玉蟾岩，而且存在于岭南和长江流域其他许多地方的洞穴居址。但是，随着稻作经济的发展，人类居住空间的格局也发生了根本性的变化，而后者指示了社会亲族关系的改变。

稻作和定居还导致了人口的增加。如上所述，根据现有的资料，没有证据表明稻作的萌发是因为长江中下游地区史前的人口压力。但随着稻作技术的发展，稻作农业的回报逐渐增加，人类的聚落模式日趋稳定，人口不断增加。而稻作经济和社会分工

---

① 吕烈丹：《稻作与史前文化演变》，科学出版社2013年版，第134页。

的发展又都需要更多的人口。因此,稻作经济的发展促进了人口增加,后者又带来了一系列相关的社会变化。

此外,具有坚硬外壳的稻谷可长期储存,并可用于远距离交换,因此为人类社会的财富积累和贸易发展提供了一种重要的中介物质。① 上述所有的变化导致相对平等的社会逐渐演变为相对复杂的社会,渐渐迈向古代文明。

随着稻作经济的发展,社会财富的积累和人口的增加,手工业生产也逐渐向专门化发展。农业和手工业经济的发展和产品的增加,使群体和个人的财富进一步积累。由于手工业专门化和地区内部交换活动的发展,部分聚落的功能开始发生变化,由此形成的聚落之间相互依存的经济关系,既促进了以地缘关系为基础的大社区的形成,又有利于聚落群统治者的管治。他们通过掌控群内聚落之间的经济活动和产品的分配及流通,获得更加丰富的财富和更大的权力。② 而这种聚落之间的分工,也是城乡差别出现的经济、社会和政治基础。

以谷物种植和家畜驯养为特色的农业经济,对中国从古至今的社会结构、意识形态、风俗习惯、亲族制度、国家政治以及自然环境和资源的变化都产生了极其巨大的、根本的和深远的影响。直到21世纪的今天,"三农"——农业、农民、农村问题依然是中国社会最重要的问题之一。因此,认识中国农业的起源和发展以及农业对中国史前文化演变的影响,将有助于我们更深入更全面地认识中国文化与社会发展的来龙去脉。

悠久的稻作历史和多样的生态环境,孕育了中国丰富的水稻种植资源,使中国成为水稻遗传多样性的中心之一。中国在水稻科技方面更是成果累累,在水稻矮化育种和杂种优势利用、生物技术、栽培技术研究等方面,均走在世界前列。这些科技成果不仅推动了中国水稻种植的发展,也极大地促进了世界的水稻种植发展和科技进步。

近半个多世纪以来,水稻科学技术的不断进步,促进了我国的水稻种植水平不断跨上新台阶。如20世纪50年代的矮秆水稻和70年代的杂交水稻选育成功,使得我国的水稻种植单产取得了两次巨大的飞跃。这些成就不仅为保障我国的粮食安全做出了巨大贡献,而且造福了全世界。近年来,我国超级稻研究又取得了重大进展,高产纪录不断被刷新,再加上生物技术和信息技术的快速发展正源源不断地给水稻的科技进步增添新的动力,水稻种植单产正孕育着第三次飞跃。

进入21世纪以来,水稻种植面临着新的挑战,这就是如何以合理利用自然资源与经济条件为前提,实现水稻种植的高产稳产,生产出符合优质、高产、高效、安全、生态要求的稻米产品。在此背景下,对水稻种植和科学技术的成就和经验及时进行总结,为我国的水稻种植和科学研究提供指导,无疑是一项非常有意义的工作。

---

① 吕烈丹:《稻作与史前文化演变》,科学出版社2013年版,第135页。
② 吕烈丹:《稻作与史前文化演变》,科学出版社2013年版,第317页。

二、水稻的作用和地位

水稻以食用为主要用途,人类食用部分为其颖果,俗称稻米。稻米中的成分以淀粉为主,蛋白质次之,另外还含有脂肪、粗纤维和矿质元素等营养物质。稻米是禾谷类作物籽粒中营养价值最高的,它的蛋白质生物价比小麦、玉米、粟(小米)高,各种氨基酸的比例更合理,并含有营养价值高的赖氨酸和苏氨酸;稻米的淀粉粒特小,粗纤维含量少,容易消化;食用的口感也较好,加工蒸煮方便。稻米提供了发展中国家饮食中27%的能量和20%的蛋白质。仅在亚洲,就有20亿人从稻米及稻米产品中摄取到占总需求量60%～70%的热量。而在非洲,稻米是其增长最快的粮食来源。水稻对越来越多的低收入缺粮国的粮食安全至关重要。① 稻米经过发酵,便能制成各种发酵产物,其中大量生产的有米酒(如中国有名的绍兴黄酒)和米醋。

稻谷加工后的副产品用途很广。米糠占谷重的5%～8%,约含14%的蛋白质、15%的脂肪、20%的磷化合物以及多种维生素,可用于调制上等食料和调料(如味精、酱油等);米糠中富含维生素B_1,还可提取维生素B_2、维生素B_6、维生素E;米糠的糠油含量为15%～25%,可用作工业原料和食料。稻壳占谷重的20%,可制作装饰板、隔音板等建筑材料,也可提取多种化工原料。稻草大致相当于稻谷产量的重量,除用作家畜粗饲料和用于牲畜垫圈及蘑菇培养基质外,还可作为硅酸肥和有机肥,在工业上是造纸、人造纤维的原料,还可编织草袋、绳索等;另外还可用于农村建筑和作为保暖防寒材料等。

水稻还是进行生物科学研究的重要实验材料,尤其在禾谷类作物基因组研究中成为模式植物。水稻的基因组在禾谷类作物中最小,体基因组430 Mb(碱基对),为拟南芥的3倍、玉米的20%和小麦的3%;其基因组重复序列的相对含量较低(约50%),与其他禾谷类作物有着广泛的共线性。水稻基因组测序工作的完成和水稻基因组学研究的不断深入,无疑会给禾谷类作物的研究提供更多丰富和有用的信息。

此外,水稻的种植形成了丰富的稻米文化。稻作至少有1万年的历史。稻作曾经是不少国家社会制度的基础,在亚洲的宗教与习俗中占有重要的地位。很早以前,大致开始于亚洲,水稻分别从不同的地方、不同的方向传播到除南极洲以外的各个大陆。只要有水稻生长的地方,稻米就出现在人们的饮食、宗教、庆典和各种喜筵或者歌曲、图绘、故事里,从而形成各种社会结构和丰富多彩的稻米文化。许多节日以稻米和水稻种植为主题,如我国著名的"开秧节"和"开镰节"就是为了庆祝种稻和收割的开始。亚洲古代的许多帝王均视稻米为神圣之物,视稻农为其文化和乡村的守护者。在见证农业发展和社会文明的历史上,水稻占有十分重要的地位。

随着对生态环境恶化的担忧不断加深,种植水稻的生态效应也越来越受到人们重视。凌启鸿于2004年总结出水稻具有五大功能,即蓄水抗洪的功能、更新空气的功

---

① 程式华、李建主编:《现代中国水稻》,金盾出版社2007年版,第2页。

能、调节气候的功能、人工湿地的功能和改良土壤的功能。①

三、优质稻米加工技术

稻米作为中国的主粮之一，为保证中国人民的粮食供给和安全起到了举足轻重的作用。然而，很长一段时期以来，我国对稻米生产过于追求数量而忽视质量，因此对稻米品质问题的重视相对不够。一方面，优质米品种不多、种植面积不大，专用稻和特种稻的开发利用程度也较低；另一方面，稻米的加工技术水平不高，转化利用程度也较低。这不仅不利于稻米生产效益的提高，也使得中国稻米在国际市场竞争中处于不利地位。因此，强化中国稻米的生产加工、转化及深加工技术的开发，意义重大。

（一）中国稻米生产加工现状

自新中国成立以来，中国致力于粮食的增产，基本告别了粮食短缺，达到粮食总量基本满足需求、丰年有余的目标。② 中国广大的水稻工作者为此付出了巨大的努力，也取得了令世界瞩目的成就。随着时代的变迁，历史对稻米提出了新的要求，现有的稻米生产加工体系影响到稻米生产的发展。

第一，产业链的分离。在计划经济时代，粮食作物种植由农业部门负责，粮食加工、贮藏由粮食部门负责，各司其职。产业链的分离是影响优质米生产发展的最主要因素。

农业部门的责任是尽力提高水稻的产量。在"八五"计划以前，水稻育种目标是"高产、多抗"，水稻栽培建立在高产的模式上，水稻种植以高产为考核目标，各级农业技术推广部门也主推高产品种和高产栽培技术。缺乏经济的调控，主观上优质品种的意识淡薄，甚至目前仍有部分地区不愿意推广适销的优质品种；客观上缺少优质米栽培的配套技术，灌浆期的管理和收获翻晒技术成为现有栽培技术的空白点。

粮食部门的责任是收贮和加工稻谷，对水稻品种的特性不了解，只是简单将稻谷分为粳稻、籼稻、粳糯稻和籼糯稻。稻谷混仓存放，稻米品质混杂，不仅使稻米不能因品质而用，而且影响到米的转化利用。稻谷由粮食部门独家收购，由粮食部门独家定价，不论品质只论数量，农民种高产稻交公粮，种优质稻自己吃。农民售稻优质不优价或优价的幅度很低，种优质稻的效益差，影响了农民种优质稻的积极性。

第二，加工技术落后。据统计，1995年年末我国粮食系统的国有粮食加工独立核算企业达14672个。其中，稻米加工厂为6978个（其中国有企业5478个），年总生产能力近4000万吨。这些稻米加工厂经过几十年的建设，特别是改革开放20多年来，引进、消化、吸收了国外稻米加工的先进工艺和设备，使这些国有稻米加工厂中

---

① 凌启鸿：《论水稻生产在我国南方经济发达地区可持续发展中的不可替代作用》，《中国稻米》2004年第1期。

② 程式华、李建主编：《现代中国水稻》，金盾出版社2007年版，第510页。

50%以上的企业在生产技术水平方面得到了一定的提高。我国国有稻米加工厂历史最高稻米年产量为2200万吨，到1996年下滑到1400万吨，按全国稻米年生产量11956万吨计算，国有粮食加工厂年生产的稻米只占全国稻米生产总量的11.7%，也就是说，全国88.3%的稻米生产来自全国农场、乡镇集体和个体加工业。据不完全统计，目前分布在全国城乡的日产15吨~30吨的小型稻米加工机组不下10万台套，其年加工能力超过1亿吨。总体加工水平还处于设备简陋和技术落后的状态。主要问题是：首先，缺乏稻米的调质技术，稻米加工的碎米率较高。按国家标准，籼稻谷的水分不能超过13.5%，粳稻谷的水分不能超过14.5%。对于稻谷的贮藏，这个要求是合理的，但对稻谷加工来说，在这个条件下加工，稻米较易破碎，稻米的润色差。因此，必须在加工前对稻谷进行调质。其次，稻米的抛光、色选技术落后。稻米经抛光后表面变得晶莹透亮，虽然食味品质不能得到改善，但提高了稻米对消费者的吸引力；色选技术是根据病斑米、霉变米等受害米、不完善米与正常稻米颜色的差异，通过仪器自动识别将这些米吹打出来，经此色选的稻米无受害粒，质量可达到国内外稻米市场的要求。历来我国的稻米生产、销售均由粮食部门完成，无市场竞争或竞争机制不健全，使得这两项技术得不到重视，远远落后于其他稻米生产国，导致我国的优质米退出了世界粮食市场。

第三，产后转化落后。与小麦相比，目前我国稻米的加工尚处于粗放水平，产品品种少，质量平平，资源的综合利用水平低，技术创新能力不强，使得稻米资源的增值效应没能充分地发挥出来，企业的经济效益差。主要表现为：首先，稻米制品品种少。我国是水稻文明古国，民间流传着许多稻米的制品小吃，可分为饭、粥、糕、羹、团粽、球、船点等8类，也有相应的水稻品种。但这类资源很少得到挖掘，与日本相比，我国市场上米制品的种类相当少。其次，稻米的转化产品少。我国的稻米生产有悠久的历史。稻米是人们的生活基础，现有的稻米转化产品主要有酒、醋、味精等。以淀粉为主体的大米同其他淀粉类作物一样，是许多食用、医用产品的基本原料，有些产品还是稻米所特有的，如胶囊、红曲素等，但尚未得到很好的开发。最后，稻米副产品的转化能力也比较弱，在开发利用方面与国际先进水平的差距大。我国每年有100多万吨米糠，1700多万吨碎米，100多万吨谷物胚，5亿吨左右的秸秆，但这些原料尚未得到充分开发和利用，这种状况极不利于我国粮食生产的持续发展。

因此，应该进一步深入了解和研究优质稻米生产加工的新技术和新要求、稻米转化及深加工的方法和途径，对稻米进行功能性开发，在有效利用稻米营养成分，实现稻米资源的多级、多用途综合利用的同时，综合考虑水稻品种与稻米深加工的关系，带动水稻生产—稻米加工—稻米副产品深加工产业链的共同发展。通过以加工企业为主体，生产基地为后盾，研究单位为依托，加速新技术、新成果的开发与应用，实现农业增效，企业和农民增收，促进稻米产业整体效益的提升。这必将对我国稻米转化增值，繁荣我国稻区农业和农村经济产生深远的影响和积极的示范推动作用。

（二）优质稻米生产加工主要技术

1. 稻米收获翻晒技术

稻谷在收获时，其化学成分的生物合成已经完成，总体的外观也已定型。但稻谷是有生命的物质，收割后仍存在生命活动，即后熟作用。后熟作用主要表现在稻米结构的日趋成熟和完善，包括淀粉粒的排列整合，定形与无定形淀粉的转化等。因此，收割后的处理对稻米的整精米率和食味有一定的影响。日本对特种优质食用稻的翻晒管理非常严格，水稻生长接近抽穗期时在田间架一张网使稻穗长在网上，收割时将稻穗平放在网上，晾干后才收取。

当稻谷受到暴晒时，整精米率较低，主要是稻米发生爆裂（称"爆腰"）所致。一般情况下，稻米在脱水时是不会发生爆腰的，但在稻谷翻晒时，水分处于脱吸的平衡状态；若脱水过快，这个平衡被破坏，势必引起吸水过快，这就造成稻米爆腰。① 试验表明：稻谷干燥后的水分控制在13%左右，贮存后期稻米的整精米率还是可以得到恢复的；稻谷干燥后水分低于11%，贮藏后稻米的整精米率很低；若将稻谷在晴天中午放到晒场上晾晒时，稻米将严重破碎；将稻谷晒到水分含量为18%左右时，存放1～2天再晒干，稻米的整精米率将会有较大的提高，增加幅度最多可达20%。

有条件的地方，可按下列要求进行稻谷翻晒操作：水稻收割后，可搁田1天；用竹席晒1天（如遇阴天，就晾晒），放置1天再晒；晴天时，不可在中午12时至下午3时晾晒稻谷；稻谷晒至水分含量为14%左右即可，不宜过干。

2. 稻米调质技术

米厂面临的最大问题是米粒的破碎，它直接影响出米率和产品质量。在我国北方和西部地区，稻谷水分一般在13%左右，最低甚至达10%以下，在此情况下，米粒变脆，极易受外力破坏而产生爆腰。因为糙米去皮，通常所说的碾米有一个最适水分，籼稻糙米和粳稻糙米的最适水分含量在14%～15%，如低于这个水分含量，碾米的工艺效果不会太好，不利于减少碎米和节省碾米动力。而用过低水分的糙米所加工的稻米，其食用品质不佳。为此，在糙米进米机碾之前，应进行糙米水分调质处理，这对陈稻和低水分稻谷而言更有必要。对水分较低的稻谷，在加工前或加工过程中补偿稻米散失的水分，可增加糙米表皮韧性，便于米机剥离，可减少碎米、增加光洁度和节省碾米动力。稻米调质技术分为两种，一种是稻谷调质（润谷），一种是糙米调质（润糙）。

稻谷调质适用于稻谷水分较低的情况。稻谷通过初清，除去大杂质及部分轻杂质后，由着水机根据稻谷流量自动平衡着水量。着水量可控制在2%～3%。润谷时间24～26小时。仓容的设置应与生产规模配套，一般考虑为日处理量的3～4倍（仓数）。润谷仓首选砖混结构，用钢板仓时必须考虑排气孔并增高散水伞。润谷时，技术、监控的重点均应落在控制米粒内部水分上；润谷后，谷物流动性发生变化，要对

---

① 程式华、李建主编：《现代中国水稻》，金盾出版社2007年版，第511页。

输送设备、管道和防止谷物结块方面予以技术处理,同时,由于润谷后稻壳水分增加,也应对风网配置、粉碎料方面予以技术处理。

糙米调质适合于水分略低于安全水分者,只能对即将破碎而暂保完整的米粒起一定的修复作用。糙米调质工艺应设在谷糙分离机后、头道米机前,采用喷雾着水。着水量控制在 0.2%~1.0%,时间在 2 小时左右,条件允许时,可适当延长时间。

3. 稻米精碾技术

稻米精碾是加工优质精米的技术基础。只有把握好稻米精碾的质量,才能为后道稻米抛光工序提供去皮均匀、粒面细腻的白米,使抛光后的稻米表面光滑,晶莹如玉,从而提高稻米的商品价值。同时,由于稻米精碾过程与糙出白率、增碎率、碳白电耗等经济技术指标密切相关,因此稻米精碾技术是稻米加工企业实现优质低耗的重要技术保证。[1]

稻米精碾技术的关键在于选择合理的精碾工艺和先进的精碾主机。近年来,生产实践的经验证明,对于精米加工,选择三机碾白的碾米工艺较为合理,不论精碾粳米还是籼米都能适应,而三机碾白工艺采用"两砂一铁"的工艺更能保证产品质量,特别有利于提高后道稻米抛光的效果和质量。至于精碾米机的选择,从碾米的原理讲,快速轻碾既能减少增碎,又能保证米粒表面不产生由强烈碾削所造成的刮痕。大直径立式砂辊碾米机属于快速轻碾的机型,在减少增碎、保持米粒表面平整方面,效果均比横式砂辊碾米机要好。对于粒型细长的籼稻米,选用立式砂辊碾米机更为合适。对于加工优质精米而言,一般采用两道或三道立式砂辊和铁辊碾米机串联碾白,已能达到精米碾白的工艺要求。立式碾米机起源于欧洲,所以又称欧洲式米机。欧洲的稻谷品种是长粒型,类同我国的籼稻,它同样具有不耐剪切、压、折的缺陷,立式碾米机由于机内作用力小,不易破碎稻米,这可能就是立式碾米机起源于欧洲的缘由。横式碾米机起源于日本。日本稻谷品种类似于我国椭圆形的粳稻,其形态结构具有较强的抗压和抗剪切能力。横式碾米机机内作用力强烈,适宜于粳米碾白,可能这也是横式碾米机起源于日本的原因。所以,加工优质籼稻应选用立式碾米机。国内已引进使用瑞士布勒公司的立式米机。日本佐竹公司是日本生产稻米加工机械的老牌企业,往日以生产横式碾米机而著称,这几年为适应长粒籼稻碾米的需要,也研究开发了立式碾米机,并在我国苏州建立了日本苏州佐竹公司,生产稻谷加工机械。目前苏州佐竹公司生产的立式碾米机在国内已有较大的市场。国内如湖北省粮机厂和湖南省郴州粮机厂也开始生产立式碾米机,虽在生产能力和机械质量方面与布勒、佐竹公司尚有一定的差距,但其产品价格便宜,一般只有国外产品的 1/8 左右。至于加工优质粳稻,可选用国内生产的横式碾米机,采用三机碾白的工艺可完全适用。

4. 稻米抛光技术

稻米抛光是生产优质精制稻米必不可少的一道工序,其实质是湿法擦米,将符合一定精度的稻米,经着水、润湿后,送入稻米抛光机内,在一定温度下,米粒表面的淀粉胶质化。稻米通过抛光,一是清除米粒表面浮糠,使之变得光洁细腻,从而提高

---

[1] 程式华、李建主编:《现代中国水稻》,金盾出版社 2007 年版,第 512 页。

外观品质；二是延长稻米的货架期，保持米粒的新鲜度；三是改善和提高稻米的食用品质，使米饭食味爽口、滑溜。

稻米抛光机的性能直接影响抛光的效果，即成品的质量。就目前而言，我国生产的各类抛光机大多难以达到上述三方面的要求，一般只能起到刷米机清除米粒表面浮糠的作用，达不到米粒表面淀粉胶质化的效果。瑞士布勒公司和日本佐竹公司研究开发了数代稻米抛光机，其效果比国内生产的抛光机略胜一筹。稻米抛光后米粒表面能否达到淀粉预糊化和胶质化程度，完全取决于稻米抛光过程中水和热的作用或添加食用助抛剂的作用。稻米抛光机在抛光过程中的水热作用来自其自身所产生的摩擦热和外界加入的水分，或者是全部依靠抛光机以外的水和热产生的水热作用。长期实践表明，凡是以上两种产生水热作用的抛光机都能达到良好的抛光效果。至于在稻米抛光过程中添加油、胶等物质来提高稻米表面光泽，是一种治标不治本的方法，只能起到一时的效果，实际上对稻米的贮藏、食味都是不利的。

5. 稻米色选技术

色选技术是利用光电原理，从大量散装产品中将颜色不正常的米粒或病虫米粒以及外来杂物检出并分离的单元操作方法。① 在不合格产品与合格产品因粒度十分接近而无法用筛选设备分离或因密度基本相同而无法用密度分选设备分离时，色选机却能进行有效的分离，其独特作用十分明显，是去除大米中黄粒和病虫粒的重要技术保证。

选择和使用色选机，最关键的是要选择色选机的色选范围或色选的灵敏度。一般要求色选棕黄粒和淡黄粒，这样色选的范围就比较大。所谓色选的灵敏度，主要看淡黄粒色选效果。目前最新的色选机的性能，不仅能色选黄粒，而且能色选碎玻璃等异色杂质。当然，色选机性能的稳定性也极为重要。但是，色选机的产量和色选效果往往是一对矛盾，一般来说，产量大的色选机其效果相应会差一些，所以高产量和高色选效果的色选机是一种先进的色选机。目前，瑞士布勒、日本安西和佐竹等公司生产的色选机已具备上述优良性能。由于色选机是集光、电、气、机于一体的高科技产品，其价格比较昂贵。

6. 中国稻米生产加工的主要技术要求

稻谷加工工艺流程，就是指将稻谷加工为成品稻米的整个生产过程。它是根据稻谷加工的特点和要求，选择合适的设备，按照一定的加工顺序组合而成的生产作业线。为了保证成品米质量，提高产品纯度，减少在加工过程中的损失，提高出米率，稻谷加工必须经过清理、砻谷及砻下物分离、碾米及成品整理等工艺过程，即必须经过清理、砻谷、碾米三个工段。

（1）清理工段的主要任务是以经济、合理的工艺流程清除稻谷中的各种杂质，以达到砻谷前净谷质量的要求。同时，在被清除的各种杂质中，稻谷含量不允许超过有关的规定指标。

原粮经过清理后所得的净谷含杂总量不应超过 0.6%，其中含砂石不应超过

---

① 程式华、李建主编：《现代中国水稻》，金盾出版社 2007 年版，第 513 页。

1 粒/千克，含稗不应超过 130 粒/千克，清除的大杂质中不得含有谷粒，稗子含谷不超过 8%，石子含谷不超过 50 粒/千克。

清理工段一般包括初清、除稗、去石、磁选等工序。其工艺流程为：原粮→初清→除稗→去石→磁选→净谷。

初清的目的是清除原粮中易于清理的大、小、轻杂质，并加强风选以清除大部分灰尘。需要指出的是，我国稻谷中所含大杂质常具有长而软、呈纤维状的特点，这类杂质如不首先清除，将会堵塞自溜管与加工设备、称重设备的进口或出口，或缠绕在设备主要工作部件上，严重影响生产的正常进行。初清不仅有利于充分发挥后续各道工序的工艺效果，而且有利于改善卫生条件。初清使用的设备常为振动筛、圆筒初清筛等。

除稗的目的是清除原粮中所含的种子。如果历年加工的原粮中含稗子数量很少（200 粒/千克以下），而且通过调查确认以后的原粮中含稗子数量也不会增加，又可在其他清理工序或砻谷工段中清除时，可以不必设置除稗工序，否则应予考虑。高速振动筛是除稗的高效设备。

去石的目的是清除稻谷中所含的并肩石。去石工序一般设在清理流程的后路，这样可通过前面几个工序将稻谷中所含的小杂质、稗子及糙碎米清除，避免去石工作面的鱼鳞孔堵塞，保证良好的工艺效果。常用的去石设备包括吸式比重去石机及吹式比重去石机。使用吸式比重去石机时，去石工序可设在初清工序之后、除种工序之前，好处是可以借助吸风等作用清除部分张壳的种子及轻杂质，既不会影响去石效果，又对后道除稗工序有利。

磁选的目的是清除稻谷中的磁性杂质。磁选安排在初清之后、摩擦或打击作用较强的设备之前。一方面，可使比稻谷大的或小的磁性杂质先通过筛选除去，以减轻磁选设备的负担；另一方面，可避免损坏摩擦作用较强的设备，也可避免因打击起火而引起火灾。磁选设备主要是永磁滚筒，也可使用永磁筒或永久磁铁等。

除了上述工序外，为了保证生产时的流量稳定，在清理流程的开始阶段，应设置毛谷仓，将进入车间的原粮先存入毛谷仓内。毛谷仓可起调节物料流量的作用，来料多时贮存，来料少时添补；另外，还可起到一定的存料作用，为进料工人提供适当的休息时间，这对间歇进料的碾米厂尤为重要。此外，为了使清理工段与砻谷工段、碾米工段之间生产协调，在清理工段之后还需设置净谷仓。

（2）砻谷工段的主要任务是脱去稻谷的颖壳，获得纯净的糙米，并使分离出的稻壳中尽量不含完整稻粒。脱壳率应大于 80%，回砻谷中含糙率不超过 10%；所得糙米含杂总量应不超过 0.5%，其中矿物质应不超过 0.05%；含稻谷应不超过 40 粒/千克；含稗应不超过 100 粒/千克；分离出的稻壳中含饱满稻粒应不超过 30 粒/千克；谷糙混合物含壳量不大于 0.8%，糙粞内不得含有正常完整米粒和长度达到正常米粒长度 1/3 以上的米粒。

砻谷工段的工艺流程为：净谷→砻谷→稻壳分离→谷糙分离→净糙。

砻谷的目的是脱去稻谷颖壳，使用的设备大都为胶辊砻谷机。

稻壳分离的目的是从砻下物中分出稻壳。稻壳体积大、相对密度（比重）小、散落性差，如不首先从砻下物中将其分出，会影响后续谷糙分离工序的工艺效果。因为在谷糙分离过程中，如混有大量稻壳，会妨碍谷糙混合物的流动，从而降低分离效果。回砻谷中如混有较多稻壳，会使砻谷机产量下降，动力及胶耗增加。所以，稻壳分离工序必须紧接砻谷工序之后。目前，广泛使用的胶辊砻谷机的底座就是工艺性能良好的稻壳分离装置。

谷糙分离的目的是从谷糙混合物中分别选出净糙与稻谷，净糙送入碾白工段碾白，稻谷再次进入砻谷机脱壳。如果不进行谷糙分离，将稻谷与糙米一同放进砻谷机脱壳，则不仅糙碎米增多，而且影响砻谷机产量。稻谷和糙米如一同进入碾米机碾制则会大大影响成品米质量，使成品米含谷量增加。谷糙分离使用的设备有选糙平转筛、重力谷糙分离机等。为了进一步提高谷糙分离工艺效果，可将选糙平转筛与重力谷糙分离机串联使用。

在砻谷工段稻壳分离工序中，分离出的稻壳须进行收集，这同样是碾米厂主要工序之一。它不仅要求将全部稻壳收集起来，以便贮存、运输、综合利用，而且还要使排出的空气达到规定的含尘浓度标准，以免污染大气及影响环境卫生。稻壳收集可采用的方法有离心沉降和重力沉降两种。离心沉降是将带有稻壳的气流进入离心分离器内，利用离心作用使稻壳沉降。这种沉降方法的优点是沉降效果好，设备占地面积小，收集的稻壳便于整理，但由于分离设备阻力大，其动力损耗较多，此外由于稻壳粗糙，离心分离器须用玻璃制作。重力沉降是利用沉降室使稻壳在气流突然减速时依靠自身的重力而沉降。这种方法耗用动力少，但占地面积大，沉降效果较差，易造成灰尘外扬，影响环境卫生。

除了上述工序以外，为了保证生产中流量稳定和安全生产，在砻谷工段的最后还须设置净糙仓，暂存一定数量的糙米。

(3) 碾米工段的主要任务是碾去糙米表面的部分或全部皮层，制成符合规定质量标准的成品米。碾米工段的工艺流程为：净糙→碾米→擦米→凉米→白米分级→包装→成品。

碾米是保证成品米质量的最重要工序，也是提高出米率、降低电耗的重要环节。这一工序的关键在于选好米机，并应根据常年加工成品米的等级与种类合理地确定碾米的道数。

将糙米经过多台串联的米机碾制成一定精度白米的工艺过程称为多机碾白。多机碾白因为碾白道数多，故各道碾米机的碾白作用比较缓和，加工精度均匀，米温低，米粒容易保持完整，碎米少，出米率较高，在台数、产量相同的情况下，并不会增加电耗。目前，许多碾米厂采用三机出白或四机出白。采用多机碾白时应注意：头道米机应配置砂辊碾米机，利用金刚砂辊筒的锋利砂粒破坏糙米的光滑表面，起到"开糙"作用，增加擦离、碾削效果。末道米机应配置铁辊筒喷风碾米机，充分利用擦离碾白与喷风碾米的优点，使碾制的白米表面光洁，精度均匀。

擦米的目的是擦除黏附在白米表面上的糠粉，使白米表面光洁，提高成品米色泽等外观质量。这不仅有利于成品米贮藏与米糠的回收，还可使后续白米分级设备的工作面不易堵塞，保证分级效果。为此，擦米工序应紧接碾米工序之后。

铁辊筒擦米机是国内目前常用的擦米设备,往往与碾白砂辊配置在同一机体内。采用多机碾白时,如各道米机皆为喷风碾米机,也可不设擦米工序。

凉米的目的是降低白米的温度。经碾米、擦米以后的白米,温度较高,且米中还含有少量的米糠、糠片,因此一般采用室温空气吸风处理,以利长期贮存。

凉米设备以往使用米箱,其体积大,效果不甚理想。现今大都采用风选器或流化槽。流化槽不仅可起到降低米温的作用,而且还可吸除白米中的糠粉,提高成品米质量。

白米分级的目的是从白米中分出不符合质量标准规定的碎米。成品米含碎多少是各国对大米论等作价的重要依据,精度相同的大米,往往由于含碎不同而价格相差几倍。白米分级工序必须设置在擦米、凉米之后,这样才可以避免堵孔。白米分级使用的设备有白米分级平转筛、滚筒精选机等。

包装的目的是保持成品米品质,便于运输和贮存。目前,包装形式多使用麻袋等含气包装。随着人民生活水平的提高,食品卫生法必须更进一步深入贯彻执行,成品米也将越来越多地采用小包装、真空包装、充气包装。

碾米工段除了上述工序外,还须设置糠秕分离工序,目的在于从糠秕混合物中将米糠、米秕碎米及整米分开,做到物尽其用。[①] 为了保证连续性生产,在碾米过程及成品米包装前应设置仓柜,同时还应设置磁选设备,以利于安全生产和保证成品米质量。

去除糙米皮层,使之成为符合食用要求的白米的过程称为碾米。因为目前世界各国普遍采用的是机械碾米方法,所以在此只着重讨论机械碾米。机械碾米按作用力的特性,分为擦离碾白和碾削碾白两种。

(1)擦离碾白是依靠强烈的摩擦擦离作用使糙米碾白。糙米在碾米机的碾白室内,由于米粒与碾白室构件之间以及米粒与米粒之间具有相对运动,相互间便有摩擦力产生。当这种摩擦力增大并扩展到糙米皮层与胚乳结合处时,便使皮层沿着胚乳表面产生相对滑动并把皮层拉断、擦除,使糙米得到碾白。

擦离碾白所得米粒表面留有残余的糊粉层,形成光滑的晶状表面,具有天然光泽并呈半透明。[②] 残余的糊粉层保持了较多的蛋白质,像一层胚乳淀粉的薄膜。因此,擦离碾白具有成品精度均匀、表面细腻光洁、色泽较好、碾下的米糠含淀粉少等特点。但因其需用较大的碾白压力,故容易产生碎米,当碾制强度较低的籼米时更是如此。所以,擦离碾白适于加工强度大、皮层柔软的糙米。

以擦离作用为主进行碾白的碾米机主要有铁辊碾米机,其特点是:碾白压力大,机内平均压力为19.6~98千帕;碾辊线速度较低,一般在2.5~5米/秒,离心加速度为370米/秒^{2}左右。所以,擦离型米机又称为压力型米机。

(2)碾削碾白是借助高速旋转的金刚砂辊筒表面密集的坚硬锐利金刚砂粒的砂刃对糙米皮层不断地施加碾削作用,使皮层破裂、脱落,糙米得到碾白。

---

① 程式华、李建主编:《现代中国水稻》,金盾出版社2007年版,第516页。
② 程式华、李建主编:《现代中国水稻》,金盾出版社2007年版,第518页。

碾削碾白所得米粒表面粗糙，在凹陷处积聚了无数细微的胚乳淀粉和糠层的屑末，称为糠粉。米粒在反光漫射下，虽然乍看起来比较白，却是无光泽的白。因此，碾削碾白碾制出的成品米表面光洁度较差、米色暗淡无光，碾出的米糠片较小，米糠中含有较多的淀粉，而且成品米易出现不均匀的现象。但因在碾米时所需的碾白压力较小，故产生碎米较少，所以碾削碾白适于碾制强度较低、表面较硬的糙米。

以碾削作用为主进行碾白的碾米机是立式砂辊碾米机，这种米机的特点是：碾白压力小，一般为5千帕左右。碾辊线速度较高，一般在15米/秒，离心加速度为1700米/秒^{2}左右。所以，碾削型米机又称为速度型米机。

应该指出的是，擦离作用与碾削作用并不是单一地存在于某种碾米机内，实际上任何一种碾米机都有这两种作用，差别只在于以哪种作用为主而已。[①] 长期实践证明，同时利用擦离作用和碾削作用的混合碾白，可以减少碎米，提高出米率，改善米色，还有利于提高设备的生产能力。目前，我国基本上使用混合碾白进行碾米，相应的碾米机为横式砂辊碾米机。这种米机碾辊线速度一般为10米/秒左右，机内平均压力比碾削型米机稍大。混合型米机具有擦离型和碾削型两种米机的优点，工艺效果较好。

碾米是稻谷加工最主要的一道工序，因为是对米粒直接进行碾削，如操作不当，将产生大量碎米，影响出米率和产量；碾削不足时，又会造成糙白不匀的现象，从而影响成品质量。因此，碾米工艺效果的好坏，直接影响整个碾米厂的效益。对碾米的要求是：在保证成品精度等级的前提下，提高产品纯度，提高出米率，提高产量，降低成本，保证安全生产。碾米工艺效果一般从精度、碾减率、含碎率、增碎率以及糙米出白率、糙米整出米率、含糠率等指标来进行评定。

第三节 缅泰稻米产业发展的经验教训及对中国的启示

世界稻米主要出口国泰国，是传统的优质籼稻生产国，其生产的稻米米粒细长、外观晶亮透明、味佳且带有茉莉花香味，生产上主要采取低成本种植和精加工策略，品质好、价格低，政府积极组织和支持出口，一直是中东、欧盟及我国港澳地区高档优质籼米的主要来源，所以今后一段时期内其仍将是我国稻米的主要竞争对手。美国以长粒型高档优质粳米见长，澳大利亚则以中、短粒高档优质粳米取胜，两国的高档优质粳米在世界市场均享有良好的美誉，其育种和栽培技术先进，多采用直播与机械化集约生产，出口竞争能力强，特别是在日本、韩国等高档优质粳米市场上占有明显的质量和价格优势。越南和印度的稻米除原有的生产成本低与价格优势外，近年来通过政策调整与技术改进，品质有较大改善，出口竞争力不断提高，特别是在非洲、东南亚及拉丁美洲等中、低档稻米市场有很强的竞争力。

---

① 程式华、李建主编：《现代中国水稻》，金盾出版社2007年版，第519页。

第六章 缅泰稻米产业存在的问题及对中国的启示

一、对提升我国稻米产业竞争力的启示

与世界稻米主要出口国相比，我国的稻米生产既有自身技术优势，也存在着明显的不足。具体表现在以下四方面。

（1）产量优势明显。目前，我国水稻种植平均单产水平居世界第七位，高出世界平均水平60%，宁夏、江苏和吉林等高产省份的科技水平居世界第二位，仅次于澳大利亚。且高产品种的科技含量高，许多杂交稻组合和制种技术拥有自主知识产权。同时，区域化、模式化、轻简化栽培技术取得了长足进步，稻作技术居世界先进水平，是世界稻米的最大生产国。

（2）水稻品种的品质差距较大。我国水稻品种的品质普遍不高。目前尚没有一个能与国外王牌品种如泰国的 KDML 105 与 Basmati 370、日本的越光、美国的 Lemont 及澳大利亚的野澳丝苗等相媲美。主要稻米品种在淀粉含量及食味品质等方面与国外优质米相比均存在较大差距。

（3）生产成本高，比较效益低。我国的稻作技术一直以追求高产为目标，忽视效益和品质的提高，导致生产成本不断提高，经济效益不断下降，稻农收入增长乏力。在水稻种植过程中，普遍存在着肥料、农药等施用过多和盲目灌溉的问题。据估计，我国许多地方化肥的施用量已超过水稻一生需求量的1倍以上，农药的施用量超过科学用药的80%以上，灌溉水的生产率尚不足发达国家的一半，结果不仅使生产成本大幅度增加，也造成了产地的环境污染，稻米产品的农药及其他化合物残留超标问题也十分突出。

（4）加工技术不配套，稻米生产的产业化程度低，国际知名稻米品牌缺乏。我国的稻米生产加工与销售长期脱节，稻米的贮藏和加工工艺落后，"好坏一仓装，优劣一机碾，好种出不了好谷、产不出好米"的现象还相当普遍，更谈不上利润的最大化。同时，由于稻农的经营规模小，稻米生产大多沿用自产自销的传统经营模式，产业化程度低，规模效益、加工增值难以实现，且缺乏一整套稻米生产、贮藏加工标准化技术体系，与泰国、美国等国家相比加工技术至少落后5～10年。因此，如不加以改进，即使有能与国外王牌品种相当的优质稻品种，也生产不出能与之相媲美的高档优质米，更谈不上树立具有国际影响力的大米品牌。

近年来我国稻米贸易的策略是：立足国内稻米市场满足国内消费需求；进一步扩大我国在东南亚及非洲稻米市场的份额；增加对日本、韩国稻米的出口，积极开拓欧洲以及南美洲稻米市场。与此同时，适当进口泰国及美国、澳大利亚的高档优质米，以满足国内对高档优质米的需求。

（1）提升水稻主产区的综合生产能力，满足国内稻米消费需求。在稳定水稻播种面积（2800万～2900万公顷）的基础上，通过科技进步不断提高水稻单产，保持国内具有1.9亿～2.0亿吨的稻谷生产能力，特别是要进一步提升长江流域、东北地区及东南沿海水稻主产区的生产能力，满足国内的稻米需求，确保国家粮食安全。

（2）稳定东南亚、非洲及朝鲜、古巴等已有稻米市场。利用我国稻米的价格优

势与国际粮食援助的贸易通道，进一步扩大对东南亚、非洲及朝鲜、古巴等的精米出口，品种以中低档籼米为主；利用华南及长江中游粮区的地缘优势，生产面向港澳地区市场的中高档优质米，逐步增加在港澳地区的市场份额；同时生产面向中东地区市场的高档优质米，增强我国稻米在该地区稻米市场的竞争力。

（3）增加对日本、韩国的稻米出口，积极开拓欧洲及南美洲稻米市场。利用日、韩两国逐步放开稻米市场份额的契机，以我国东北稻区为基地，通过出口贸易、合作开发等多种途径，生产面向日、韩等国消费的优质粳米，增加对日、韩两国的稻米出口；利用我国与俄罗斯、欧盟、南美地区的贸易依存度逐步加大的契机，在世界贸易组织规则框架内，积极开拓欧洲及南美洲稻米市场，使我国稻米出口贸易逐步形成多元化格局，促进稻米出口的稳步增长。

（4）适当进口泰国及美国、澳大利亚的高档优质米。基于国内高档优质米的消费需求及国际贸易中"互惠""双赢"的交易规则，可适当进口部分高档优质米，以推动国际贸易间的互利合作；但随着我国优质稻米国际竞争力的进一步提升，这一类进口米数额将逐步减少。

二、对发展我国稻米产业经济的启示

随着商品生产的充分发展，新的产业将不断出现，产业经济将日益发达。从国民经济的产业划分来看，农业产业是第一产业，在农业生产中，粮食产业又是我国的一项重要产业，而稻米是我国最重要的主粮之一，稻米产业是我国粮食产业的一个重要分支，是我国粮食产业的重要组成部分，也是农业产业不可或缺的分支产业。

稻米产业经济要研究稻米产品与商品在稻米产业内部生产关系发展的规律，揭示稻米产业内部的经济联系与发展规律，同时还要揭示稻米产业内部的生产要素的合理组织与经营管理的规律，从而指导稻米产业经济的发展。

产业经济是商品经济纵深发展的结果。稻米产业经济就是稻米产业在科技、生产、流通、加工、消费、贮藏、信息与咨询等各个环节所发生的经济行为。它是一个完整的经济体系与经济链，并与粮食产业、农业产业及其他产业形成一个有机的、协调与发展的产业环境，产业经济链是一个畅通无阻与充满生机和活力的体系。

稻米产业经济研究的内容包括稻米产业在国民经济中的地位与作用，稻米产业结构调整，稻米生产、消费、流通与加工的经济效益，科技对稻米产业发展的支撑作用等。下面将对稻米产业经济进行全方位和多角度的分析与研究。

（一）稻米产业的经济概念、内涵与属性

早在20世纪末，中国水稻研究所就已经提出要以一种产业化的模式来进行稻米的生产、加工、流通与消费。湖南省农业科学院青先国认为："水稻产业经济是按照市场变化的需求，根据水稻的经济属性，在育种、种植加工转化和营销全面创新的基础上，用现代工业理念来推进传统农业向现代农业转变，形成水稻产业经济。这一概

念有别于过去的水稻生产，强调产业推动。依靠科技提升水稻生产，通过产业开发、转化增值，实现水稻经济的稳定持续发展。"他的基本思路是：充分发挥水稻的经济属性和功能，运用现代工业理念谋划水稻经济发展，实施水稻资源转换战略，强化专用品种选育，稳定生产能力，突出加工转化，拉长产业链条，提高综合效益，促进稻农增收、农业增效。

稻米产业经济就是研究稻米科技、生产、流通、加工、消费、信息与咨询等各个环节所发生的经济行为。它是一个完整的经济体系与经济链，并与其他产业形成一个有机的、协调与发展的产业环境。产业经济链是一条畅通无阻与充满生机和活力的体系。

稻米产业经济的基本内涵包括以下五个方面：一是以市场为导向。稻米产业经济是市场经济的产物，稻米产品的生产必须以市场需求为导向组织生产加工和销售才能生存与发展。二是以稻米龙头企业为依托。在实现稻米产业经济效益的过程中，龙头企业起着把千家万户小规模分散经营的稻农与国内外大市场连接起来的桥梁与纽带的作用，只有依托龙头企业的带动，产业化经营的优越性才能充分体现出来。三是有一大批稻农参与的水稻商品化生产基地作为基础。必须是小规模大群体式或大规模基地式的水稻商品生产基地，实现品种专一化、种植区域化、产品商品化，才能为龙头企业提供大批量、高品质的水稻产品。四是形成农、工、商有机结合的产业链。把水稻生产部门、稻米加工企业、稻米营销企业有机地结合在一起，形成生产、加工、销售的主产业链。五是有稻米生产、销售、流通的咨询服务组织。

稻米产业既是技术密集型又是劳动密集型的产业。它具有基础性、区域性、多样性、竞争性与商品性的经济特征与属性。

(二) 稻米产业经济发展的条件

一种产品能不能作为一种产业去发展，能不能作为一种产业经济去发展，取决于以下四个条件：一是市场上是否有大量的该种产品，而且这种产品是否有广阔的市场。该种产品生产出来以后，有没有销路，产品的价值能否实现，再生产能否顺利实施，这是该种产品能否成为产业或产业经济发展的首要条件和第一推动力。二是这种产品的经济价值是否较高，经济收入是否比较多，它对国民经济的发展会否产生一定的影响。如果这种产品的经济价值太低，经济收入太少，对国民经济的发展毫无影响，也不利于调动各个产业环节的积极性，也就难以形成一种产业。三是这种产品在全国各地是不是一种具有优势资源的产品。因为只有丰富的资源才能形成丰富的产品和丰富的商品，只有丰富的商品才能使该种产品形成一种产业经济，这是产业经济生存与发展的基础以及推动产业发展的强大生命力。四是在再生产过程中，该种产品是否含有一定的技术力量与技术创新的潜力。一种产品要想不断得到生产与发展，就要使它形成一种产业，在再生产过程中，一定要有不断开发与创新的技术。只有技术的不断创新与发展，这种产品才能源源不断地成为一种商品。如果没有一定的技术与创新，产品就难以成为商品，且产品不具有竞争力，就很难谈得上形成一种产业。因此，要使一种产品形成一种产业，形成一种产业经济，就需要从市场的角度出发，从当地的资源和技术力量出发，分析这种产品的发展前景，这样才能确定这种产品能不能被开发为一种产业，能不能使该种产品由产品的生产转化为商品的生产，由商品生产向纵深产业发展。

（三）稻米产业结构调整与区域布局

1. 结构调整原则

要对稻米产业进行结构调整，首先要坚持一系列原则，包括比较优势原则、非均衡发展战略原则、产业化整体开发原则、优质高效原则。

（1）比较优势原则。这是稻米产业结构调整的基本出发点。要深入研究市场需求、资源禀赋、产业基础等因素，发挥比较优势，提高农产品的市场竞争力，推进优势农产品产业带建设。

（2）实施非均衡发展战略。这是推进水稻种植结构调整的关键。结构调整不能"四面出击""全面开花"，而是要突出重点，扶优扶强，促进其加快发展，做大、做强一批优势水稻产业带。

（3）坚持产业化整体开发。这是实施稻米产业产业发展的主要措施。稻米产业的产业结构调整不能局限于就生产论生产、就产品论产品，而是要着眼于整个产业的开发。要对整个产业的每一个环节进行分析，找出薄弱环节，明确主攻方向，集中力量，组织攻坚。

（4）坚持优质高效原则。这是稻米产业产业发展建设的生命线。要适应消费水平不断提高的要求，大力优化产业带内的水稻品种结构和品质结构，增加农民的种稻收益，提高稻米产业产品质量与消费安全水平。

同时，要对稻米产业的产业结构调整进行区域布局，在此过程中也必须遵循一系列相关原则。

一是适宜性原则。让温、光、水、气等自然资源能够最大限度地满足水稻种植要求，使我国不同水稻类型栽培在最适宜的自然生态区。

二是商品性原则。我国粮食生产总量大，分布地区广，有30%以上的县（市）成为国家商品粮基地生产县。要充分发挥基地县的作用，使其生产的稻谷成为商品性稻谷，充分发挥商品价值功能。

三是竞争优势原则。我国水稻种植具有精耕细作的传统，单产水平高，生产成本相对低。近几年水稻产业化经营发展较快，生产、加工、销售一体化格局基本形成；区位竞争优势日益突显，而且运销半径相对较小，有较强的竞争力。

四是集中连片原则。在水稻主产省，水稻种植是当地农民的主导产业，对水稻进行大面积集中与连片种植，有利于发挥水稻种植的科技作用与规模效益，从而促进水稻种植的发展与农民收入的增加。

2. 结构调整保障措施

在结构调整与优势区域布局以及充分发挥一系列区域、价格、技术及开发潜力等优势后，尚需对结构调整采取一系列保障措施。这些措施包括以下五方面。

第一，保护稻田综合生产能力和水资源环境。一是依法切实保护好基本排灌设施，除国家确定必须退耕还林还水还湿（地）的稻田外，严禁开挖鱼塘和稻田改种林果；二是依法保护好水资源环境，加强对灌溉水质的研究与保护，严格控制优质稻米生产基地的工业"三废"污染源；三是切实保护好优质稻米生产基地的生态环境，加大对生态环境质量的监控、执法力度，实现稻米优势区域的可持续发展。

第二，增加投入，保证规划建设资金的落实。中央和地方政府应加大对优质稻米发展的支持力度，增加投入，保证对稻米优势区域发展规划建设的资金发放足额到位，为稻米优势区域发展提供资金保障。

第三，对稻米优势区域提供优质商品粮的农户实施直接财政补贴，包括种子、机械、价格等，并纳入国家财政。2000年上半年，国家投入116亿元对粮食生产进行了直接补贴，其中中央财政划拨了101亿元；良种补贴16亿元，其中中央补贴12.4亿元，用于水稻粮种补贴9.4亿元，而用于小麦、大豆、玉米的各为1亿元；国家对稻谷实行最低保护收购价政策，其中早稻为1.40元/千克，中、晚籼稻为1.44元/千克，粳稻为1.50元/千克，分别比往年平均增加20%～40%。由此可见国家对水稻粮种补贴的力度之大。在农机方面，中央拿出7000万元用于农户购买农机补贴；在减免税方面，要通过中央财政转移支付的新减免农业税达233亿元。据财政部统计，2004年国家用于农业和农村的资金达1500亿元。

第四，加大对科技创新体系的支持。切实加大科技投入，强化源头创新技术集成配套和推广服务，建设和进一步完善优质稻良种选育与繁育体系、优质稻节本高效栽培技术研发体系和技术推广服务体系。

第五，扶持龙头企业和稻米加工民营企业。通过给予优质稻米加工企业贴息贷款、烘干设备投资补贴、订单基地补贴、出口经营权，以及民营稻米加工企业享受与国企同等待遇等政策，推进稻米产业化、市场化进程，使我国稻米产业逐步进入市场化运营的良性轨道。

（四）稻米产业经济发展途径与模式

1. 稻米产业发展途径

（1）建立生产、科研和加工为一体的新的产业发展机制，用经济利益将科研种子企业、农户生产粮食收购、加工企业、转销企业通过市场紧密联系起来。根据订单，由科研部门提供专用品种，农业部门组织农户建立基地生产优质原料，粮食部门定向定量定点购销，加工部门实现稻米加工转化，是稻米产业化实施的一种新途径。它要求做到粮食部门在与农户签订收购合同时，农户能购买到科研部门提供的专用优质品种，从而保证原料生产质量，在产业化过程中建立有效的风险共担、利益共享机制。为了探索这一产业化途径实现的可能性，2000年，中国水稻研究所与浙江省粮食部门进行了有效的联系与合作。中国水稻研究所与浙江省12家粮食局（公司）在杭州签署了合作协议，共同推进粮农一体化，探索产研结合的产业化新路子。这一新

路子的基本思路是：以稻米用途进行分流，在稳量调优的基础上，积极扶持和提升传统的粮食产业，通过"品种调专、品质调优、机制调活、效益调高"之水稻内部结构的调整，进行种子和稻米两方面的互动开发，走出一条科研成果产业化、粮食经营一体化、传统产业效益化的路子。

（2）建立新的生产组织形式，适当地培育稻米生产和加工的龙头企业。我国水稻种植面积大，种植地域辽阔，各地的稻米生产自然条件和社会经济条件差异较大，传统的生产组织形式很难适应稻米产业化发展的需要，需要建立新的生产组织管理形式。这些生产组织管理形式主要有：其一，在种子方面做到统一供种。根据市场需求确定扩种的水稻品种，除农民自留和交换的品种外，其他所需要的品种均由科研单位和部门提供，统一购进，统一精选包装，统一供应给农户。其二，在管理方面做到统一规划布局。为了确保收购时的一仓一品和生产的统一管理，要因地制宜，相对集中，采取一段一品、一村一品的水稻种植布局原则，以乡镇为单位，统一安排种植品种和面积。其三，在加工和市场销售方面，根据当地水稻种植的实际、精心培育和扶持一至两个稻米加工和销售的龙头企业，统一组织本地区的稻米加工和销售，确保稻米的加工质量，扩大稻米的销售渠道，真正起到对本地区稻米加工和销售的领头作用。其四，在科技保证和农技服务方面，要积极推广新型和轻型的农业生产技术，提倡科技服务承包，并制定一定的奖罚措施，调动科技人员的积极性。

（3）实施稻米品牌战略，积极推广稻米名牌产品。在过去很长一段时间里，我国稻米企业还处于初创时期，总体上数量不多、规模不大、档次不高，但从长远来看，稻米企业要像工业企业一样，需要实施品牌战略。长期以来，我们不知道稻米有什么品牌，更谈不上采用什么名牌，与此形成鲜明对比的是，我国进口的外国稻米大多有品牌。近十几年来，我国的稻米企业也开始注重品牌建设，并有向稻米名牌方向发展的趋势。根据农业部稻米及制品质量检验测试中心分析，1992年、1995年参加第一、第二届全国农业博览会展销的稻米中有品牌的并不多，其品牌率为57.7%和56.8%；而参加1999年农博会的稻米品牌率达到94.2%。这说明品牌意识在人们的心目中有了很大的提高。目前国内稻米不仅有自己的品牌，而且产生了名牌效应的企业有不下20家，这些企业不仅创造了良好的经济效益和社会效益，而且极大地推动了当地稻米的产业化发展。为了更好地适应我国加入世贸组织所带来的对稻米生产和贸易的机遇和挑战，我们不仅要树立品牌，而且还要在国内和国际市场上创造更多更好的名牌。

（4）建立公平的市场竞争机制，营造公平竞争的市场环境，打破部门垄断和利益分割。目前在稻米产业化实施过程中，农业部门负责水稻的生产，粮食部门负责稻谷的收购和稻米的加工销售。根据笔者在从事水稻种植的农户和稻米加工销售企业中所做调查，在单位稻米获得的全部利润中，农户所占的比例为26.5%，加工企业中所占的比例为73.5%，单位稻米在农业和粮食部门的利益分配比例大致为1：2.5，农业部门在生产所经历的时间大于加工流通时间。在县域稻米产业化实施中，农业部门成立了自己的稻米加工销售企业，在收购农民生产的稻谷时，会遇到来自粮食部门的阻力。目前的粮食流通体制及相关政策并不利于在各部门之间创造公平竞争的市场环境，为此，有关部门需要对我国的粮食流通体制进一步改革和调整相关政策，以建立公平的市场竞争机制，用市场机制的杠杆来重新分配部门之间的利益，打破部门垄断和利益分割的局面。

2. 稻米产业经济发展模式

20世纪90年代，我国进行了粮食流通体制改革并且放宽了粮食经营政策，使得粮食的生产与加工、加工与消费、消费与生产之间的关系得到了较大的改善。在此之前，我国的城乡居民的粮食消费形式基本上是农民吃自产粮、城市居民吃商品粮，国营粮食企业为城市居民加工及供应成品粮。粮食基本上是处于一种生产与加工、消费分离的状态，农村和城市的粮食消费也处于独立的两种体系中。

在市场化程度进一步提高的今天，粮食生产与消费也出现了一些新的特征。如在生产上，出现城乡联合，国有粮食经营部门与农户建立了密切的联系，农户与科技部门有了联合；在经营上，出现了农户与公司的联合等。总体来看，中国稻米根据现有生产经营的情况，大致有以下五种发展模式。

（1）粮食经营部门与农户联合型。这种发展模式在浙江省的许多地方已出现并为广大农户所接受。其主要特点是粮食经营部门与种粮大户结合。浙江省目前种植面积在6.67公顷（100亩）以上的种粮大户有1万多户。由于大户种植面积大，粮源容易组织，在经营模式上以稻米外销业务为主，与粮食经营部门联合，可充分利用粮站现有仓储条件、销售网络和经营经验，实行稻米大进大出、快调快销、薄利多销。

（2）公司与农户结合型。粮食企业或公司利用其已有的粮食加工设备、技术与销售渠道与农民建立生产－加工销售经济共同体，主要从事粮食加工转化，如酒类、食品、饲料等。通过增加科技投入，树立名优品牌，形成龙头企业，占领国内外市场。如江西省奉新县碧云米业集团走的就是"公司＋农户"的路子。这种经营模式有利于缩短生产、加工、销售的链节，容易把生产、加工、销售各个环节整合在一起，进行整体推进。但它要求具备一套具有较高管理能力的领导班子，同时在一定程度上可能会增加管理的机会成本。

（3）农技部门与农户联合型。县（市）农业管理和技术推广部门与农民在产前订立一种生产合同，在生产中为农民提供农资供应、技术咨询、市场信息等系统服务，产后在粮食部门的协管下对农民生产的粮食进行收购、加工和销售。如广东省广州市增城区的优质米生产基地公司就是采取这种模式。它的优点是集农技、农村、农民于一体，对农业新技术的推广运用和水稻品种结构的调整做到及时、正确和有效。其不足之处是加工技术和销售渠道不够先进和完善，在市场竞争中容易处于劣势。

（4）农户股份经营型。农户联股经营是由农户自愿组合，在确定股份单位的基础上，稻农根据自己水稻种植的面积、技术资金、机械及场地等，共同筹措资金兴办粮食加工企业，实行股份制经营，利益与风险共担。稻谷价格是直接影响稻农经济收入的一个主要因素，价格的高低将决定稻农生产的盈利与亏损。从地区来分析，稻谷价格每递增10%，纯利润将在原有基础上增加160%。广东省优质稻平均销售价格比常规稻高34%，每公顷所得的纯利润高2358元。湖南省优质稻平均销售价格比常规稻高26.4%，每公顷纯利润高2290.5元。也就是说，在广东和湖南两省，稻谷价格每递增10%，每公顷的优质稻纯利润比常规稻要多299.5元左右。农户联股经营的主体是农户自己，实行就地生产与就地加工，可以减少贮藏和运输带来的成本，在进行稻米销售时可以低于他人的价格，有一定的价格优势和"时新"优势。但不足之处是组织不够紧密，容易造成分散和短期行为。

(5) 科研、企业和农户联姻型。实行水稻科研、稻米企业和农户联姻，是中国在稻米产业化发展模式上的一个创新。这种模式是以科研为核心连接多家种子公司和稻米加工龙头企业，组建集团公司。集团内设立种子开发和稻米开发两大实体。种子开发实体以稻米开发为基础服务对象，为稻米开发提供优质食用品种，并利用自身的科技优势为稻米开发建立原料生产基地，推行农业新科技。稻米加工企业在种子开发实体建立原料基地时，通过收购合同约束农民优先购买科研单位研发的优质新品种，并通过种子开发公司将种子落实到农户；同时，利用企业自身在仓储、收购资金及加工设施上的优势为种子开发实体提供服务，采用相互参股的形式将两者紧密连接起来，推动两方面互动互利。

结　　语

　　稻米产业是缅甸和泰国国民经济的基础产业。缅泰水稻种植的自然资源条件比较优越，两国对稻作都非常重视，并在水稻品种更新、农田水利建设和提高农田复种指数，以及普及农业科学技术知识，提高农村稻作技术水平等方面取得了显著的成就，但存在机械化水平偏低，农田灌溉率低等状况，而且在很长时间内没有根本好转。总体上，缅泰稻作农业仍属于传统型生产。近代缅泰稻米产业的发展是西方殖民政策和资本主义经济发展双重作用的必然结果，现代缅泰稻米产业的发展是国际区域经济一体化和经济贸易全球化推动的结果。缅泰得天独厚的自然地理气候条件，特别是下缅甸伊洛瓦底江－锡唐河三角洲、湄南河三角洲拥有广阔的冲积平原，土地肥沃，河溪纵横，也是稻米生产的有利条件之一。

　　西欧以资本主义生产方式为基础的区域体系于16世纪开始形成。随后，随着欧洲列强的殖民扩张（这种扩张的特征是领土扩展与经济掠夺并存），西欧之外的许多国家和地区，诸如非洲、拉丁美洲和亚洲逐渐被纳入这个体系。到19世纪末期，这种西欧区域性体系随着欧洲殖民主义体系的建立而成为一种"世界性"的体系。[①] 与16世纪以前的区域体系相比，这一体系的基本特征是：在经济上是以单一的劳动分工（世界经济）即资本主义生产方式为基础；在政治上不存在囊括一切的政治结构，而是以国家体系为特征，剩余价值不是通过某一政治结构来分配，而是通过市场来分配；在文化上是多元文化并存；在地域上比以前任何区域体系都要大。对此，沃勒斯坦曾概括："称之为'世界'体系并不因为其包括整个世界，而是因为它比任何法律形式定义的单位都要大，称之为'世界经济'，因为这个系统的各个部分的联系都是经济的，尽管这种体系在某种程度上被文化联系而且最终被政治安排和联盟结构所加强。"[②]

　　19世纪，为满足国内工业发展的需要，英国急需原料产地和商品销售市场。欧洲18世纪稻米的进口来源地主要是英属印度的马德拉斯和美国的南卡罗来纳。[③] 19世纪五六十年代，由于受印度民族大起义和美国南北战争的影响，欧洲大米的传统供货渠道被切断，同时香港、英属海峡殖民地等地大米需求也在不断增大。19世纪下半期，锡兰、英属印度孟加拉省、法属印度支那、英属马来亚等地种植园经济的兴

[①] 王正毅：《边缘地带发展论——世界体系与东南亚的发展》，上海人民出版社1997年版，第9页。

[②] Immanuel Wallerstein. *The Modern World System 1*: *Capitalist Agriculture and the Origins of the European World-Economy in the Sixteenth Century*. Cambridge University Press, 1993, p. 15.

[③] Cheng Siok-Hwa. *The Rice Industry of Burma 1852－1940*. The University of Malaya Press, 1968, p. 8.

东南亚农业发展与国家现代化
——缅泰稻米产业面面观

起,大量劳工涌入,从而产生了对商品粮的巨大需求。20世纪,尤其是第二次世界大战之后,世界各国之间的经济联系越来越紧密,各种区域性和世界性的合作组织纷纷成立,区域经济一体化和经济贸易集团化日趋明显。中国、马来西亚、印度尼西亚、新加坡、非洲、欧洲等国家和地区对缅泰的稻米需求越来越大。总之,这个时期世界市场对稻米需求的增加,客观上促进了缅甸和泰国稻米产业的发展。

近代缅泰稻米产业的发展体现在稻米种植业、加工业和贸易的发展上。随着两国的殖民地或半殖民地化程度不断加深,各种土地权属制度开始被引进到缅甸和泰国。当地政府最主要的目的是尽可能快地开发土地,以便获得收入、降低管理成本。耕地面积的增加使得下缅甸扩大稻米种植规模成为可能。稻米产业的发展推动着缅甸和泰国交通运输业、通信业、金融业、零售业等行业的兴起。这些产业的兴起解决了缅泰两国交通运输条件落后、资金和人力缺乏等问题,使外国投资者投资稻米产业成为可能,使缅甸和泰国稻米发展为一种出口导向型产业,推动着稻米的国内消费市场和国际出口市场在缅甸和泰国开始形成,缅甸和泰国成为东南亚地区的粮仓,也是当时世界上输出稻米最多的地区。

在稻米产业发展过程中,农业信贷的提供和缅甸、泰国农民的劳动曾起过一定的作用。农业信贷为缅甸和泰国农民购买农具、种子、生活用品等生产生活资料提供了大量的资金,使缅甸和泰国有足够的生产原料、劳动力来发展稻米产业。除此之外,农业信贷在缅甸和泰国稻米的国内消费和对外贸易方面也发挥着重要作用。但是,国外垄断资本家发展稻米产业的出发点在于投入最少的资本,尽可能多地从当地人民身上榨取更多的剩余价值,把更多的利润带回国内,支持本国经济的发展。因此,不管是缅甸农民还是泰国农民,都是外国投资者使用的廉价劳动力,都受到深重的剥削。甚至资本家还会为了继续维持这种剥削状态,挑动缅甸与泰国国内局势动荡,从而实现垄断资本自身利益的最大化。

缅甸和泰国稻米产业的发展给两国带来了深远的影响。经济上,缅甸和泰国形成了单一、片面的以稻米产业为主的畸形经济,这种畸形经济是外国垄断资本为了本国国内产业发展和便于向殖民地倾销本国国内剩余产品而发展起来的,这除了便于宗主国以价格剪刀差剥削殖民地人民,排挤殖民地、半殖民地刚刚形成的一些新兴民用工业,还使得缅甸和泰国的现代化发展历程更加曲折。外国垄断资本的投资活动使缅甸和泰国的土地所有制发生了改变,农民因欠债累累无力偿还而丧失土地,经过土地兼并后新的地主产生,形成了近代地主土地所有制,外国垄断资本只是作为殖民主义国家的代理人奴役和剥削缅甸和泰国人民,外国资本家成为殖民主义国家与缅甸和泰国人民矛盾的替罪羊。阶级关系上,缅甸和泰国出现了现代工人阶级、民族资产阶级。随着自身力量的壮大,缅甸和泰国工人阶级成为反抗殖民主义统治的主要力量。而民族资产阶级力量虽然弱小,但也为缅甸和泰国资本主义发展和反抗殖民者做出了一定的贡献。他们中的很多人在牛津大学、剑桥大学、伦敦大学、巴黎大学等世界知名高校留过学,深受英国和法国先进社会思潮的影响,他们学成归国后,把这套思想理论体系也引进国内,启蒙本国人民,推动了本国民族独立解放运动的发展,为自己国家赢得最终的独立做出自己应有的贡献,甚至有的人还为本国民族和国家的独立呕心沥

结 语

血乃至献出自己的生命,如缅甸的昂山和泰国的比里·帕侬荣。政治上,英国殖民者在下缅甸建立大量的基础设施、学校、商店、港口,改变了下缅甸原来的落后状态,发展起来的下缅甸逐渐取代上缅甸成为缅甸新的政治、经济、文化中心,下缅甸对缅甸政治经济的影响自近代以来日益提升。而泰国形成具有特色的华人资本与军人、官僚集团合流形成独特的利益共同体;泰国农村政治现代化进程开启,改变了长期以来农村附属于上层统治集团的状况。简而言之,缅泰稻米产业发展对缅甸和泰国的社会政治经济发展产生了深远、全方位的影响,它们是缅泰国家现代化进程的一个缩影。

缅甸和泰国的稻米产业虽然获得了巨大的发展,在当今的国际稻米出口市场以及国家现代化进程中发挥着举足轻重的作用。但这个发展也使得缅甸和泰国本身的发展付出了较为沉重的代价。从政治的角度而言,缅甸的国家行为体活动的中心日渐移位至下缅甸,对上缅甸的控制日渐式微。虽然 2005 年缅甸政府为此做出了一定努力——把首都从沿海的仰光迁至位于内陆的内比都,但在短期内依然无法扭转这种局面。从经济的角度而言,单一制的稻米产业的负面影响延续至今,缅甸和泰国农村仍然无法摆脱以农业为主的发展模式,社会经济发展依然比较落后,大多数农民处于贫困状态。从社会关系的角度而言,外来移民的输入使得缅甸和泰国的社会结构进一步复杂化,并加剧了本地居民与外来移民的矛盾和冲突(如现在在缅甸与泰国发生的穆斯林与佛教徒之间的冲突)等。这种种危害产生的根源在于罪恶的外国垄断资本对缅甸和泰国人民的剥削和掠夺。

缅甸和泰国的稻米产业在西方资本主义向东南亚扩张的过程中逐步发展起来,是一种处于欧美资本控制下,被迫卷入资本主义全球化的单一作物经济模式。稻米产业虽然开展了缅甸和泰国的经济现代化进程,但缅甸和泰国人民在繁荣的稻米经济下获益甚少,所得利润大部分落入外国投资者和国内稻米贸易商的口袋中。缅甸和泰国的稻米产业发展时间轴基本上与西方工业革命同步,自 19 世纪以来,其市场几乎遍布整个印度洋地区,对国内社会阶级分化、土地制度的变迁和社会发展进程产生重要影响。缅甸和泰国稻米产业的产生、发展和演变,与其政治、经济、社会、文化等因素密切相关,在一定程度上是缅甸和泰国从传统社会向现代社会转型的缩影,甚至从一个侧面反映了缅甸和泰国传统社会经济融入世界体系的艰难历程,对于研究当今东南亚农业资本兴起与国家转型具有一定的理论和现实意义。

参考文献

一、中文文献

[1] 考夫曼. 第二次世界大战前缅甸的反帝运动 [J]. 王云翔, 译. 南洋问题资料译丛, 1959 (4).

[2] 中共中央马克思恩格斯列宁斯大林著作编译局. 马克思恩格斯选集: 第 4 卷 [M]. 北京: 人民出版社, 1972.

[3] 中共中央马克思恩格斯列宁斯大林著作编译局. 马克思恩格斯选集: 第 28 卷 [M]. 北京: 人民出版社, 1973.

[4] 哈威. 缅甸史 [M]. 姚梓良, 译. 北京: 商务印书馆, 1973.

[5] 马克思. 政治经济学批判大纲: 第 3 分册 [M]. 北京: 人民出版社, 1977.

[6] 赵尔巽, 等. 清史稿 [M]. 北京: 中华书局, 1977.

[7] 何平. 论殖民地时期缅甸的地主土地所有制 [D]. 昆明: 云南省社会科学院东南亚研究所, 1985.

[8] 黄楙材. 西輶日记 [M]. 上海: 上海古籍出版社, 1979.

[9] 黄祖文. 缅甸雍籍牙王朝前期的土地制度初探 [J]. 四川大学学报, 1980 (2).

[10] 科兹洛娃. 论英国占领前夕缅甸的国家机构 [M]//中山大学东南亚历史研究所. 东南亚历史译丛: 第 2 集. 广州: 中山大学东南亚历史研究所, 1982.

[11] 邹启宇. 泰国封建社会与萨迪纳制 [J]. 世界历史, 1982 (2).

[12] 符兴. 历史观也要随着现代自然科学发展而发展 [J]. 哲学动态, 1983 (8).

[13] 杰弗里·巴勒克拉夫. 泰晤士世界历史地图集 [M]. 邓蜀生, 编辑. 北京: 生活·读书·新知三联书店, 1985.

[14] 吴巴莫. 缅人的起源 [J]. 李孝骥, 译. 东南亚, 1987 (1).

[15] 富永健一. 社会结构与社会变迁 [M]. 董兴华, 译. 昆明: 云南人民出版社, 1988.

[16] 黄焕宗. 试论缅甸沦为英国殖民地的过程及其原因 [J]. 南洋问题研究, 1990 (1).

[17] 贺圣达. 缅甸封建社会概论 [J]. 云南社会科学, 1991 (6).

[18] 万本太. 泰国经济持续发展的战略与措施 [J]. 外国问题研究, 1991 (1).

[19] 罗致含. 论英国的"以印治缅"政策 [J]. 云南师范大学学报 (哲学社会科学版), 1992 (1).

[20] 斯塔夫里阿诺斯．全球通史：1500 年以后的世界［M］．吴象婴，梁赤民，译．上海：上海科学院出版社，1988.

[21] 阿拉沙尼，瓦达那努基．泰国经济的结构变化与不断增强的动力［J］．周添成，译．南洋资料译丛，1992（2）．

[22] 贺圣达．当代缅甸［M］．成都：四川人民出版社，1993.

[23] 李一平．英国对缅甸的殖民政策［J］．世界历史，1994（4）．

[24] 许永璋，于兆兴．英国对缅甸殖民政策之史的考察［J］．河南大学学报（社会科学版），1995（2）．

[25] 李霞．英缅战争与缅甸殖民化［J］．汕头大学学报（人文科学版），1997（1）．

[26] 王正毅．边缘地带发展论：世界体系与东南亚的发展［M］．上海：上海人民出版社，1997.

[27] 马克思．不列颠在印度统治的未来结果［M］//中共中央马克思恩格斯列宁斯大林著作编译局．马克思恩格斯全集：第12卷．北京：人民出版社，1998.

[28] 袁纯清．中外改革与发展概览［M］．北京：中国文联出版公司，1998.

[29] 霍布斯鲍姆．帝国的年代：1875—1914［M］．贾士蘅，译．南京：江苏人民出版社，1999.

[30] 梁志明．殖民主义史：东南亚卷［M］．北京：北京大学出版社，1999.

[31] 段立生．中国与东南亚交流论集［M］．曼谷：泰国大通出版公司，2001.

[33] 何平．从云南到阿萨姆：傣–泰民族历史再考与重构［M］．昆明：云南大学出版社，2001.

[34] 布劳特．殖民者的世界模式［M］．谭根荣，译．北京：社会科学文献出版社，2002.

[35] 张本英．保卫印度：19 世纪英国东方外交的全部秘密［J］．安徽史学，2003（5）．

[36] 张旭东．试论英国在缅甸的早期殖民政策［J］．南洋问题研究，2003（2）．

[37] 韦红．东南亚五国民族问题研究［M］．北京：民族出版社，2003.

[38] 许宝强，罗永生．解殖与民族主义［M］．北京：中央编译出版社，2004.

[39] 李延凌．泰国［M］．南宁：广西人民出版社，2004.

[40] 墨菲．亚洲史［M］．黄磷，译．海口：三环出版社，2004.

[41] 梁英明，梁志明．东南亚近现代史［M］．北京：昆仑出版社，2005.

[42] 郭家宏．从旧帝国到新帝国［M］．北京：商务印书馆，2007.

[43] 程式华，李建．现代中国水稻［M］．北京：金盾出版社，2007.

[44] 郭华．近现代缅甸、泰国土地所有制演变及其特点：比较研究［D］．昆明：云南大学，2008.

[45] 张光军．亚洲国情问题研究：第1卷［M］．北京：军事谊文出版社，2009.

[46] 董正华．世界现代化进程十五讲［M］．北京：北京大学出版社，2009.

[47] 贺圣达，李晨阳．列国志：缅甸［M］．北京：社会科学文献出版社，2009.

[48] 李杰．历史进程与历史理性：唯物史观史学方法论［M］．北京：人民出版社，

2010.

[49] 周伦. 英属缅甸与云南经贸交往及特点 [D]. 昆明：云南大学，2010.

[50] 尹齐喜. 西方对缅甸的制裁及其影响 [D]. 广州：暨南大学，2010.

[51] 俞家海. 20 世纪英属印度省级行政区划改革探析 [J]. 东南亚南亚研究，2012 (3).

[52] 庞海红. 泰国民族国家的形成及其民族整合进程 [M]. 北京：民族出版社，2012.

[53] 周应恒. 现代农业发展战略研究 [M]. 北京：经济科学出版社，2012.

[54] 陆大道. 关于加强地缘政治地缘经济研究的思考 [J]. 地理学报，2013 (6).

[55] 罗荣渠. 现代化新论：中国的现代化之路 [M]. 上海：华东师范大学出版社，2013.

[56] 吕烈丹. 稻作与史前文化演变 [M]. 北京：科学出版社，2013.

[57] 廖亚辉，等. 缅甸经济社会地理 [M]. 广州：世界图书出版广东有限公司，2014.

[58] 邹春萌，罗圣荣. 泰国经济社会地理 [M]. 广州：世界图书出版广东有限公司，2014.

[59] 徐泽民. 发展社会学理论：评介、创新与应用 [M]. 北京：中国人民大学出版社，2014.

[60] 段立生. 泰国通史 [M]. 上海：上海社会科学院出版社，2014.

[61] 马学松. 论国家治理体系与治理能力现代化制度体系的功能建构 [J]. 南京师范大学学报（社会科学版），2014 (4).

[62] 俞家海. 全球化视野下的瑞丽–缅甸边贸研究 [M] // 周喜梅，滕成达. 东盟研究：2012. 北京：世界知识出版社，2014.

[63] 卢光盛. 中国对缅甸的投资与援助：基于调查问卷结果的分析 [J]. 南亚研究，2014 (1).

[64] 俞家海. 泰国稻米产业与国家现代化 [J]. 农业开发与装备，2015 (11).

[65] 俞家海. 英属缅甸稻米产业与英属缅甸民族关系研究述评 [J]. 农业与技术，2015 (7).

[66] 俞家海. "一带一路"在缅甸实施的可行性探究 [J]. 黑河学刊，2015 (11).

[67] 张党琼. 缅甸在中国周边外交中的地位与中缅关系的新发展 [J]. 东南亚南亚研究，2015 (2).

[68] 胡志丁. 2009 年后缅甸国内冲突的地缘政治学视角解读 [J]. 热带地理，2015 (4).

[69] 李晨阳. 缅甸国情报告：2015 [M]. 北京：社会科学文献出版社，2015.

[70] 贺圣达. 东南亚历史重大问题研究 [M]. 昆明：云南人民出版社，2015.

[71] 俞家海. 泰国跨界民族问题及治理 [J]. 印度洋经济体研究，2016 (6).

[72] 庄国土. 泰国研究报告：2016 [M]. 北京：社会科学文献出版社，2016.

[73] 马大正. 当代中国边疆研究：1949—2014 [M]. 北京：中国社会科学出版社，

2016.

[74] 史田一. 地区风险与东盟国家对冲战略[J]. 世界经济与政治, 2016 (5).

[75] 刘强. 2011年以来中缅关系中的大国因素研究[D]. 昆明: 云南大学, 2016.

[76] 戴永红. 缅甸"民地武"问题对中国"一带一路"建设的影响及应对[J]. 广西大学学报(哲学社会科学版), 2016 (4).

[77] 王睿妮. 孔建勋教授谈缅甸政治转型后的中缅关系[EB/OL]. (2016 – 04 – 01) [2020 – 09 – 30]. http://dongmengxueyuan.gxun.edu.cn/info/1041/8306.htm.

[78] 庞乾林. 稻之路[M]. 北京: 中国农业科学技术出版社, 2017.

[79] 俞家海. "一带一路"在缅对接现状与挑战[J]. 印度洋经济体研究, 2017 (6).

[80] 彭慕兰, 托皮克. 贸易打造的世界: 1400年至今的社会、文化与世界经济[M]. 黄中宪, 吴莉苇, 译. 上海: 上海人民出版社, 2017.

[81] 杨在月. 论地缘战略区位的主体间性: 以缅甸为例[J]. 世界地理研究, 2017 (2).

[82] 祝湘辉. 缅甸国情报告: 2016[M]. 北京: 社会科学文献出版社, 2017.

[83] 刘若楠. 大国安全竞争与东南亚国家的地区战略转变[J]. 世界经济与政治, 2017 (4).

[84] 俞家海. 安东尼·瑞德的东南亚区域理论研究[J]. 印度洋经济体研究, 2018 (6).

[85] 俞家海. 二战后泰国经济发展模式对我国改革的启示[J]. 经济论坛, 2018 (6).

[86] 艾萨克. 帝国的边界: 罗马军队在东方[M]. 欧阳旭东, 译. 上海: 华东师范大学出版社, 2018.

二、外文文献

[1] REID A. A history of Southeast Asia: critical crossroads[M]. Pondicherry: Wiley Blackwell, 2015.

[2] JACKSON A. Britain in the Indian Ocean[J]. Journal of the Indian Ocean Region, 2011 (2).

[3] ANDERSON B. A life beyond boundaries[M]. London: Verso, 2016.

[4] ANDERSON B. Exploration and irony in studies of Siam over forty years[M]. Ithaca: Cornell Southeast Asia Program Publications, 2014.

[5] BHATTACHARYA S. India-Myanmar relations, 1886 – 1948[M]. Kolkata: K. P. Bagchi Company, 2007.

[6] SINGH B, HO S, TSJENG H Z. China's bogus South China Sea "consensus"[EB/OL]. (2016 – 07 – 14) [2020 – 09 – 30]. http://nationalinterest.org/feature/chi-

nas – bogus – south – china – sea – consensus – 16589.

[7] DAW MYA SEIN. Adminstration of Burma [M]. New York: Oxford University Press, 1973.

[8] MAUZY D K. U. S. policy in Southeast Asia: limited re-engagement after years of benign neglect [J]. Asian survey, 2007 (4).

[9] TRAGER F N, KONIG W J. Burmese Sit-tans, 1764 – 1825 [M]. Tucson: Arizona University Press, 1979.

[10] Great Britain India Office. Papers regarding British relations with the neighboring tribes on the north-west frontier of India [A]. London, 1991.

[11] EGERTON H E. A short history of British colonial policy 1606 – 1909 [M]. Cambridge: Cambridge University Press, 2010.

[12] SPEARMAN H R. The British Burma gazetteer [M]. Rangoon: Government Press, 1880.

[13] INGRAM J C. Economic change in Thailand 1850 – 1970 [M]. London: Oxford University Press, 1971.

[14] ANDRUS J R. Burmese economic life [M]. Stanford: Stanford University Press, 1957.

[15] BURBANK J. Empires in world history: power and the politics of difference [M]. Princeton: Princeton University Press, 2010.

[16] DARWIN J. The empire project: the rise and fall of the British world-system, 1830 – 1970 [M]. Cambridge: Cambridge University Press, 2009.

[17] HOBSON J M. The enduring place of hierarchy in world politics: tracing the social logic of hierarchy and political change [J]. European journal of international relations, 2005: 11 (1).

[18] FURNIVALL J S. An introduction to the polical economy of Burma [M]. Rangoon: Burma Book Club, 1938.

[19] MANTENA K. Alibis of empire: Henry Maine and the ends of liberal imperialism [M]. Princeton: Princeton University Press, 2010.

[20] NATHAN L. The peacemaking effectiveness of regional organisations [J]. Global and regional axes conflict, 2010 (81).

[21] THWIN M A. Pagan: the origins of modern Burma [M]. Honolulu: University of Hawaii Press, 1985.

[22] ADAS M. The Burma Delta: economic development and social change on an Asian rice frontier, 1852 – 1941 [M]. Madison: The University of Wisconsin Press, 1974.

[23] Myanmar gem seller dismiss US sanctions [EB/OL]. (2008 – 08 – 12) [2020 – 09 – 30]. http://www.msn.com/id/26146833.

[24] CHATTERJEE P. The nation and its fragments: colonial and postcolonial histories [M]. Princeton: Princeton University Press, 1993.

[25] RHODES R I. The development of underdevelopment [M]. London: Pluto Press, 1971.

[26] RAJSHEKHAR. Myanmar's nationalist movement (1906 – 1948), and India [M]. New Delhi: South Asia Publishers, 2006.

[27] RICHMOND I. Trajan's army on Trajan's column [M]. Rome: British School at Rome, 1982.

[28] Thousands flee to China after MNDAA attack on army [EB/OL]. (2017 – 03 – 09) [2020 – 09 – 30]. http://www.rocketnews.com/2017/03/thousands – flee – to – china – after – mndaa – attack – on – army/.

[29] LORD T. The history of the British Empire [M]. Cambridge: Cambridge University Press, 2001.

[30] U TUN WAI. Economic development of Burma from 1800 – 1940 [M]. Rangoon: Department of Economics of University of Rangoon, 1961.

[31] U AUNG THU, Propelling China-Myamar education cooperation [EB/OL]. (2016 – 09 – 21) [2020 – 09 – 30]. https://chinareportasean.wordpress.com/2016/09/19/u – aung – thu – propelling – china – myanmar – education – cooperation/.

[32] SANGERMANO V. A description of the Burmese Empire [M]. New York: Augustus M. Kelley, 1969.

[33] XIE T. Public opinion in Myanmar has turned increasingly negative toward China [J]. Southeast Asia observer, 2017 (3).

[34] YASH GHAI. The 2008 Myanmar constitution: analysis and assessment [EB/OL]. (2012 – 08 – 23) [2020 – 09 – 30]. http://www.eurasiareview.com/23082012 – myanmar – 2008 – constitution – a – major – impediment – in – transition – to – democracy – analysis/.

[35] ZHU Y. Genetic diversity and disease control in rice [J]. Nature, 2000 (8).

后　记

时光荏苒，岁月如梭。转眼间，我的国家社科基金课题结项成果即将出版。难忘美丽的凉都那郁郁葱葱的银杏林、绚烂缤纷的梨花、浓郁人文氛围的校园。在这美丽的校园里，我收获颇多，收获中有喜悦、有怀疑、有失落，也有勇气与信念，正是在这磕磕绊绊中，我经历了磨炼，得到了成长。

在完成国家社科基金课题期间，我致力于缅甸史、泰国史、东南亚区域史的学习。本来，研究成果应该早日和读者见面，但由于自身社会上的各种烦琐事务，本书的出版时间只能延后。今天我能如期完成《东南亚农业发展与国家现代化——缅泰稻米产业面面观》的撰写，离不开诸位老师的辛勤付出。首先，我得感谢何平教授。何老师是我国著名的东南亚民族史研究专家，学识非常渊博。在我申报国家社科基金课题期间，他对我的课题申报非常关心，并没有因为我是年轻人、科研基础弱而放弃对我的指导与帮助。在我的国家社科基金课题获得立项后，何老师又牺牲自己宝贵的科研时间，不辞劳苦来学校为我指点迷津；在课题开题过程中，何老师不时帮我斟酌论文提纲，给我提供一些新的论文写作思路，使我受益匪浅。其次，我得感谢庞海红和罗圣荣两位教授。两位老师和我亦师亦友，他们相继在2010年和2013年邀请我参与其主持的国家社科基金和教育部课题，使我得到很好的科研锻炼，为我写出高质量的课题申报书奠定良好的基础。感谢吕昭义教授、殷永林教授、许洁明教授在课堂上给予我学术及生活上的启迪。感谢云南师范大学何跃教授和中山大学段立生教授对我开展课题研究所给予的指导与帮助，当我对课题研究感到迷茫和彷徨时，两位老师为我指点迷津，使我有信心把课题研究进行下去。我还要感谢复旦大学图书馆、厦门大学南洋研究院图书馆、上海图书馆、云南省图书馆、广西民族大学东盟学院的老师们，他们为我查阅资料提供了很大的便利。最后，我还要感谢原工作单位六盘水师范学院科研处和计划财务处在课题申报和科研报账时所提供的便利，感谢现工作单位华南理工大学对我专著出版所给予的大力支持。总之，对于各位热心人士无微不至的关心和帮助，我永远怀着一颗感恩的心。本书的完成，与集体力量的支持是分不开的。

在从事国家社科基金课题研究的三年时光里，我度过了一段愉快的时光，并与许多同行建立了较为深厚的友谊。比如林延明、时宏远、孙现朴、刘思伟、曾豪杰、杨思灵、刘向阳、邵建平、葛红亮、叶少飞、岳蓉、王杨红等诸位挚友。感谢我的父母与爱人的大力支持，使我能安心地完成课题研究。希望自己在新的一年中诸事皆顺，

后 记

在追逐人生梦想的征程中无后顾之忧,从而为国内印度洋区域国别研究事业做出自己应有的贡献。

俞家海

2020 年 12 月 20 日于广州华园

后 记

今适逢人类多灾多难的庚子年中秋佳节及国庆之际，又喜逢国内新冠疫情研究获得战胜自己的阶段性胜利。

俞文海
2020 年 10 月 20 日于合肥蜀山